JN334364

DOBUN SHOIN

Expression:
Contents of Early Childhood Care & Education

2006

DOBUNSHOIN

Printed in Japan

保育・教育ネオシリーズ 19

保育内容・表現

第三版

【監修】
岸井勇雄
無藤 隆
柴崎正行

【編著】
榎沢良彦

同文書院

執筆者紹介　*authors*

【編著者】
榎沢良彦（えのさわ・よしひこ）/ 第1章
淑徳大学教授

【著者】 ＊執筆順
槇 英子（まき・ひでこ）/ 第2章
淑徳大学准教授

森川 紅（もりかわ・くれない）/ 第3章
元姫路日ノ本短期大学教授

庄司康生（しょうじ・やすお）/ 第4章
埼玉大学教育学部附属教育実践総合センター教授

中島千恵子（なかじま・ちえこ）/ 第5章
千葉経済大学短期大学部准教授

佐木彩水（さき・あやみ）/ 第6章
揖斐幼稚園教諭

開 仁志（ひらき・ひとし）/ 第7章
富山国際大学准教授

五十嵐市郎（いがらし・いちろう）/ 第8章
宇都宮大学教育学部附属幼稚園教頭

鈴木裕子（すずき・ゆうこ）/ 第9章
名古屋柳城短期大学教授

小久保圭一郎（こくぼ・けいいちろう）/ 第10章
千葉明徳短期大学講師

Introduction
はじめに

　グローバル化に象徴されるように，現在の社会は従来の枠のなかでの安定にとどまることが許されず，市場原理にさらされる自由競争の時代を迎えている。このことは基本的には必要なことではあるが，厳しい現実を伴う。優勝劣敗という弱者に冷たい社会。短期的な結果や数字にあらわれる成果の偏重。基礎的な理念よりも人目を引くパフォーマンスの重視など——。

　これらは人間形成としての教育，とくに乳幼児を対象とする保育にとって，決して望ましい環境ではない。教育者・保育者は，すべての価値の根源である1人ひとりの人生を見通し，その時期にふさわしい援助をあたえる見識と実行力をもたなければならない。

　こうした観点から，本シリーズは，幼稚園教諭ならびに保育所保育士（一括して保育者と呼ぶことにする）の養成機関で学生の教育にあたっている第一線の研究者が，研究の成果と教育の経験にもとづいて書き下ろしたもので，養成校のテキストや資格試験の参考書として配慮したものである。

　各章の著者はそれぞれ研究と教育の自由を活用し，個性豊かに叙述したので，その記述に多少の軽重や重複が見られるかもしれない。無理な統一を敢えて避けたのは，テキストを絶対のものとは考えないからである。教科書を教えるのではなく，教科書で教える——といわれるように，あくまでもテキストは参考書である。担当教員は自ら大切と思う点を詳細に重点的に講義し，それだけでは偏る恐れがあるので，他のところもよく読んでおくようにと指示することができる。学生諸君も，読んでわからないところを教員に質問するなど，幅広く活用していただきたい。

　「幼稚園教育要領」と「保育所保育指針」は，近年いちじるしい深まりを見せている保育学および周辺諸科学とともに多くの実践の成果を結集したものである。その趣旨が十分に理解されてよりよい現実をもたらすにはさらに少なからぬ努力と時間を要すると思われるが，本シリーズが，この重大な時期を迎えているわが国の保育・幼児教育の世界と保育者養成のために，ささやかな貢献ができれば，これに過ぎる喜びはない。

監修者・編著者代表　岸井勇雄

無藤　隆

柴崎正行

改訂にあたって

　2008（平成20）年3月28日，幼稚園教育要領と保育所保育指針が同時に告示された。前回の改定からほぼ10年ぶりの改定である。両者が同時に改定されることになったのは，平行して検討することにより，幼稚園教育要領と保育所保育指針を突き合わせ，保育内容の整合性を高めようとしたからであると思われる。

　実際に公表された内容を見ると，保育内容はかなりの程度共通化されている。このことは，子どもの発達・学びに関して，幼稚園と保育所の違いにかかわらず，それを援助することを重視しようとしていることを意味する。それは，子どもの発達・学びにとって少なからず悪影響を与えると思われる状況が，ますます広がりつつあることを背景としている。そのような問題意識に基づき，幼稚園教育要領と保育所保育指針が同時に改定されたのである。このことを前提に，新しい保育内容を保育の現場および保育者養成の現場に浸透させていく必要がある。

　そこで，本書の改訂においては，幼稚園教育要領と保育所保育指針の改定の趣旨を踏まえ，改定の内容をできるだけ正確に読者に伝えることを心がけた。また，今回の幼稚園教育要領では，小学校教育との連携が重視されている。幼小の連携においては，保育内容と教育内容を単純に近づければすむわけではない。前提としては，幼稚園教育の固有性と独自の価値を十分に認識した保育実践を行うことが肝要である。そのため，本書の改訂においては，幼稚園教育の固有性を十分に踏まえて，改定された保育内容を読者に伝えることを心がけた。さらに，読者のみなさんにとってよりわかりやすくなるよう，各執筆者は文章を見直し，適宜修正した。

　以上のような姿勢で，本書は改訂された。本書が，保育者を目指す学生のみなさんが幼児の発達と学びを援助できる力を身につける一助となることを願う次第である。

2009年4月

編著者　榎沢良彦

Contents 目次

はじめに　i
改訂にあたって　ii

第1章　保育における領域「表現」　1
1. 保育の基本　1
2. 子どもの表現とは　4
3. 領域「表現」のねらい　7
4. 保育内容の諸領域と領域「表現」　11
5. 小学校教育と領域「表現」　13

第2章　子どもの表現の発達　15
1. 表現の芽生えと分化　16
2. 音楽的表現の芽生えと発達　19
3. 造形的表現の芽生えと発達　23
4. 身体的表現の芽生えと発達　28
5. 表現の総合的性質　32

第3章　子どもの表現が生まれる源泉　37
1. 体験し，心が動くこと　37
2. イメージが膨らむこと　40
3. 空想や物語の世界に遊ぶこと　43
4. 「表現したい」という思いを抱くこと　45
5. 心身が解放されていること　48

第4章　表現の基礎としての身体（からだ）　53
1. 「身体」ということ　53
2. 心と身体　55
3. 感じる身体　59
4. 環境や周囲と応答し合う身体　62
5. 表現する身体　64
6. 身体を育てること　66

第5章　遊びにおける子どもの多様な表現　69

1. 遊びと表現　69
2. 言葉であらわす・物語る　70
3. 身体であらわす　73
4. かく・つくる　75
5. 音であらわす　80
6. うたう　81
7. 扮する・演じる　82
8. 多様な表現を育む　85

第6章　表現された子どもの世界Ⅰ（音楽的表現）　87

1. 子どもと深める音楽の前提　87
2. 子どもの音楽的表現──記録から　95
3. 歌・楽器遊びへ　102

第7章　表現された子どもの世界Ⅱ（造形的表現）　107

1. 各年齢における造形的な遊び　107
2. イメージを豊かにする　112
3. 表現につながる環境や援助のあり方　116
4. 地域，行事とのかかわり　121

第8章　表現された子どもの世界Ⅲ（ごっこ遊び・劇遊びにおける表現）　127
1. 保育者と一緒のごっこ表現（3歳児，6月）　127
2. なりきり遊びのなかの表現（3歳児，2月）　130
3. 友だちとのかかわりで広がるごっこ遊びの表現──2・3年保育混合（4歳児，7月）　132
4. 思いをつなげることで深まる1人ひとりの表現──2・3年保育混合（5歳児，6月）　135
5. 目的を共通にすることでつくりあげる劇遊び──2・3年保育混合（5歳児，2月）　138
6. 異年齢児のかかわりのなかでつくりあげる劇遊び──2・3年保育混合（4・5歳児，11月）　142
7. ごっこ遊びや劇遊びにおける保育者の役割　145

第9章　子どもの表現と保育者の援助　147
1. 援助の基本的姿勢　147
2. 具体的援助の要点　151
3. 環境の構成　154
4. 表現モデルとしての保育者　158
5. 保育者自身の表現性　160
6. 表現指導上の留意点　162

第10章　子どもの表現が育つ環境　167
1. 表現にかかわる生活環境の現状　167
2. 環境の考え方について　169
3. 物的な環境　171
4. 人的な環境　173
5. 生き物の環境　176
6. 自然や社会事象の環境　177
7. 文化的な環境　181
8. 総合的に環境をとらえるということ　182

おわりに　185
索　引　186

第1章 保育における領域「表現」

〈学習のポイント〉
① なぜ，遊びが子どもにとって重要であるのか理解しよう。
② 生活のなかで，子どもがどのように自分を表現しているのか理解しよう。
③ どのような意味で，領域「表現」のねらいが「生きる力の基礎」を育てることになるのか理解しよう。
④ 領域「表現」と他の領域および小学校教育との関係を理解しよう。

1. 保育の基本

1 子どもは体験を通して学ぶ

　ピアジェ（Piaget Jean，1896～1980）の研究[*]により明らかにされたように，幼児期の子どもたちは自分自身の生活から切り離された観念や理念などの抽象的な知識を，論理的に理解することはきわめて困難である。彼らは，具体的な体験を通して考え，自分の生きている世界や環境，自分自身について具体的に理解していく。体験を抜きにして，幼児が道理や原理，法則，本質などを十分に理解することはできないのである。

　たとえば，幼稚園などで子どもたちはよく虫探しに興じる。虫とり網を持ってトンボやチョウを追いかけたり，草むらのなかのバッタや地面を走り回るダンゴムシを捕まえようとする。そういう体験を通して，子どもたちはこれらの虫がどのような特徴をもっているのか，どのようなところに棲んでいるのかなど，具体的に知る。さらには，捕まえた虫を飼ってみることで，虫の生態についての認識が深まっていく。

　また，子どもたちは遊びのなかで，さまざまなものや道具にかかわり，それらを使う。砂遊びでは，シャベルや皿，バケツ，じょうろなどを使う。空き箱などで製作をするときには，ハサミやセロテープ，フェルトペンなどを使う。遊びに熱中することを通して，子どもたちはそれらの使い方を身につけるし，ものの特質なども理解する。

　このように，子どもたちは具体的な体験を通して，自分の生きている世界について理解していくのである。それゆえ，幼児期には子どもたちに多様で豊かな体験を保障することが大切なのである。さらに加えて，豊かな体験は表現する力の育ちにとっても重要である。なぜなら，表現は，その素となる体験があって，はじめて生まれてくるからである。

[*]ピアジェは，7歳までの幼児は「直観的知能操作の段階」にあり，直接的な知覚や運動を通して思考するという。7歳以降の「具体的知能操作の段階」になって，論理的思考が可能になるのである。ピアジェ『思考の心理学』みすず書房，p.12，1968

2 環境による教育

　「幼児期には子どもは体験を通して学ぶ」ということは，子どもがかかわる周囲の環境が重要であるということを意味する。なぜなら，体験をするということは環境とかかわることであるし，そのかかわりのなかで起きる出来事を体験することにほかならないからである。それゆえ，体験による学びを重視する教育は，環境による教育といえる。

　この場合の環境とは，ものや生き物，自然現象，社会事象，人など，あらゆるものを含んでいる。子どもはそのような環境に身体全体でかかわり，諸感覚を使って環境を感じ取る。このような身体全体による環境とのかかわりにより生じる体験から，子どもはさまざまなことを学ぶのである。それゆえ，保育においては，子どもたちが有意義な体験ができるような環境を用意することが大切なのである。

　子どもにとって有意義な体験ができる環境の必要条件は，子どもがかかわりたくなるということである。すなわち，子どもが興味や関心を抱く環境が必要なのである。子どもが興味や関心を抱くからこそ，環境へのかかわりが深いものになるのであり，そこから学ぶことも多くなるのである。それゆえ，子どもたちの興味や関心をとらえ，それを反映した環境を用意すること，また，子どもたちが興味や関心を追究し，深めていけるような環境を用意すること，さらに，新たな興味や関心を引き起こさせるような環境を用意することが重要なのである。そのような環境を「豊かな環境」というならば，豊かな環境が豊かな体験を生み，そして豊かな表現を育むといえるのである。

3 遊びを通して総合的に指導する

　大人がことさら指示するのでないかぎり，子どもは身の回りにあるものを使って容易に遊びだす。そして，ときには数日間も同じ遊びを続けることさえある。すなわち，自発的になされる遊びは子どもが環境にかかわる重要な活動なのである。

　子どもにとって，遊びは自分の興味や関心を思う存分追究する活動である。先に述べた虫とりにしろ，砂遊びにしろ，それらは子どもたちがおもしろそうだと思い，やってみたいと思う気持ちに突き動かされ，自発的に行うものである。それゆえ，子どもたちは積極的にかつ熱心に環境（虫，砂，友だち，その他の遊び道具など）にかかわっていく。熱心であるからこそ，子どもたちはどうやったらトンボが捕まえられるか，うまくトンネルが掘れるかなどと考え，工夫する。そして，虫の捕まえ方や道具の使い方に習熟し，生き物としての虫について知識を獲得する。さらに，ダンゴムシをかわいいと感じたり，小さいアリが大きなえさを運ぶ姿に驚いたりなどして，感性を刺激される。感動したことは友だちや保育者に伝えようとする。それは子どもの言語能力の発達を促す。また，トンボを捕

まえようと走り回ることで，自然に体力もつく。

　このように，遊びのなかで，子どもは知的な面だけではなく，言語的に，感性的に，身体的になど，さまざまな面において発達していくのである。すなわち，遊びは子どもの全体的な発達の源なのである。それゆえ，遊びを通しての教育は，特定の能力に焦点化してそれを集中的に指導する方法とは異なり，総合的に指導する方法をとる。すなわち，保育者が，子どもたちが興味や関心を存分に追究できるように腐心することで子どもの全体的な発達を図るのである。子どもの表現する力は，そのなかで育っていくのである。

4 子どもが主体性を発揮して生活する

　遊びは，子どもが「何だろう」，「どうなっているのだろう」，「おもしろそう」などと興味や関心を抱き，自ら環境にかかわっていく活動である。その活動においては，「何をどのようにするのか」，「いつまでするのか」など，すべて子ども自身が考え，決める。すなわち，遊びにおいては，子どもは主体として，自分の遊びを能動的に生みだしているのである。子どもが主体性を発揮して生きているゆえに，遊びは創造的でもあるのである。

　たとえば，粘土を使った"お料理づくり"は，子どもがよくする遊びである。この遊びは粘土と小道具が用意されてあれば，誰かが自然にはじめるものである。粘土遊びをはじめた子どもたちのうちの誰かが，「クッキー」などと言えば，他の子どもたちもそれぞれ自分のつくっているものをごちそうに見立てはじめる。そして，その遊びに興味をもってやってくる友だちや保育者にごちそうを振る舞う。そのうち，レストランになっていくこともある。このような遊びの発展は，子どもたちのかかわりのなかで起こっていくことであり，子どもたち自身の着想や考えにより引き起こされていくことである。

　このように，自発的な遊びにおいて，子どもは主体的に生きることができるのである。そして，毎日の生活において，主体的に生きることが十分になされることにより，主体性がしだいに育まれていくのである。

5 子どもの自己充実を図る

　遊びは，子どもが自分の興味や関心を主体的に追究する活動である。それゆえ，遊ぶ自由が与えられている子どもは，存分に興味や関心を追究できた満足感・充実感を覚えることができる。この満足感や充実感こそが子どもの意欲を高め，主体的な態度を培うのである。

　意欲のある子どもは積極的に環境にかかわり，環境からさまざまなことを吸収し，発達していく。つまり，「よく遊ぶ子どもは自分自身のなかに発達する力を

もっている」ということもできる。したがって，子どもの発達を保障するためには，子どもが充実した生活を送ることが不可欠なのである。

　日本の保育の基礎を築いた倉橋惣三は，子どもは本来自分で充実する力をもっていることを見抜き，保育者はこの自己充実を支えなければならないと考えた。遊びに専念できないでいる子どものように，充実できていない子どもたちに対しては，保育者は一緒に遊んだり，興味を引く遊びを提示したりして，子どもが自己充実できるように援助する。充実できている子どもたちには，その遊びが一層発展するように援助し，充実度を高めてあげる。このように，子ども1人ひとりの充実を図り，さらにその充実を基盤にして遊びの発展を図ることが，子どものなかにある発達する力を引き出すことなのである。

＊倉橋惣三『幼稚園真諦』フレーベル館, pp.30〜34, 1976

2. 子どもの表現とは

1 表現とは

　一般に，表現とは，内面（内的世界）を目に見える形にして外的世界にあらわすことである。すなわち，思ったり，感じたり，考えたりしたこと，これらは目には見えないものであるが，それらを誰もが見ることのできる形にして提示することである。

　「表現」という言葉を聞いて，私たちがすぐに思い浮かべる典型的なものは芸術であるが，人間にとっては，芸術性の高い表現だけが重要なのではない。私たちは老若男女を問わず，生きることを通して誰でも表現している。表現しながら子どもは成長・発達し，やがてかけがえのない1人の人間として，その人独自の精神世界を形成していく。なぜなら，生きることは，自分の内面を，ときには言葉でときには行動で絶えず表現することにほかならないからである。それゆえ，人間の人生においては，芸術性の高低にかかわらず，すべての表現は有意義なのである。

　人間が成長するということは，他の誰でもない自分を形成していくことを意味する。人生のはじまりにおいて，いまだ赤ん坊は他者と区別された自分をもってはいない。しかし，空腹感や不快感を声や表情や身振りで親に表現し，親に応答してもらうことを通し，やがて2〜3歳になると，親と区別された自分の意識をもつようになる。そして，幼児期から学童期にかけて，友だちとの交流を通して，他者と区別された自分の意識を確かなものにしていくのである。このような成長が起きるのは，他者の応答が鏡となって，表現された自分が映し返され，自分を知ることができるからである。

このように，表現とは生きている営みそのものなのである。人間は常に表現しているからこそ，人間として成長するのである。それゆえ，私たちが何気なくしている行動から，明確な意図をもって行う表現活動（たとえば，芸術作品の制作）にいたるまで，あらゆる表現を，私たちは尊重しなければならないのである。津守真がいうように*，保育においては，子どものあらゆる行動を積極的に表現としてとらえようとする意志を保育者は堅持しなければならないのである。

*津守 真『子どもの世界をどうみるか』日本放送出版協会，p.134，1987

2 身体で感じて身体であらわす

　私たち大人は人に見られている自分を意識したり，理性的であろうとするために，考えたり感じていることを即座に表現することにいささかのためらいを感じるようである。一方，子どもは大人とは逆である。

　子どもは身体全体で環境に働きかけ，環境からの応答や刺激を身体全体で感じ取り，即座に環境に応答している。応答は思ったり感じたりしたことを行動という形に表現することにほかならない。したがって，子どもは思ったり感じたりしたことを，少しのちゅうちょもなく，即座に身体で表現しているといえる。すなわち，子どもにとっては「考えたり，感じたりすること」と「表現」とは「考え，感じること＝表現」というように，一体となっているといえるのである。

　たとえば，幼児が楽しい気分になると，自作の歌をうたいながら，思いのままに身体を動かすことがよくある。また，幼児は，ブランコなどの遊具に目がとまり，それで遊びたいと思うやいなや，すぐにそれを目ざして走りだす。

　子どもが内面を即座に表現するのは，遊ぶ場合だけではない。友だちとの間にいざこざが起きたときには，相手の主張にむきになって反論したり，悔しい気持ちを身体全体であらわす。うれしいときには，満面の笑顔で飛び跳ねる。

　このように，日常生活において，子どもは思ったり感じたりしたことを即座に行動・仕草・表情などにあらわすという仕方で生きているのである。

3 自由感からのびのびと表現する

　ときには子どもも，思っていることを即座に表現できないことがある。つまり，「～をしたい」と思っているのに，その気持ちを素直に表現できないこともあるのである。

　たとえば，新年度のはじまりによく見られる姿であるが，友だちの遊んでいる様子を無表情で見ているだけで，所在なげに過ごす子どもがいる。友だちの様子を見ているのであるから，彼らのしている遊びに関心があると思われる。しかし，その「遊びたい」という気持ちを行動にあらわすことができないのである。

　また，園生活にすっかり慣れた子どもたちのなかに，ときおり，保育者に「～

してもいい？」とことあるごとに聞く子どもがいる。その子どもは，いちいち保育者に許可を得ないと行動できないのであるから，やはり，遊びたいという気持ちを素直に行動にあらわすことができないでいるといえる。

　このように，子どもが自分の気持ちを素直に表現できないでいる場合は，他にもいろいろある。それらの場合に共通していえることは，気持ちを表現することに対して心理的な抑制がかかっているということである。それは，人を含めた周囲の環境が，子どもに対して圧力・束縛を与えているために起こるものである。それゆえ，子どもがいきいきと自分を表現することができるためには，このような圧力や束縛を取り払い，子どもの心を解放してあげなければならない。すなわち，子ども自身が自由に自分を表現できると感じられるときに，子どもはのびのびと表現するのであり，その結果として，豊かに表現する力が育まれるのである。

4 素朴に表現する

　私たち大人は，感動した体験や印象深い体験を形あるものに表現しようという意志をもって，自覚的に表現活動をする。したがって，その形もできるだけ整えられ，完成された形式にしようと努める。たとえば，詩の形式に表現する場合，言葉を選び，言い回しを考え，読み直して推敲もする。絵を描く場合も，ある程度納得いくように，ていねいに心を込めて描く。場合によっては描き直しもする。すなわち，大人の場合，その人が明確な意図をもって表現しようと努めていることが，第三者にもわかるのである。

　一方，子ども，とくに幼児の場合には，完成度を意識して表現しようとすることはほとんどない。また，絵を描くにしろ，ものをつくるにしろ，歌をうたうにしろ，その表現技術は，大人に比べれば非常に未熟である。そのため，わかりやすさに慣れている大人の目からすると，それが表現活動であるとは見えないことも多い。逆にいえば，子どもは大人の注目を引かないような仕方で，何気ない行為のなかに，素朴な形で感動したことや印象に残ったことなどを表現することが多いのである。

　たとえば，保育者が1人で黙々と砂遊びをしている子どもがいることに気づいて近づいてみると，その子どもがひとり言をいいながら，「自分」と「友だち」，「先生」の3役を演じていた，などということもある。あるいは，保育後に，折り紙に鉛筆で線が数本書かれてあるのを見つけることもある。

　このような子どもの表現は，保育者がよく注意していないと気づけない，些細なものである。しかし，子どもの生活のなかでは，このような，大人からすると些細に見える表現が多いのである。表現を追究しようというような，自覚的な表現意識に目覚めてはいない幼児は，生活のなかで素朴に表現しているのである。

3. 領域「表現」のねらい

1 生きる力の基礎を育む

(1) 幼稚園教育要領改訂の方針

　1998（平成10）年12月に改訂された幼稚園教育要領から，幼稚園教育の目標が「生きる力の基礎の育成」となった。その改訂に先立ち，1998年7月29日に教育課程審議会が「幼稚園，小学校，中学校，高等学校，盲学校，聾学校及び養護学校の教育課程の基準の改善について」と題する答申をし，そのなかで，幼稚園教育要領改訂の基本方針が示された。その1つに，「豊かな生活体験を通して自我の形成を図り，生きる力の基礎を培うため，次のような事項が全体を通じて十分に達成できるように『ねらい』及び『内容』を改善すること」とあり，幼稚園教育の目標が「生きる力の基礎の育成」であることが示されたのである。

　現行の幼稚園教育要領は2008（平成20）年3月に改訂されたものである。それに先立ち，2008年1月17日に中央教育審議会が「幼稚園，小学校，中学校，高等学校及び特別支援学校の学習指導要領等の改善について」と題する答申をした。その中で，中央教育審議会は「平成8年の答申以降，1990年代半ばから現在にかけて顕著になった『知識基盤社会』の時代などと言われる社会の構造的な変化の中で『生きる力』をはぐくむという理念はますます重要になっていると考えられる」と述べ，「生きる力」という理念の共有が重要であることを強調した。こうして，現行の幼稚園教育要領も「生きる力の基礎を育むこと」を目標として改訂されたのである。

　また，現行の保育所保育指針も2008年3月に改定されたが，保育内容に関して幼稚園教育要領との整合性が図られた。そのため，保育所保育においても，「生きる力の基礎を育むこと」は重要な柱になっていると言える。

　ところで，「生きる力」とは何だろうか。中央教育審議会は，1996（平成8）年7月19日に「21世紀を展望した我が国の教育の在り方について」と題する第一次答申を行った。その答申のなかに，生きる力について以下の要素があげられている。

　　○自分で課題を見つけ，自ら学び，自ら考え，主体的に判断し，行動し，よりよく問題を解決する資質や能力
　　○自らを律しつつ，他人とともに協調し，他人を思いやる心や感動する心など，豊かな人間性
　　○たくましく生きるための健康や体力

　幼稚園教育にはじまる学校教育は，その全体を通してこのような意味での生きる力を育むことが目標であるとされるのである。ここであげられている要素は一

> ### 表1-1 幼稚園教育の目標
>
> 　第二十三条　幼稚園における教育は，前条に規定する目的を実現するため，次に掲げる目標を達成するよう行われるものとする。
> 　一　健康，安全で幸福な生活のために必要な基本的な習慣を養い，身体諸機能の調和的発達を図ること。
> 　二　集団生活を通じて，喜んでこれに参加する態度を養うとともに家族や身近な人への信頼感を深め，自主，自律及び協同の精神並びに規範意識の芽生えを養うこと。
> 　三　身近な社会生活，生命及び自然に対する興味を養い，それらに対する正しい理解と態度及び思考力の芽生えを養うこと。
> 　四　日常の会話や，絵本，童話等に親しむことを通じて，言葉の使い方を正しく導くとともに，相手の話を理解しようとする態度を養うこと。
> 　五　音楽，身体による表現，造形等に親しむことを通じて，豊かな感性と表現力の芽生えを養うこと。
>
> 　　　　　　　学校教育法　昭和22年3月31日　法律第26号
> 　　　　　　　一部改正　平成19年6月27日　法律第96号

般的・抽象的なものであり，子どもの成長に伴い，求められる具体的内容は変化していく。つまり，小学生には小学生のレベルでの，中学生には中学生のレベルでの，高校生には高校生のレベルでの生きる力があるのであり，それぞれのレベルに合わせて，生きる力は高められていくのである。そのような生きる力の発達の出発点である幼児期には，生きる力の基礎を培うべきであるといわれている。ことさらそのようにいわれるのは，幼児は大人との依存関係を基盤にして生きており，大人の援助が重要なのであり，幼児が十分に自律したり，よりよく問題を解決できるようにすることを達成目標とすることは，幼児の発達の特性からして適切とはいえないからなのである。

(2) 生きる力の基礎

　学校教育法の第二十三条に幼稚園教育の目標が5点あげられている。それらを達成するように努めることが，生きる力の基礎を育てることになるとされているのである。その5番目に，「音楽，身体による表現，造形等に親しむことを通じて，豊かな感性と表現力の芽生えを養うこと」とある。これは，領域「表現」に直接かかわる事柄である。つまり，領域「表現」は，感性と表現力の芽生えを養うことを通して，生きる力の基礎を培うことを目ざしているのである。

　表1-1に幼稚園教育の目標が示されているが，どの目標にも，「基礎を培う」，「芽生えを養う」という表現が目につく。「～ができるようにする」などというように，確実な能力をつけることを求める書き方はしていない。つまり，幼稚園教育は，そのような能力に到達する以前の，その土台となる部分を養うことをもっとも重視しているのである。生きる力の基礎とは，このような具体的な能力や技

能の習得の土台となる部分のことなのである。

さらに，幼稚園教育要領の第2章「ねらい及び内容」の冒頭に，「この章に示すねらいは，幼稚園修了までに育つことが期待される生きる力の基礎となる心情，意欲，態度などであり」と述べられている。心情・意欲・態度は，明らかに能力や技能ではない。これらは，能力や技能を獲得しようとしてなされる行為，あるいは能力や技能を発揮する行為そのものを支え維持してくれるものである。その意味で，能力や技能の土台である。

以上のことからわかるように，生きる力の基礎とは，具体的な能力や技能自体を指すというよりは（もちろん，それらを無視しているのではないが），どちらかというと，それらが可能となるような土台，それらが生まれてくる母体のことを意味しているのである。領域「表現」の重点もそこにあるのである。

表1-2　領域「表現」のねらいと内容

感じたことや考えたことを自分なりに表現することを通して，豊かな感性や表現する力を養い，創造性を豊かにする。

1　ねらい
(1) いろいろなものの美しさなどに対する豊かな感性をもつ。
(2) 感じたことや考えたことを自分なりに表現して楽しむ。
(3) 生活の中でイメージを豊かにし，様々な表現を楽しむ。

2　内容
(1) 生活の中で様々な音，色，形，手触り，動きなどに気付いたり，感じたりするなどして楽しむ。
(2) 生活の中で美しいものや心を動かす出来事に触れ，イメージを豊かにする。
(3) 様々な出来事の中で，感動したことを伝え合う楽しさを味わう。
(4) 感じたこと，考えたことなどを音や動きなどで表現したり，自由にかいたり，つくったりなどする。
(5) いろいろな素材に親しみ，工夫して遊ぶ。
(6) 音楽に親しみ，歌を歌ったり，簡単なリズム楽器を使ったりなどする楽しさを味わう。
(7) かいたり，つくったりすることを楽しみ，遊びに使ったり，飾ったりなどする。
(8) 自分のイメージを動きや言葉などで表現したり，演じて遊んだりするなどの楽しさを味わう。

資料）文部科学省告示第26号「幼稚園教育要領」2008

2 領域「表現」のねらい

　幼児期において生きる力の基礎を育むことが保育の目的であるが，領域「表現」はそれにどのようにかかわるのだろうか。幼稚園教育要領の領域「表現」は，3つの「ねらい」と，それを達成するために具体的に指導する8つの「内容」からなっている（表1-2）*。「ねらい」として示されていることが，領域「表現」が目ざす生きる力の基礎である。

　領域「表現」の冒頭にあるように，この領域において目ざしているものは，「感性や表現する力を豊かにすること」と「創造性を豊かにすること」である。まず，「感性を豊かにすること」について考えよう。

　子どもの表現する力が豊かになるためには，その前提として，感性が豊かになることが必要である。つまり，美しいものを見て美しいと感じたり，かわいいものを見てかわいいと感じる繊細な感覚が育つ必要があるのである。「美しい」とか「かわいい」と感じるということは，心が動くということである。子どもたちが環境とかかわることにより心を動かす体験をすることで，そのような体験をもたらす事柄が身の回りに存在することを知り，周囲の環境への感覚が鋭敏になる。そして，心を動かす体験を積み重ねることで感性が豊かになっていくのである。また，心を動かされるからこそ，子どもたちはそのような体験をもう一度してみたいと思うし，その体験を表現したいと思うのである。すなわち，感性を豊かにするということは，表現意欲を高めることと結びついているのである。

　次に，「創造性を豊かにすること」について考えよう。創造性が豊かになるためには，自由にイメージを膨らませ，それを自由に表現することが保障されていなければならない。それゆえ，ねらいの（2）と（3）において，「自分なりに表現して楽しむ」とか「様々な表現を楽しむ」と書かれているのである。子どもが思い思いに自分らしい表現をすることは，表現すること自体の楽しさを味わうことになるし，充実感を覚えることになる。表現することの楽しさを知ることは，もっと表現したいという表現意欲を湧かせる。さらにそれは，ひととおりの表現に満足するのではなく，いろいろな仕方で表現してみようという意欲に発展する。こうして，子どもが表現そのものへの意欲や，表現方法を工夫しようとする意欲を抱くことで，結果として表現する力が育っていくのである。

　このように，領域「表現」は，表現技術に習熟させることや上手に表現させることを中心的に目ざしているわけではない。技術の前提となる，表現意欲や意欲的に取り組む態度，繊細に物事を感じ取れる感性を養うことを重視しているのである。その意味で，領域「表現」は生きる力の基礎を育むことを目ざしているのである。

*保育所保育指針では，3つの「ねらい」と10の「内容」になっている。「ねらい」は幼稚園教育要領と同じである。ここでは幼稚園教育要領を取り上げて，述べていく。

3 子どもが自由に表現することを大切にする

　前述のように，領域「表現」のねらいは，子どもが表現することの楽しさを知り，その表現意欲を高めていくことにある。そのためには，子どもの自由な発想と自由な表現が制約されてはならない。

　大人は，自分の考えが狭いことに気づかぬまま，その枠のなかに子どもの創造的な表現の芽を封じ込めてしまいがちである。たとえば，保育者のなかには「現実のものはできるだけ正確に描くことがよい」と思いこみ，子どもたちに手足の指は必ず5本ずつ描かせたり，子どもが4本あしの鳥を描くと，間違いであることを指摘するなど，描写の正確さを求める人もいる。このような指導をする人は，表現するとはどういうことなのかを理解しておらず，表現を正確な知識を得たり，ものを認識するための単なる手段と考えてしまっているのである。

　また，みんなで行った活動の体験を子どもたちに描かせる際に，保育者がその活動について自分の抱いているイメージに合うように，指導してしまうこともある。たとえば，運動会に参加した子どもがすべて楽しい思いをしたとはかぎらないにもかかわらず，「運動会は楽しいものである」という保育者の固定観念が，どの子どもにも楽しそうに見える絵を描かせることになる。

　このような保育者に指導された子どもたちは，みんな型にはまった同じような絵を描くことになる。彼らは保育者の評価（保育者が求めるように自分が描けているか）を気にし，創造性を発揮することができなくなるのである。子どもの表現の創造性は，大人の考えを超えたところにある。それゆえ，真に創造性を育てようとするなら，大人の考えのなかに子どもの表現を閉じこめるのではなく，子どもがのびのびと表現できるように，表現の自由を与えてあげることが必要なのである。

4. 保育内容の諸領域と領域「表現」

1 領域の意味

　保育内容は「健康」「人間関係」「環境」「言葉」「表現」の5領域からなっている。保育内容とは，小学校教育に照らすと，教育内容に該当する。小学校の教育内容は「教科」として編成されている。それゆえ，私たちは領域を教科と同じようなものであると誤解しやすい。しかし，両者の考え方はまったく異なっているのである。

　教科は生活科などの一部のものを除いて，基本的にその編成原理は学問体系に基づいている。たとえば，生物学とか物理学が理科という教科を構成している。

一方，領域はそれに対応する学問体系に基づいて編成されているわけではない。5領域は，子どもの発達をとらえるための視点として考えられているものである。すなわち，領域は乳幼児期の子どもの発達する姿を，健康・人間関係・環境・言葉・表現の5つの側面からとらえ，その側面から子どもの発達を促し，保障していこうとするものである。

　このように，領域は子どもの発達をとらえたものであり，学問体系をまとめたものではない。そのことは，5領域は，子どもの全体としての発達の下に相互に結びついていることを意味する。

　学問はそれぞれ完結した体系をなしているので，教科は相互に独立したものとして扱うことができる。一方，子どもの発達については，それをいくつかの側面や要素に分割してとらえることができても，それらの側面や要素は互いに独立して発達していくわけではない。たとえば，言語能力の発達は，子どもの思考力にも関係するし，人とかかわる力にも関係する。すなわち，子どものさまざまな側面は，互いに影響し合いつつ，発達するのであり，その意味で，子どもは全体として発達していくのである。領域は子どもの発達をとらえるための側面なのであるから，当然，5領域は相互に緊密に関連し合っていることになるのである。

2 日常生活の経験全体が表現する力を育む

　幼児期の子どもは遊びのなかで，さまざまな力を発達させていく。表現する力も，日常の生活・遊びのなかで育っていくのである。

　本章の第2節で述べたように，表現は生きる営みそのものである。子どもは生活のあらゆる場面でさまざまな表現を行っている。それは，子どもたちが表現することを促されるような経験をいたるところでしていることを意味している。そういう経験は，誰もが注目するような特別な出来事や活動に関してだけなされるのではない。子どもたちは，第三者が気づかない，その意味では些細な出来事のなかでも，表現したくなる経験をしているのである。子どもの表現する力を育むためには，そのような経験を大事にし，そこから生まれてくる子どもの表現しようとする気持ちを受け止め，子どもの自発的な表現行為を支えてあげることが何よりも大切なのである。

　私たちは，表現の指導というと，どうしても「リズム運動をする」とか，「ピアノの伴奏で歌をうたう」とか，「画用紙に絵を描く」など，明確に「表現」とわかりやすい活動を子どもたちにさせることであるかのように思いがちである。もしも，そのような時間を設けることだけが子どもの表現を育てることであると考えるなら，その指導により育つ表現は決して豊かとはいえないだろう。

　子どもの表現の豊かさは，経験の豊かさに支えられている。豊かな経験は子ど

もの生活の全体にちりばめられている。保育者が，生活のなかでの子どもの多様な経験をすべて表現の土壌としてとらえ，子どもの行う些細な行為を認めることにより，子どもの表現が豊かなものとなっていくのである。たとえば，何気ない子どもの鼻歌に保育者が同調してあげること，ある場面を見た驚きを興奮しながら話す子どもの話を息をのんで聞いてあげること，これらも子どもの表現する気持ちを支え，ひいては表現活動を引き出すことにつながるのである。

このように，生活全体を表現の場であると考えることのほうが，特別な活動だけを表現の場であると考えるよりも，はるかにその指導は細やかなものとなり，子どもの表現を豊かにするのである。特別な表現活動の指導は，細やかな全体的な指導との関連で考えられるべきなのである。

5. 小学校教育と領域「表現」

1 創造性と学習活動

領域「表現」は子どもの創造性を育むことを目的としている。この創造性は，芸術的な活動にだけ影響を与えるわけではない。子どもたちのさまざまな学習活動においても，創造性は重要なものである。

創造性とは，これまでの経験に基づきながら，新たなことを生み出すことができる自由な発想のことでもある。子どもたちが学習活動において，新たな概念やより普遍的な法則などを主体的に学んでいくためには，創造性が必要である。なぜなら，子どもたちが，実験や体験などを通して，それらに共通する法則やそれらを包括する概念を発見することは，これまでの経験を基にして新たなことを生み出すということにほかならないからである。

また，小学校においては，子どもたちが共同で調査・研究をすることもある。その際，子どもたちがありきたりの結果ではなく，興味深い結果を導き出すことができるかどうかは，彼らが熱心に取り組むかどうかだけではなく，発想の豊かさをもっているかどうかにもかかっているのである。

このように，領域「表現」は，芸術的分野だけの問題ではなく，学習活動全般にもかかわることなのである。

2 教科との関係

小学校教育と領域「表現」の関連性をもう少し具体的にみるために，低学年の教科の内容と領域「表現」の内容を見比べてみよう。小学校の教科のうち「国語」「生活科」「音楽」「図画工作」「体育」の5教科は，領域「表現」と関連する内容

をもっている。ここでは，「国語」と「図画工作」についてみてみよう。まず，「国語」に関しては，その目標の1つとして，次のように書かれている。

(2) 経験したことや想像したことなどについて，順序を整理し，簡単な構成を考えて文や文章を書く能力を身に付けさせるとともに，進んで書こうとする態度を育てる。*

ここには，「書く」という限定された方法ではあるが，経験したことや想像したことなどを言葉で表現しようとする態度を育てることが示されている。これは，領域「表現」(以下，表1-2を参照)で育ったことの発展である。また，領域「表現」の内容の(8)には，「自分のイメージを動きや言葉などで表現したり」とあり，言語的な表現もこの領域に含まれていることが示されている。

このように，領域「表現」は「国語」と関連しており，その基礎となっているのである。

次に，「図画工作」についてみてみよう。その目標の1つとして，次のように書かれている。**

(1) 進んで表したり見たりする態度を育てるとともに，つくりだす喜びを味わうようにする。

これは，領域「表現」で大事にしている「楽しむこと」を基礎とし，その発展として育つものである。そのため，「図画工作」に関しても，領域「表現」がその基礎となっているといえるのである。残りの3教科についても同様である。

以上のように，領域「表現」は小学校の教科の内容と関連しているのである。

*文部科学省「小学校学習指導要領」2008，第2章「各教科」第7節「図画工作」

**文部科学省「小学校学習指導要領」2008，第2章「各教科」第7節「図画工作」

【参考文献】

教育課程審議会「幼稚園，小学校，中学校，高等学校，盲学校，聾学校及び養護学校の教育課程の基準の改善について(答申)」1998

倉橋惣三『幼稚園真諦』フレーベル館，1976

厚生労働省「保育所保育指針」2008

中央教育審議会「21世紀を展望した我が国の教育の在り方について(第一次答申)」1996

中央教育審議会「幼稚園，小学校，中学校，高等学校及び特別支援学校の学習指導要領等の改善について」2008

津守 真『子どもの世界をどうみるか』日本放送出版協会，1987

ピアジェ『思考の心理学』みすず書房，1968

文部科学省「幼稚園教育要領」2008

文部科学省「小学校学習指導要領」2008

第2章 子どもの表現の発達

〈学習のポイント〉
① 表現の発達は，表現そのものが発達するのではなく，子どもの発達のあらわれであることを再確認しよう。
② 表現は，〈あらわし手〉である子どもと〈受け手〉との間で芽生え，育まれることを理解しよう。
③ 表現の発達は，多様な相互作用に促され，生理的な発達・自己の発達とともに進行する。発達に即した表現の指導方法を考えてみよう。
④ 子どもの表現を支えているものを理解し，豊かさへと向かう発達を援助する「保育者の役割」と「援助上の留意点」について考えてみよう。

　子どもたちは日々，さまざまな表現をしながら発達している。自分を取り囲む環境から多様なものを内側に取り込み，表現として外に出す繰り返しは，生きていくための呼吸のように，発達に不可欠なものといえるだろう。それでは，表現そのものはどのような発達的変化をとげていくのだろうか。
　これまでの表現の発達のとらえ方は，"何歳にはこんな姿になり，こうした表現をする"というように，表現の姿や作品の変化からその発達段階を示すことが中心であった。*表現の発達段階は，表現した結果を外側からとらえた仮説であり，発達を見通すために必要であるが，そこから援助に関する具体的な手がかりを得ることは難しい。保育者に必要なのは，表現の発達を内側からとらえる視点であり，表現の過程に着目して，どのように，そして何を契機として発達するのかを理解することである。こうした考えに立って，保育における援助の手がかりとなるような表現の発達論を提示することが本章のねらいである。
　表現の過程に着目すると，子どものすべての行為が検討の対象になる。そのすべてから発達の筋道を見通すためには，のぞき窓のような視点をいくつか定め，そこから流れをとらえて重ね合わせる必要があるだろう。ここでは，表現が，表現の主体者である〈あらわし手〉とそれを受信する〈受け手〉の存在，およびその関係性で成り立っていることに着目した。たたずむことも，うたうことも，表現であれば発信者と受信者がいる。その両方の視点からながめ，関係性にも焦点をあてることで，表現の過程を含む全体的な発達の筋道が描けるのではないだろうか。
　〈あらわし手〉側からは生理的な発達と自己の発達を追い，〈受け手〉側から見える表現の姿の変化を示し，両者の相互作用の役割とその発達的変化をとらえてみたい。本章では，それを表現の芽生えとそれぞれの表現領域に分けて概観し，最後に，それらを総合して表現の発達の全体像について考えていく。

*「発達段階」は，質的な変化の節目に注目して整理し，一般化したものであるが，研究者によって微妙な違いがみられる。

1. 表現の芽生えと分化

1 表現のはじまり

　子どもの表現は，いつ，どのように芽生え，発達していくのだろうか。まず，そのはじまりに焦点をあててみよう。

　人生のなかではじめてその存在を表現する瞬間は，産声（うぶごえ）を発するときであろう。赤ちゃんが発する産声は，誕生を待ちわびる〈受け手〉にとって，まさに新たな生命の表現のはじまりである。〈受け手〉である養育者は，その後も1つひとつの行為を表現として受け止め，解釈する。たとえば，抱き上げても泣きやまなければ「おなかがすいているの？」と声をかけ，応じようとする。

　一方，〈あらわし手〉である赤ちゃんにとってはどうだろう。産声は，誕生時の生理的な反射であるといわれている。＊誕生を告げる意図はもちろんない。こうした意図性や伝達性のない無意識のあらわしを「表出」とし，「表現」とは区別する考え方がある。＊＊ここでは厳密な区別は行わないが，少なくとも〈あらわし手〉にとって，産声を発することは表現行為ではないだろう。

　"表現のはじまり"を整理してみよう。〈受け手〉側からみると最初の表現は産声であるが，〈あらわし手〉側からはそうではない。両者の関係性は，〈あらわし手〉にとっては反射である産声が，〈受け手〉によって「表現」と意味づけられるという状況である。こうしてはじまる表現は，その後，どのような筋道をたどって発達していくのであろうか。

2 表現の芽生え期の特徴と発達

　まず，〈あらわし手〉側のその後の様子をたどってみよう。生後間もない赤ちゃんの行為は，反射といわれる刺激に対する無意識の動きが中心である。＊＊＊〈受け手〉を意識することのなかった赤ちゃんも，2カ月頃になると追視を行うようになり，随意運動が可能な部分が頭から足の方向に，末梢部へと徐々に広がり，自由に行える動作が増えていく。泣き声は，単調な泣き方から抑揚を伴う泣き方へと複雑化し感情を伴うようになる。こうして，乳児期後半には自由に操れるようになってきた身体と音声を媒体として，人とのやりとりを楽しみ，意図や感情を伝えたり，自分の行為の結果を楽しんだりする姿が見られるようになる。

　この頃の発達からは，無意識から意図的・伝達的なものへ，表出的なものから表現的なものへという流れを読み取ることができるだろう。その後，発達とともに表現的な行為の割合が増加するが，表出的な行為の重要性は変わらないことを確認しておこう。心のままにあらわすことは年齢を問わず大切であり，"心の解放"は無意識の表出的な行為のなかで実現される。＊＊＊＊表出は未発達な表現なの

＊産声とは，母親の胎内から外界に生まれ出てはじめて吸い込んだ空気を羊水とともに吐き出すときに出される声，第1回目の呼吸に伴って出される反射的な叫び声である。不快や苦痛をあらわすものではない。

＊＊大場（1996）は，「表現」には次元があるとして，あらわし手が受け手を意識しているかいないかで「表現」と「表出」を区別できるとしている。ここでは，「表出的行為（あらわし）」と「表現的行為（あらわし）」という言葉で区別をする。

＊＊＊原始反射には把握反射，吸てつ反射，自動歩行などがあり，一定期間を過ぎると消失する。追視とは目でものを追うことであり最初の随意運動といわれているが，初期においては刺激に対する反応としてあらわれる。随意運動とは自分の意図をもって動くことである。

＊＊＊＊どろんこ遊びやとろとろの感触の絵具を用いて思いのままにあらわすフィンガーペインティングは，精神衛生上好ましい活動であるといわれている。

ではなく，豊かな表出体験のなかから表現が生まれ，いつでも"行き来するもの"であることを理解しておきたい。

次に，〈受け手〉側のその後の様子をたどってみよう。養育者は，伝達する意図もなく泣いている赤ちゃんに対して「おしりが濡れて気持ち悪いのね」などと話しかけ対応する。その働きかけは当初は一方的であるが，赤ちゃんはそれを聞き分け，やがて対応を予期して泣き分けるようになる。また生後2〜3カ月頃に人の顔を見て笑う社会的微笑がはじまると，〈受け手〉も"あやす"など盛んな相互作用を行うようになり，それがアタッチメントなどの発達の基礎をつくることになる（写真2-1）。*このように，発信されたあらわしを意図の有無にかかわらず受信して返信する〈受け手〉の存在は，子どもの発達全般において重要な役割を果たしている。

さらに，〈あらわし手〉と〈受け手〉の関係性のその後を考えてみよう。〈あらわし手〉の表出的な行為を〈受け手〉が「表現」と意味づける関係性は，〈あらわし手〉に伝達手段が十分に獲得されるまでの間は継続する。〈あらわし手〉が幼いからこそ〈受け手〉の積極的な読み取りを必要とし，そこに相互作用が生まれ，〈あらわし手〉が用いている表現の手だてが〈受け手〉に伝達され，表現が育まれるという関係性が成立している。これは保育における援助の原型といえるだろう。発達とともにこうした関係性は，互いを読み取るコミュニケーションに発達していく。

生後1年くらいを表現の芽生え期とすると，その発達過程は，以下のように整理される。〈あらわし手〉の表現行為は〈受け手〉を意識しない表出的なあらわしが中心である状況から，〈受け手〉を意識した意図的な表現がみられる状況へと発達し，表現的な行為の出現率が増加する。〈受け手〉は〈あらわし手〉の意図にかかわらず解釈し応じる状況から，〈あらわし手〉に応じた相互作用を行うようになる。両者の関係性は，一方的な発信と受信という関係から，より明確な

写真2-1

＊アタッチメント（愛着）は，乳児と養育者の心の絆であるが，その形成には，育児行動だけでなく，笑顔や話しかけなど，肯定的情緒表現を伴ったやりとりが重要な要素となる。

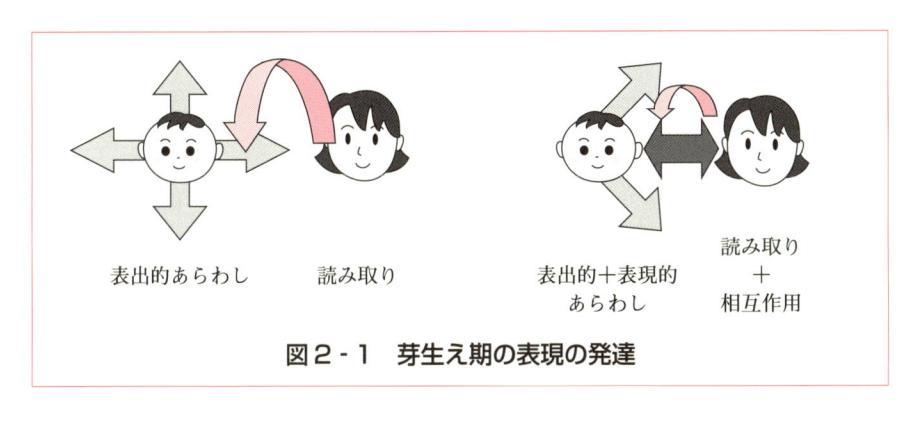

表出的あらわし　読み取り　　表出的＋表現的　読み取り
　　　　　　　　　　　　　　あらわし　　　＋
　　　　　　　　　　　　　　　　　　　相互作用

図2-1　芽生え期の表現の発達

対応関係へと発達する（図2-1）。つまり，子ども自身の発達と相互作用によって伝達性が高まるという過程をたどる。

3 表現の分化

次に，初期の発達過程を"分化"という視点からながめてみよう。泣き声と反射的な動きしかなかった表現の手だては多様化し，複雑化する。

まず，内面に目を向けると，表現する子どもの情緒の分化が1つの契機になる（図2-2）。情緒の分化については，ブリッジス（Bridges, K.M.B.）の説[*]が広く知られている。子どもの情緒は，漠然とした興奮状態から快・不快が分化し，快は得意，愛情へ，不快は恐れ，怒り，嫌悪と分化する。最近の研究では，もっと早期に分化するという説があるが，いずれにしても，こうした内的な発達によって泣き声のあらわす意味も不快をあらわすだけでなく，養育者の注意を引く，甘えるなど複雑さを増すようになるのである。

それでは情緒の分化はどのように進行するのであろうか。

[*] Bridges, K. M. B., Emotional development in early infancy, Child Development, 3, 324-334, 1932

●事例1　母親との相互作用によって複雑化する情緒と表出

　子育て支援センターに親子で遊びに来ていた生後11カ月の男児は，不安定な足

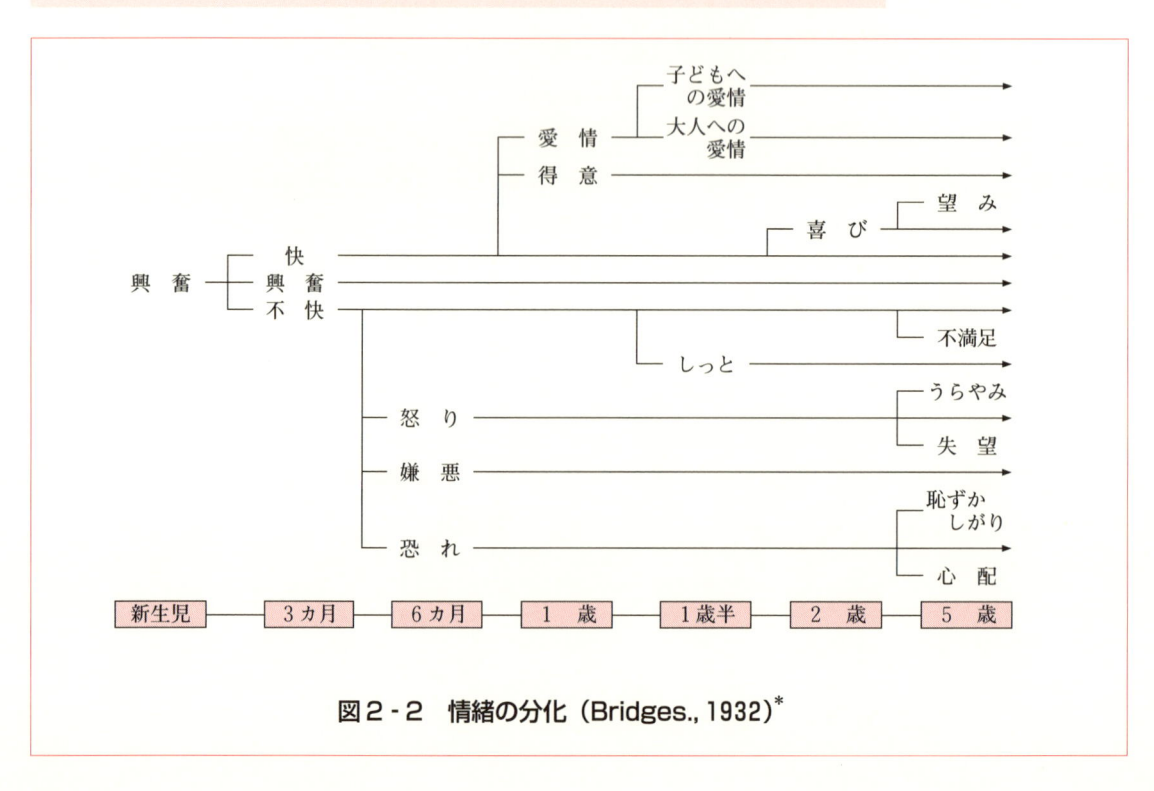

図2-2　情緒の分化（Bridges., 1932）[*]

> 取りで、遊びのスペースから飲食のエリアに移動した。男児は、他の子どもが母親に抱かれてジュースを飲んでいるのを見て、その場に立ち尽くしている。視線はジュースの容器に固定されたままである。それに気づいた男児の母親は、男児を抱き上げ、「ジュース、飲みたいなと思ったのかな」と話しかける。男児はそこではじめて甘えるような表情をする。「○○ちゃんのじゃないもんね、あっち行こう」と言われると、ますます訴えるような表情になり、声を発した。こうした感情も、なんとなく不快という心情を意味づけ言葉にしてくれる養育者によって意識化されるのだろう。やさしく抱き上げられ、気持ちを受け止めてもらった男児は、その後、母親から渡されたおもちゃを持って遊びのスペースに戻っていった。

 事例のように、情緒の分化も、養育者との相互作用によって促進されると考えられる。こうした経験を重ねることで、あらわす内容と手段を複雑化し、"こういう思いはこういうふうにあらわす"というような、内容と手段の対応関係の理解を深めていく。このことは、同時に他者の感情表出の意図理解を促進することになる。
 表現手段の複雑化を推進するのは、身体的な発達である。表情やしぐさが豊かになることで、さまざまな情緒や意味の伝達が行われるようになる。発声器官の成熟によって音声が複雑化し、伝達するための発声は"話すこと"へ、発声そのものを楽しむことは"うたうこと"へと分化が進行する。さらに手の把握機能の発達は、自由な物の操作や物を介したやりとりや探索的な物へのかかわりを可能にする。それらが"つくること"や"かくこと"、"音を出すこと"などの多様な表現の手だての獲得につながり、表現の分化を促進させる。
 複雑化した表現のその後の発達をとらえるためには、表現領域別に発達を概観し、総合的に検討することが役立つだろう。次節からは、音楽・造形・身体といった表現領域をのぞき窓にして、表現の発達の流れをとらえてみたい。

2. 音楽的表現の芽生えと発達

 幼児期後半の子どもたちは、友だちと声を合わせてうたい、さまざまな音色を響かせて楽器を奏でることを楽しむようになる。園行事での歌や演奏を通して表現の喜びを感じ、表現技能を獲得してより自由に音楽を楽しめるようになる。
 一方、幼児の音楽的表現は、歌や演奏からはじまるわけではない。その素地となる力や音を楽しむ心は、日常の生活場面で育まれる。園生活のなかでは、「いーれーて♪」というように音程をつけた言葉が交わされ、粘土をたたく手がいつ

のまにかリズムを刻み，思いがけない音の発見に笑い合う姿が見られる。それらは教えられて生まれる行為ではない。音にかかわる表現は，言葉や身体による表現と密接に結びつきながら，音楽が生まれるような生活のなかで発達する。

ここでは"うたうこと""聞くこと""奏でること"の発達を，〈あらわし手〉自身の成長の視点と〈受け手〉との相互作用の視点から説明する。

1 うたうことの発達

声による表現は，自分自身の器官を媒体とした素朴で伝わりやすい表現といえるだろう。音声は発達とともに複雑化し，さまざまな感情や情報を伝えることが可能になる。そして表現機能は"うたうこと"，伝達機能は"話すこと"の源になる。音声から"うたうこと"が分化していく発達の流れをたどってみよう。

(1) 〈あらわし手〉の発達

生後1カ月間の音声は，呼吸に伴って発せられる反射的な発声や泣き声である。*発声器官は，鼻で呼吸をしながら母乳を飲むのには都合がよいが，舌の可動性が低く，声帯を用いて言語音を出すことが不可能な状態にある。2～3カ月には喉の奥をクーと鳴らすクーイングと呼ばれる音声や，笑い声が出現する。4～6カ月になると，咽頭部の拡大によって舌の可動性が増し，呼吸の制御能力も向上することから，「プ・プ・プ」，「キィー」などさまざまなタイプの音声があらわれるようになり，声遊びの時期といわれる。発声の繰り返しによって複雑な舌の運動を迅速に行えるようになり，声門や唇，顎などの連動が可能になり，「バーバ」，「ママ」などの喃語が出現する。喃語の反復は調音機構を活性化させる。こうした生物学的成熟は発達の条件となるが，発達を促すのは，〈受け手〉との相互作用や発声に伴う多様なフィードバックである。

(2) 相互作用による発達

うたうことは，一緒に声を出し楽しさを感じ合うことのできる〈受け手〉の存在によって育まれる。生後2～3カ月にはじまるクーイングは，まもなく養育者とのコミュニケーションに用いられるようになる。細田らによると，生後3～4カ月にうたう保育者に対する追視が発現し，5～6カ月には子守唄や月齢の近い乳児の声に反応した発声が観察される。**7カ月以降には，保育者の歌に歓声をあげる姿，音楽に合わせて身体を揺らす姿が見られるようになり，座位やつかまり立ちなど，それぞれの発達状況において，発声や身体表現を楽しむようになる。こうした共有や同調の体験が，発達の基礎となる。

では，リズムとイメージを伴う音楽表現としての"歌"をうたいはじめるのはいつなのであろうか。既成の曲の一節をうたっていることが〈受け手〉にわかるものを"歌"と考えると，うたいはじめは1歳台であり，発語のはじまりから2

---

*音声生成を支える器官は，呼吸器系（肺，胸壁，横隔膜）と発声器官系（咽頭），調音器官系（舌，唇，顎，軟口蓋）の3つの系からなり，初期においてはそれらの構造上の発達が音声の発達と密接に結びついている。

**詳細は，細田淳子・小野明美「言葉の獲得初期における音楽的表現―乳児はどのようにしてうたいはじめるか―」『保育学研究』41-2, pp.58～65, 2003参照のこと。

～3ヵ月後に観察されることが多い。うたいはじめる歌は周囲でよくうたわれている歌であり、たとえば人形を布団に寝かせ、トントンとやさしく叩きながらうたいはじめる。このことから"うたうこと"はまねることからはじまり、まねる対象の存在が大きな役割を果たすことがわかる。

以上のような発達過程からも、音楽が育まれる人的・音楽的環境の重要性が再認識される。その後、3歳頃からリズムや音程や歌詞が明瞭になり、5歳頃にはほとんどの子どもが歌をうたえるようになる。教えられた歌だけでなく、テレビから流れる音楽や流行や体験を取り入れた即興歌もうたわれるようになり、何か他の活動をしながら口ずさむなど、仲間との歌の共有を楽しむようになる。

2 聞くこと・奏でることの発達

"奏でること"は、外部のものに働きかけて音を発生させ、それを"聞くこと"でコントロールをしながら行う音楽的表現である。

(1) 〈あらわし手〉の発達

音に対する反応は、生後3時間でみられるが、音の違いがわかるのは生後1ヵ月の新生児期の終わり頃からといわれている。2ヵ月になると人の声と物音が、3ヵ月には母親と他人の声が識別でき、音のするほうを見るという協応動作[*]がはじまり、5ヵ月頃に完成する。聞くことで育まれた音への関心は、手の把握機能の発達に伴って、音を出す行為へと発展する。振ると音の出るガラガラやボタンを押すと音の出る玩具を好み、移動の自由を獲得すると、さまざまな音源を求めて探索活動を行うようになる（写真2-2）。

音を出す力が発達するとともに、聴覚フィードバックの役割が大きくなる。1歳児でも自分が出す音を聞いてコントロールすることができるが、聴覚と身体機能の協応が進むことによって他者の音に合わせるコントロールも可能になる。幼児にとって、音に合わせて音を出すことは自然な行為である。それに対して、楽譜を見て音を出すためには、音符という記号が意味する音程やリズムをイメージして、身体運動を通して表現する能力が求められる。機能や認知面での成熟と練習を必要とすることから、個人差の大きい幼児期に強制すべきではないだろう。

(2) 相互作用による発達

音を出すことへの興味は、音のある環境と、音への気づきを共有する人の存在によって育まれる。今川は、幼稚園の竹林で子どもたちがさまざまな音に気づき、出会ったものを楽器にし、イメージを広げて楽しんでいる様子に着目している。[**]とくに、抽象的な音に意味づけをして伝え合う様子や、「いい音」を好んで耳を

写真2-2

[*]「協応」とは、見たり聞いたりした刺激に応じて身体を動かすことである。そうして生じる動きのことを「協応動作」という。

[**]今川恭子「表現を育む保育環境」『日本保育学会第58回大会発表論文集』pp.320～321, 2005

澄ます様子は，単なる受信ではない"聴くこと"（鑑賞）への発達を予感させる。幼児期後半になると，正確な音程や奏法の獲得といった技能的なコントロールの発達に目が向けられるようになるが，自分の情緒や内的なイメージに合わせるコントロール力をいかに発達させるかについても考えていく必要があるだろう。子どもの発達に即した活動を促す援助と音のある豊かな環境が，子どもたちの音楽的な表現を育んでいく。

3 響き合う心の発達

　乳幼児期の音楽的な表現の発達は，うたうことと奏でることが上達することだけではない。その発達は，人と響き合おうとする心の育ちに支えられている。

●事例2　池づくりの体験が生んだ響き合う心と歌

　友だちと同じ行動をするのが苦手な年長のAちゃんは，1人で教室を飛び出してしまうことが多く，友だちと身体を触れ合うことが大嫌いだった。幼稚園の園庭には池があったが，水漏れがはじまったので，年長の子どもたちの力で直すことになった。Aちゃんは，最初，友だちの様子を見ていたが，次第に，作業に参加するようになり，友だちのまねをしたり，スコップを洗って他のスコップと同じように並べて片づける姿が見られるようになった。そこで保育者は，作業を進めるなかで，池に対する思いを，言葉や絵や粘土で表現してもらう機会を設けた。粘土で「こんな池にしたい」という表現をした日，Aちゃんは，はじめて友だちとおんぶをして遊んだ。保育者は，Aちゃんのあまりの変化に驚いたが，そのとき思い浮かんだのは，池のほとりで歌をうたっていた姿だった。池づくりの作業中に，直しかけの池の縁に友だちと2人でしゃがみ，水面を見ながら「めーだーかーの学校は，ぷう♪」と何度も何度も繰り返し声を合わせてうたい，笑い合っていた姿だ（写真2-3）。あの歌声は友だちと心が響き合ったことのあらわれで，うたうことによってそれがはっきりと確かめられたのかもしれない。保育者は，身体を使い，思いを出し合い，みんなで力を合わせる池づくりの取り組みが，歌の生まれる生活を生み出し，Aちゃんの心を開いていったのだと思った。

　音楽的な表現の発達は，響き合う心地よさを知り，音楽を楽しむ心豊かな人となることへの発達であることを忘れてはならない。

3. 造形的表現の芽生えと発達

　乳幼児は，日々の遊びのなかで活発な造形表現活動を行っている。お絵かきや制作遊びの場だけでなく，砂場や園庭の片隅でも，全神経を集中してものにかかわる姿が見られる。こうした姿が見られるのは，なぜなのだろう。

　幼い子どもたちは，自分を取り囲む環境のなかにあるさまざまなもの〈人・物・現象〉に興味を抱き，能動的に働きかける。その働きかけによって生じる自分自身や環境の変化を内側に取り込みながら自分の世界を構築し，それを力としてまた外に働きかけていく。造形的な表現の特徴は，こうした発達の形跡が目に見える形で残ることである。彼らが"かくこと""つくること"に夢中になるのは，自分が感じ，考え，働きかけていること，すなわち自分が"生きていること"を，視覚や触覚を通して実感できるからだと考えられる。

　造形表現が"形に残る"表現であることは，発達研究にも影響を与えている。作品を子どもたちから切り離して収集し，分類や時間軸上に並べて一般化することができることから，数々の発達論が示されてきた（図2-3）。これらを理解することに意義はあるが，大切なのは"なぜそのような発達をとげるのか"である。過度に一般化し，何歳ならこんな表現をするはずという見方をすることには慎重でなければならない。表現は発達だけでなく，個性や心情のあらわれでもある。表現の経過に目を向け，〈あらわし手〉を理解する手がかりとしなければならない。

研究者＼年齢	0〜1歳頃	1〜2歳頃	2〜3歳頃	3〜4歳頃	4〜7歳頃	7〜9歳頃
ピアジェ	感覚運動的段階		象徴的思考段階		直観的思考段階	具体的操作段階
ケロッグ		スクリブルの段階（20の基本形）	配置の段階 図形(ダイアグラム)の段階	デザイン（結合・集合体）の段階	絵の段階	
ブリテン＆ローウェンフェルド		無統制スクリブル期	統制スクリブル期	命名スクリブル期（意味づけ期）	前図式期	図式期
リュケ					知的リアリズム	視覚的リアリズム
つくる表現の発達段階	探索する・もてあそぶ		見立てる・意味づける		構成する・つくって遊ぶ	目的や構想をもつ・協同する

資料）槇英子『保育をひらく造形表現』萌文書林，p.70，2008　一部改変

図2-3　乳幼児期の造形表現に見られる発達段階

1 かくことの発達

かくことは，環境への自発的な働きかけの延長上にはじまる行為である（写真2-4）。跡づけしたものが記号としての意味をもつことを他者との相互作用から理解し，意図的に用いるようになるのが主な発達の流れである。乳幼児は言語表現が未発達であるため，さまざまな事柄が絵で表現されるので，多面的な読み取りが求められる。

写真2-4

(1) 1〜3歳頃――スクリブル〜象徴期

子どもたちは1歳頃になり，手の自由を獲得すると，筆記具を手にして"かくこと"が可能になる。物をつかむ動作は，新生児期の把握反射からはじまるが，随意的な把握は骨格や機能が発達し目と手の協応が進んでから可能になる。かきはじめは運動の形跡のような線描であり「スクリブル（なぐりがき・錯画）」と呼ばれる。ケロッグ（Kellogg）はこうした描画を数多く収集し，基本形や組み合わせパターン（十字形，マンダラなど）に類別し，これらから意図的な表現に移行するという説[*]を提示した。また身体機能の側面からは，肩から肘，手首，指へと随意運動が可能な部位が広がっていくことが，点・線・弧・渦巻き・円というようなスクリブルの複雑化や多様化につながると考えられている。さらに，描画過程を詳細に観察すると，スクリブルが混乱や喜びなどの心情表現でもあることがわかる。[**]このように，スクリブルから形体の描出への発達過程は一様ではない。

形体の描出とイメージの関係についても，目と手の協応と線描運動のコントロール力が発達して"閉じた円"などの形が出現し，それを見立てて名づけるという説もあれば，探索的なスクリブル描出からイメージがあらわれるという考え方もある。たとえば佐々木は，2歳2カ月児が，スクリブルから一気に人物画を出現させた事例をとらえている。[***]また，1歳児が筆記具そのものを上下に動かしてウサギを「ピョンピョン」と言ってかく，「ブーブー，ジドウシャ」と言って円状の線描をかくなどの観察事例からも，視覚的な形の描出が，何かをあらわそうとする意図やイメージより必ずしも先にあるわけではないことが理解される。[****]

経過はさまざまであるが，円などの形が描出でき，自由に用いることが可能になると，描画発達が促進される。たとえば，最初の人物画は円の下に縦線をかいてあらわされ，2歳半頃に成立する。その形態から「頭足人」と呼ばれるが，乳幼児の認知発達理解の手がかりとして，多くの研究がなされている。[*****]

(2) 3〜6歳頃――前図式期〜図式期[******]

かくことの発達は認知的な発達にも依存している。たとえばピアジェらは，水平・垂直概念の変化を子どもたちの描画からとらえて示している（図2-4）。空間意識がない段階から，次第に上下関係や相互関係をとらえ，徐々に画面全体を

---

[*] ケロッグ，R.，深田尚彦訳『児童画の発達過程』黎明書房，1971

[**] 津守 真『子どもの世界をどうみるか』日本放送出版協会，1987

[***] 佐々木正人『からだ――認識の原点』東大出版会，1987

[****] 山形恭子「描画と表象」梅本堯夫 監修『認知発達心理学：表象と知識の起源と発達』培風館，2002

[*****] 2歳を過ぎた世界中の子どもたちは，教えられることもなく同じような「頭足人」をかきはじめる。胴体はどこにあるのか，垂直線は直立の意思ではないのかなど，さまざまな検討がなされている。（たとえば，モーリン・コックス『子どもの絵と心の発達』有斐閣，1999）

[******] 跡づけしたものに意味づけを行う《象徴期》の後，意図やイメージが先行した描画を行うようになり，その初期を《前図式期》と呼ぶ。個々の形態が記号としての意味をもつが，空間意識は乏しく，カタログ的である。

第Ⅰ期

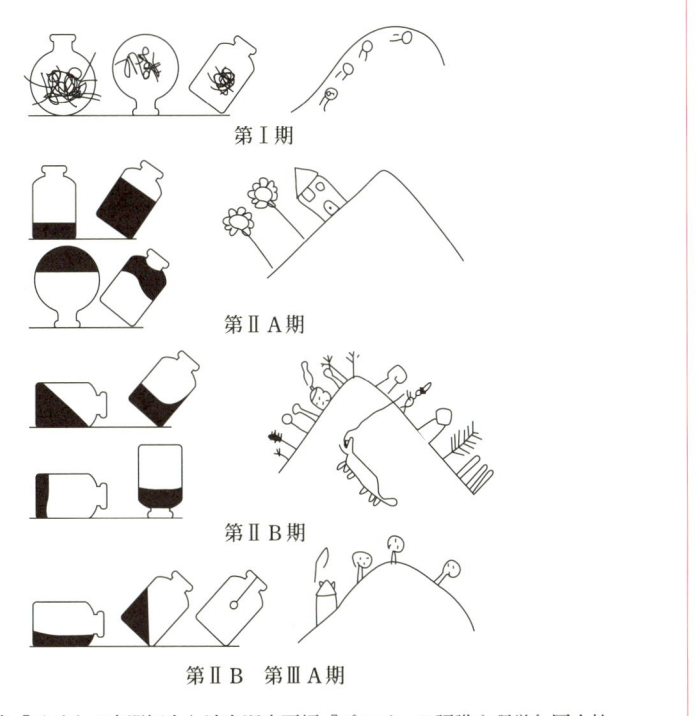

第ⅡA期

第ⅡB期

第ⅡB　第ⅢA期

資料）木村允彦「子どもの空間概念」波多野完爾編『ピアジェの認識心理学』国土社，p.53，1993

図2-4　幼児の水平・垂直の概念（Piaget, J. & Inhelder, B., 1948）*

＊Piaget, J.and Inhelder, B.:La representation de l'espace chez l'enfant Presses Universitaires de France, 1948

＊＊「展開描法」は道と家・人と机などの相対関係を重視して，画面全体の上下関係を無視して描かれる。「基底線」は地面をあらわす1本の線で，下を象徴する記号として描かれることもある。上をあらわす記号としては，空を意味する水色の線や太陽がある。この時期には他にも，見えない内部を描く「レントゲン描法」，人間以外にも顔を描く「アニミズム表現」と呼ばれる特徴的な描法がみられるが，それが描かれる認知的背景を理解して受け止めたい。また，それらは，すべての子どもにみられるわけではない。

1つの空間とみなしてかくように変化している。これは，カタログ的な描画を行う《前図式期》から「展開描法」や「基底線」が出現する《図式期》への発達の背景になっていると考えられる。＊＊ この時期の幼児は"見えたままでなく知っていることをかく"といわれるが，見たものも知っているものも再構成し，自分がどう感じ考えているかをあらわす時期といえよう。視点を固定せず，自分の主観をあらわしやすいようにかくのが，この時期の描画の魅力である。

幼児期以降，かくことは"書く"と"描く"に分化し，描画は徐々に写実的な方向に向かう。写実画は，視点を1点に定めて誰もがそう見えるように描く視覚的表現であるが，〈あらわし手〉が求めるリアルさとは必ずしも一致しないこと，写実の完成が目ざすべき目標ではないことを理解しておく必要がある。描画は3次元の対象を2次元の紙面にあらわす問題解決とも考えられるが，そのねらいが〈あらわし手〉自身の主観の表現にあれば，見たままの色や形を再現する必要はない。ローウェンフェルド（Lowenfeld, V.）は，触覚や情動を主観的に表現する《触覚型》と，視覚的で客観的な表現をする《視覚型》とを区別し，異なる表現

のタイプの存在を主張している。*かくことの発達は，それぞれの表現方法の探究過程であり，1つではないことを確認しておきたい。

*ローウェンフェルド，水沢孝策 訳『児童美術と創造性』美術出版社，1960

(3) 相互作用による発達

子どもがはじめて筆記具を手にするきっかけは，大人が文字を書く姿をまねてという例も少なくないだろう。かくことの初期の発達は，模倣の対象，用具や場の提供者，共感者，ともにあらわす人の存在に促される。

〈あらわし手〉と〈受け手〉の関係性はかくことの発達に大きな影響を与える。オレンジ色の丸を「太陽」と言ってかいていた4歳の女児は，他の色を塗り足しているうちに「花火」と言うようになったが，最後に作品名を「動物の世界」と保育者に告げていた。こうした子どもの描画過程に過度にかかわることは自由な発想を抑制することになる。一方，〈受け手〉の反応が求められる場合は，受容する，「○○みたいだね」と想像を広げるような対応をするなど，適時適切な援助によって〈あらわし手〉の視覚とイメージと自信を育む援助が求められる。

また，絵をまねる行為は発達過程で頻繁にみられるが，表現方法獲得の一方法であり一過性のものであることから，否定的に受け止めず，背景となる子どもの人間関係や心情を理解して対応したい。

2 つくることの発達

つくることのはじまりも，環境への自発的な働きかけである。まず出会った物をもてあそび，その過程で物を理解し，一方で見立てるなどの象徴的な扱いをする。このように，物に行為を誘発される段階から，豊かな材料体験を経て，行為のために物を選択し意図的につくるようになるのが主な発達の流れである。**

**高橋たまき『乳幼児の遊び その発達プロセス』新曜社，1984

(1) 1～3歳頃──もてあそび・探索～理解・象徴

手の自由を獲得した乳児は，物に触れる，握る，壊すなどの感覚的・探索的行為を楽しみ，物の変化や他者からのフィードバックによって，物の性質と適切な扱い方を徐々に知るようになる。たとえば，ティッシュを箱からどんどん引き出すのは探索行為であるが，行為の結果が予想でき，扱い方を理解すれば繰り返さなくなる。探索行為は，イタズラと見なされるが，描画におけるスクリブル（なぐりがき・錯画）のように，発達初期に重要な位置づけがなされることを理解しておきたい。積み木の扱いも，投げる，音を出すなどの行為が，重ねる，並べる行為へと広がり，3歳には，門をつくる，自動車に見立てて走らせるふりをするなどの行為をするようになる。はさみは2歳頃から使用でき，3歳ではのりづけもできるようになる。

(2) 3～6歳頃──つくって意味づける～つくって遊ぶ

初期の制作は，偶然の形の見立てや簡単な接合によるものが多く，偶発的で本

物らしさを問うことはない。そのため，大人にはわかりにくい表現であるが，想像力の働きとイメージの独自性によるものと肯定的に受け止め，つくる楽しさを感じさせたい。

　幼児期後半になり，仲間どうしでの遊びが活発になると，つくったもので一緒に遊んだり，情報交換をしながら遊びに必要なものをつくったりする姿が見られるようになる。遊びにはイメージの共有化が必要なので，次第に本物らしさが求められるようになる。積み木は大型のものが好まれ，共同の場づくりに用いられる。材料や用具に関する知識のファイルも豊かになり，「お団子屋さんをやるから紙粘土ください」，「透明なカップはない？」，「穴あけパンチどこ？」などの言葉が聞かれるようになる。造形能力の発達は，ともに遊ぶ仲間と豊かな環境と造形体験に支えられて進行する。

　また，1人でじっくりとつくる，短時間で一気に仕上げる，話し合って一緒につくるなどの個性が明確になる時期でもある。素材や場の設定，教材の提示には，発達だけでなく個性への配慮が求められる。＊

　物に探索的にかかわり，その可能性と適切な扱いを理解するというプロセスは，発達の初期に位置づけられるが，実際は，新たな物に出会うたびに繰り返され，それが創造の源になる。子どもは環境の変化や因果に注目する傾向があり，目新しいものを好む。環境を固定化せず，いつでも探索可能な状況づくりを心がけたい。

3 あらわす心・つくりだす心の発達

　幼児期は，造形表現活動がもっとも盛んに行われる時期といわれている。ところが，一般的な発達の筋道を歩む子どもばかりではない。

> ●事例3　心を解放する絵具遊びが育むもの
> 　一斉的な保育場面での描画や制作を嫌がる年長のBちゃんは，自由な造形のコーナーでも何もつくらず，いつも身体を動かす遊びを行っていた。感覚的な表現の場が必要だと考え，絵具コーナーにイーゼルとローラーを設定して誘った。すると，イーゼルに向かい友だちと並んで大きな紙に刷毛でかきはじめ，次第に裸足になり足の裏までローラーで塗って足型をつけて楽しむ姿が見られた。その活動を何回か行った後，一斉的な造形活動に抵抗を示さなくなり，自由な造形コーナーでも新しい活動にどんどん挑戦してつくるようになった。心の解放が，つくりだす心を育むことを再認識した。

　造形表現をしたがらない子どもたちは，行為の結果が形に残ることを好まない。保育現場にいるのは，作品を意識しない子どもや作品を鏡として自己肯定感を得

＊筆者は，表現の個性を「表現スタイル」の枠組でとらえ，表現しやすい状況づくりから徐々に，誰もが表現を楽しむ状況づくりを行う援助方法を提案している。（槙 英子「幼児の〈表現スタイル〉に配慮した保育実践」『保育学研究』42-2, pp.35～44, 2004）

る子どもばかりではない。あらわしたくない心に寄り添いながら安心して表現し合える関係性や集団の雰囲気をつくり，あらわそう，つくろうとする心を育むことが大切である。そのためには，心を解放する表出的な活動を積極的に取り入れることが有効である。

また，否定的な〈受け手〉の視点を早々に内在化させないためには，〈受け手〉である養育者や保育者が，写実性に向かう発達段階だけを援助の手がかりにしないことが大切である。アートの世界に親しむことや諸外国の幼児教育に触れることはその一助になるだろう。[*]造形的な表現は，外側に残る表現だからこそ，目に見える作品だけでなく，自己肯定感など心の内側に残るものに心をくだきながら援助をしていきたい。

[*]イタリアのレッジョエミリア市では，幼児教育プログラムに造形表現活動を積極的に取り入れ，対話や協同，連携などさまざまな相互作用を通して子どもの発達を支援する取り組みを行っている。

4. 身体的表現の芽生えと発達

乳幼児は，目が覚めている間は身体を動かし，じっとしていることを知らないかのようである。目的なく小走りをし，わざわざ段差を見つけて飛び降りる。うれしいときも悲しいときも，全身で感情をあらわす乳幼児期は，まさに身体を通して感じ，考え，学び，表現する時期であるということができる。

身体的発達には，2つの側面があると考えられる。1つは，身体的な構造や機能や能力などが発達することである。もう1つは，身体そのものを媒体とする表現が発達するという側面である。これを"多様な動きが自由にできる身体を手に入れること"とし，身体的表現の発達ととらえたい。ここでは，イメージで動く"演じること"と，音やリズムで動く"踊ること"につながる発達を概観する。

1 演じることの発達

(1) 0～2歳頃——模倣・情緒の表出・意思の伝達

身体を媒体とした表現で，もっとも初期に出現するのは表情であろう。赤ちゃんは，他の視覚刺激に比べて人の顔に対する関心が高く，大人の表情に共鳴して模倣することが明らかになっている。これらは生得的なもので，人がコミュニケーションをする社会的な存在として生まれてくることが理解される。

その後，生後6カ月頃までは主に情緒の表出と模倣による身体的表現が生起するが，次第に意思と結びつき，5～6カ月頃からリーチング，9カ月頃には指さし行動が見られるようになる。[**]音声言語が優位になるまでの過渡期は，身体による意思の伝達が盛んに行われ，表情や動作が有力なコミュニケーションの手段となる。

[**]乳児が興味のあるものをつかもうとして手を伸ばすリーチング (reaching) と指さし (pointing) は異なる性質の行為といわれている。指さしは，大人の注意を引き，意思を伝達するだけでなく，視線を共有化して対象物の名前の発音を引き出し，それが言語獲得の契機となると考えられている。

(2) 2～6歳頃——ふり行為～ごっこ遊び

《象徴機能》は，言語に先立って身ぶりとしてあらわれる。*1歳頃には"寝たふり"などのふり行為がみられる。その後，活発なふり行為や他者とのふり遊びが行われ，その過程で目の前にないものを思い浮かべる想像性が育まれる。

身体はイメージをあらわし出力する媒体となるが，イメージを取り込む入力にも身体が用いられる。たとえば，スプーンは「食べるとき使うもの」という言語的な概念やその形状の映像によってだけでなく"こうやるもの"というように"すくう"という動作に結びついたイメージとして取り込まれ蓄積される。体得したイメージは，スプーンを人形の口に差し出すなど，《行為的表象》としてふり遊びの場面で出力される。幼児は，象はどんな動物かとたずねられると，片手をぶらぶらさせてのっしのっしと歩くなどの《行為的表象》や絵でかくなどの《映像的表象》を用いることを好む。**次第に言語などの《象徴的表象》を用いて説明するようになるが，言語の獲得と豊かさを支えるのは蓄積された多様な表象である。保育のなかで，さまざまな表象を用いてあらわす機会を提供したい。

ふり遊びは発達とともにさまざまな変化をみせる。現実の世界との区別がなく，〈受け手〉の視線を気にしない状況から，「ママ，あっち行って」と言うなど，虚構であることを意識するようになる。そして，正義の味方になりきると，手加減なく悪者役の保育士をけとばしていた段階から，キックのふりだけで一歩手前で止めるようになる。また，何も身につけなくてもなりきれたのに，お面や小物など，イメージを象徴し共有する手がかりを求めるようになる。こうして，ふりは"なりきる"から"演じる"に徐々に変化していく。

年長になり，言葉によるイメージ形成や伝達が盛んになると，それぞれのイメージの重ね合わせや調整が容易になる。イメージの共有化から仲間とのごっこ遊びがはじまり，そのなかでの役割を演じることを楽しむようになる。正義の味方も悪者も互いに注文をつけ合い，劇場面で演じるときは，どうしたら強そうか，どんな動きが悪者らしいかを話し合えるまでに成長し，お話からの劇づくりも可能になる。

また，家族ごっこのペット役を競い合っていた子どもたちが，いつのまにか，箱を使ってペットをつくり，散歩に連れ歩くことを好むようになる。発達とともに，行為的表象は内化され，演じる〈あらわし手〉と演じられる対象が分化し，その距離が広がっていく。

(3) 相互作用による発達

1歳頃になると，〈受け手〉である養育者の快・不快の表情が，探索活動を促進または抑制することが明らかになっている。乳幼児は，愛着関係を基盤とした表出的な行為とフィードバックの繰り返しによって，表情や行為の意味を理解す

*象徴機能とは，あるものやことを異なるものであらわすこと。

**ブルーナー（Bruner, J. S.）は，外界の情報を処理する様式として，①行為的表象，②映像的表象，③象徴的表象（言葉・記号）を設定し，発達に応じてどの表象が支配的になるかが異なると考えた。（ブルーナー，岡本夏木・奥野茂夫・村川紀子・清水美智子訳『認識能力の成長（上）』明治図書，1970）

るようになり，それを手がかりとして徐々に自分自身の行為をコントロールする力を身につけていく。行為を過度に抑制することなく，適切なフィードバックによって，身体的な表現の基礎を豊かに育むことが大切である。

　演じることを照れる子どもに対しては，発達的な要因と心理的な要因があることを理解し，その気持ちを受け止めながら，手遊びや身体的なかかわり遊びなどの身体的な表現の楽しさを共有する機会を多くもつようにする。保育者は，表現の〈受け手〉として非言語的表現を読み取る必要があるが，同時に〈あらわし手〉として，しなやかな心と身体を体現できる存在であることが望ましい。

2 踊ることの発達

(1) 0～2歳頃──同期現象・リズム性

　乳児は，歩行が完成する前から養育者の歌や音楽に反応して身体を揺らす姿が見られるようになる。乳児のリズミカルな運動は，外部から発せられる音楽によって触発されるだけではない。6～8カ月頃の喃語の獲得期に同期してリズミカルな運動が多くみられることが明らかになっている。*音声とともに発現するリズミカルな運動は，初期において足が多く次第に手による運動が増加し，音が出る運動を好んで行う。発達上の音声生成を身体運動が支えていることからも，音と運動の結びつきは生得的なものであるといえるだろう。

　2歳頃になると，音に反応するだけでなくリズムに合わせて動くことができるようになるが，その時期には個人差がある。運動的な活動だけでなく，子どものテンポに即した子ども向けの歌や言葉のリズムを楽しむ絵本などに親しむ機会を豊富に設け，音やリズムに合わせる快さを感じる状況づくりが必要である。

(2) 3～6歳頃──模倣・イメージ表現

　4歳頃にはスキップができるようになり，5歳になるとリズムの緩急のコントロールや2種類以上の複合的な動きも可能になる。視覚から入力される映像や他者の動きを，身体で出力できるようになり，ふりつけを覚えて一緒に踊る一体感を楽しむ姿が見られるようになる。同時に，即興的な音に合わせて動くことやイメージで動きをつくり出すことも可能になることから，それぞれが身体の内部から湧き出る動きを楽しむ活動も大切である。身体能力や好みの個人差も明確になるので，活動を提示する際は，"好きな衣類になって教室全体を洗濯機に見立てて動く"など，個と集団でのイメージがともに楽しめるようなものを提示することが望ましい。

(3) 相互作用による発達

　保育所の屋上テラスで遊んでいた2歳児は，保育者がテープをかけ，数人の3歳児が踊りはじめると遊びをやめ，3歳児を見ながら膝を屈伸させてリズムにの

*江尻桂子『幼児における音声発達の基礎過程』風間書房，2000。「リズミカルな運動」とは，同じ運動が3回以上続けて，しかも各回1秒以上の間隔をあけない早さで行われる動作と定義される。ここでは，発達的に同時期にみられることだけでなく，発声とリズミカルな運動が同時にみられることを「同期現象」としている。聴覚的フィードバックとそれによって引き出される養育行動によって促進される。

っていた。リズムに合わせて踊ることは，共感する相手によって促進される。

また，身体運動を通して音楽や運動のリズムを体得させる音楽教育としてリトミックが取り入れられる場合があるが，この教育は，音楽的反応を通して聴覚，視覚，触覚などの感覚の鋭敏化と，身体運動と思考の相互作用の活性化を目ざすものであり，訓練が目的ではないことに留意すべきであろう。*音楽が即興的かどうか，歌詞があるか，また，身ぶりは音楽の運動性に合わせるのか，歌詞のイメージに合わせるのかなどによって，そのねらいや子どもたちの姿はまったく違ったものになる。踊ることが行事などのための非創造的な活動にならないよう，発達に即した自然な動きを引き出す指導や援助が大切である。

*リトミックはスイスの音楽教育家であるジャック・ダルクローズ（Jaques-Dalcroze，1865～1950）が確立した音楽教育の体系であり，世界各国に普及している。

3 しなやかな心と身体の発達

幼児の運動能力の低下が問題視され，その向上のための手だてが検討されているが，全身で触れ合い，身体感覚を豊かに育むことの大切さを忘れてはならない。**

**身体感覚は，幼児（人間）の表現活動を支えるもっとも基盤となるものである。自己の存在感や自己イメージの形成の源になり，他者との関係性を築く礎となる。また，言葉以前の多様なイメージの獲得と交流に不可欠であり，言葉を豊かに育む土壌となる。

●事例4　仲間と遊べない子どもの心を開いた全身で触れ合う遊び

年長のCちゃんは，漢字も英語も書けることを自慢するために保育者をたずね歩き，「すごいね」と言われると満足気に教室に戻ることが多かった。当初は気づかなかったが，教室での課題がなくなると仲間と遊べないため，そうした行為がみられることがわかった。ある日，「お腹が痛い」と言って保健室に来ると，「今日は帰ったらお勉強の日で嫌なんだ」とつぶやいた。造形ルームでも1人で字を書くことが多かったので，大きなダンボールにもぐって遊ぶ「宇宙船ごっこ」に誘うことにした。友だちと箱に閉じ込められ，おしくらまんじゅうのような状態になって揺すられる身体的な遊びなので，最初は嫌がったが，次第に積極的に参加するようになり，一緒に「3・2・1・0，発射！」と大声を出すようになった。その後，宇宙船へのらくがきや箱をつぶすなどの逸脱行為をして仲間とのいざこざを経験し，数カ月後には，友だちとレストランごっこを楽しむようになった。卒園時の筆者あての手紙には，ひらがなと楽しい絵が描かれていた。幼児期には，仲間と共有できない漢字などを習得するより大切なことがある。身体的な触れ合いによって自分を感じ，イメージの重ね合いによって周囲の世界と一体化する楽しさを感じてほしい。

演じることや踊ることも，周囲の世界に対する信頼感の上に成り立つ行為である。ごっこ遊びや踊りに夢中になっている子どもたちは，身体を通して，今ここにともに生きている実感を得ているのではないだろうか。

5. 表現の総合的性質

　年長の子どもたちが夢中になる遊びには，音楽的表現・造形的表現・身体的表現の要素がある（写真2-5*）。たとえばお化け屋敷ごっこでは，おどかす音や衣装やお化けのふりをどうするかを工夫しなければならない。子どもにとって，それぞれの表現領域は別々のものではなく，遊びのなかに取り入れて，遊びを豊かにするものである。

　これまで，表現の発達を領域などののぞき窓からながめてきたが，ここではそれらを総合して，泣き声と反射だけがあらわす手だてだった子どもたちが，遊びのなかで自由に多様な表現を楽しむようになるまでの発達の流れを整理してみよう。

写真2-5

*園庭の遊具を基地（地球）に見立てた「宇宙船ごっこ」。子どもたちは，宇宙船の歌，基地づくり，宇宙服の制作，園庭での宇宙遊泳など，多様な表現を楽しみ，さらに遊びを発展させていった。

1 表現の発達の流れ

　これまで，表現領域別に検討してきたが，音声の獲得期に身体のリズミカルな運動が盛んに行われるなどの同期現象がみられることからも，各表現領域相互の関連性や領域を超えた発達の流れの存在が推察される。

（1）〈あらわし手〉の発達

　生後半年頃までを《乳児前期》とすると，この時期の〈あらわし手〉は，生得的な能力と〈受け手〉に支えられ，おもに聴覚や視覚などの基本的な入力機能を使いながら形成する時期と考えられる。これらの感覚は，身体との協応を獲得し，行為をコントロールするようになる。1歳頃までの《乳児後期》は，身体移動能力の獲得期であり，意図の芽生えによってリーチングなどの探索的な行為が発現し，音声や把握機能など，表現を出力するための基本的な機能を獲得する。《乳児期》は，表現に用いられる身体機能の獲得期と考えられる。

　歩行が可能になる1歳頃は，表現の発達にとっても節目の時期である。以前は，ものが視界から消えると心からも消えてしまったが，目の前にないものを思い浮かべる象徴機能が芽生え，多様な表象が出力されはじめる。4歳頃までの《幼児前期》の表現は主観的で伝達性が低いが，《幼児後期》になると，集団生活による体験や人間関係の広がり，文化や情報の影響，コミュニケーション能力の獲得などによって，表現媒体の組織化とイメージの一般化が進む。表現する姿や作品は伝達性が高く共感しやすいものになり，イメージを共有する遊びを楽しむようになる。《幼児期》は，現実以外の心の世界と，表現に用いる多様な表現媒体の獲得期であり，身体機能の向上と認知的社会的発達を背景として活発な表現活動が展開される。

表現の発達は〈あらわし手〉の人としての発達の上に成立する。表現媒体は、いずれも自発的な表現体験の積み重ねによって自由な操作が可能になる。とらわれのない心で表現するこの時期に豊かな表現活動を体験し、それを通して自分の世界を広げ、さまざまな表現能力を獲得することが望ましい。

(2) 相互作用による発達

《乳児前期》は〈あらわし手〉に自他の区別がなく、その行為は表出的であるが、特定の〈受け手〉が読み取り、応じることによって徐々に伝達性と相互性が高まり、両者の愛着関係が形成される。《乳児後期》になると、自他を区別する意識が芽生えはじめるが、〈受け手〉に自分を重ねようとする模倣行為によって、音声や動作の獲得が進む。象徴機能が形成される《幼児前期》になると、〈受け手〉との相互作用によって多様なイメージが形成され、ふり行為や線描表現などが行われるようになる。一方で"内言"の獲得と同様に、〈受け手〉のかかわりや発話が〈あらわし手〉自身のなかに取り込まれ、内なる他者としてコントロール機能をもつようになる。*関心がない〈受け手〉とあたたかな〈受け手〉、「これ何なの？」と聞く〈受け手〉と「お話聞かせて！」と聞く〈受け手〉では、その作用が異なる。共感し、想像性を育む〈受け手〉であることを心がけたい。

《幼児後期》になると、保育者や友だちが重要な〈受け手〉となる。子どもどうしの相互作用が大きな意味をもちはじめる集団のなかの表現場面で、どう見られどう評価されるかによって自己を意味づけるようになる。こうして所属する社会や他者の視点からどのような自己を構成するかということが、表現する心の発達にさまざまな影響を与える。他者の視点を内化することは、本物らしさやきれ

*子どもの言葉は、ひとりごとが多くあらわれる2〜5、6歳にかけて、コミュニケーションの機能をもつ言葉（外言）と、思考の機能をもつ言葉（内言）に分化すると考え、ひとりごとの減少は、言葉が内面化するためだとした。(Vygotsky, L. S., 柴田義松訳『思考と言語』明治図書, 1971)

表2-1 表現の発達の主な流れ

乳児前期／乳児後期　　幼児前期／幼児後期
入力機能形成期／出力機能形成期　象徴機能形成期／表現媒体獲得期
（聴覚・視覚・触覚）（音声・把握・移動）（動作・映像・象徴）（身体・音楽・造形・言語）
表出的なあらわし＋コミュニケーション＋表現的なあらわし＋遊び＋創造的な活動

表現の姿		0	（芽生え期）1	2	3	4	5	6
	身体感覚	反射 共鳴	随意 同調	〈身ぶり〉 〈リズム〉	ふり行為 踊る	ごっこ遊び	演じる ――→ ――――――→	
	聴覚	聞く 泣く	音の探索 音声 喃語	〈音〉 〈歌〉 〈ことば〉	聴く うたう 話す	奏でる ――――→ ――――――→ ――――――→	〈文字〉 書く ―――→	
	視覚 触覚	見る 触れる	跡づける 物の探索	〈線・形〉 見立てる 〈物〉	描く つくる ――――→ ――――――→			

いさを志向する情操の芽生えにもつながるが，一部の子どもたちが苦手意識をもちはじめるのもこの時期であることに留意したい。

以上の発達の流れを整理すると，表2‐1のようにあらわされる。

2 表現を育む

　表現の発達に即した指導とは，どのようなものだろう。各年齢にふさわしい環境が必要であるが，ここでは直接的な支援について考えてみよう。

　ある保育者は，遠くまで跳ぶ表現を促す際に，幼児には「遠くまで跳ぼう」と言葉で言うよりイメージで伝えたほうが有効で，「蛙になって跳ぼう！」は3歳児，「大きな川を跳び越えて！」は5歳児に合っていると指摘する。このような実践から得た知見は，優位になる表象が動作から視覚へと発達的に変化するという知見と一致している。発達理論と実践知を照らし合わせながら，発達に即した表現の指導方法を検討することが大切である。

　また，表現の発表の場をどうするかという問題がある。表現を氷山にたとえてみよう。発表会や運動会，造形展などの行事において，目に見える表現の成果の部分だけを伸張させるのはどうなのだろう。上に積み上げるだけの指導は，バランスを崩すおそれがある。大きな氷山にするためには，目に見える部分だけでなく，水面下も同時に育てることを考えたい。子どもたちは，遊びや主体的に取り組む活動のなかで，さまざまな体験を重ね，その過程で得られる表現の成果や〈受け手〉を「鏡」とし，映し返される自分を手がかりにして自己を発達させていく。[*]自ら達成した成果と肯定的に映し返す〈受け手〉のまなざしが，〈あらわし手〉の自己肯定感を育む。また，どんなまなざしを注ぐかが「鑑」（モデル）となることからも，発表の場で〈受け手〉となる保護者には，表現する心や意欲を育む肯定的な〈受け手〉であることの重要性を伝えたい。そして，子どもにとって「鏡」にも「鑑」にもなる保育者自身のあり方が問われるのである。

　また，水面下を育む方法論として，表現を「表」と「現」に分け，心のままにイメージを表出する「表」体験で心をひらくことが，外にあらわれる「現」行為を育むという考え方を図示する（図2‐5）。この根拠については各節の事例で示したが，人やものとのいきいきとしたかかわりを通してイメージと意欲を育むことが，あらわれる表現を豊かにするのである。

　幼いということは，豊かな可能性をもつことである。未熟だからこそ〈受け手〉との相互作用が生まれやすく，イメージや体験が不足しているからこそ想像力が働き，それが表現や思考や創造性の源となる。〈あらわし手〉と〈受け手〉の関係も，両者のイメージが重なり合わないからこそ〈受け手〉の創造的な働きかけが生まれ，これが，表現者と鑑賞者の関係性の原型となる。

＊岩田純一「自己を作る鏡と鑑」梅本堯夫 監修『認知発達心理学』培風館，2002

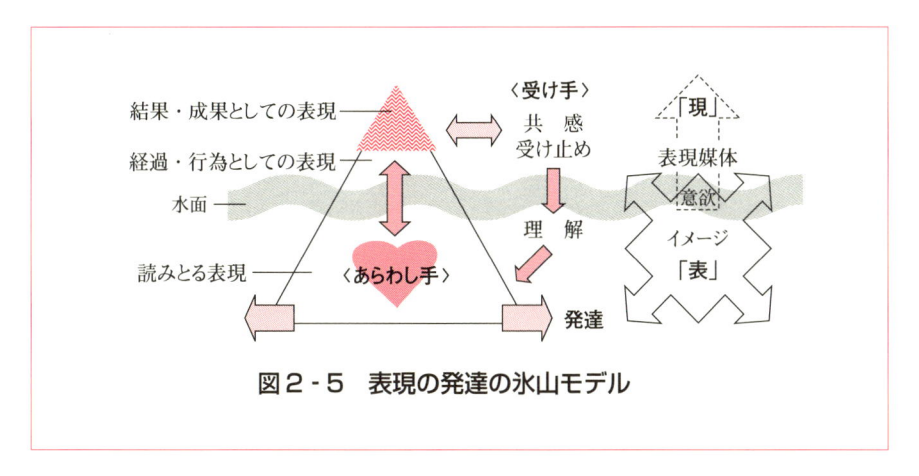

図2-5　表現の発達の氷山モデル

　私たちは表現を通して自分を知り，思いを伝え，心を解放し，交流する。表現の発達の先にあるのは豊かさであり，到達すべきゴールがあるわけではない。発達を加速させることなく，乳幼児期という発達のステージにふさわしい表現活動を，誰もが思う存分楽しむことのできるような保育を実現することが大切なのである。

【参考文献】

江尻桂子『幼児における音声発達の基礎過程』風間書房，2000

岩淵悦太郎 編著『ことばの誕生——うぶ声から五才まで——』日本放送出版協会，1968

深津時吉・会津力・小杉洋子『発達心理学——乳児期から児童期までの発達の姿をとらえる——』ブレーン出版，1998

海保博之『こうすればわかりやすい表現になる』福村出版，1988

村岡真澄・竹本 洋 編著『保育内容「健康」を学ぶ』福村出版，2001

モーリン・コックス『子どもの絵と心の発達』有斐閣，1999

岡本夏木『幼児期——子どもは世界をどうつかむか——』岩波新書，2005

大場牧夫『表現原論——幼児の「あらわし」と領域「表現」——』萌文書林，1996

高橋たまき『子どものふり遊びの世界——現実世界と想像世界の発達——』ブレーン出版，1993

田中敏隆 監修・久保勝義 編『保育「表現」Ⅰ（音楽）』田研出版，1992

津守 真『子どもの世界をどうみるか』日本放送出版協会，1987

辻 政博『子どもの絵の発達過程』日本文教出版，2003

梅本尭夫 監修『認知発達心理学』培風館，2002

第3章 子どもの表現が生まれる源泉

〈学習のポイント〉
①子どもの表現は、身近な事象と主体的にかかわる体験から心を動かし、感じたり考えたりした出来事のあらわしであることを知ろう。
②美しいものや心を揺さぶられる出来事、感動を保育者や友だちに受け止められる喜びが、子どもの表現意欲を起こさせることに留意しよう。
③子どもは不思議に思ったり、おもしろさに気づいたりしたことからイメージを膨らませ、声や表情、身体の動きとなってあらわれることを知ろう。
④活動のテーマを自由に選び、のびのびと表現できる雰囲気は、子どもの創造力を発揮させていくということを理解しよう。

　子どもは、その内にあふれんばかりの生命力を秘めている。保育とは、その生命力がいきいきと躍動し活動できるよう援助することであり、子どもが活動し、表現していることに、素直に目や耳を傾けることといえるであろう。それは、保育者が積極的に働きかけて、表現させるということではない。子どもは、本性として絶えず動く存在であり、いろいろ知りたいと願う好奇心から、もてる諸感覚のすべてを働かせ、さまざまな出来事に気づいている。津守は、「子どもの行為の展開の中に、子どもの世界は表現される」[*]と指摘する。すなわち、子どもが、遊びのなかで心を揺さぶられ、感じたり考えたり不思議に思ったりしていることのあらわし行為を、保育者がどう読み取っていくかということが重要になってくる。

　子どもは、遊びを通してさまざまなことを表現する。保育者はその行為の1つひとつの意味を読み取り、子どもが遊びのなかで感性が揺さぶられ、あらわしている心情を理解することが大切である。このような観点から、子どもの表現が生まれる源泉について、できる限り事例を軸にして考えていきたい。

1. 体験し、心が動くこと

　子どもは日常生活のあらゆる場面で、身近な環境にかかわって遊び、さまざまな体験を積み重ねている。それは、子どもが「自分でそれと取り組み、その中に子ども自身が意味を見い出し、自分自身が新たになっていく体験」[**]だといえる。子どもが、主体的に自分自身の気づいた出来事と十分かかわって遊ぶことによって、そこに意味が生じ、興味や関心を深め、発見し、新たな気づきをしていく。こうした、子どもが本性としてもっている能力を十分に発揮し実現できるような保育を展開することから、心が動き、自分の思いや考えを表現したいという意欲

[*]津守 真『子どもの世界をどうみるか』日本放送出版協会, p.14, 1987

[**]津守 真『子ども学のはじまり』フレーベル館, p.20, 1991

が育っていくといえる。

1 風と遊ぶ体験から

　子どもたちの遊びを見ていると，「あっ！　風を感じているな」と思うことがある。たとえば，前髪のかすかな揺れから，さらに風を感じようと頭を揺らしたり，冷たい風に思わず身体を縮めたりしている。両手を広げて走り，「こうやって走ったら，風が生まれるんやで！」と，走ることによって身体に受ける風を感じたままに，その子らしい方法で表現する。保育者は，目には見えない風を身体全体で認識し，心を動かし，表現している子どもの姿に共感することが求められる。同時に子どもが風を感じた体験から，さらに遊びの広がりを予測して，環境を準備する必要があるといえる。

> ●事例1　「かぜ，つかまえた！」
> 　5月，風の強い朝，園庭に色とりどりの花びらが散っている。子どもたちは，花びらで色水づくりをしようと，ポリ袋を持って戸外に飛び出していく。そのとき，突然，強い風が吹いた。3歳のF子はポリ袋が飛ばされて，「まてー，まてー」と追いかける。4歳のS男は，持っていた袋が大きく膨らみ，「ふうせんみたいや！」と，驚いている。その様子を見ていた4歳のA男は，「そうや！　ひもをつけて，たこをつくろう！」と言う。そこで，保育者はひも，ハサミ，セロハンテープを用意した。
> 　子どもたちは，早速，ポリ袋にひもをつけると園庭を走り回り，ひもを引いたり緩めたりしながら凧の要領で遊び，「ほうら，ふくらんだよ」，「かぜ，つかまえた」と，大喜びである。子どもたちが強い風を身体全体で感じている姿に共感し，保育者も一緒になって袋を追いかけたり，膨らませたりしていった。
> 　翌日，遊びの広がりを予測し，保育者は，全身で風集めが楽しめるよう，子どもの身体が入るくらい大きなポリ袋を用意する。子どもたちは大きなポリ袋を持って園庭を走り，「かぜ，つかまえた！」と，袋の口を両手でギュッと握って，友だちと見せ合い，袋の大きさを比べ合う。強い風で袋が大きく膨らむと，風の力を感じて「うわぁ，おもたーい！」と表現する子どももいた。

　予期しない風によってポリ袋が飛ぶという瞬時を生かし，子どもは今までの体験から遊びを進めている。飛ばされたポリ袋を追いかけているうちに，風という自然に子どもの感性はストレートに反応し，「ふうせんみたいや！」と楽しんだり，「そうや！　ひもをつけて，たこをつくろう！」と，ポリ袋にひもをつけて凧の要領で遊んだり，大きなポリ袋で風をつかまえたりしていく。

こうして，子どもたちは，風と遊ぶ体験をし，風が引き起こすさまざま出来事から遊びを考え出し，「ふくらんだ」，「つかまえた」，「おもたい」など，気づいたり，発見したりしたことを表現していくのである。

2 光を感じて遊んだ体験から

　子どもたちは，園生活のさまざまな場面で，身近に光を感じ取っている。太陽のまぶしい光に思わず目を覆ったり，プールで遊ぶとき，太陽の光が反射して水面がキラキラ光る様子を，「うわぁ，きれい！」，「キラキラや！」と言いながら，友だちと一緒に見つめたりする。植物の芽が明るい光の方向に向かって生長していることに気づくと，「あっ，みーんな，こうやっているよ」と言って，芽が伸びている様子を自分の身体全体であらわしている。

　雨あがり，クモの巣についた水滴に，太陽の光が当たるとキラキラ光ることから，「ビーだまみたいや」，「ちっちゃいたまごみたいやで」，「きれいなぁ」などと，心を揺さぶられ，感じたことを楽しそうに話す。また，鉄棒やフェンスに雨粒が並んでぶら下がってついているのを見て，「えだまめ，はっけん！」と表現したり，雨粒に顔を近づけて，じっと観察していたかと思うと顔をゆっくりと左右に動かして，「あっ，Sちゃんがユラユラするとこっち（雨粒に映っているもの）もユラユラする！」と，雨粒に自分の顔が映ることに気づいて驚きの声を発したりする。子どもたちは，身近な自然現象に主体的にかかわる体験によって，心が動かされ，感じたり考えたりしたことを自分なりに表現していく。

●事例2 「にじ，はっけん！」

　1月上旬，窓辺に飾ったガラス玉に日が当たり，保育室のあちらこちらに虹ができている。「あっ，にじ，はっけん」と，3歳のH子。「こっちにもあるよ」，「ここにも，ある！」と，室内中で虹を発見し，喜んで伝え合っている。保育者は，「あっ，ほんと！　虹！　きれいね」と，声をかけて一緒に見ながら，「どうして，虹ができたのかな？」と，問いかけた。「えっ？」と，まわりを見回している子ども，虹をじっと眺めてその美しさに感動している子どもなど，さまざまな様子が見られる。3歳のN男は，「たいようの，かげや！」と言う。保育者は，「なるほど，そうね！」と感心した。

　子どもたちが集まってくると光が遮られ，虹があらわれたり，消えたりする。S男は，布団ダンスのカーテンに映った虹を見つけ，触れようと近づくと自分の影で虹が消え，「あっ，にじさん，かくれた！」と驚いている。保育者は，「えっ，虹，どこへいったのかな？」と声をかけて，S男が次にどのような気づきをするのか期待する。

しばらくして,「にじさん,かくれんぼしとんやで」と,S男。そっと,布団ダンスのカーテンを開けると,布団に虹が映っている。「ほら,にじさん,みーつけた!」と,大喜びしている。保育者は,「あっ,ほんと! 虹さんかくれんぼしていたのね」と,S男の3歳児らしい表現を受け止めていった。また,S男は「Sちゃんのおへやに,にじがあるんやで!」と言って,5歳児に知らせにいったのである。

　3歳児が虹を発見し,遊んだ事例である。保育者は,子どもが光に興味を示していることから,さらに光を感じた遊びが楽しめるのではないかと考え,保育環境のなかにガラス玉を飾ったのである。子どもたちは,今までに光で遊んだ体験から,虹が太陽と関係があることに気づき,「たいようのかげ!」と言ったり,虹が消えると,「かくれんぼしとんやで」と言ったりしている。また,虹発見の驚きや不思議を5歳児に知らせにいくということは,3歳児なりに不思議に気づいた喜びの大きさをあらわしている,といえるであろう。こうして,保育者は,子どもが光を感じて遊ぶ喜びや虹発見の感動を共有し,興味や関心や体験の幅を広げ,子どもが喜びを表現する楽しさにかかわっているのである。

　「幼稚園教育要領」および「保育所保育指針」に「様々な出来事の中で,感動したことを伝え合う楽しさを味わう」*とあるように(第1章 表1-2参照),子どもたちは風や光などの自然にかかわって遊ぶなかでさまざまな体験をし,心を動かしている。ペスタロッチは,「その子の精神状態のあらゆる変化を確実に彼の眼と口と額とに読むことを要求する」**と言っているが,保育者は,子どもたちの遊ぶ姿から,また,ともに遊びながら,表情や声などから心の動きを読み取り,体験したことを生かした遊びが発展するようにかかわっていくことが大切である。

　自然にかかわって得た感動体験は,保育者や友だちどうしのやりとりをする相互性のなかで受け止められることによって,豊かな表現を生み,新たな遊びをつくり出し楽しんでいく。保育のなかに驚きと発見があればあるほど,子どもの心を揺り動かす体験となるのである。

*文部科学省告示第26号「幼稚園教育要領」2008
　厚生労働省告示第141号「保育所保育指針」2008

**ペスタロッチ,長田新訳『隠者の夕暮れ・シュタンツだより』岩波文庫,p.54, 2003

2. イメージが膨らむこと

　子どもたちは,日常生活のなかで自然や社会の事象や現象と出会い,それらのもつ美しさや大きさ,不思議さやおもしろさなどに気づいている。そうしたさまざまな気づきが,子どものなかにイメージとなって膨らみ,言葉や身体の動き,素材となるものなどを仲立ちにして,自分なりの方法であらわしていく。

子どもがいきいきとイメージを広げたり，膨らませたりしていくには，保育者が，子ども自身のいろいろと感じている心の動きを受け止め，理解することである。十分に自分の感情を表現できる自由な雰囲気があり，子どもらしいものの考え方やとらえ方が認められると，自信が生まれ，自己肯定感が育つといえる。また，友だちと一緒に遊ぶことにより，感動や知識を共有することになり，子どものもつイメージはさらに膨らみ，広がりをみせていく。

　子ども1人ひとりの具体的なイメージは，それぞれの心のなかに豊かに蓄積され，それらが組み合わさり，いろいろなものを思い浮かべる想像力となって，新しいものをつくり出す力へとつながり，意欲的に表現する力が育っていく。

●事例3　「おやまが，ピンクいろや！」

　4月，4歳のM子が，園庭にじっと立っている。保育者はM子の目線の先を追いながら，「Mちゃん，どうしたの？」と声をかけた。すると，M子は「おやまが，ピンクいろや！」と言って山のほうを見ている。保育者は，「えっ？」と，M子と同じ目線に立って見た。「あっ，ほんと，ピンク色やね！」，「どうして？」と問いかけると，「サクラがさいとんや！」，「そうね，サクラが咲いているんやね」，「きれいやなぁ！」，「ほんと，きれいね」と，保育者は，"山がピンク色"と言ったM子の気持ちに共感しながら，一緒にピンク色に染まった山を眺めた。

　数日後，園庭にサクラの花びらが落ちていた。M子が，早速に見つけて拾い，「あっ，サクラの花びら！」と，驚いている。保育者が「えっ，どうしてサクラの花びらが落ちているのかな？」と言うと，「おやまから，とんできたんや！」と言ってピンク色の山を指さす。「えっ！　あのお山から？　すごいね」と，M子の"ピンク色に染まった山"への思いに共感する。

　4月下旬，「あっ，おやまが，みどりいろにかわった！」，「サクラのおはながおわったら，はっぱがでてくるんや！」とM子。保育者は，身近な山の変化に気づいていることに感心し，気づきをていねいに受け止めていった。

　ピンク色に染まった山の美しさは，大人にはサクラが咲く春になると普通に見られる景色であっても，M子にとっては，思わず口に出してしまうほど心のなかが明るくなる感動体験だといえる。4月は，新入園の子どもや進級した子どもにとっても，新しい環境にとまどいながら，まわりの環境にかかわって自分の居場所を見つけていくときである。その日一日，楽しそうにしているようであっても，心の奥底には不安や緊張感を潜ませているといえるだろう。子どもは，自分の思いや考え，感じたことなど心の動きを自分なりの方法で表現する。保育者には，そうした子ども1人ひとりの気持ちを感じ取る，それぞれの子どもに応じた

かかわり方が求められる。興味をもって話す自分の言葉に熱心に耳を傾け，受容してくれる保育者との言葉のやりとりによって，子どもは心をなごませ，感動体験を深めていくのである。

　事例3では，拾ったサクラの花びらから，山の色が次第に緑色に変わることにイメージを膨らませ，「サクラのおはながおわったら，はっぱがでてくるんや！」と，表現したといえる。ピンク色の山に対する感動体験が保育者に共感され，より確かなものとなり，興味や関心を持続させ，その後の表現を引き出している。子どもは，感じること，考えること，イメージを広げることなどの経験を積み重ね，感性と表現する力を豊かにしていく。

●事例4　「あっ，わたげがうまれた！」

　5月上旬，4歳のH子が登園途中で摘んできたタンポポを保育者が一緒に花瓶に生けて，その横に『タンポポ』*の図鑑を置いておく。

　子どもたちは，図鑑を見て，タンポポの花が枯れた後に綿毛ができることを知り，「Hちゃんのタンポポも，わたげになるかな？」と話している。保育者も，子どもと一緒に綿毛になることを期待し，観察していく。

　数日後，茎の先が少し白くなっていることに気づいたH子が，「あっ，わたげがうまれた！」と驚いている。「えっ，どこ？」と，みんなが集まってきて，「あっ，ほんとや！」，「ずかんと，いっしょや！」，「すごーい！」と，口々に言っている。保育者も，子どもたちとともに自然の不思議さ，すばらしさに感動した。

　その後，綿毛を飛ばそう！　ということになり，綿毛を手に，飛ばないように注意し，そーっと歩いて戸外に出る。綿毛にそっと息を吹きかけると，フワフワッと飛び出し，「うわぁ！　とんだ，とんだ！」と子どもたちは大喜びである。しばらくの間，じっと綿毛がフワフワッと飛んでいる様子を見守っている。そのうちに，自然に追いかけて，手に取り，また，そっと息を吹きかけてと，綿毛に触れて遊んでいく。繰り返し遊んでいるうちに，自分も綿毛になったつもりになって，フワフワッとまるで空中を飛んでいるかのように園庭を自由に動いていった。

＊理科教育研究家 監修，中山周平『タンポポ』Gakken，2002

　子どもたちはタンポポが大好きで，見つけると摘んでくる。綿毛も大好きで，吹いて遊ぶ。摘んできたタンポポを花瓶に生け，綿毛になることを期待して観察し，その日を待っていた子どもたちの喜びは格別のものがある。「あっ，わたげがうまれた！」，「すごーい！」という心の奥底からの感動の言葉に，保育者も一緒になって感動し共鳴している。子どもたちは，綿毛のフワフワッとした性質・イメージを感じとり，自分も綿毛になったつもりでそれを身体で表現し，綿毛と一緒になって楽しんでいる。

2003年刊行の『幼稚園教育要領解説』に、「幼児は、毎日の生活の中で、身近な周囲の環境とかかわりながら、そこに、限りない不思議さや面白さなどを見付け、美しさや、優しさなどを感じ、心を動かしている。そのような体験の様子や心の動きを自分の声や体の動き」*で表現すると記されている。子どもは、日常の生活のなかでさまざまな出来事と出会い、感性が揺り動かされる体験をし、その子らしいイメージを膨らませる。遠くの山を見て、「おやまが、ピンクいろや！」と、サクラの美しさを表現し、サクラの花びらを見て、山から飛んできたと連想する。タンポポを生けて観察し、図鑑からも学び、次はどうなるか期待感いっぱいに待って得た感動体験の喜びは大きいであろう。子どもたちが表現するのは言葉であれ、身体であれ、みずみずしい感性や豊かな心の動きそのものであり、全身で表現する。保育者はゆったりとした気持ちで子どもと接し、イメージの膨らみを受け止めたいものである。

*文部省『幼稚園教育要領解説』フレーベル館、p.123、2003

3. 空想や物語の世界に遊ぶこと

　子どもの遊びを見ていると、1個の積み木が、やわらかい豆腐やお餅になったり、テレビや空飛ぶ飛行機や海に浮かぶ船になったりする。こうして、積み木をさまざまなものに見立てて、子どもたちは空想の世界で遊んでいく。砂場に穴を掘って水を運び、大きな池をつくると、そこに板を置いて橋にして遊ぶ。渡って遊ぶうちに、「あっ、がらがらどんみたいや！」と言う子ども。その声を聞いて、そばにいる子どもが、「かた、こと、かた、こと」と言いながら、やぎになって橋を渡っていく。保育者が「だれだ！　おれのはしをかたことさせるのは！」と、トロルになってかかわると、「ちいさいやぎの、がらがらどんです」と、保育者と言葉のやり取りを楽しみ、『三びきのやぎのがらがらどん』**の世界で遊んでいく。指人形や紙粘土でつくった人形で遊ぶなかで、「こんにちは」とあいさつしたり、ジャンケンや追いかけっこをしたり、「かくれんぼ」、「お散歩」などと遊びながら話をつくったり、知っている話のせりふのやりとりをしたりして遊んでいる。人形を動かしながら言葉で表現することで演じやすくなり、より楽しく空想の世界で遊べるようである。

**マーシャ・ブラウン 絵、せた ていじ 訳『三びきのやぎのがらがらどん』福音館書店、2004

●事例5　「あー、おちる、おちるー」：4歳児クラス

　6月中旬、『めっきらもっきら　どおんどん』***の絵本を読んだ後、R男、T男、N子たちがおまじないの言葉に興味をもち、「ちんぷく　まんぷく　あっぺらこの　きんぴらこ」と、唱えはじめる。すると、他児も次々に唱えだし、みんなで声を

***長谷川摂子作、ふりやなな画『めっきらもっきら　どおんどん』福音館書店、2005

合わせての大合唱になる。友だちと声を合わせて，同じ言葉を唱える楽しさを実感し，繰り返し繰り返し唱えている。保育者も子どもと一緒に唱え，楽しさを共有していく。十分に楽しんだ後，保育者が「よお，よお，ええうた，ええうた」と，絵本の続きを言うと，「ひゅーっ，あー，おちる，おちるー」とR男。K男は，R男の言葉を聞いて，すーっと，その場にうつ伏せになる。2人は，話の世界にイメージを膨らませているのである。
　数日後，風の強い日に，風を感じて遊ぼうと思い，園庭にミニバルーンを持って出た。ミニバルーンが風を受けて，急にフワッて，大きく膨らんだり，飛ばされそうになったりする。N子とR子たちは，「うわぁー，おちる，おちるー」と言って，ミニバルーンに入り込んだ。強い風の力を全身で感じて遊ぶなかで，『めっきらもっきら　どおんどん』の話の"かんた"が，穴に吸い込まれる場面をイメージしているのである。

　絵本の読み聞かせを楽しんだ子どもたちは，耳に心地よく響く，"唱え言葉"を繰り返し唱え，共感し合って遊んでいる。保育者は，R男の「ひゅーっ，あー，おちる，おちるー」という言葉を聞いて，K男がその場にうつ伏せになり"かんた"が穴をのぞき込む場面をイメージしていることを読み取り，風の強い日にミニバルーンを園庭に持ち出している。ミニバルーンが強い風を受けて膨らみ飛ばされそうになったことがきっかけとなり，子どもたちは一挙に空想の世界に引き込まれ，"かんた"になったつもりで遊んでいく。
　子どもの表現は，保育者にわかるように言葉で伝えるというよりは，「素朴な形」[*]，たとえば，ここでは「その場でうつ伏せになるといった形」であらわされることが多い。保育者は，そうした子どものなりきっている表現を読み取り，表現意欲を受け止めて，表現しやすい環境を整え，子どもらしい表現を楽しむことができるようにしていきたいものである。

[*] 文部科学省告示第26号「幼稚園教育要領」2008

●事例6　「だから雨ふり」：4歳児クラス

　6月下旬，「きょうも，またあめやなぁ」，「きのうも，あめふったよ」，「このごろ，あめがおおいね」と，雨のことが話題になっている。保育者は，「本当ね」と子どもの気づきを受け止め，「雨降りの楽しい歌を見つけたよ」と言って，『だから雨ふり』[**]のCDをかけた。「♪きのう，みどりのカエルがね」と，保育者がCDに合わせてうたうと，静かに耳を傾けていた子どもが，「だから　きょうは　あめふり♪」の繰り返しの歌詞を覚えて口ずさむ。「もういっかい」と言って，何度もCDを聞いているうちに，子どもたちは四分休符のピアノ伴奏の音に興味をもち，音に合わせて，「ピッ，ピッ！」と言ったり，指先で「トン，トン！」とテーブ

[**] 新沢としひこ 作詞，中川ひろたか 作曲，増田裕子 編曲

を打ったり，「パン，パン！」と手拍子をしたりなど，思い思いに表現しはじめている。友だちと音を合わせる楽しさを味わっているのである。他の子どもも次々に知っている楽器を思い浮かべ，「ゆびでトントンは，カスタネットやで」，「グーでドンドンとたたくと，たいこ」，R男は「ぼくは，バイオリン！」と言ってバイオリンを弾くまね，「わたしは，ハーモニカ！」，「ぼくは，ギター！」と，それぞれに自分が知っている楽器を演奏しているつもりになっている。こうして，『だから雨ふり』の歌の世界にイメージを膨らませながら，みんなで楽しく遊んでいった。

　この事例では，子どもたちの"雨"に対する思いを受け止め，雨降りが楽しくなるようなCDをかけている。CDに合わせて保育者がうたうのを静かに聞いていた子どもたちは，耳で覚えた繰り返しの歌詞をうたったり，曲を聞いたりしているうちに，四分休符のピアノ伴奏の装飾音（前打音）に興味をもち，感じたことを，言葉で，手拍子で，好きな楽器をイメージし，自分なりのやり方で，気持ちを込めて表現している。子ども自身の感性で，友だちと音を合わせる心地よさを十分に味わい，まるでオーケストラの演奏家になったつもりで演奏を楽しんでいるかのようである。

　事例5と事例6は，絵本と歌という違いはあるが，子どもたちが耳に心地よく響いた唱え言葉や音に興味をもったことから，子ども自身が主体的に空想の世界で遊んでいった事例である。『保育所保育指針解説書』には，「子どもは楽しいことがあると，歌を口ずさんだり，手をたたいたり，体をゆらしたりするなど身振りや動作，声や表情など身体全体で表現しようとします。そして，自分なりの方法で自由に表現することを楽しみます」*とある。子どもは，物語を聞いたり，絵本を読んでもらったり，音楽に親しんで知った世界を，自分の内にため込んでいく。その豊かな経験が，豊かな感性を育み，豊かな表現力を生み出す素地となる。内面に蓄えたイメージの世界を保育者や友だちと共有し，いろいろな表現活動を生み出していく楽しい経験は，子ども自身の「活動したい」という衝動を満足させる。そして，その体験の積み重ねが，子どもが自分自身の存在を実感し，充実感を得ることにつながるのである。

*厚生労働省『保育所保育指針解説書』2008

4.「表現したい」という思いを抱くこと

　表現は，人間にとって自分の気持ちを外にあらわす行為である。とすると，「表現する」ということは，心のなかに感じて揺れ動くものがあるとき，それを見える形にすることだといえる。保育者が子どもたちに何かを感じてほしいと願

ったとき，保育環境にあるものを通して相互作用が働き，活動が生まれる。それは，常に身近にあるものであっても，子どもの興味関心をさらに高めたいと願う保育者の思いをそこに込めることも必要である。

保育者は，子どもたちが何におもしろさや興味を感じて，あるいは何をあらわそうとしているのかを読み取るとともに，子どもがさまざまな環境にかかわることができるように保育環境を整える必要がある。

●事例7 「こいのぼりみたい！」──リボンづくりから

4月下旬，自由に描いたりつくったりできるコーナーに簡単に切ったり貼ったりしてつくれるような材料や用具を置いておく。

3歳のA子が，割り箸の先に紙テープをつけて，「ほーら，みて！　まーるいよ」と言って，クルクル回して見せる。保育者は，好きな遊びが見つけにくかったA子が自分から遊びはじめたことがうれしくて，「ほんと，すてきね」と共感する。A子の楽しい遊びが広がってほしいと思い，他の子どもたちにも知らせる。

翌日，リボンづくりの広がりを予測して，色とりどりの紙テープやタフロープ（ポリエチレン製のひも）を用意する。興味をもった子どもたちが，いろんな色のテープを何本もつけたり，長くつなげたりして，思い思いにリボンをつくり，戸外に飛び出していく。リボンが風になびくと，「うわぁ，およいだ，およいだ！」，「こいのぼりみたい！」と大喜びでリボンの動きを見たり，手を動かしながら，どうすればうまくなびくか試したりしている（写真3-1）。

リボンの遊びが楽しめるように，子どもの大好きな曲を流す。子どもたちは，腕を振ったり，リボンをクルクル回したり，走ったりなど，リボンの動きを見ながら曲にのって自由に表現していく。保育者も子どもとともに動き，楽しさを共有していった。

●事例8 「さかながクルクルまわってる！」──風鈴づくりから

7月中旬，暑い夏に，目や耳で涼しさが感じられるように，窓辺に風鈴をつるした。「チリン，チリン」と，音が聞こえてくると，子どもたちは「あっ，きこえた」，「いいおとやね」と，じっと風鈴を見ながら，耳を傾けている。保育者は「ほんといい音やね」と共感しながら，見た目にも涼しそうな環境がつくれないものかと，考えた。

3章　子どもの表現が生まれる源泉

　そこで，透明のプラスチック容器を利用した風鈴づくりができるように，プリンカップやペットボトル片，アクリルペンなどを用意する。

写真3-2

　5歳のM子とY子が興味をもち，「さかなをかこう」，「なみもかいたら？」，「うん，うみのせかいにしよう」などと，楽しそうに話しながら，波や魚，貝，クラゲ，ワカメなどを描いていく。すてきな風鈴ができたので，「うわぁ，かわいい！」と，窓辺に飾る。2人がつくった風鈴を見て，他児も次々につくっていった。
　子どもたちのつくった風鈴が窓辺にたくさん並ぶと（写真3-2），「うわぁ，きれい！」，「さかなが，クルクルまわっている」，「おもしろいな」，「およいでいるみたいや」，「ほんまや，さかなさん，よろこんでいるみたい」と，大喜びである。M子が「あれ？　ならないよ」と言うと，「そうや，スズをつけたら？」と，Y子。風鈴の動きをじっと見ていた4歳のA子が「あっ，きこえた」とうれしそうに言う。他児も「えっ？」と耳を傾け，「あっ，ほんとや」，「かわいいおとや！」，「スズつけなくてもきこえる」，「かぜがふいてきたんやな」と話している。保育者も，「ほんと，みんながつくった風鈴の音，とってもかわいいね」と，ペットボトル風鈴が風に揺れて動く美しさや，擦れ合うときの微かな音を子どもたちと一緒に楽しんだ。

　事例では，リボンが風になびくおもしろさから，こいのぼりを連想して楽しみ，風鈴のよい音色から風鈴づくりへと子どもたちは，自分の思ったことや願いを形にして遊び，充実感を味わっている。また，1人の子どもの心に感じるものがあって見つけた遊びが，保育者やまわりの子どもに共感され，認められ，広がることによって，さらに豊かな表現意欲を満足させているのである。
　風鈴のかもしだす涼しさを目や耳で感じて興味をもった子どもたちは，暑い夏に涼しさを感じるイメージとして魚や波など海の世界を連想し，それぞれが好きな絵を描くことを楽しみ，風鈴をつくり，保育者に飾ってもらったのである。透明のプラスチック容器などに海の世界が描かれた風鈴がたくさん並んでいる情景は，想像しただけでもその美しさが目に浮かぶようである。自分たちでつくった風鈴が，風に揺れて動く様子や擦れ合うときのかすかな音を聞き逃さず敏感に受け止めて，楽しんでいる。こうして，子どもたちは，ペットボトル風鈴で生活の場を豊かに整えるとともに，今，体験していることや心から楽しんで表現していることを保育者や友だちに認められることによって，次々と新たな遊びをつくり

出していくといえる。

　事例7と事例8では，保育者の生活や保育環境に対する構えといったものが，子どもの表現を生み出している。環境を構成するということは，子ども理解を基盤に環境とのかかわりを予測し準備していくことであるが，保育者の生活空間に対する豊かなセンスや，考え方を自覚的に形にするという表現行為ともいえる。保育室が子どもの生活の場所としてふさわしいくつろいだ場であるか，物的環境がワクワクするような魅力的な文化的な材料や素材や用具で整えられているか，それらが子どもの「おもしろそう」，「つくってみたい」，「表現したい」という主体的な思いを引き出すものになるかどうかは，保育者自身の保育に対する考え方や生活センスにかかっている。

5. 心身が解放されていること

1 のびのび安心して表現できる雰囲気

　子どもたちのまわりには，大人の目を過剰に意識しないで，のびのびと安心して表現できる雰囲気があることが重要である。たとえば，つくりたいものやねらったものが思う存分に表現できるような，夢のわくような形，色，材質の材料を豊富に用意し，子どもの手で扱いやすい用具も，いつでも自由に使えるようにしておく。すると子どもたちは，それらの材料や用具を工夫・駆使し，表現方法を考える。「つくる」，「描く」など，自分がやりたい活動に満足するまで取り組める時間と空間があれば，子どもたちは活動をはじめることもやめることも自分で決めることができる。

　そういう自由な雰囲気があると，子どもの心身は解放され，自発性を発揮し，自分の気持ちを作品に込めて創造活動していく。たとえば，城を見学して「おおきいなぁ」と感動した子どもは，自分より大きい城を粘土でつくろうとし，手が届かないところは巧技台を持ってきて，そこにあがってつくっていく（写真3‐3）。また，廃材の車輪で遊んでいるうちに観覧車をイメージして，立体構成をする子どももいる（写真3‐4）。

　このように，子どもは，意欲的に自己課題に向かって，表現していく。

写真3‐3

写真3‐4

子どもが遊びの形であらわしたアイディアあふれる造形作品は，「作品にことばやゼスチャーをプラスして，全体としてひとつの表現」*である。作品の話をゼスチャーを交えながら話す子どもの言葉をていねいに聞き取り，言葉やゼスチャーで補って表現する想像や思考を働かせたその子らしい作品を，ていねいに受け止めていきたいものである。

　心身が解放されている状態とは，保育者の受容と共感の見守りがあるなかで，無用な緊張から解き放たれ，子どもが本来もっているたくましい行動力を発揮し，自発的に，主体的に，遊びからさまざまに学んでいくことができる状態である。

*曽根靖雅『まねのできない子どものアート』曽根靖雅遺稿出版実行委員会，p.221，1997

2 保育者のまなざし

　子どもは水で遊ぶのが大好きである。トイレの流れる水をじっと眺め，手洗い場では蛇口からしずくがポトンと落ちて，輪を描くようにして消えていくのを不思議な目で見つめる。手でパチャパチャと音を立てて思いきり水に触れて衣服をずぶ濡れにしたり，裸足になってジャブジャブと水に入ったりして，身体全体で水の感触を味わうなど，水を遊びのなかに取り入れ，体験の幅を広げ，心身を解放し，歓喜の声をあげる。

　子どもは保育者の予想を超えて豊かな遊びを繰り広げる。その表現を保育者がどのように受け止め，どうかかわるかということが，子どもの表現力の育ちに大きな影響を及ぼす。こう考えると，子どもの表現する場では，保育者が子どもの姿をどのようなまなざしで見守るのかという，「保育者の"目"のあり方」**が問われているといえるだろう。

**戸田雅美「『表現として』見ることの意味」『発達』37-10, p.22, 1989

●事例9　「おはながあつまってくるんやで」──渦の発見

　6月上旬，栽培物の水やりや花ガラ摘み***が進んでできるように，花壇の近くに水を入れたタライとジョウロ，空き容器を置いておいた。登園するとすぐに，4歳のT男と3歳のS子とM子が花の水やりをしている。
　「せんせい，ちょっときて！」と，T男の声がする。興奮した声から，何か発見したなと感じて，保育者はT男のところにとんでいき，「どうしたの？」と見守る。「みとってよ，おはながあつまってくるんやで」と言って，タライの水をかき混ぜる。グルグルグルッとかき混ぜると，流れ（渦）ができて，ゼラニュームの花ガラがだんだん真ん中に集まってくる（写真3-5）。T男はその様子を真剣な

写真3-5

***咲き終わった花を摘むこと。

目で見て,「なっ,すごいやろ,おはながあつまってくるやろ」と,得意そうである。保育者は,「ほんと,すごい！」とT男の気づきに驚き,一緒にタライの中を見つめる。「こんどは,あながあくんやで」と,T男はなおもかき混ぜる。水の流れが速くなり,渦の真ん中にペコンと穴が開いた。「うわぁ,ほんとやね,すごーい」,「Tちゃん,大発見ね」とT男の発見に保育者は驚いた。その様子をじっと見ていたS子とM子も隣のタライをかき回す。T男は,「てを,もっとはやくうごかすんやで」,「みとってよ」とやって見せたり,自分が発見したことを伝えたりしながら繰り返し渦をつくって遊んだ。
　後日,泥遊びの後に,汚れた衣服が洗えるよう,タライに水を張っておく。T男は,汚れた衣服をタライに入れて,「せんたくきやで」と思いきりグルグルとかき回し,水が回転して服が動きはじめると「みて,みて,ふくがおどっとう（踊っている）やろ」と言って,うれしそうに見ていた。

　T男が,タライの水をかき混ぜると渦ができて花ガラが真ん中に集まってくることや,渦の真ん中に穴ができることや,「せんたくきやで」と汚れた衣服を入れてグルグル回して「ふくがおどっとうやろ」などと真剣に遊ぶことができるのは,心が解放され,満足感を十分得るまで遊び込めるという自由感あふれる雰囲気があるからだといえる。このことは,T男の渦発見の喜びの声を保育者が聞き取り,共感していることからもわかる。渦づくりの楽しさは他児へと広がり,T男の渦発見は,仲間からも認められ,大きな喜びと自信になる。こうした子どもの感動体験の喜びは,新たな遊び体験を生み,次の主体的な活動へとつながっていくのである。

●事例10　「みずがまわってるー」──渦巻きをつくって遊ぶ
　7月下旬,プールでの遊びが大好きな5歳児は,友だちと手をつないでプールの中で大きな輪をつくり,「こんこんちきち,こんちきち」と,わらべうたをうたいながら気持ちを合わせて歩く。保育者は,全員の子どもたちをよく観察しながら一緒に動き,少しずつ歩を早めて,水に流れをつくっていく。水に流れができると,足に水の勢いを感じて,「わぁ,おされるー」,「ながされそうや！」と大喜びである。さらに,保育者は,勢いが増すように歩くスピードを上げて,グルグル回り,「1,2の3！」と合図を送り,みんなで調子を合わせてしゃがみ込む。「キャーッ」,「すごい！　はやい！」,「たすけてー,ながされるー！」,「あっ,ういた！」と大歓声である。「あっちにおったのに,こっちまでながされた」,「みずがまわってるー」,「うずまきや！」,「そうや,うずまきにういとったんや」と,興奮気味である。子どもたちは,「もういっかいしよう！」と繰り返し遊び,浮いた

り潜ったり，流されたりなどして楽しんだ。

　プールで，友だちや保育者とともに手をつなぎ，身体が触れ合う状態のなかでわらべうたをうたいながら，水の流れをつくり，流れにのり，水という自分自身ではない力に動かされることを体感した子どもたちは，「もういっかいしよう！」と，積極的に渦巻きをつくって遊ぶことを楽しんでいる。このことから，保育者と子どもとの間には，"先生と一緒だから安心，楽しい"という強い信頼関係が結ばれていることがわかる。渦巻きをつくって遊ぶ活動は，水の中という条件のもとで子どもたちの心身を一瞬一瞬変化させ，興奮と活気と不思議の世界へ誘う。驚きや発見の体験ができる心からの喜びにあふれた自由な遊びは，心身を解放させ，その体験の後は，子どもの世界を変化させてしまうほどの貴重な出来事といえるのではないだろうか。

　「保育所保育指針」では，保育の方法として「乳幼児期にふさわしい体験が得られるように生活や遊びを通して総合的に保育」*を行うとしている。子どもはその生活のほとんどを遊びに費やし，遊びを通してまわりの世界への関心を広げ，体験を通して認識したり，理解したりする。子どもは遊びの天才であり，遊びを通して自分の好奇心や興味を中心とした「幼児期にふさわしい生活」**を送るなかで，さまざまな体験を重ね，豊かな感性を育み，感じたことや考えたことを自分なりに表現しているのである。とすると，子どもの表現の源泉は，日常生活や遊びのなかの気づきにあるといえる。そして，それを保育者が受容することによって，子どものなかに新たな気づきが生まれる。

　津守は，「子どもが十分に遊ぶことができるということは，あたりまえのようでありながら，簡単なことではない。それには大人の支えが必要である」***，また，「子どもの遊びは，行為による表現である」****と言っている。保育者は，子どもがみずみずしい感覚でさまざまな気づきをしてあらわしている姿を，保育者自身のとらわれのない柔軟で豊かな感性で見つめ，接することが重要である。

　子どもの表現を，子どもが感じたり考えたりしたことのあらわし行為として保育者に読み取ってもらえるかどうかは，子どもが成長・発達していくうえできわめて重要である。表現のために描いたり，つくったりするといった結果のみを求める表現に目を奪われるのではなく，子どもの日々の何気ない動きにも目を向け，何をあらわしているかに注目して保育することが求められているといえる。

---

*厚生労働省告示第141号「保育所保育指針」2008

**文部科学省告示第26号「幼稚園教育要領」2008

***津守 真『子ども学のはじまり』フレーベル館，p.8，1991

****津守 真『子どもの世界をどうみるか』日本放送出版協会，p.15，1987

【参考文献】

片岡徳雄『子どもの感性を育む』日本放送出版協会，1997

ヤヌシュ・コルチャック，サンドラ・ジョウゼフ 編著，津崎哲雄 訳『コルチャック先生のいのちの言葉』明石書房，2003

阿倍明子・竹林実紀子編著『表現』東京書籍，2003

講座『幼児の生活と教育2　理解と表現の発達』岩波書店，1994

【事例提供】

姫路保育内容研究会

第4章 表現の基礎としての身体（からだ）

〈学習のポイント〉
①子どもの表現を受けとり育てるには，身体として生きている子どもに，保育者自身が身体として生き，意識化し省察しつつかかわることが重要であることを知ろう。
②実際に生きて存在している「生きられた身体」は，他者とともに感じ・動き，相互に触れ合う，応答的な身体であることを理解しよう。
③子どもの表出は，保育者が応答的にかかわることにより，他者とつながるアクションとしての表現や，活動としての表現に育っていくことを学ぼう。
④領域「表現」は，身体の観点からみることによって，子どもたちの表現を文化や社会の再創造にまでつながるものとして見通す視座ができることを理解しよう。

1.「身体」ということ

1 保育の場と身体

　保育の場は，子どもと子ども，子どもと保育者が，身体と身体でかかわり合う場である。学校とは違って，言葉ではなく，まず身体で生き，身体でかかわり合う。身体が先であり，身体と身体で生き合うとき，思いがけないことも起きる。予定通りに，あるいは定めれられた通りに物事は進まない。このように，身体と身体でかかわり合う保育の場では自分から積極的に身体で出ていくときと，引っ込んでしまうときとでは生まれてくるものがまったく違う。

　そこには相手がいて，自分とは違うことを感じ，違うことをしようとしている。そういう相手とのかかわりのなかでものごとが動いていく。子どもたちがそのようにかかわり合って生きている場では，保育者はいつも岐路に立たされ，常に選択を迫られている。前に踏み出してかかわるか，見守るか。今か，後か──。保育者は，常に選択と意志決定の場にいる。身体で生きる場は，意志と選択の場でもある。

　一方で，このように身体で動いたこと，身体で生きたことを，保育者がよく見て気づき，言葉にしていくことも重要である。子どもたちと保育者があまり意識することなく，身体で感じ，動き，生きたことを言葉にして残していくことによって，生きられた身体*は目に見え，意識され，自己と他者にとらえられ，理解される存在となる。気づきがなければ，身体の体験はただ流れ去っていくだけとなる。

2 身体として生きる私たち

　私とは，まずこの身体である。自分の身体以外のものを，「私」と指すことは

---

*「生きられた身体」という言い方は，現象学的な言い方である。現象学は，世界や人間，あるいはそこに起こる現象をありのままにとらえ，記述しようとする。私たち自身が生きて実際に体験している身体のありようという意味である。

ほとんどない。他の人の身体や，身体以外の事物を「私」と言うことは，まずあり得ない。身体そのものが私であり，私という存在そのものである。

また，私がすることは，すべて身体がしている。私のすべての行為が，この身体によってなされている。それ以外に行為のしようはない。私たちが存在し行為することは，身体が生き，行為するということである。

さらに身体は，私たちが生きているこの世界のなかに実体として存在している。他者，あるいは同じ場にいる誰かも，実体のある身体としてそこにいる。誰かとのかかわり，あるいは事物とのかかわりは，身体が実体として存在していることによって生まれてくる。

たとえば，2歳の幼児が砂場で一心に砂を触っている。その姿自体が私たちに何かを語りかけてくる。その子の身体全体が，その子の存在とそのありようを語りかけてくる。その子の身体が砂という事物に触れ，かかわっていると同時に，その子の身体と私たちの身体が，ともに同じ場にいる身体としてかかわり合っている。それはまだ行為になっていないにしても，身体が生み出している関係である。

3 身体と表現

身体は，生きてそこにあるだけで何かを表現している。眠っている子ども，砂場でじっと砂を触っている子ども。何も話さず，伝えようとしなくても，そこにいるだけで何かを表現している。泣いている子は，泣くことによって何かを伝えようと意図して泣いているわけではない。伝えようとして何かができるくらいなら，泣きはしない。伝えられないから泣いている。泣くことだけでなく，無意識の表情や動きや身体によって，子どもの内面の感情・情動が表出される。

意図的に何かを伝える行為ももちろん身体によってなされる。声を出す，踊る，言葉を話す，触れる，動かす，働きかける，つくる，うたう，絵を描く，文字を書く……。表現するということは，すべて身体によってなされる。

しかし表現しているとき，"身体そのもの"を意識することはほとんどない。意識していないということは，むしろ表現の担い手としての身体が，より根本の基礎として働いていることを意味している。自明の基礎になっているからこそ意識されないのである。また，このことはもう1つのことを意味する。つまり，表現が育つということは，意識的に何かを習得するという形とは異なる育ち方もある，ということである。

4 領域と身体

身体というと，まず「健康」の領域につながると思うかもしれない。もちろん，それにも深く関連するが，身体はもっと広い領域に関連している。

先に述べたように，実体としての身体どうしによって生まれる他者との関係性や事物との関係性から，「人間関係」はこの身体と身体の関係ということになる。同様に，私たちをとりまく「環境」としての事物に触れ，社会に存在し，人とかかわるすべてが，この身体によるものである。

　また，人と人とのコミュニケーションは言葉を媒介として行われるが，そのコミュニケーションは，文字や，きちんと発音され聞き取られる言葉だけではなく，声の調子，変化，語調，あるいは身ぶりやしぐさ，ときには姿勢や存在感といった言葉以外のものが，より多くのことを雄弁に伝えている。これらの"言語以外のもの"はノンバーバルコミュニケーション*といわれ，コミュニケーションのうち，言葉より多くの部分を占めるといわれる。このように言葉によらないコミュニケーションは，広く身体のコミュニケーションといっていい。とりわけ幼児の言葉は，身体と分けて考えることのできない身体全体のまるごとの表現である。「言葉」の発達の基礎は，このようにコミュニケーションの主体となる身体にあるといえる。

　上に述べたような意味で，この章では身体を次のようなものとして考える。人とのかかわりを媒介し，その人自身であり，事物や社会といった環境に応答し，言葉のベースとなり，表現している身体，すなわち子どもや人間存在の基礎としての身体である。このような身体の，さまざまな働きが感性と表現の基礎になっている。

＊非言語的コミュニケーション。記号としての明示的な言葉以外の伝達作用のことであり，ボディサインのようなものも含まれる。ここでは，もっと広く身体が表明し共感的に受けとられる身体的コミュニケーションとして考えたい。

2. 心と身体

1 身体の"相"

　子どもは感じたことを隠さない。感じたこと思ったことが，身体に直接あらわれる。心と身体が1つで，しかも全身に感じたことや思ったことがあらわれる。

　園庭に1人の子どもがしゃがみ込んでいる。虫の羽を引いていくアリに一心に「がんばれ，がんばれ」とつぶやくように声をかけている。声をかけているその背中は，懸命な思いそのままの形であり，一心に声をかけるその子の思いがあらわれている。また，けんかの後，保育者のスカートに顔をつけて泣いている1人の子。全身で悔しさ，切なさ，どうにもならないもどかしさをあらわし，伝えてくる。

　場違いな言い方であるが，アリに一心に声をかける子や保育者のスカートに顔をつけて泣いている子の身体も，もちろん骨格や筋肉からなっている。しかし保育者や大人のなかで，その子の骨格がどう位置し，筋肉がどう働いているかを見

たり，考えたりする者はいない。その子の身体が表明しているものを，まず，今ここで自分の身体で受け止める。

　身体は医学的・生理学的な意味での身体ばかりではない。むしろ私たちが生きている実際の感覚からすると，違った身体を私たちは感じ，生きている。私たちが実際に生きている身体，あるいは今実際に私たちによって生きられている身体がどのようなものであるかを，ふだん私たちは意識していないし，また学んでもいない。しかし保育の場に立つとき，このことは重要である。

　もちろん，身体が生理学的にどう働いてそのように生きられているのかという仕組みを学ぶことも大事である。しかし，目の前の子どもたちと何を共有し，今どのようなかかわりを選択し判断するかの岐路には，生きられた身体の様相，身体と身体の関係性のあり方が重要となる。

　その意味で，身体にはいくつかの"相（そう）"がある。

　まず，医学的・生理学的な意味での身体の"相"がある。骨格や筋肉，内臓，あるいは脳を中心とする神経系の構造と機能の"相"である。また心身相関としての身体の"相"がある。たとえば，竹内敏晴によれば，怒っている人の腸は実際「（はらわたが）煮えくり返っている」かのようにグルグル動いているというし，あるいは受け入れがたい何かがあるとき，子どもは（大人も）吐いたり，ぜん息のように咳き込んだりすることもある。心と身体が互いに相関し合い，同一の「意味」を表出している。感じていることを意識していないとしても，心の内に動いていることが身体の反応としてあらわれ出てくる。あるいは身体そのものが感じているといえるかもしれない。

　次に，表現する身体の"相"がある。意識的にしろ，無意識的にしろ何かをあらわしている身体がある。舞台の上の俳優やバレリーナの肉体は，近くで見れば筋骨隆々だったり汗だくだったりする。それでも舞台では瀕死の病人をみごとに私たちの眼に浮かびあがらせたりする。先に述べたアリを応援する子どもの背中や，泣いている子の全身にあらわれる悔しさも同様である。さらにいえば，より高度な芸術性の"相"や，宗教的・精神的な存在としての身体の"相"もあるだろう。

　このような"相"という言い方は，むしろ身体を見る側がどの"相"でとらえるかということであって，身体そのものは1つの全体として生きている＝生きられているだけであるともいえる。

2 身体の働き

　さて，生き・生きられる身体の"相"の特徴は，それが皮膚によって区切られる肉体とは異なるリアリティを有していることである。箸を使ってものを食べるとき，箸は自分の身体の延長としてものの感触を得て，つまんだりする。それは

もう身体の一部になっているといってもいい。盲人の白い杖の先は，自分の指先と同じように触れたものを精妙に感じ分ける。このように皮膚の境界よりも先まで，身体は伸びたり広がったりする場合がある。

逆に，自動車に乗って狭い路地を通るとき，身をすくめる必要はないのに，私たちは身をすくめたりする。これは，自分の"生きられている身体"が自動車の車幅まで拡大されているからであるが，車幅をそのように自分の身体と一体に感じたうえで，今度は身をすくめて自分の肉体の内側にせばめようとしていることになるだろう。身をすくめても，実際の車体には影響はないわけであるが，これも"生きられる身体"の働きである。

また，とても緊張して身体が縮こまっているときは，ふと気づくと自分自身が内側に小さくこもって，この身体より縮んでいたりする。「やさしい」という言葉の古語「やさし」は，もともと「身がやせるように感じる（身が細る）」という意味であり，やがてそのように感じさせる人や行為をいうようになった。ここにも，感謝やすまなさを感じて縮こまる身体があるといえよう。

他者の身体と共感してつながる身体もある。スポーツを見ているとき，思わず選手と同じ動きをしている身体があるし，喫茶店で向かい合う相手と同じ姿勢をしている身体がある。相手の表情や声の調子，眼や手のちょっとした動きにもピタッと合う感じでうまく会話が進むときもあれば，相手とのあいだの何か「間」のようなものが合わず，うまく話せないときもある。

身体はこのように肉体よりも伸びたり広がったり，縮まったり，あるいは他者の身体とのあいだで，それに届いて同調したり，間がずれたりする。そのような働きとして，身体は生きている。

身体は，重い頭部をいちばん上に載せて立つ。その頭＝脳が指令を出して身体の各部位を動かし，コントロールしているといわれる。しかし，上のような働きとしての身体は，意識的に各部位を動かしているわけではない。箸を使うときどう動かすか意識してはいない。逆に意識すると失敗したりもする。階段を下りていて意識したとたんに足を踏みはずしそうになった……とか。たくさんある足を意識したとたんに歩けなくなった「ムカデ」の話は示唆的である。

実際に生きて，機能している身体は，意識が身体の各パーツを操作的にコントロールしているのでもなければ，中枢が末梢を客体として支配しているのでもない。いってみればうまく地方分権ができて統合されたトータルバランスの上に，全体がうまく主体的に動いている状態ともいえよう。脳は身体を支配しているのではなく，全体としてみごとな統合をつくりだしている。身体は客体として動かされるのではなく，主体として動き，生きているともいえよう。

3 応答的アクションとしなやかな身体

　その意味では，行為においては，身体は意識の背後に消え去っており，直接的に相手や対象に向かって踏み出し，ねらい，触れ，動かし，働きかける……，あるいはそれをとどめるとか，待つとか……といった行動のみがある。相手や対象と自分のみがいて，身体自体は意識されない。相手や対象へのアクションのみがあるといってもいい。主体としてうまく機能し働いているときには，身体は心とまるごと1つのものとしてアクションしている。身体が脳によって統合されているとしても，その働きはまるごと1つのアクションとしてある。

　まるごとの身体としてアクションする身体は，骨格と筋肉に支えられる肉体のイメージの身体としてよりももっと柔軟でしなやかな身体として感じられ，生きられている。「野口体操」の創始者・野口三千三は，全体の60～70％が水分である人間の身体について，こう述べている。「……生きている人間の身体は，筋肉が緊張していないときには，液体的な感じになることが多い。……力を抜いて解放された液体的な状態の感覚が，生きている人間の身体のあり方（動き）の基礎感覚である……」*

＊野口三千三『原初生命体としての人間』岩波書店, pp.12～13, 2003

　試みに仰向けに寝てリラックスした人の身体をゆすってみると，その動きは全身の隅々まで波となって伝わっていく。リラックスし解放された身体はむしろ，液体のなかに骨格や筋肉・内臓等が浮かんでいる感覚として感じられる。その身体は，触れたり触れられたりして起こる1つの動きが全身にしなやかに伝わっていく可塑的で柔軟な身体である。1つの動き，あるいは触発された何かが，全体に波のように伝わり，新たな動きを生み出していく。固まっている身体より，じつはこのような身体が，より豊かな動きとより大きな力を発揮する可能性を有するのである。

　このような身体は，他者との応答的関係においても豊かなアクションやリアクションを生み出す。相手とのかかわりのなかで思わず身体が動いてアクションが出るとき，たとえば思わず手が出るとき，まるで手が新たに生まれ出るかのように出てくる身体がある。昔話に「手なし娘」の話がある。手のない娘がおぶっていた赤ん坊が橋の上で落ちそうになったとき，思わず抱きとめようとしたら手が出ていた……という話である。もちろんいろいろな筋書き上の設定も含まれた昔話であるが，私たちもこのような経験をすることがある。

　喜びで身体が動き出すとき，あるいは誰かの危急に思わず手を差しのべたり近寄ろうとして足を踏み出すとき，今までなかった動きやアクションが生まれることがある。もちろん手や足ははじめからあるのであるが，それが縮んでいたり固まっていたりすれば，表現やアクションとしてはないのと変わりない。それが緊張がとれたり，何か壁になっていたものがなくなったとき，身体が伸びやかに動

きはじめ，出なかった手や足が出る。さらに胸が広がったり，身体が伸びていく。今までと違った身体があらわれ，生まれ出てきたように感じられる。子どもの発達・成長を驚きをもって見守るときに，このような経験は多くある。

　アクションを起こすとき，身体はそのつど生まれ出ているのかもしれない。とくに子どもの身体ではそう感じられる。誰かに手を差しのばし，一歩踏み出し，近づく――。今まで行けなかった場所や，触れられなかったもの，相手に踏み出し，触れる身体は，そのつど生まれ出てくる何かである。うまくいかなかった相手との関係の回復が，そのまま身体の回復となるのである。

3. 感じる身体

1 感じることは「触れる」こと

　表現するということは，一般に内面を外面にあらわすこととされている。しかしそれは，内から外への一方通行ではない。何もないところから表現することはもちろんできないが，といって「何でもいいから自由に表現しなさい」と言われると，とても不自由な状況に陥る。

　何かに触発され動かされること，つまり感じるということがあって表現という働きが生まれてくる。さらに，内面というけれども，そもそも内面はどのようにして形になってくるのか。

　ひと昔前，コミュニケーションを次のような過程とみる理論[*]があった。すなわち，一方がメッセージを共通のコードに「翻訳」し，「発信」する。そして，もう一方が「受信」し，「解釈」するという手続きである。この理論に従うと，「表現」とは伝える内容を「翻訳」し，「発信」する過程に相当するだろう。また，感じる側は，それを「受信」し，「解釈」しているということになる。

　しかし，これはモールス信号のような情報の授受という点では妥当な理論であっても，身体を触れ合わせ，かかわり合いながら生きている私たちは，これとは異なる過程を生きている。他者とかかわるとき，感じるということは単なる受動ではない。身体という視点からみると，感じるということは，2つの基礎となる動きから考えられる。1つは「触れる」ということであり，もう1つは「ともに動く」ことである。

　本章第1節で述べたように，子どもや私たちが生きている身体は，肉体とは異なる存在として，広がったり縮んだりする。箸の先，盲人の杖の先は，身体としてものに触れ働きかけている。道具を使わない場合でも，たとえば，ものの大きさや重さ，広さを感じるとき，それを身体で体験してみたらどのくらいか，とい

[*]現在では，この理論は人間のコミュニケーションの理論としては，限界があるとされている。

う感じ方をしている。たとえばテーブルの広さを感じるとき，その上を小人のように飛んだらどのくらいの動きとして感じるか，といったように身体の働きかけとその応答としての体験を基礎とする感じ方をしているといわれる。*

　箸や杖で触れるときは実際に触れて感じているが，そのものの大きさや広さ，存在感を感じるとき，実際に触れないにしてもアフォーダンスにより身体で体験的に感じている。広い意味でそれは，働きかけることによって成り立っている感覚といっていいだろう。身体として何らかの働きかけをし，そのものを身体の感覚として体験して感じている。これも「触れる」働きということができる。

　ここには同時に2つのことが成り立っている。働きかけて触れることと，触れることによって触れられることである。「触れる」という主体的で能動的な働きかけと，それにより逆にまた触れられるという応答的な関係があって，感じるということが成り立つ。感じることは，じつは「応答的」な働きなのである。

　五感の基礎は触覚であるといわれる。味覚や嗅覚はもちろん，聴覚や視覚もその基礎的感覚として触覚があるといわれる。つまり，すべての感覚の基礎として触れるということがあり，そしてそれは主体的応答的な営みなのである。

2 ともに動く身体

　感じることのもう1つの基礎は，共感的にともに動く身体の働きである。生理学あるいは運動学的には，運動共感と呼ばれる働きが身体にはある。他者の身体の動きが移ってくる現象である。スポーツを見ていると思わず選手と同じ動きをしていることがある。走り高跳びの踏切で一緒に身体を浮かせたり，ボクシングの試合を見ていて思わず頭を下げたり，誰かと話をしていて，気がつくと同じ姿勢やしぐさをしていたりする。

　観念運動性反応あるいは発見者の名前からカーペンター効果**と呼ばれる生理学的反応は，目にしたりイメージした動き——それを一緒に動くような感覚で見ているとき——実際に身体が動かなくても，同じ動きの神経伝達信号が神経系に発するというものである。つまり，他者の身体の動きと同じ動きが，こちらの身体のなかにも生じるということである。***誰かと同じ場にいるとき，観察者のように離れた立場でなく，ともに動くような感覚で見ているとき，身体そのものが動いていなくても，身体の内側がまったく同じように動いているということである。

　動かなくてもイメージトレーニングに効果があるのは，神経系が実際に運動しているのと同様に働くこの働きがあるからであるが，子どもの場合，大人と一緒に動き，生活するなかで，その力感やリズムや身体の動きをなぞり，まねしながら自分のものにしていくことの基礎はここにある。子どもは何かをまねするときでも1つひとつ覚えるのではなく，まるごと一挙に移ってくるように身体全体

*このような働きは，身体の「アフォーダンス」といわれ，認知と感覚の発達の基礎となっている。佐々木正人『アフォーダンス』青土社，1997，同『アフォーダンス　新しい認知の理論』岩波書店，1994，等参照。

**クルト・マイネル『スポーツ運動学』大修館書店，1981

***運動学ではこれをコーチングに応用している。コーチが声をかけるときに，相手との共感的動きのなかで，適切なときに適切な短い言葉で，それもイメージ的な言葉で声をかけることが有効であるといわれる。説明的な言葉よりも，共感的にともに選手と動くなかで力感やリズムを的確に伝えることができ，選手が同じ動きができるようになる。

で自分の動きとなっていく。

　同じ動きが伝わってくることは，相手の内側に動くものが身体を介してじかに伝わってくることでもある。それがどう意識化され言葉になっていくかはこれからのことであるが，他者の身体の内に動くものと自らの身体の感覚がつながるこの働きは，他者の立場に立つこと，あるいは共感的理解や思いやりの発達につながる基礎ともなる。

3 身体の内と外

　身体から表現を考えるとき，先にも出てきた内面と外面は，どのように考えられるのだろうか。

　野口三千三によれば，身体（からだ）の語源は「から」が立っている意の「からだち」であり，「から」は「身胴（むから）」，つまり身の「から」であるという。今でも，「身柄」と言って，"身柄を確保した"などという使い方をする。「から」は，胴体というイメージであり，殻や空，あるいは穀にも通じる。野口によれば，それは「なつかしく安らかな安息の場であると同時に，……何事かが起こることを予感させる『内部空間』をもつことがその本質で……」あり，また「『から』のもっとも本質的なことは，その内部空間から，それにとってのすべてのものが，新しく生まれるということである。それがそれであるためにもっとも大切なものが，そこから新しく生まれ育ちみのる……」[*]という。

　身体をこのような内部空間を有する「からだ（ち）」と考えることは興味深いし，また生きられる身体にも近いといえよう。先に述べたように，感じることは広い意味の「触れる」働きによっているが，もたらされた触発は，身体の内にさまざまな動きを生み出す。身体の「内部空間」で生じるその動きは，感覚であったり，情動や感情であったり，ときにはイメージや思考のようなものである場合もあるだろう。これが表現のはじまりにつながっていく。

　一方で，このように動きを胚胎する身体は，それ自体が動くものであり，アクションし，触れるものでもある。内部空間を有するという言い方から「容器」のようなものをイメージすると少し違う。身体は，それ自体が動き，触れ，働きかけ，アクションする。内に動くものがそのままあらわれ出るといってもいいし，あるいはむしろ動きそのものであるような存在が身体である。それは直接に事物や他者に触れ，触れられる。そしてさらにまた新しい動きを触発され，アクションしていく。いってみれば，内と外がまるごと1つになって，表現しつつ行動する「行動体」あるいは「アクション体」のような存在が身体であるといっていいだろう。それは，触れ・触れられ，主体でありながら客体であり，さらに内でありながら外であるような，両義的な存在である。

---

[*] 野口三千三『原初生命体としての人間』岩波書店，pp.245〜247，2003。やまと言葉を生み出した私たちの先祖が身体に感じていた感覚は，きわめて生きられた身体の相に近いアクチュアルなものである。ちなみに「から」に「ち」（いのちの"ち"であり，血にもつながる）がつくと「ちから」になる。

4 気づくこと

　さて，感じるということが成り立つためには，内に動くものに気づいていることが必要である。また，内に動くことと外でのアクションが身体として一体になっているとすれば，自分の今の動き，アクションに気づくことも必要である。むしろ，外にあらわれてはじめて，あるいはあらわしてみてはじめて，感じていることがはっきりしてくる場合も多い。

　子どもの場合，内と外のつながりは，より直接的である。思考や思慮が介在せずに内と外がまるごと1つになって感じ動く。といって子どもに意識化や言語化を急がせることは無理なことである。

　身体が意識化されるということは，感じたこと，内に動くものといった"身体"が，広い意味での言葉になっていくことであるが，一緒に動きかかわっている大人が，子どもの内に動くものを共感的に自らの内に感じ，気づき，言葉にしていくことが，子どもの身体と言葉のつながりの基礎になる。とくに子どもの場合，身体（や心）を意識することはない。意識すると，意識がそこにとどまって自然な働きを止めてしまうことになる。*

　常に選択の岐路に立っている保育者も，身体として生き，動いているときは，意識化は後回しになりがちである。しかし，専門職としての保育者は，アクションしている最中にそれをふり返ってとらえることが必要であり，そのことが選択の可能性を広げる。**

4. 環境や周囲と応答し合う身体

1 「人」「もの」「こと」と出会う

　身体が周囲の人や事物と出会い，感じたり働きかけたりすることは，触れることを基礎とする応答的な営みである。子どもが好奇心をもって何かに触れ，働きかけ試しつつ出会っていくことは，そのものからのリアクションに出会い，さらにまた働きかけることをくり返しつつ，確かになっていく応答的ないとなみである。表現するということが，活動や作品だけでなく，まずそのような営みであることからはじまることを大切にしたい。

　子どもの身体は，内と外が1つとなったまるごとの身体であり，触れ・触れられる触発と働きかけのなかで，「人」や「もの」や「こと」を体験していく。身体で対話し，アクションとリアクションをくり返しながら出会っていく。

　どのような対話をするのか，対話の中身は何か。もっと端的にいえば何をどう感じるかということ自体，世界や他者，とくに大人との相互作用のなかで身につ

---

*心（こころ）の語源は同じく野口によれば，「『凝り凝り』すなわち『こりこり』の略『ここり』が，さらに転じて『こころ』になった……。『あつまる・まとまる』というような意味である」という。意識の成立に示唆深いものがある。野口三千三『原初生命体としての人間』岩波書店，p.247，2003

**ドナルド・ショーンは，教師や保育者やソーシャルワーカーといった人間にかかわる専門家は複雑で流動的な状況のなかで高度な専門性を発揮しているとし，反省的実践家と呼んでいる。行為のなかで気づきふり返ることがその専門的な実践知を支え，より豊かな対応を生み出す。ドナルド・ショーン『専門家の知恵』ゆみる出版，2001参照。

けていく。親や保育者が呼びかける言葉，あるいはうたいかける歌を，子どもは全身で共感・共振し，響き合いながら身体に内化していく。「大きなたいこドーンドン，小さなたいこトントントン」といったうたいかけを，うたいかけに応え，またうたってもらうその共振的相互作用のなかで，大人と同じように身体を大きくしたり小さくしたりしながら，その力感・リズム・言葉と身体一体の動きといったものを自らの内に写し（移し）とるように内化し，自分のものにしていく。

　動きの内化は，何をどう感じるか，感じたときにどう動くか，さらにそこから生まれてくる意味を，言葉になる前のところで身体の内側に蓄積していく。大人の身体を媒介としつつ，大人の世界との出会い方を子どもは身体に内在化させていく。やがて言葉にもつながっていくこの動きの内在化は，身体そのものに文化が入っていくという意味で文化の身体化・内在化ともいえ，また文化の伝達と享受の基礎でもある。どのような状況で何をどう感じ，どう理解するかという文化のコードが身体から身体に伝わる。それは広い意味での言葉そのもの（あるいはその体系）といえるだろう。それは意識的に学んだり身につけるというより，身体に内在化し，その動きやあるいは他者からの声が，積み重ねられていくように内在化されていく。それは身体的記憶であり，人とのかかわり方，社会とのかかわり方，ものやこととどう出会い，どう働きかけるか，それらが内在化されていく。身体の内部空間は，このように大人の身体を通して，動きや感じ方，触れ方，あるいは声が積み重なっていく場所でもある。

2 安定と受容

　内在化の過程においても，またそこから表現する過程においても，緊張のない柔軟な開かれた身体であることが必要である。クリアで通りのいい身体が大切である。余分な力を抜き「脱力」すること，あるいは緊張をとることが必要であるが，それにはまず子どもの生活の安定が求められる。子どもの場合は，受容的な雰囲気や大人との良好な関係が基礎となり，遊びに集中し，対象と専一にかかわる集中のなかで余分な緊張がなくなる。

　安定した遊びは保育者の身体を通したかかわりから生まれる。登園しても母親から離れられなかった子が園にはじめて1人で来たが，不安定で泣きわめくようなとき，保育者が身体でじっと抱きとめながら，その激しいエネルギーも受け止める。やがて落ち着いた子が，他の子との接点をつくってくれる保育者のかかわりを通して友だちとの遊びに入っていく。保育者は身体と身体とのかかわりで，子どもが専一に遊び集中し，身体として生きる場を用意する。

　友だちとの関係も同様である。自身の内部空間が広く開かれている大人の身体の介在が，子どもの身体を安定させ，広げていく。子どもが誰かに見せたくて持

ってきたものを心から見るだけでもかかわりがはじまる。友だちどうしだとこれは難しい。関係が成り立ってはじめて見てもらえる。見せたいものを力の強い相手の子に見てもらえない子が，その子としばらく一緒に遊んで認めてもらってから，また同じものを持ってくる。すると，「へえ」といって見てもらえる。涙ぐましいような努力。見てもらえて1つのことが終わると，はじめて次のステップに行く子どもたちの姿がある。1つのことが終わらない限りは，次への歩みを進めることができない子どもたちの身体がある。

　3歳の子がお昼の当番でお茶を運ぶ係をやりたくて，けんかになる。当番の子がやかんを持っていこうとすると，お茶運びをどうしてもやりたい男の子が，当番の子とやかんを引っぱり合って行かせない。足は当番の子の足を踏みつけている。そこに来たベテランの保育者。うなずきながらそれぞれの言い分をていねいに聞く。話を聞いてもらったことで，落ち着いてふっと空間のできた2人。無理を言っていた子が手を離す。すると当番の子が黙ってやかんをその子のほうに近づける。2人で持っていくやかん……。

　保育者の身体と共感的にともに動きながら，子どもの身体は広がっていく。その内部空間に他者を入れる広さも，保育者の身体の内側の広がりとともに広がる。親や保育者や大人の身体を媒介として，それとの応答的な共生を介在させて，子どもたちは他者に，ものに，ことに出会っていく。そこで培われたアクションとリアクションの応答性が将来，人と人との関係をつくり，市民として社会を再創造していくアクションの基礎となる。

5. 表現する身体

1 身体のシグナル

　存在するだけで何かを語る子どもの身体がある。あるいは意識的に何かを伝えようとしていなくても，何かを表明している子どもの身体がある。通常，相手に伝える意識をもって表明することが，せまい意味での「表現」といわれる。それに対して伝える意識はなく，無意識的にあらわれ出るのが「表出」といわれる。子どもの身体が，明確に伝える意識はなくてもあらわしている何か，それは私たちにとっては，注意深く見守り受け止めなければならないシグナルのようなものである。

　これまでの表現教育ではそのようなシグナルは，表現としてみられてこなかった面がある。それは子どもの生活に密着したものであり，消極的だったり否定的だったりする。あるいは，単にひとり遊びのあいまいな姿とみられ，いわゆる表現的活動としてみられることはなかった時期がある。しかし，身体の表現はまさ

にここからはじまる。そして，1人の人間としての子どもの存在を認めていくことも，ここからはじまる。その子の身体がまずそこにあり，何かを語っている，そこから表現ははじまる。

シグナルは弱いときもあるし，ネガティブなものであることも多い。保育者は，自分の身体の感度を上げ，内と外に耳をすましてキャッチすることが大切である。意識されずに出されているシグナルは，それに気づき，聞き，応答のリアクションをしてくれる保育者の身体がなければ，存在しないことと同じである。

2 表出から表現，さらに表現活動へ

人間存在としての子どもの身体の表現からはじまり，生活の基層において子どもの身体が発するシグナルがまずある。これは，無意識的な表出であり，またネガティブで不明瞭なものが多い。これがもう少し意識的になると，たとえば，誰も聞いていなくても1人でうたっていたり，黙々と好きなものを描き続けていたり，砂や泥で何かをつくり続けるような姿がある。このような姿を大場牧夫は，「表出的行動」と呼んでいる。*

以下，大場が表出から表現，さらに教科や芸術表現までをトータルに見通して述べているその道筋に沿いながら，身体の表現をみていこう。

表出的行動は自分が楽しみながら続けていてネガティブなものではないが，しかし相手への意識的表現でもない。くり返すことでそのことを味わい，内に刻み込むようなこの動きは，いわば身体を通してそのことと応答的な対話をしながら，身体の内に内化していく行動であるかもしれない。同時にこれは，前に述べた不明瞭な「表出」とは違って，ある種意図的な行動でもあり，大場のいうように，自発的なあらわしの行動のもっとも原点的な動きということができるだろう。ここでは，何かが結果として生まれるよりも，それを続ける過程，そしてその過程を保障する大人のかかわりが重要である。身体の安定を保障し，大人自身の身体がそれとともに生きることが必要である。

次の段階にいたる過程はドラマティックである。相手のいない表出的行動から，たとえば保育者の介在を経て他者があらわれ，相手に向けての意識的表現へとシフトする。

大場は次のような場面を述べている。子どもがままごとでお母さんになってひたすらごはんづくりをやっている。そこに保育者が近寄って，「たべさせて」と言う。子どもは保育者に食べてもらうことを意識して，食べさせようとする。そこに送り手と受け手のかかわりが生ずる。スタートは表出的行動だけれども，保育者が受け手になることによって，同じままごとが表出的行動から表現的行動に変わっていく……。**

*大場牧夫『表現原論』萌文書林，p.180，1996

**大場牧夫『表現原論』萌文書林，p.181，1996

この相手に対しての行動を子どもも意識しはじめると，他者との表現的な活動へと発展していく。保育者が介在して表出的行動から表現的行動に移っていく場面がどのように保育のなかで起こっているのか，保育者が意識してとらえる必要があるだろう。

　大場はこの次の段階を「大まかな表現的活動」と名づけている。なぜ「大まかな」とつけたかは，大場によれば，明らかに友だちと一緒につくるとか，あるものをつくるという意識が働いているけれども，つくっている活動（過程）そのものを楽しんでいて，できあがった結果にはあまりとらわれていないからであるという。そして，この段階を保育者はあまり大事にしてこなかった，ともいう。

　さらに，より意識が明確になり，できたものを友だちや先生に見せるとか，認めてもらいたいとか，伝える意識や結果の意識が子どものなかに働いてくると，大場はこれを「明確な表現的行動」あるいは「活動」と呼ぶ。従来，このような活動を「表現」と呼ぶことが多かったが，ここまでの一連の層的な構造を「あらわしの層」と呼んでいる。さらにこの上には，音楽・図工・体育・国語等の学校の教科のジャンルがあり，さらにその先の文化，芸術のジャンルまで連なっていくことになる。*

＊大場牧夫『表現原論』萌文書林，pp.182〜183，1996

　身体は，人間存在の根本から文化のすべてのジャンルにまでつながり，その基層となっているものである。身体から表現を考えることは，大場のいう「あらわしの層」を上からではなく，下から歩み，他者と出会い，応答的なつながりのなかで，ともに何かを生み出していく過程のなかに，身体が生きる表現の本質があるといえるだろう。

6. 身体を育てること

1 表現を止めるもの

　身体は他者との応答的な関係のなかで，もの・こと・人と対話し，内に触発されると同時に外にアクションし，触れ・触れられながら，自己の内に文化としての身体を内化していく存在であった。このような身体が育つということは，応答的な関係を豊かにもつことが重要である。内側の内部空間が広がり深まることと，他者への表現と外への豊かな発展の可能性は，同時並行的に同じ広さと深さでもたらされる。

　とすれば，身体を育てるということは，身体そのものをどうかするというよりは，応答的な関係性を保障することが大切となる。子どもの場合，とくに表現という観点から考える場合，それを阻害する要因がいくつかある。それに気づき，

取り除いていくことが，身体を育てるということにつながっていく。

　1つの要因は前にも述べた通り，生活の安定にかかわることである。受容的であり，かつ前に述べたように応答的な関係のなかで，落ち着いた安定した保育の場が，もの・こと・人との対話的関係を保障する。はじめてのことにも不安や緊張を抱かずに触れて出ていく身体は，この安定から生まれる。

　また，否定的な体験をすることが，外に出て働きかけ，触れていく能動性を阻害する。たとえば，絵が下手だと言われたり，歌が下手だと言われるような体験である。表現をその結果や所産の上手・下手で見るような見方があると，身体はアクションを起こせなくなる。身体は，他者との応答的な動きのなかで触発されながらアクションすることで新しいものを生み出していくが，その過程を生きることなく結果を求められると，十分に生ききって新しいアクションを生み出すことができなくなる。

　子どもの場合は，技術や技能も応答的な関係性のなかで内化していく。大場のいう「大まかな表現的活動」の段階では，道具を使うことがおもしろかったり，素材に働きかけることが楽しくて活動する過程がある。そこでは，その状況のなかで身体をどう使うかという「身体の使い方」は，他者や対象との関係のなかで，相手の動きをなぞったり手ごたえや反応を受け止めたりする応答的な「対話」のなかで，内側に身についていく。応答的関係性と切り離されたところで反復訓練的に既定の技術を身につけることは，子どもの場合，文化を身体に内在化していくプロセスとはならないだろう。

2 領域「表現」と身体

　身体が生きて育つことは，その子のまるごと全部の育ちである。

　現在の幼稚園教育要領の5つの領域は，1人の子どもの発達・成長を，まるごと1つの全体として5つの窓からみようとしたものといわれる。平成より前の教育要領の領域は教科的な見方に基づきながら子どもの活動を6つに分類したものであったが，現在は，1人の子どもの育ち全体を5つの窓，すなわち5つの角度からみるということであり，同じ領域という言葉でもまったく見方が異なる。

　身体という全体的な存在から子どもの発達・成長を見ていくことは，特定の分野を見ていくことではない。全体を，そしてその基礎となる領野から見ていくことが身体から見ることである。その意味では，現在の教育要領の考え方は，身体と重なる見方であり，常に全領域を見通していく視座が必要である。

　領域「表現」は，音楽リズム的な内容や造形あるいは演劇的表現，もしくは身体表現的な内容を足し合わせたものでも総合したものでもない。それらを子どもの身体と，その発達・成長から一貫して見通す基礎的な視座がないと，表現は諸

ジャンルの要素の寄せ集めにしかならない。分化したジャンルの基礎にあるもっと基本的な働き，動き・触れ・働きかけ，応答的に周囲とかかわりながら生きる基礎となっている身体から，再度，諸領域を見通していくことが大切である。

　他者との応答体としての身体，文化を内化して享受するとともに再創造の担い手となっていく身体，アクションとリアクションの連鎖のなかで市民社会の新たなコミュニティの創造の担い手となる身体──と，その身体を育てるための基礎となる幼児期に，保育者が希望をもって子どもたちに自身，身体としてかかわることが大切である。

❸ 文化の再創造の主体としての身体

　子どもにかかわる大人は，その子が自分の可能性を広げ，確かに豊かに歩むことを願う。と同時に，その子が文化と社会をより豊かに発展させていくことも願う。1人の人間は1個の身体でしかないが，その身体は他者や事物と直接的・応答的につながる身体である。こちらからアクションし，かかわると同時に，返ってくるリアクションを受け止め，またリアクションしていく。アクションとリアクションの連鎖が続く。そのような相互的なかかわりのなかで，内側に文化を内化していくとともに，触発から新たなものが生み出される。他者のさまざまな働きや動きや声が内に積み重なり，さらなる触れ合いが新たな創造を触発し，個人も社会も文化も新たな創造と深化をとげる。

　身体は共生し，文化を享け，再創造する主体である。身体を育てることは，互恵的な「対話」する主体を育てることであり，また身体の内に積み重なった声のなかから，自分自身の声とアクションを生み出す主体を育てることである。

　保育者は，子どもの身体を育てることを通して，新しい世界をつくっていく最前線に立つ存在である。

【参考文献】
野口三千三『原初生命体としての人間』岩波書店，2003
佐々木正人『アフォーダンス』青土社，1997
佐々木正人『アフォーダンス新しい認知の理論』岩波書店，1994
クルト・マイネル『スポーツ運動学』大修館書店，1981
ドナルド・ショーン『専門家の知恵』ゆみる出版，2001
大場牧夫『表現原論』萌文書林，1996
津守 真『保育の一日とその周辺』フレーベル館，1989
竹内敏晴『こどものからだと言葉』晶文社，1983

第5章 遊びにおける子どもの多様な表現

<学習のポイント>
①子どもがさまざまな表現手段をもっているということを理解しよう。
②遊びのなかのいたるところに，子どもが表現する姿があるということを理解しよう。
③保育者が子どもの素朴で多様な表現の姿を逃さずとらえていくことが必要であることを理解しよう。
④保育者は子どもをよく見て，1人ひとりの思いを大切に読み取っていくことを学ぼう。

1. 遊びと表現

　子どもたちは毎日いろいろな遊びに取り組んでいる。その遊びのなかには，いたるところに子どもの表現する姿がある。保育者はその子どもの表現の芽を見過ごしてしまうことのないように留意する必要がある。
　本章では，遊びのなかにおける子どもの表現の姿を的確にとらえて理解していけるように，言葉で，身体で，造形で，音で，歌で，演じてなどのさまざまな表現手段を使った子どもの表現する姿を具体的な例をあげてわかりやすく述べる。

1 子どもの表現

　毎朝，新聞に掲載されている「子どもの詩」＊を読む。長く続いているコーナーなので楽しみに読んでいる人も多いだろう。概ねは小学生の作品だが，たまに幼児のものもあり，大人が気づかない視点や言葉にはっとさせられたり，思わず笑みがこぼれたりする。こんなふうに感じるのか，こんな言葉であらわすのかと，子どもの感性のすばらしさを感じるひとときである。そして，こういう子どもの表現をしっかり受け止め，大切にしていきたいと強く思うのである。
　人間は生まれたときに泣くことで，表現するという行為をはじめている。乳児は笑ったり泣いたりすることで，自分の気持ち良さや不快をあらわし，母親や周囲の大人に伝えている。片言の出てくる1歳頃からは，言葉の足りないところを表情や動作で補いながら表現するようになる。そして，3歳頃になるとかなり多くのことを言葉で伝えたり，身ぶりや身体の動きで何かになったりすることができるようになる。しかし，子どもは表現するということをはっきり自覚しないで動いていることが多く，大人からすると一見何の意味もない行為に見えてしまい，見逃されてしまうこともある。そうした自覚のないまま行う子どもの表現をよく見て理解し，何よりも子どもが表現しようとする意欲を大切にすること，遊びの

＊読売新聞の朝刊「くらし」の頁に毎日1作ずつ掲載されている。

なかでの表現を十分に楽しめるようにすることが大切である。

2 遊びと子どものイメージ

　幼児期の生活のほとんどは，遊びによって占められている。子どもには遊びが重要であることは今さら言うまでもないことであろう。テレビ・漫画・ゲームが子どもの世界にあふれるようになってずいぶん経つが，これらは受け身のものといえる。遊びは本来自発的で自由感あふれる楽しい活動であり，そういう遊びを通して子どもの表現は育っていくのである。

　実際の保育現場で子どもが遊ぶ姿はじつに多様で，そこにあらわれる表現の姿もさまざまである。しかも，子どもの表現はできあがったものを見せたり聞かせたりするためではない。感じたことや考えたことをそのまま素朴に表現しているだけである。かいたりつくったりして形に残るものもあるが，偶発的で一過性のものも多い。また，大人にとって意味のわかりにくい表現であることもしばしばある。

　子どもの特徴でもある，ものを擬人化*したり，見立ててなりきって遊んだりすることは子どものイメージの世界が出発点となる。イメージが膨らんだり，実現できたり，つながったりすることで，遊びのなかの表現はより豊かになっていく。

　保育者は，一見無意味に見える子どもの行為が，今その子にとって意味のある表現であることを十分理解し，受け入れ，認めていくことが大切である。そのためには，日々の遊びのなかで1人ひとりの子どもが表現する姿を読み取れる保育者でなくてはならない。

　多様な遊びによって多様な表現も可能となっていく。遊びのなかには，いろいろなところに子どもが表現する芽がある。その姿は，言葉を使った表現であったり，身体を使った表現であったり，造形的な表現であったり，音楽的な表現であったり，劇的な表現であったり，それらが組み合わさった表現であったりする。日々の遊びのなかで保育者がそれらを的確にとらえていくためには，よく子どもの表情や言動を見て，子どもの気持ち・興味関心などを把握し，表現に至る心の動きを受け止め，表現する喜びを実感できるようにしていくことが必要である。以下の項では，具体的な遊びや取り組みのなかでの子どもの表現する様子を説明していくことにする。

*人以外のものを人にたとえていくこと。

2. 言葉であらわす・物語る

　幼児期は言語の獲得期でもあり，子どもの自己表出・自己表現は「言葉」とのかかわりが深い。しかし，誰もがわかるような表現はまだしていない。子どもの

自己表現は直接的で非常に素朴な形で行われることが多い。朝から帰りまでいつでもいたるところで子どもは言葉を発している。年齢が小さいほど，言葉は相手を意識しないときにも使われており，相手に話したいときだけでなく，伝えようと思わないときにもつぶやいている。動作が見えるなど，話しているのが明確な場合を除けば，子どものふとしたつぶやきはたいへんわかりにくい。しかし，保育者は耳をそばだてて，1つでも多くそのつぶやきを聞くことが大切である。

　子どもは心が揺れ動いたときに言葉を発する。つまり，どんなときに子どもの心が動くのかを理解していけば，子どもの表現をとらえることができるだろう。

1 驚きや感動をあらわす

　子どもはとても驚いたときやうれしいときに声を発する。こういった場合は子どもの表情も同時によく動いているので，保育者は読み取りやすい。では，どんなとき，どんなものに子どもは驚くのだろうか。

　生活のなかでも"自然"は子どもにとって不思議の宝庫である。未知のもの・興味をひくもの・不可思議なものがあふれており，子どもは感じるまま素直にそれを表現する。たとえば自然現象では，急に暗くなった空の色に「もう夜？　お化けが来るの？」と怖がったり，降り出した雨の音に「太鼓みたい」とびっくりしたり，ざあっと降る雨を「シャワーだ」と喜んだりする。雨あがりの園庭で濡れた葉の雨粒を見つけて「キラキラ」とそっとつぶやいたりもする。散歩や園庭での遊びでは，あちこちに子どもの心を揺さぶる自然の素材があふれているのである。

2 発見や思いをあらわす

　花摘みや虫探しなどをしていると，言葉が自然に出て，子どもどうしがかかわっている姿がよく見られる。子どもは何かを発見すると，先生や友だちにそのことを伝えたいと思い行動するのである。その際，「先生これ」と差し出す草花を「すてきだね，花束にしようか」とリボンをかけてイメージを高める保育者が求められる。

　また，子どもたちは，草花に限らず，さまざまなものを見つけてくる。子どもがじっと動きを止めていたら，何に注目しているのか注意して見てみよう。すると，「これは何だろう？」，「○○みたいだ」と探求したり，あれこれ話していることがわかる。たとえば，変わった形の石を見つけて「何かな？」，「見たことないよ」，「宇宙人の落としものじゃないの？」と話しながら友だちとイメージを共有し，探検ごっこに発展していく姿なども，見受けることができ

写真5-1

るだろう（写真5-1）。このような子どものイメージを大切に受け止めることで，遊びは豊かに広がっていくのである。

　また，先に「テレビは受動的である」と述べたが，遊びのきっかけとしてテレビで見たイメージを生かすなど，主体的に取り組んでいくことで表現することにつなげることもできる。社会現象に関心のある子どもがスペースシャトルのテレビニュースからイメージを膨らませ，宇宙船をつくったり，ごっこ遊びをしたりするなどがその例である。その際，自分のイメージを言葉であらわすことで，そのイメージが明確になり，周囲にもわかりやすくなって友だちどうし互いに刺激し合い，遊びが発展していくのである。

３ 物語る

　子どもは"お話"が大好きである。「それで，それで」と話の続きをどこまでも催促する姿はよく見受けられるし，また，子どもをスムーズに後片づけへと導くには，「人形を箱に片づけましょう」と言うよりも「クマさんをこの箱の家に寝かせてあげましょう」と言ったほうが効果的であることが多い。子どもは簡単なストーリーをおもしろがり，物と自分とを一体化させて感じているのである。

　ぬいぐるみや指人形での遊びでは，子どもは実際に人形に触って心地良いという感触を楽しんだり，情緒的に落ち着いたりできる。そのうえで，人形と自己を一体化させて，猫ならば「ニャーニャー」とそれらしく泣いたり，「お魚大好き」と喋ったりする。そのものになりきって話すことで，友だちとの会話もしやすく，ごく自然な形でかかわりをもつことができるようになるのである。

　そして，このような単純な表現から，子どもは自分の気持ちや生活経験などを反映させた表現をしていくようになる。子どものストーリーは自分の生活に近いものからできていくので，家庭や園・学校などの経験が中心となるが，絵本などの刺激で空想の世界が広がることも多い（写真5-2）。保育者が「それからどうなるのかな？」と続きを促すことで発展することもある。

　なお，子どもは自分でつくったものを使って，すぐに表現したくなるものである。絵を描いて切り抜き，棒をつけてペープサートをつくったら，さっそくそれを動かして話し出す。4歳頃には「先生のように，みんなに見せたい，話したい」という思いをもちはじめ，同調する友だちと一緒にはじめる姿も見られるようになるが，聞き手が楽しいよ

うな話をするということはなかなか難しい。保育者は形にすることを急がずに，子どもが表現したいという意欲を大切にしていくようにする（写真5-3）。

また，保育者が子どもたちに字のない絵本*を見せて語ったり，素話**を語ったりすることも，子どもの想像の世界を豊かにしていく。そうした経験があると，自分で簡単なストーリーをつくって話すことを楽しむようになるのである。

*文字を一切使わず，絵の表現のみで構成されている絵本。

**視覚的なものを使わず，言葉だけで簡単な物語を語る。

3. 身体であらわす

子どもはよく動作で気持ちをあらわす。入園当初には保育者をわざとぶつことで，反応をうかがったり，親近感を示したりすることもある。言葉と同様にいたるところで素朴な形で表現されることが多いので，その姿をしっかりとらえていくようにする。

子どもは"やってみたがり"の存在である。心が揺れ動いたときには動作をしている。身体を使うことは充足感も高く，子どもが楽しさを実感しやすいといえよう。

1 形や動きを模倣する

3歳の男の子がテラスの柱につかまってじっとしていることがあった。やりたい遊びが見つからないのかと思っていたところ，じつはその子はコアラになりきっていて，柱を木に見立てずっと寝ていたのである。

子どもの身体を使った表現に，模倣がある。子どもは好きなものを表現したがるものである。たとえば，子どもたちはヒーローものが大好きで，男の子も女の子も正義の味方になりきって遊ぶ。写真5-4は，4歳児の10月の遊びの様子であるが，ヒーローのキャラクターになり，滑り台を基地に見立てているところである。***また滑ることで空を飛ぶイメージを満足させている。子どもたちは，階段や台の上からジャンプしたり，走ったり，戦う動作をしたり，なりきった楽しさを十分に味わっていた。同様に，ままごと遊びで母親や赤ん坊になることも，子どもなりの模倣した動作の表現ということができる。

また，動物が大好きな子どもは，実際に見たり触れたりすることを通して表現したい気持ちが高まる。写真5-5は，4歳児の子どもが保育室の段ボールを使ってだんご虫になったところである。自分の経験からだんご虫のイメージを"丸くなる"という動作で表現している。この後，少し歩い

***戸外の固定遊具は，遊び方が時期とともに変化する。滑り台もはじめは滑ることそのものを楽しんでいても，次第にそれを利用して遊ぶようになっていく。

写真5-4

ては保育者が段ボールに触るとさっと丸くなるという動作をくり返し楽しんでいた。

　見たその場で瞬時に表現することもある。写真 5 - 6 は，自分たちで飼育しているウサギを園庭に放して一緒に走っていたときに，隣で自分もウサギになって両手をついて動いているところである。この子どものウサギをのぞき込む様子や表情から，自分とウサギが一体化した気持ちであることがうかがえる。雨あがりにカエルを見つけて一緒にぴょんぴょん跳ぶ，ニワトリと一緒に上を向いて「コケコッコー」と鳴くなども同様の表現である。

　注意して見ていると，動物以外にも，両手を広げ飛行機になって走る，ハンドルを動かしながら車で動く，こまになってくるくる回るなど，子どもたちの表現はじつにさまざまである。

　子どもの表現のなかに込められた思いがすぐにわからない場合もあるが，保育者は子どもの動作をじっくり見ていくことで，子どもの表現していることを理解できるようになる。保育者が子どもの表現をとらえ，その動きたい気持ちを受け止めて共感していくことで，子どもの表現する意欲はさらに高まっていく。

写真 5 - 5

写真 5 - 6

2 リズミカルなふりで動く

　リズミカルな動きによる快感を伴う身体の表現は，創作リズム表現などにつながっていくものと考えればわかりやすいだろう。制作が動きにつながった 5 歳児の女の子たちの例をあげる。園行事の会場を飾るために花をつくったときのことである。女の子たちは，きれいな花をつくったことで自分たちで身につけたくなり，両手につけて園庭に出ていった。はじめは何となく走ったり遊具で遊んだりして過ごしていたが，友だちと手をつないだことから「大きい花になる」という発想が生まれ，みんなで大輪の花になることにした。輪になって小さくまとまったところから次第に大きく広がり，ばらばらに走り去るという動きで，つぼみから次第に開花し，花びらが散っていくということを表現したのである（写真 5 - 7）。

　音楽が子どもの動きを誘発することはよく知られている。テンポのよい曲を聞くと動き出したくなったり，スローな曲を聞くと揺れたくなったりすることでよくわかるだろう。

写真 5 - 7

子どもは音楽を聞くことが大好きで，カセットデッキやCDプレーヤーを家で自分で操作する子も多い。子どもが操作しやすい機器や環境を整え，自由に好きな曲をかけられるようにすると，表現も広がっていく。ふりつけの決まった曲で動くことと，曲に合わせて自分の好きな動きをすることの両方が大切である。

写真5-8は，4歳の女の子たちがまわるとぱっと広がるサテンのスカートを身につけたことから，客を呼んで踊りを見せているところである。このときは，子どもたちが自ら好きな曲をかけていた。1人ひとりがまわって自分のスカートが広がるところを見せたいという動機ではじまったので必然的に順番に行うことになり，そのパターンのくり返しが中心であった。そのなかでまわり方やまわり終わったときのポーズなどを各々が考え，そこがオリジナルなふりつけ部分となった。

写真5-8

保育者は，このような子どもの素朴な創作をとらえ，楽しさが実感できるようにして，豊かな表現につなげていく。

4. かく・つくる

　造形的な表現は，素材を扱うといった点や，作品という結果を"形"としてとらえることができるといった点が，言葉や身体を使っての表現とは異なる。また，イメージしたことをあらわすのに"技術"も必要となる。"物"を扱っているので，保育者は子どもの表現に気づきやすいが，作品という結果のみを評価するのではなく，制作過程における子どもの思いや取り組みをきちんととらえていくことが重要となる。また，自分の表現が"作品"として残るということは，子どもが自分の行ったことを目で見てわかり，満足感・充足感を味わうことができるという良さがある。そのほか，子どもどうしわかり合うことや，共同作業を行うきっかけともなる。

　制作活動は非常に多種多様であるが，ここではよく扱われている主なものを取りあげて述べることとする。

1 かく

　子どもは色の出るものを持つと，腕を動かしてかこうとする。ただし，とくに低年齢の子どもの場合は，何をかいているのか，よく見たり聞いたりしないと，大人にはわからないことが多い。たとえば，3歳の男児がクレヨンでいくつもの

丸(点を塗りたくったようなもの)をかいているのを見て,保育者が水玉模様のようだな,シャボン玉かなと思いながら「何をかいてるの?」と聞くと,1つずつ指さしながら「これはパパ,これはママ,これは○○ちゃん」と言い,丸が自分の家族だったことがわかったということもある。また,「みんなで車に乗りました」と言いながら「あっちに行って山に登って……」などとぐるぐる線をかいているうちに紙面中が線だらけになってしまったり,「消防車が来て水をかけて……」と言いながらどんどん紙面を塗りつぶし,後から見ても何をかいたのかまったくわからないということもある。子どもにとってはイメージしたことを表現しているその瞬間が大切なので,保育者はそのときを見逃さずに子どものイメージを的確につかむことが必要である。なお,次第に思ったように形がかけるようになってくると,大人が見ても何をかいたかすぐわかるようになる。

もう1つ注目したいのが,画材によって,子どもの表現が異なってくるということである。保育の現場では,かく道具として,主に絵具,色鉛筆,クレヨン,サインペン,チョークなどを使うことが多いが,たとえば,絵具では大きくのびのびとかく楽しさを,色鉛筆では細かい描写のおもしろさを味わっていく(写真5-9,10)。

また,色も表現の大きな要素である。筆や色鉛筆などで直接かく以外にも,絵具を使った表現*として,紙に絵具をたらし,折って広げてできた模様を楽しむデカルコマニー,たらした絵具をストローで吹いてできた線や模様を楽しむ吹き絵などもある。子どもの場合は意識して技法を用いるのではなく,そのとき偶発的にできた形や線,色などを「蝶々みたい」,「花火」,「怪獣」などと見立てたり命名したりして想像の世界を楽しむものである。

また,戸外でアスファルトやコンクリートにチョークで絵をかいたり,地面に枝でかいたりすることもある。偶然見つけた枝で地面に絵をかいて友だちに見せているのが写真5-11である。ここは砂地だったので線がとても見やすかった。かいたり,手で消したりしている姿を見ていたもう一方の子どもも,枝を探して一緒にかくことを楽しんだ。ごく自然な形で2人が一緒にかく楽しさを経験していくことができていた。

写真5-9

写真5-10

写真5-11

*この他にも,スタンピング,マーブリング,フィンガーペインティングなど,さまざまな表現方法があるので調べてみよう。

2 積み木・ブロックなどでつくる

　子どもが行う構成的な遊びの素材は多くあるが，なかでも積み木やブロックは家庭や園でよく見受けられる遊具である。

　子どもたちは立方体や直方体，三角柱など，さまざまな形の積み木を組み合わせ，自分のイメージした家や基地，乗り物などをつくって遊ぶ。とくに箱積み木は，どのように"つくる"かという「構成」と，どのように"使う"かという「方法」の両面で，子どもの表現とかかわる。箱積み木は1つひとつの形を変えることができないので構成に限界があり，大人数の入る家をつくりたくても，広げると屋根にしている板が落ちてしまうといったケースでは，とくに子どもたちに発想の転換力が求められる。

　しかも友だちと一緒に取り組むことで，イメージの刺激や共通化もしやすい。四方を囲んで暗い空間をつくると，子どもは，「暗い→怖い→お化け」と連想し，「お化け屋敷にしよう」とごっこ遊びをはじめることもある。子どもたちのイメージは，自由に広がり発展していくのである（写真5-12）。

　ブロックは一般に井型ブロックが多い。積み木と同様にそれぞれの形を変えることができないため，構成のしやすさと限界の両面をもつという特徴がある。また，比較的容易にいろいろなものを形づくることができ，つくったものを手に持って，実際に使ったり動かしたりして遊ぶことができる点も特徴としてあげられる。カラフルな色がついているので，色からのイメージも表現される。

写真5-12

3 粘土や砂でつくる

　積み木やブロックと異なり，粘土は自在に形が変わる可塑性の素材であるため，好きなように形づくることができ，大きいものからかなり細かいものまでを表現することが可能である。また，粘土には，小麦粉粘土*や土粘土，泥粘土，紙粘土とさまざまな種類があり，いろいろな形をつくって楽しむだけでなく，感触を楽しんだり，解放感を味わったりできるという側面ももつ。そのほか，作業に，こねる・たたく・丸める・ちぎるなど，さまざまな手（ときには腕や足までも）の動きを伴うのも特徴である。

　粘土では，子どもは動物や食べ

写真5-13

*小麦粉と水を練って簡単につくれるので子どもがつくることもできる。材料・つくり方や遊び方を調べて実際にやってみよう。

物・皿など好きなものをつくって遊ぶ（写真5-13）。粘土を手に巻いて時計にしたり，膝に貼りつけて絆創膏にしたり，たくさん集めてのばし布団にしたりするのも子どもならではの表現といえよう。

　粘土と似た素材としては，砂があげられる。とくに戸外の砂場は，子どもが大好きな遊び場である。ケーキや型抜きでのプリン，丸めて団子をつくったり，全身を使って山や川・ダムなどをつくったりして，さまざまな年齢の子どもが遊びを楽しむ。砂と水は扱いやすく子どもが試したり考えたりしやすいので，多様な表現が見られる。「光る泥だんご」[*]はその一例といえよう。

■4 紙・空き箱・木などでつくる

　紙や箱は，子どもが制作に使うことがもっとも多い素材である。

　紙類は種類も多く，折り紙・色画用紙・ボール紙などの他，クレープ紙・京花紙などがあげられる。また，新聞紙・広告紙などを再利用してもよい。折る・丸める・切る・接着するなどにより，平面的な表現も立体的な表現もできるので，子どものイメージに合わせて，じつにいろいろなものをつくることができる（写真5-14）。

　空き箱やプリンカップ・牛乳パックなどの容器類は，素材が立体的なので，接着することで容易に立体的なものをつくることができ，満足感も大きい。

　制作の過程では，つくりたいもの（イメージ）が先にあって，それに合わせて素材を探すのが通常であるが，その一方で，素材そのものから制作イメージがわいてくることもある。写真5-15は，丸い形の大きめのプラスチック容器を見つけたことで，子どもが宇宙ステーションをイメージして制作しているところである。

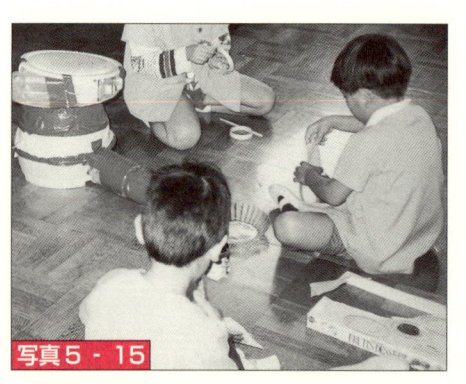

　なお，5歳頃になると，大きな遊具を牛乳パックや段ボールなどで制作するようになる。これらの素材には，制作過程における保育者の技術的助力も必要であるが，自分たちの力でつくりあげる喜びが大きい。

[*] 京都教育大学の加用文男教授が火つけ役となった。加用文男，内田律子『光る泥だんご――普通の土でのつくり方』講談社，2001などがある。

5章　遊びにおける子どもの多様な表現

写真5-16は，大型箱積み木で基地をつくって遊んでいた子どもたちが，基地から外へ行くときにみんなが乗れる車を牛乳パックをつなげてつくろうとしているところである。彼らは見立てるのではなく，実際に動くものをつくりたいと思い，つくっても動かすことができない箱積み木ではなく，自分たちで押して動かすことができる牛乳パックを選んだのである。可動式という点が5歳児らしさのあらわれである。じつは，もう少し簡単にできあがると思ってはじめたようであったが，がんばって取り組み，2日がかりで完成させた。

そのほか，5歳頃からできるようになる制作としては，木工もあげられるだろう。くぎ打ちはそれまでの手法とは異なり，技術的に難しい。しかし，それだからこそより制作意欲が高まるともいえる。木片に多数のくぎを打ってコリントゲームをつくったり，糸かけをして模様にしたり，複数の木片を接合して制作したりする。動物や飛行機などの乗り物，箱，人形の家やベッドなどの他に，大きめのものを使えば自分の座る椅子やテーブルなどもつくって楽しむことができる（写真5-17）。

5 木の葉や木の実などでつくる

子どもが制作する素材は園庭にもたくさん存在する。枝・葉・花・実など身近な自然物は，子どもにとって自在に使える楽しい表現の素材である。枝を剣にする，2枚の葉を頭の上につけてウサギの耳にする，花びらを集めてジュースをつくる，ドングリを使ってままごとの食べ物にするなど，子どもは見つけたものをいろいろに使い出す。たとえばドングリ1つとっても，子どもにとっては，ケーキのイチゴであったり，おにぎりの梅干しであったり，お金であったりとさまざまに使われる。写真5-18は，4歳児が松葉や松笠を使って砂場の山を飾っているところである。このように，1つの素材だけでなく組み合わせてつくることができる。

また，秋には園庭の落ち葉などを使って遊ぶことも多い。落ち葉をた

79

くさん集めてベッドにして寝たり，プールに見立てて泳いだり，ぱっと空中に散らしたりといった姿はよく見受けられることだろう。

そのほか，木の実に比べて落ち葉は平らで比較的接着しやすいので，細長い紙に貼って冠やベルトにして身につけて遊んだり，紙に貼って絵や模様をかいたりもする（写真5-19）。

写真5-19

5. 音であらわす

指が動き，物がつかめるようになると，乳児は手の届く範囲にあるものを次から次へとたたいて音を出して楽しむ。また両手を合わせることで音が出ることにも気づき，何回も手をたたくことがある。

音が，子どもが表現するイメージのきっかけになることは先に述べたが，ここでは音を実際に使ってあらわすことについて述べる。

1 身近なものでの音

子どものまわりにあるものは，たたいたり振ったりこすったりなどすることで音を出す。床を両手でたたいたり，空き箱などをたたいたりすることで身近なものが打楽器に変身する。ペットボトルや紙コップ・空容器などに小石や木の実を入れ，振って音を出す「手づくりマラカス」は子どもが好きな遊びである。貝殻をこすり合わせたり箱やカゴに木の実を入れて揺らしたりすることで音をつくり出すこともできる。また，「吹く」ことは子どもは十分にできないが，紙や草の葉などを使って唇にあて吹く紙笛や草笛も，音が出やすい楽しい遊びである。

これらは楽器のように洗練された音ではないが，子どもが自由な発想で扱い，音を試したり楽しんだりすることができるものである（図5-1）。

図5-1　音の遊び

2 楽器で表現

楽器を使うと，それを鳴らす心地良さや音色の美しさをより強く実感すること

ができる。子どもは音の出るものを好むので，楽器はたいへん魅力的なものである。保育では，鈴・カスタネット・タンバリン・トライアングル・マラカス・太鼓などの打楽器を主として使っている。

　遊びのなかで，ままごとの家の玄関に鈴をつけてベルにしたり，太鼓の音を雷にしたり，トライアングルをトレモロで鳴らして魔法の呪文にしたりすることは，遊びのイメージをより高める効果音としての表現である。効果音は演劇の世界で舞台演出効果を高めたり，擬音として使われている。

　また，曲に合わせてリズムを刻んで音を鳴らしたり，いくつかの楽器を合わせて奏したりするなどは演奏としての表現である。子どもは拍打ちを基本とした簡単なリズムを楽しむ。そしてフレーズごとに分担したり，いくつかのパートを合わせたりしていくことで，合奏する楽しさや心地良さを実感していく。これはアンサンブル，オーケストラへとつながっていくものである。

　楽器に関しては，子どもが自由に扱える環境がたいへん大切であるが，それぞれの楽器の扱い方や奏し方を知り，適切でていねいに扱っていくようにすることが必要である。

　自分たちで奏することができるようになると，他人に聞かせたいという気持ちが出てくる。椅子を並べて客席をつくり，自発的に「音楽会」をはじめる姿も見受けることができるだろう。このような，子どもの「見せたい」，「聞かせたい」という気持ちを実現することで，満足感や達成感を味わい，さらに豊かな表現になっていくのである。

6. うたう

　子どもは歌が大好きである。実際，子どもたちのまわりには数多くの歌があふれている。子守歌やわらべ歌・絵かき歌などを，ゆっくりしたリズムで節をつけて語るようにうたう姿はよく見られるし，比較的テンポの速いアニメ番組の主題歌やCMソングなども，口ずさんだりしている。また，身体の一部を使いながらうたう手遊び歌などに興じる姿も見受けられる。子どもにとって，歌とは，歌詞やメロディ・曲想からいろいろな世界を想像・喚起させ，イメージを広げていくものなのである。

　うたうことは気持ちを表に出して心地良さを味わうことである。大人も気分が良いときには無意識にハミングしたり，お気に入りの歌を口ずさんだりするが，子どもも同様で，あらためて「歌をうたう」という機会を設けなくても，自然に表出されてくるものである。「大きくなーれ，大きくなーれ，もっともっと大き

くなーれ」とうたいながら花に水をあげたり，「よーいしょ，よいしょ，重い，重い」と節をつけながら物を運んだりするのは，ごく素朴で即興的な表現といえよう。また，遊びのなかで「こーれは○○でー」と内容についてうたったり，「○○ちゃん」，「なあに」といった呼びかけ・返答をうたってあらわしたりもする。もちろん，好きな歌をうたいながら，歩いたり絵をかいたり制作をしたりすることもある。

　また，友だちと一緒に声を合わせてうたうことは，子どもにとってたいへん楽しいことである。みんなと一緒にうたうことによって，一体感を感じることができるからである。みんなの気持ちが1つになって同じ方向に向かうという経験ができ，満足感も大きい。

　そのほか，替え歌づくりは歌詞の一部分を創作するという，子どもの発想が実現できる経験の1つとなる。簡単な言葉のものならば，3歳ぐらいから楽しむことができる。

　なお，保育者や大人が歌を選ぶ際は，子どもの音域などを考慮して選曲していくことも大切である。

7. 扮する・演じる

　子どもの頃に物語の主人公になって遊んだ経験は誰にでもある。あこがれをもち，そのものになりきって動くことを楽しんだことだろう。子どもは自分以外の人物や動物，架空の生き物などになり想像の世界を楽しむ。それは，ただ役になっているというだけではなく，友だちとの共通のイメージのなかで，ストーリーやエピソードなどをもった形での表現である。

　子どもがなる役は，母親や先生といった身近な人から，宇宙やジャングル，動物，怪獣，お化け，正義の味方，忍者，お姫さま，魔女，アニメのキャラクターなどさまざまである。衣装や装飾品，持ち物などいろいろなものをつくって身につけたり，場を構成したりすることでイメージをより高めていく。お姫さまなら，長いスカートやベール，ネックレスや王冠，キラキラ光るリボンなどで装い，城や椅子，ごちそうなどをつくって，曲をかけて踊ったり食事をしたりする。本節では役になってそれらしく動くことを中心に述べる。

1 ごっこ遊び

　子どもが演じるなかで，いちばん身近な役は家族である。ままごと遊びでは，母親役がエプロンを身につけて料理をつくり，父親役は鞄をもって仕事に出かけ，

姉役は学校へ通って勉強をするといったように，各々の役に応じた振る舞いがみられる。

遊びの前にはたいてい「私がお母さんね」，「じゃあお姉さんになる」というように，役を決めてからはじめることが多く，希望が重なってもめることもある。母親役は1人で，子ども役は1番目のお姉さん，2番目のお姉さんと順に決まっていく。そして自分たちの経験を思い起こしながら，それらしいセリフや動作で行動していく。

写真5-20

また，料理をつくっているうちに「ケーキ屋さんにしよう」とお店ごっこに変わることもある。お店ごっこもよく行われる遊びで，レストランや寿司屋などの飲食店は大好きである。店の人になって客にものを売ったり，注文された料理を出したりする。くじ引きをして景品をあげるなどのアイディアが出てくることもある。「いらっしゃい，いらっしゃい」，「何が欲しいですか？」，「毎度ありがとうございました」などの役に応じた言葉も自然と出る。

そのほか，布をかぶって忍者になりきり，広告紙を丸めた剣や折り紙の手裏剣をつくって持つといった姿も見られる。「修行しよう」と走ったり転がったり手裏剣を投げたりして，仮想の敵に向かっていく。警察官ごっこでは，帽子やバッジ，ピストルをつくって身につけ，パトロールに出かけたり犯人を逮捕しようとする。交番やパトカーも欲しくなる。

このように，よりそれらしく振る舞いたいという子どもの思いが，さまざまな表現の工夫を生み出す。持ち物や道具，商品をつくったりメニューを書くなどの造形的表現も必要になる総合的な活動であるといえよう（写真5-20）。

2 劇遊び

絵本やテレビ，映画などの登場人物になりきって動くことは楽しい。簡単なストーリーをそのまま追って演じる劇遊びは，模倣や再現による表現である。劇遊びでは，できるだけ単純な配役で話がくり返され，内容を共有しやすいものが望ましい。

写真5-21

写真5-21は，『3匹のヤギのガラガラドン』の劇遊びをしているところである。ここでは平均台を橋に見立てて，保育者が恐いトロルになっている。トロルの扮装は，ポリエチレンのひもをたくさんつけてつくっ

たので，子どもたちはびっくりしていたが，それに刺激されて，子どもたちもヤギのお面をつくってかぶった。ヤギ役の子どもはドキドキしながら橋を渡り，トロルとのやりとりを楽しんだ。「誰だ，誰だ，俺の橋を渡るのは？」と歌いながらトロルが呼びかけると大喜びで，トロルとのやりとりや最後にやっつける場面を楽しみ，何回もくり返し取り組んだ。このほか，『大きなかぶ』『3匹のこぶた』なども，低年齢の子どもが楽しめる劇遊びである。

また，ストーリーを子どもが創作していく劇遊び，役そのものから子どもが創作する劇遊びもある。子どもがなりきって遊ぶ表現にストーリーを加え，話の筋を共通に理解して進めていくものである。

たとえば，前述したごっこ遊びの「忍者」を劇遊びにする場合には，どんな忍者なのか名前や性格を考えたり，修行の内容と順番を決めたり，修行の結果どうなったのかをあらわしたりすることで，物語をつくっていく。「拙者は〇〇忍者で速く走ることができる」とポーズをつけて名乗ったり，「はじめは手裏剣投げの修行をする」と告げてから木に向かってシュッシュッと投げたりというように，"演じる"という表現の仕方がどんどん発展していく。

なお，劇遊びでは，保育者が子どもの発想をつなげていく役割を担うが，形にまとめることを急がずに，子どもの表現したいという意欲を高めながら演じることの楽しさを実感していけるようにする。

3 発表会

発表会は，前述の劇遊びをさらに発展させた総合的なもの，子どもの表現の集大成となるものとしてクラス全体で行うものである。発表会では子どもの表現をなるべく多く取りあげていくことが大原則である。できばえを重視して子どもが与えられたものをこなすだけでは意味がない。今まで述べてきたように，子どもの表現は内なるもののあらわれであり，発表会もまた子どもがあらわしたいものが十分に発揮できるようなものでなければならないからである。また，クラス全体で行い，さまざまな子どもの力を生かしていくことで，多様な表現が可能となる。

発表会は前述の劇遊びと同様に，既存の作品を演じる場合と子どもと一緒にオリジナルの作品をつくって演じる場合がある。どちらにしても，保育者は子どもの興味や実態に合ったものを十分吟味していくことが必要である。

オリジナルの作品をつくる場合は，どんな役をやりたいか，どんなストーリーにするか，どんなものをつくるかなどを決めていくが，まったく何もないところからは生まれない。保育者が子どもの遊びから興味や関心を読みとって，子どもが考えるポイントを整理しながら進めていくことが要求される。順番としては，まずは何をするのかを決め，その後に役にふさわしい動きやセリフの表現を工夫

したり使うお面や小道具などをつくったりする。

写真5-22は、発表会で宝物を探しに行くという物語の一場面で、テレビのアニメのキャラクター役を女の子たちが演じているところである。衣装やスティックは自分でつくり、スカートと同じ色を襟につけてセーラー服をあらわした。曲はアニメ主題歌を使うことにし、短いがふりつけは自分たちで考えた。ふりつけ最後の決めのポーズで、拍手をもらい大満足であった。

また、お化けの出てくる場面では、「後ろにひとだまが出るとお化けらしい」という子どものイメージを大切にし、「赤い紙でつくろう」、「丸い感じかな」、「ひらひらするほうが怖いよね」、「ひもでつるすと動くんじゃないの」というように、次々に子どものアイディアが出て表現が工夫されていった。

子どもたちはさまざまなイメージをもち、じつに多くの考えを出してくる。クラス全体で行うことでより表現の質が深まっていく。子どもの表現する場面をつないで1つの物語をつくっていくのですぐにはまとまらないが、十分な時間をかけて行うことが大切である。

8. 多様な表現を育む

ここまで、さまざまな表現手段の項目をあげ、具体的な事例を通して、子どもが日常の遊びの中で素朴で多様な表現をしている姿を述べてきた。

子どもの表現の姿をふり返ってみると、まず子ども自身の心が動くことが重要である。そのためには、子どもが安心して園生活を過ごせることが必要である。心が安定していれば、子どもは周囲の状況に自分から目を向けるようになり、心が動かされたときに表現をしていく。そして、自分の驚きや喜び、発見などで発する言葉や何気ないしぐさなどを子どもらしい表現として受けとめ、共感してくれる保育者がいることで、表現した喜びを感じ、もっと表現したいという気持ちが高まっていく。したがって保育者は、1人ひとりの子どもをよく見て、子どもの素朴なつぶやきや、発した言葉、表情や動作などに気づき、同じ視点に立って「打てば響く」ように共感し、子どもが表現の楽しさを実感できるようにすることが大切である。

子どもが出会う環境としては、たとえば子どもが思わず動きたくなる音楽を用意したり、触ってみたい、使ってみたいと思うような素材や遊具、表現方法などを提示したりすることが、表現の幅を広げる重要な環境である。

子どもは○○のようにしたいから○○を使うという目的をもたずに活動をはじめることも多い。素材そのものから見たてたりイメージをもったりして表現していくこともあるし，とりくむ中で，次第に自分のイメージができあがっていくこともある。さなざまな素材や表現方法を経験することで，持ち手を増やし，使いこなせるものが多くなれば，自分が表現したいことを適切な方法を選んで行えることにつながっていく。

　その際に保育者は，何よりも子どもがイメージを表現する過程を大切にし，その過程の中で十分に表現の楽しさ・喜びを実感できるようにすることが重要である。決して，結果やできばえだけで評価したり，多くを与えすぎたり，特殊な表現手段に偏ったりしないように気をつける必要がある。

　子どもの表現は1人の思いの表れから発するが，まわりにいる友だちとのかかわりが重要である。友だちと見合ったり，表現し合ったりすることで，子ども同士の表現が影響し合い，より豊かなものになっていく。

　保育者は，子どもがさまざまなイメージを実現できるように，表現するための道具や用具，素材，場を適宜用意し，いっしょに表現を楽しみながら，子どもの多様な表現を育んでいくようにすることが大切である。

【参考文献】

文部省『幼稚園教育要領解説』フレーベル館，1999

厚生省児童家庭局「保育所保育指針」1999

塩美左枝 編『保育内容総論』同文書院，2003

文部科学省『幼稚園教育要領解説』フレーベル館，2008

厚生労働省『保育所保育指針解説書』フレーベル館，2008

【写真提供】

千葉大学教育学部附属幼稚園

第6章 表現された子どもの世界 I（音楽的表現）

〈学習のポイント〉
① 自分の音楽体験や音楽の好み・その背景となる事柄について思い起こし，自分自身がもっている音楽的背景について考えてみよう。
② うたうことや楽器演奏に必要とされる身体能力，音や音楽への認知の発達の流れを調べてみよう。
③ 歌を伴って遊ぶ，手遊びやわらべ歌遊びには，どのようなものがあるか調べて，実際に仲間で試してみよう。
④ さまざまな文化のなかにある音楽について調べてみることで，音楽のあり方についての視野を広げよう。

1. 子どもと深める音楽の前提

　私たちはさまざまな音に包まれて生活している。*まったく無音の状態を経験するには，空気が存在しないところか，実験用につくられた無音室に入らなければならない。M. シェーファーは，『世界の調律』のなかで，社会や文化によって意味づけられてきた音について述べている。**そこからは，その時代その場所の文化によって，音がどのように価値づけられ，意味づけられてきたのかを垣間見ることができる。また，川田は声について，「声は多少とも制度化されている。権力者の声，弱者が訴える声，神あるいは死者に呼びかける声……。日常の話し言葉の声に比べて，ある文化的属性を担わされた声の音域が，著しく広いか，狭いか，あるいは異常に高いか，低いか，どのような音色が用いられるか，それは文化によって選びとられるところが大きいのであろう」と述べている。***つまり，膨大な音や声は，それぞれの文化によって，音楽として意味づけられることによって音楽であり得てきた。これらの音や声に関する研究が示しているのは，あふれかえっている音や声を，人は文化によって，あるときは音楽，あるときは騒音などとして意味づけているということである。

　つまり，音や声が音楽であるのは，音楽としての価値づけが前提となっている。さらに，どのような音楽としてその人が意味づけているかによって，その音楽に対してみせる姿も変わってくる。

　本章では，保育の場で子どもにとって意味を伴いはじめた音や声として考えられるものを取りあげる。そのことによって，子どもが他者とともに，一緒にうたったり，演奏したりすることを楽しむための基盤づくりが，どのように行われるのかを検討する。

*実際に自分の生活のなかにある音を探してみよう。

**R. マリー・シェーファー，鳥越けい子・小川博司・庄野泰子・田中直子・若尾 祐 訳『世界の調律　サウンドスケープとは何か』平凡社，1986

***川田順三『声』筑摩書房，1988

1 出会いなおしを重ねることで深まる音楽

　保育の場で，音楽として意味づけ，そのイメージを立ち上げるのは，保育者と子どもである。保育者は，自分自身が音や音楽にどのような姿勢をもっているのか，ある程度自覚する必要があるだろう。

　たとえば，あなたの人生や生活にとって，音楽とはどのようなものだろうか？*

＊自分にとって，音楽とはどんなものか，考えてみよう。

> ●事例1　曲との出会い
>
> 　ある子が，両親から5歳の誕生日にオルゴールをプレゼントにもらった。その子は，そのメロディがどのような題名で，どうしてオルゴールにされるほど有名になったのか知らない。ただ，開けると人形が回って音がすることを知る。その子は，オルゴールの引き出しに拾ったどんぐりや貝殻を入れ，宝箱にする。繰り返し触るうちに，宝箱とともにメロディも，知らず知らずにその子のものになっていく。やがてその子が小学生になる頃には，オルゴールのメロディが時々テレビやBGMで流れることに気づく。高校生になってその歌詞の切なさに気づく頃には，オルゴールのこともオルゴールにしまってあるどんぐりのことも忘れてしまう。大人になったその人は，ある日その曲にまつわる映画を見て，その歌詞の背景にある物語を知り，ふと古いオルゴールを思い出す。そして，オルゴールが壊れていることに気づき，修理し，ねじの少し緩んだメロディにゆっくりと耳を傾ける。

　事例の人物は，オルゴールを通じてさまざまな経験（オルゴールで遊んだり，聞いたりすること）を積み重ねたり，その曲の背景を知ることによって，物語や歌詞の意味，オルゴールとの思い出やメロディそのものを，1つの曲として味わうことができるようになっていく。言い換えると，「きれいな音の出る宝箱」として価値づけていたものを，「哀愁ある名曲のオルゴール」として味わう文化を身につけていく。「オルゴールの曲との出会い」は，最初の1度きりではない。何度も出会いなおし，触れ合いを重ねていくことで，その曲へのイメージが培われていくのである。

　私たち保育者は，オルゴールが「きれいな音の出る宝箱」である頃の，子ども自身と音楽との間で繰り返される「出会いなおし」のごく初期に立ち会っているといえるだろう。

　子どもの音楽との出会いは，必ずしも音楽家になるためのものではない。たとえば，忘れていたようでも，うたい出すと遊びの楽しみまで思い出すわらべ歌や，台所でうたう母親の鼻歌とそのしぐさ，眠る前に必ずうたってもらった子守歌と枕元のにおい袋の香り，夏に聞こえてくればなんとなく思い出して踊れてしまう盆踊りなど，日々の生活のなかで口ずさみ，耳にしてきたことで，自分にとって

意味あるものとして自然に身につく"音楽"がある。このように，生活のなかで繰り返される音楽との出会いの場*を，ときに保育者は子どもと共有していくことになるのである。

＊自分の記憶のなかにある音楽を思い出してみよう。

2 音楽との出会いを深めるための保育者の役割

　では，私たち保育者は，生活のなかで繰り返される音楽との出会いの場に，どのように臨むことが求められるのだろうか。

　子どもと音楽を楽しむうえで大切にしたいのは，どのような体験が子どもにとって充実した音楽体験となるのかということである。たとえば，自分を解放し，金切り声で怒鳴ったり，楽器をがちゃがちゃと思う存分鳴らす姿は，声を出す，楽器を鳴らす契機とはなってくれても，それだけでは充実した音楽体験とはならない。そのような体験からは音楽をつくりだしているという実感を得ることが難しいからである。しかし，「正確な演奏」をつくりあげるために先生が子どもをキリキリと動かすのも，子どもにとって充実した音楽体験とは言い難い。なぜなら，その音楽にふさわしい音や，その曲のなかでの自分の役割を，主体的体験として味わうことができるチャンスが，あまりにも少なくなるからである。

　充実した音楽体験に必要なのは，子どもが音の美しさやふさわしさに気づくことができ，音楽として自分たちがあらわそうとしているものをイメージし，自分の役割を理解して，担うことを楽しむことができるということである。クラス全員の合奏を想定し，自分たちのつくろうとしているものにふさわしい音を仲間で探し，自分の担う役割を感じながら，楽しんで合奏することができるのは，年長児の後半（5〜6歳）である。そのような年長児後半の姿をねらいとしたときに，保育者に求められるのは，日々の生活のなかで，子どもがその音楽にふさわしい音を感じたり，その音楽における自分の役割を見いだすことができる機会をつくることである。

　しかし，日々の生活のなかにある音楽的な契機は，放っておけば，意味づけられることなく消え去っていく。そのため，保育者は子どもに訪れた契機を音楽との出会いとして深め，意味づける役割を果たすことが必要である。

3 音楽の性質への注目から

　では，音楽体験の契機となり得るのは，具体的にはどのような場面だろう？もちろん，コンサートホールでプロの演奏家の演奏を聞くこともその1つだろう。それと同じように，お気に入りの歌を口ずさむことや，いい音のする空き缶に気づいてカンカン鳴らしてみること，友だちと手をつないでスキップをすること，あまり鳴かないウサギの鳴き声を想像したり聞こうとしたりすること，歌手やオ

ーケストラのものまねなども，音楽との出会いのチャンスとなり得る。

　なぜなら，空き缶の音と出会うことは叩けば鳴る，叩き方によって音が変わるという，楽器との出会いにつながる。友だちとテンポを合わせてスキップしたり歩いたりすることは，リズムを感じ取ったり，リズムに身をゆだねたりすることに通じる。あまり鳴かないウサギの鳴き声を想像することは音をイメージしたり，聞く姿勢をつくるきっかけになる。*歌手やオーケストラのものまねは，子どもが衣装や身ぶりなど，音楽に伴う文化を再現し，取り込んでいくうえで重要なことである。**歌であれば，その歌詞に登場する事物を知ることも意味があるだろう。これらは，必ずしも曲というカタチをとっていない。しかし，音楽がもっている特質（かかわれば音がかえってくるという楽器，リズムの身体性，聞く行為，音楽文化に伴う身ぶりやファッション）と，子どもたちは出会っているといえるだろう。また，毎日話す言語のリズムや生活に伴う身体の動きも，音楽と出会う重要な背景をつくりあげている。このような音楽の特質との出会いが，音楽との出会いの契機となり得るのである。

　以上のように，音楽と出会うチャンスは，最初の「宝箱」との出会いのように，音楽が主役ではないところにあることも少なくない。むしろ音楽的な事柄と出会うチャンスは日々の生活のなかにちりばめられており，大きな広がりをみせている。それら，1つひとつの場面で，ていねいに音楽を味わう楽しみを子どもと共有することが，子どもがやがて自分で，ふさわしい音やその音の美しさを判断し気づいていく力につながっていくのである。

> *佐木彩水「Sound Gathering ～音のコレクション ～聴こうとすることについて」『日本保育学会第56回大会研究論文集』pp.78～79, 2003

> **岩田遒子「一緒に遊ぶ」大畑祥子 編『音楽表現の探求』相川書房, pp.13～23, 1997

4 2歳児の姿から

　実際に，子どもが大人と一緒に音楽を楽しむ場面をのぞいてみたい。次に出てくる歌で遊ぶ記録（事例2）は，2～3歳の子どもと親のグループの様子である。グループは親子（親1人と子ども1人）が20組ほどで，週に1度集まって，2時間ほど遊ぶ。ここでは，『かえるの合唱』***を軸に展開したものを紹介する。集まりの回数は，6月からはじまって，最後は11月に発表するまで，13回ほどであった。まず，おおまかな展開を述べた後に，保育経験2年目の担当保育者が，どのようなことを考えてこの遊びを進めていったかを示す。

> ***ドイツ民謡，いずみさかえ 編

●事例2　音楽の場を楽しむことから

　最初に，6月はカエルを見たり触ったりすることからはじまった。
　小さなアマガエルが，観察ケースに数匹入れてある。それを部屋の入り口に置いた。ふたがしてあって自由に触ったり，のぞいたりできる。中をじっとのぞく子，つかまえようとする子，ケースから逃げ出したカエルから自分が逃げる子と，

その姿はさまざまである。親子でグループにやってきたときや遊びの途中に通りかかったときなど，チャンスがあるごとにカエルにかかわる姿があった。

また，みんなで集まって話をする時間には，観察ケースの中にいるカエルを話題にする機会をもった。中にいるのはアマガエルであること，生きた虫を食べるので，みんなが帰ったらまた草むらに戻すことなどを話したり，オタマジャクシの絵本を読んだりした。そのほか，透明のケースの壁に張りついているおなかや，ぴょこぴょこと逃げる様子を，親と一緒に眺めたりもした。

7月からは，親子で『かえるの合唱』をうたいはじめた。ただし，うたうのは先生と親で，子どもは大人がうたう歌を聞きながら，カエルになって飛び跳ねることを喜んだ。うたいはじめて3回目くらいになると，親と顔を見合わせたり手をつないでうたうことを楽しむ子どもも出てくる。また，カエルの写真の絵本を置いておくと，手にとって眺める姿も見られた。

9月に入ると，1つだけルールをつくった。親から少し離れて向かい合わせに子どもが立って，前半の「かえるのうたがー♪　きこえてくるよー♪」の部分では，その場で歌をうたい，後半のカエルの鳴き声のところにきたら，うたっている親のほうへ飛び跳ねていくことにしたのである。子どもたちは，鳴き声のところにくるまでは，うたったり，構えたりして待っている。そして，鳴き声がはじまると一斉に，自分の親めがけて跳ねていく。3回ほど繰り返すと，子どもたちも，しだいにどこから跳びはじめればよいかわかるようになり，親から距離をとることを含めて楽しめるようになった。

10月になると，『かえるの合唱』を1番・2番セットでうたうことにした。1番は従来通り，歌の前半はうたって，後半になると親のところに跳んでいく。2番は，手拍子を打ちながらうたった。2番にも跳びたい子がいたりして，その姿はいろいろだったが，なんとなく楽しめるようになった。

11月になると，タンバリンを出した。「タンバリン」という名称や，扱い方を話した後に，親と一緒に持って鳴らしてもらう。子どもは，とにかく鳴るのが楽しいようで，振ったときの音，叩いたときの音，小さい音，大きい音など，先生のまねをして楽しんだ。また，『かえるの合唱』でも，タンバリンを使った。1番・2番セットの1番では親のところに跳んでいき，親からタンバリンをもらうことにし，2番にそのタンバリンで拍子をとりながらうたうことにしたのである。タンバリンのほうが，手拍子よりもリズムをとることが楽しめるようだった。

また，他の園児の前でうたう機会を設けたときには，『かえるの合唱』で，親のところまで跳ねていってタンバリンを叩き，他の聞き慣れている曲で退場した。

【担当保育者の考えの流れ】

子どもたちが，『かえるの合唱』を聞きながら，ピョンピョンと跳びはじめた背

景には，カエルの姿を見たり触れたりしてきた体験が生きたように思う。うたいはじめるのに，カエルを知っていなくてはならないだろうと考え，カエルと十分接してきたことで，子どもたちはカエルのイメージをすでに自分のなかにもっていた。その結果，大人の歌声のなかでカエルになることを楽しむことができたように思う。

最初は，親たちがうたうのを聞きながら，子どもたちはカエルのように跳ぶことで参加しはじめた。飛び跳ねることを楽しんでいる様子だったので，前半の「かえるのうたがー♪」の部分はうたって，カエルの鳴き声に入ると，保育者も一緒に跳んでみた。親が子どもと跳ねるリズムを揃えて屈伸すると，とても喜ぶ姿が見られた。数回繰り返すと，数人の子どもがうたいはじめた。うたうことを楽しみはじめた子どもは，親と顔を見合わせて一緒にうたうことや，親とつないだ手をふってうたうことを喜んだりしているようだった。

このような様子から『かえるの合唱』によって，親とのかかわりを楽しむなかに曲を楽しむチャンスがあると感じるようになった。そこで，子どもが親に向かって跳ぶことを提案した。距離（5メートルほど）をとって向かい合わせに立った親と顔を見合わせながら「かえるのうたがー♪　きこえてくるよー♪」とうたう。そして，親が「ぐわっ♪　ぐわっ♪」と鳴きはじめると，保育者と一緒に親に向かってカエルになって跳んでいく。全体の流れを理解するまで何回か繰り返したが，慣れてくると，親に向かって跳ねるのを膝を屈伸させるように待ちかまえる子どもの姿や，うたいながら親と笑って見つめ合い，タイミングをはかる姿などが見られるようになった。また，親と離れることに抵抗がある子どもは，親と手をつないでうたい，そのまま一緒に跳ぶことを楽しんだ。

さらに，『かえるの合唱』が子どもにとってなじんだ曲になったため，親に向かって跳ねるという動作だけでは感じにくい，歌自体がもっているリズムを感じながらうたう楽しみを味わえればと考えた。そこで，タンバリンを使うことに決めた。しかしその前に，曲を1番・2番と続けることや，拍子をとることを子どもが体験することが必要だと考え，1番ではピョンピョンと親に向かっていくことに，2番では手拍子でうたうことに決めた。

手拍子を楽しむ子どももいたが，2番も飛び跳ねることを楽しむ子どもが3分の1程度いた。そのため，手拍子がタンバリンに変わっても，手拍子と同様にタンバリンを打ちながら跳ねるかなと少し不安になりながら，タンバリンを渡してみた。子どもたちはタンバリンを持つと，思ったよりも楽器を使うことをうれしがり，喜んで拍子を打つ姿が見られた。そこで，1番は，うたいながら飛び跳ねる。2番は親とタンバリンを鳴らしながらうたうことを楽しむことができた。

事例では、歌詞に登場するカエルとの出会いが、音楽を楽しむ契機となっている。カエルとの出会いは、親とのかかわりを支えにして『かえるの合唱』という曲に対する親しみへと広がっていった。さらに、子どもが口ずさむようになった曲は、タンバリンに親しみ、リズムに気づくことによって、もう1度違った形になって子どもの前にあらわれている。

この事例のなかで、カエルになることは、子どもが主体的に歌にかかわるために重要な役割を果たしていた。しかし、カエルになることだけでは、曲そのものがもつメロディやリズムに気づくことは難しい。そのため保育者は、子どもがカエルになることで十分に曲になじんだことを前提に、うたうことや曲に合わせて楽器を鳴らすことを意識した内容を検討しはじめた。

このようなスタンスは、子どもがその場に参加するだけではなく、曲の演奏に参加することにつながっていく。子どもが無秩序にタンバリンを打ち鳴らしたり、保育者が一方的に子どもを動かすだけにとどまらず、子どもが主体的に曲に参加し、他者と音楽を味わうチャンスを生むのである。

そこで次に、保育者と子どもの両者が主体的に参加することを可能にする音楽的な場について、もう少し詳しく考えてみたい。

5 声を支える人とのかかわり

前述の事例のなかで、最初子どもは、親の歌を聞きながら、飛び跳ねはじめる。本人はうたっていなくても、親の歌声のなかでカエルになって飛び跳ねるのを喜ぶことによって、子どもたちは音楽に積極的に参加しているといえる。このことを、もう少し詳しくみてみよう。

音は空間に広がるものであり、「耳にはまぶたにあたるものがない」*のであるから、音楽はそこに積極的にあるほど、その場の雰囲気を左右する。そのため、音楽はまわりの人と場を共有するということと深くかかわりをもっている。

たとえば、カラオケにいくと、1人がうたっている歌に、その場にいる人は巻き込まれる気分を味わうものである。仲間の気心さえ知れていれば、どのように歌を楽しむか了解しているために、気を遣わずにその場にいることができる。しかし、気心の知れない人と同席する際は、場の雰囲気を壊さないような選曲、歌の聞き方に気を遣うものである。このように、うたったり演奏したりすることにおいては、その場の居心地が、うたいやすさ・演奏のしやすさに大きく影響してくる。そして、そのような音楽的な場をつくるのは、ともに音楽的な場をつくろうとする人との、ふだんからのかかわりなのである。

再度『カエルの合唱』の子どもたちに目を移してみよう。親の歌声とともに飛び跳ねた子どもたちの動作は、自分の親とのかかわりを手がかりに、保育者・他

*R. マリー・シェーファー、鳥越けい子・小川博司・庄野泰子・田中直子・若尾 祐 訳『世界の調律 サウンドスケープとは何か』平凡社、p.33, 1986

児・他児の親と音楽的な場を共有し，その内容を深める契機となっている。その結果，最初の全身を使った子どもなりの表現による歌への参加は，やがて，うたうことやタンバリンの演奏による参加につながっていく。『かえるの合唱』を通して，子どものなかで歌が深められていくプロセスは，親と歌を共有するという親とのかかわりに支えられていた。

『カエルの合唱』で親と子のかかわりが果たした役割は，親が参加しない保育場面においては，保育者と子ども，子どもと子どものかかわりが担うことになる。そこでは，生まれたときからかかわりをもっている親と子よりも，それぞれの背景の違いが浮き出てくるといえる。

❻ 保育者が携える「声」と子どもが携える「声」

　保育者と子どもたちが音楽を共有していくプロセスは，どのように進むのだろうか。保育者と子どもの間でのやりとりの背景について考えてみよう。

　冒頭に述べたように，人は多くの音や声を文化によって意味づけてきた。保育の場では，保育者とともに身近な音や声に気づき，それらの音のふさわしさや楽しみを子どもが感じていくことは，音や声を音楽として価値づける文化の1つに触れていると言い換えることができるだろう。

　子どもは，そのような出会いによって，音楽を周囲の人々と共有し，その人が携えている音楽に積極的に参加することを楽しむことで，自分の音楽を育てていく。そのため，保育者自身がどのような音や音楽にまつわる文化を携えていて，子どもとどのように音楽を共有しようとしているのかを自覚することは，保育において子どもとの充実した音楽体験の機会をつくるヒントとなる。同時に，「保育の場での音楽」らしきもの，「子どもの音楽」らしきもの，「高尚な音楽」らしきものに自分がとらわれていないかを振り返ることも大切である。

　また一方で，保育の場に通う子どもたちは，家庭という場で家族とのかかわりをもち，すでに彼らの音や音楽にまつわる文化を携えているということも忘れてはならない。したがって，子どもの音楽的な背景を知る必要もあるのである。

　人間は胎内にある出生3カ月前頃から，聴覚が機能しはじめている。そのため，生まれる前から母親が話す言語のリズムや声の調子，母親の心音や血流音，母親の身近にいる人々や事物の音をすでに聞いており，新生児は鍵となる声や音，リズムをもって生まれてくる。*

　さらに，子どもは生後，家庭での家族とのかかわりのなかで，自分の声をつくっている。たとえば，梅本は「2語文・3語文と発達していくときに，個々の言葉よりもむしろ文全体のイントネーションが覚えられ，疑問文，感嘆文，要求文などの音声パターンの特徴を把握しているので，乳児が発話するときに，他人に

＊梅本堯夫『子どもと音楽』東京大学出版会，1999

はわからなくても，母親には理解できることが多く，母親はときとして明確な発声で子どもの発語を反復して応答している」としている。*つまり，コミュニケーションを頻繁に深く交わしている相手との関係性のなかで，子どもは，体内から発せられる音声を身につけていく。と同時に，一緒に生活するなかで家族が身につけている動作のリズムや，あらわすことに対する姿勢などを含み込んだ声を獲得してきているわけである。

保育の場では，保育者と子どもがそれまで生きてきたなかで培ってきたそれぞれの声をやりとりすることによって，音楽の場をつくっていく。

武満は，「人間の生き方は，人によって，それぞれ，さまざま。だが，合唱の美しい響きをつくりだすには，他人の歌を聞かねばならない。／そして，他人はまた自分の声に耳を傾けているのだということを知らねばならない。／うまくうたうのも大事だけれど，合唱で何よりも大事なのは，互いを信頼し，敬うこと。他人の声を好きになること。／そして，人間はそれぞれの顔かたちと同じように，めいめい違った声をもっているのだということに，驚きと歓びが感じられたら，あなたの合唱は，きっと，これまでより多くの人の心を打つだろう」と述べている。**

人生やその人の存在感を含んだ声に互いに耳を傾けるという土台のうえに，心を打つ音楽があることが，ここからは読み取ることができる。ここでは，合唱という声を扱う演奏について述べられているが，楽器からの音についても同様のことがいえるだろう。その人のあらわし方や人生観，存在感を含んだ声や音によるものを，お互い聞き合いながらあらわすことを誰かと楽しむことができたとき，音楽がより充実するといえる。

保育の場で，子どもが自分の声や音を深め，周囲の人とより充実した音楽をつくりあげていくプロセスは，どのように存在するのだろうか。次に記録から，生活のなかで子どもがあらわす音や音楽を背景にした表出***から，リズムや節を楽しむ音楽的な表現に向かおうとする子どもの姿を垣間見てみたい。

*梅本堯夫『子どもと音楽』東京大学出版会，1999

**武満 徹『時間の園丁』新潮社，1996

***表出とは，生理的状態や情動が本人が意図していないがあらわれ出てくることをさす。意図的にあらわそうとする表現とは区別される。乳幼児の場合，表出とは分かちがたい表現も多くみられる。本章では，生活のなかであらわされる音楽的な表出と表現の間をあいまいに行き来する部分をとらえていこうとしている。

2. 子どもの音楽的表現──記録から

1 保育者が子どもとリズムや節をつくる音楽的な場

保育では，クラスという空間と時間がふだんからどのように共有されているのかが，音楽を楽しむ際に関係してくる。したがって，クラス全体で，場を共有しようとする年長児の場面からみてみたい。

●事例３ 「待つ」ことに利用されている「音楽」

　片づけを終えて、机や椅子を出して、集いをはじめようとしている。もう、クラスの半分以上の子どもが、椅子に座っている。最後のほうに登園してきた10人ほどが、うろうろとトイレに行ったり、ロッカーの前で鞄の中身を出していたりしている。

　保育者は子どもの間を歩きながら前に出てくると、ピアノを弾きはじめた。簡単な明るい和音でトントットトントットと、リズムをつけているだけの伴奏である。用意中の子どもたちの表情を見ながら、「〇〇さーん♪　準備はどうですかぁ♪」と次々と声をかけていく。なかには、節をつけて「イイデスヨォ♪」と言う子もいるが、リズムもメロディもなく「ダメ。トイレ！」などと言ったり、うんうんとうなずく様子だけ見せながら、顔も向けずに自分の作業をせっせとしている子もいる。保育者も時々、リズムはピアノを弾く手だけに任せて、「どう？　〇〇ちゃん、それ、あそこにおくといいかも」などと話したりしている。やりとりはさまざまだが、保育者は次々と子どもにうたいかけていく。ばたばたしていた子ども全員にうたいかけ終わるころ、全員が椅子に座り終えた。

　この保育者の伴奏と歌は、「そろそろ（集いを）はじめるよ」という合図の音であり、クラス全体の様子を代弁している。しかし、伴奏がクラスの雰囲気をガラリと変えているのに対して、やりとりそのものは、そのリズムやメロディに支配されておらず、子どもたちは自分のペースで応えている。ここでは、クラスという集団のおおまかな流れと個々の時間差を、なんとなく埋めるクッションの役目を保育者の歌が担っている。クッションの役目を果たし得るのは、子どもの様子に合わせて、保育者がどのようにでも調整できるからである。

　ピアノの伴奏とよく通る保育者の声との音楽によって、空間は「もうそろそろだぞ」という雰囲気にどうしても変わらざるを得ない。そのような特徴を伴った音楽は明快で強いが、利用する保育者の采配によって、どのようにでも融通が利く。ここで重要なのは、子どもが自分のペースを訴えることができたり、リズムを離れた声でやりとりする雰囲気を、保育者自身がつくっていることである。そのことによって、子ども自身が自分の声をあらわす間隙が生まれているのである。

　行われていることそのものは、拘束を与えるものでないにもかかわらず、はっきりとしたピアノの音楽的なリズムが流れていることによって、クラス全体がそのリズムのなかへと引き込まれていく場面であるといえるだろう。

　次に積極的にリズムに巻き込まれること、つまり積極的にリズムにのることを楽しむやりとりをみてみよう。

●事例4　満3歳児の絵本を読む保育者とのやりとり

　最近お気に入りになってきている絵本を保育者が読みはじめる。「くーまちゃんのうーしろーにかーくれーてるー♪　だーれかさーんが，だーれかさーんが，かーくれーてる♪　なーがーいおーみみーのだーれかーさんー♪　だーれーかなー♪」とうたうように拍子をとって読むのが常になっている。子どもは歌のリズムに合わせて体を揺らしながら聞いている。「だーれーかなー♪」の最後のフレーズに続けて，子どもが「ウーサギーサンー♪」と拍子をとって応える姿が見られる。[*]

[*] きりんあん，島田コージ 絵「だあれ　だあれ」『ころころえほん　第20集　第1編』フレーベル館，2001

　保育者が絵本を読むのを子どもが聞く場面である。出てくる動物を「あてっこ」する絵本であるから，自然にやりとりが出てくる。そのやりとりに，保育者が節をつけるようになった。そのうち，子どもも一緒にその節にのって応えるようになった。子どもは体を揺すりながら聞いていて，リズムだけでなく，メロディも保育者の調子から外れないようにしている。そのために，子どもからの「ウーサギーサンー♪」で1つの歌が終わったような印象を受ける。みんなが集まっているときや，1対1で子どもと保育者がこの本を楽しむときなど，繰り返しやりとりすることで，この節の調子が，保育者と子どものものとしてつくられていった。

　事例3のリズムは，クラス全体での場へと移行する呼び水的な役割を果たしていた。それに対して，この絵本のリズムの場合，子どもも保育者も積極的にリズムにのることそのものを楽しんでいる。

　次の記録は年長児で，保育者と子どもではなく，子どもと子どもで，しかもどちらか一方に同調するのではなく，掛け合いがはじまる場面である。この場面では，自由席のどこに座るかを決めかねている子どもが登場することで，きっかけがつくられている。

●事例5　保育者のやりとりの方法を身につける

　何人かの男児が椅子を持ったまま席が決まらない様子。少しすると，女児のテーブルの子どもたちが（テーブルの空いている席を示しながら），「コーコアーイトールヨ（この場所が空いているよ）♪」と言いはじめる。しだいに声を揃え，だんだん声も大きくなっていく。そのうち「コーコアーイトールヨ♪」という節に，男児らが「ウールサーイヨ♪」と応えはじめ，いつのまにか「コーコアーイトールヨ♪」と「ウールサーイヨ♪」が掛け合いのように続いている。男児の「ウールサーイヨ♪」も怒ったような感じはなく，女児の声の後，リズムよく声を揃え，どちらも掛け合いを楽しんでいるようにみえた。徐々に声が大きくなっているようだったが，保育者らが席を調整しながら，やがてみんな席に座ると，自然に掛け合いの声はなくなった。

掛け合う声は「うるさい」という言葉のわりには，否定的な響きがなく，聞いていて不快な感じがなかった。どちらかというと聞いていて楽しいような，こちらもリズムにのってしまうような感じがした。今まで保育者との掛け合い場面は，クラスのみんなで集まって話す時間にあった。たとえば，保育者が子どもの持っているもの（道具や手紙類など）を確認するときに「ありませんか？♪」とちょっと節をつけた感じで言うと，「アリマセンヨ♪」と1人の子が言う。すると，何人かが声を揃えて節をつけて「アリマセンヨ♪」と返してくる。注意するのもどうかと考え，保育者が，「ほんとですか？♪」「チガイマスヨ♪」「じゃあいいですか？♪」「ダメデスヨ♪」といった感じで，結構長くリズムにのって掛け合いをしていたことが何度かあった。これまでも，リズムにのった掛け合いそのものを楽しむことは多かった。けれども，子どもどうしで自然にはじまった掛け合いは，はじめてだったように思う。

　この場面では，子どもたちだけで偶然はじまった「掛け合いを楽しんでいる」のだが，この掛け合いのようなやりとりは，それ以前に保育者とクラスの子どもたちが集まって，話をするときによく掛け合いをしてきたことがベースになっている。保育者とのやりとりのなかで，子どもたちが掛け合いをする楽しみや方法を十分体験したところから出てきているわけである。
　事例5のクラスでは，日頃からちゃかすことが多い子どもを抱えていた。保育者は1学期の終わりの反省に「4月の最初，お互いどんな子なのか，どんな先生なのかわからない状態にあるのに，いつも怒られている子，いつも怒っている先生というイメージを先行させたくなかった」とコメントしている。その流れのなかで，この保育者は「注意するのもどうか」と考え，子どもがちゃかすのをかわそうとして，クラスの子どもとの掛け合いというコミュニケーションの方法をとっている。
　事例では，男児は女児のことを，なんとなくうるさいと思いつつも，空いている席を教えてくれているのだし，怒るほどのことでもないと感じている。一方，女児は，空いている席にさっさと座ればいいのにと思いつつも，待っていなくてはならない。そして，そういった葛藤をかわす1つの手段として，掛け合いが用いられているのである。
　これは，単に常日頃からリズムにのって掛け合いが行われていたから，今回も行われたということだけではない。「ぶつかりそうなマイナスの感情を掛け合いにしておもしろがってしまうことで，衝突をかわす」という保育者のコミュニケーション方法を，子どもたちが自然に身につけているということを示しているのである。

以上，保育者と子どもとのやりとりのなかで生まれてきた出来事を中心に検討してきた。とくに事例4，5からは，保育者と子どものやりとりが，子どものなかに"絵本の楽しみ"や"葛藤をかわす方法"として形づくられる様子がわかる。こういった保育者とのやりとりを，1回きりでなく繰り返していくなかで，子どもたちは1つのリズムと節（ふし）を意味あるものとしてクラスの仲間と共有していくのである。

2 「音」と子どものやりとりの深まり

　音を介したやりとりには，人対人だけではなく，ものや現象に対するものもある。たとえば，発声練習や楽器練習は，自分の身体や楽器とのやりとりのなかで，より洗練された音・声を扱うことを訓練していく作業である。このように音楽においてのものと人のやりとりは，とくに演奏家と楽器に限られたことではない。子どもとその身体・ものの間でも，十分楽しまれている。

　たとえば，子どもの頃，はじめて楽器に触れたとき，音を鳴らすこと自体が楽しかったり怖かったりした経験はないだろうか？　音を鳴らすことが楽しいのは，楽器だけではない。舌を丸めて上あごにつけるようにして息を吐き，ドリルのような音をたてるなど，身体を使った音遊びを楽しんだ経験もあるだろう。また，食器を箸でたたくと食器によって音が違うことに気づき，行儀が悪いとしかられながらもやめなかったといった記憶がある人も多いのではないだろうか。このような音の遊びは，積極的に誰かに表現しようとしている行為というよりも，ものや身体や現象を通した遊びといえるだろう。

　次に，ものや現象との音を通したかかわりによって，音を深めていく記録を検討してみよう。事例6は年少児の様子である。

●事例6　具体的な音を見つけて楽しむ

　砂場でT夫が，スコップで底がふるいになったカップに砂を入れ，バケツにさらさらと落として楽しんでいる。すると，ふと不思議そうな表情をして「センセイ！」と呼ぶ。行ってみると，「センセイミテ！　ホラ，オトガスルヨ！」とふるいのついたカップを揺すってみせる。カラカラとたしかに音がする。のぞいてみるとふるいから落ちない石が1つ入っていた。「ほんとうだねぇ，いい音するね」と言うと，うれしそうな様子が見られた。しばらく1人で音を聞いている様子だったが，周囲の年少児に，「オト（が）スルヨ」と言って，聞かせて回っていた。

　数日して，経緯はわからないが，同じ砂場用のふるいのついたカップに石を入れ，さらにその上に同じ砂場用のカップをかぶせて，両手でずれないようにつかみ，マラカスのようにして鳴らす姿が見られた。

T夫はカップに石が入ると「音がする」ことに気づき，音を鳴らすことを楽しんでいる。さらに，彼はマラカスのように，2つのカップを合わせて（そのことによって石も飛び出ず，音を鳴らすのに好都合である）振って歩くことを楽しむようになっている。音が鳴るものを見つけ，自分なりに音を鳴らしやすいように，考えたわけである。その頃はやっていた年中児が鳴らしているマラカスとイメージをつなげたのかもしれない。T夫は発見した音を自分なりの楽器にすることで，音を自分のものとして楽しんでいる。このような具体的な音の体験は，子どもにとって自分の音を獲得させてくれる。このような音の獲得が音のイメージの素材の蓄えをつくってくれる。
　次に，そのような蓄えから，音について意見を交わし合う場面をみてみたい。

●事例7　音を考える

　（通園バスの中で）石を持っていた年長児のH夫が，カチカチと石を合わせて音を出す。「ナンカ　ガッキ　ミタイ」と言いながらカチカチ鳴らす。保育者が「どんな楽器みたい？」と聞くと，なんとなく，バスの中が静かになった。子どもたちは，H夫が出す石の音に耳を傾けている様子である。カチカチ……誰かが「アー！　カスタネット！」と言うと，年少児のI子がカスタネットのように手をたたいて音を出しはじめた（この時期，年少組ではカスタネットを頻繁に楽しんでいた）。すると，隣に座っていた年少児のJ子がI子と顔を見合わせて，カスタネットのように手を叩くことを楽しみはじめた。一方，年長児たちは，引き続いてH夫のカチカチという音を聞きながら似ている楽器を探している。「ウッドブロックノ　オトニモニトルネ（音にも似ているね）」，「デモ，ウッドブロックハ，ボウデタタクヨ（木の棒で叩くことということを伝えたかったものか）」などと話し合いがしばらく続いた。

　この場面では，鳴った音から，知っている楽器をイメージしている。H夫が楽器みたいだと言ったことを拾って，「どんな楽器みたい？」と保育者が投げかけることによってイメージすることがはじまる。
　年少児は，具体的なカスタネットという楽器が出されると，カスタネットに伴う動きを再現することを楽しみはじめる。彼らにとって，この頃頻繁にクラスで使っていたカスタネットはイメージしやすかったようだ。具体的な動作と，実際に手を合わせることによって鳴る音をカスタネットの演奏に見立てて遊びはじめる。実際にはカスタネットはないのだが，カスタネットを演奏するイメージの再現をI子とJ子は共有しているわけである。
　一方年長児は，具体的な音から，その場で聞くことのできない楽器の音をイメ

6章　表現された子どもの世界Ⅰ（音楽的表現）

ージして，言葉であらわし合っている。いろいろな楽器に触れ，音の蓄えが年少児より多いと考えられる年長児は，その蓄えから，今ここにある音にいちばん近い音がする楽器を探る話し合いを楽しんだのである。

　次に，イメージして再現することを共有するということについては同じだが，身体を使って再現することが繰り返し楽しまれるようになる記録をみてみたい。

●事例8　歌や動きにあらわすことを楽しむ

　部屋の窓に貼ってあるお店屋さんの看板が，風に揺れ動いていた。「カンバン　オドットル（踊っている）」とK夫が「ユラッ　ユラッ」と実際に揺れているリズムに合わせて声を出しながら，看板の揺れを再現するように手を振りはじめた。その声に合わせて，他児も，手を振ったり揺らしたりしはじめた。しだいに，子どもたちの身体全体の動きが大きくなってきた。すると，K夫も含めた数人の子どもたちが，看板の動きに合わせて自然に身体を揺らして踊り出した。「ユラッ♪　ユラッ♪」「ヒュ～♪　ヒュ～♪」「ヤッホ♪　ヤッホ♪」「カゼヤデ（風だから），ピュゥ♪　ピュゥ♪」と声を出しながら踊っていた。1週間ほど続き，見るたびに踊り出していた。

　ここでは，「看板が風に揺れる」という具体的に目前にある現象を身体の動きと節によってあらわすことを楽しんでいる。目の前にある現象をあらわすのに，音や動きとしては何がふさわしいかを探りながら，節にしたり，動いたりしている。「看板の風に揺れる様子」をもとに，イメージをし，それをあらわして楽しむことを積極的に行っているのである。そして，K夫が見つけたこの楽しみを，周囲の子どもも一緒に楽しみはじめている。

　さらに，楽しみを共有した数人の子どもたちは，時おり揺れる看板に誘われるようにして，看板と一緒にうたいながら揺れるようになるのである。子どもたちにとって，「看板が揺れる」ことが，うたって踊る合図になるのである。このような行動を岩田は「集団記憶」として，みんなで一緒にうたいたいという気持ちの育ちの基盤として位置づけている。*子どもの唱和は「一緒にうたいたい」という動機のもとにはじめられるべきであり，そのような動機は，前述のような集団記憶によって支えられているというのである。

＊岩田遵子「共同想起としての歌─「一緒に歌いたい」という動機形成に保育者はいかにかかわりうるか─」小川博久 編著，スペース新社 編『遊びの探求』生活ジャーナル，pp.212～240，2001

3. 歌・楽器遊びへ

1 動くこと・イメージすること・演奏すること

　第2節で述べてきた事例3～8は，保育における生活風景のなかで，音を見つけたり，音を共有したりする場面である。つまり，歌をうたったり，演奏したりすること自体を楽しむ場面ではない。*むしろ子どもが生活のなかでみせる音や音楽を背景にした表出から，よりリズムや節(ふし)を楽しむ音楽的表現に向かおうとする姿に焦点を当てて検討してきた。

　では，このような体験と，歌や楽器で遊ぶこととはどのようにつながっていくのだろうか。また，歌や楽器で遊ぶとき，保育者はどのような役割を期待されているのだろう。

　結論からいうと，歌や楽器で遊ぶとき，重要な鍵を握る事柄は3つある。1つ目は，身体の動きを伴って楽しめることである。その際，保育者に必要とされることは，子どもが楽しんで身体をゆだねられるような素材（音楽）を提供し，雰囲気をつくることである。2つ目は，音や音楽を感じたり，聞いたりすることによって，何かをイメージし，そのイメージを具体的に実現していこうとすることである。ここでの保育者の役割は，子どものイメージづくりとその実現のチャンスをつくり，それが展開することを支えることである。3つ目は，子どもがイメージを実現するのに必要な自分の役割を理解し，その役割を担うことを楽しめることである。その際保育者は，全体の流れをつかみ，その役割が子どもにとって重すぎず，かつ手応えがあるものかどうかについて配慮する必要がある。また，それが達成できるように子どもを援助することも求められる。もう少し詳しく考えてみよう。

> ＊子どもと遊びながらうたえる遊び歌やわらべ歌，子どもがうたいやすい音域の幅なども調べてみよう。

2 「動き」から

　音やリズムは，手で触れることはできないし，目で見ることもできない。そのため，身体の動きを伴って楽しむことが，その音楽に具体的に触れ，参加する手段の1つになる。ロックやポップスのライブの聴衆が，のりにのって踊っている姿を目にすることは少なくないはずである。のれるライブは成功しているともいえるだろう。

　リズムや歌詞・音楽の雰囲気に合わせて動いてみることは，音楽に積極的に参加し，楽しむ有効な手段の1つなのである。事例2の『かえるの合唱』のなかでの子どもたちの動き（親の歌声のなかでカエルになって飛び跳ねること）は，音楽に参加する姿としてとらえることができた。そしてそのような参加が，子どもたちにとって『かえるの合唱』という曲に親しみをもつ足がかりとなっていた。

古代のエジプト人はうたうことをあらわすために,「手で遊ぶ」という記号を使った。*これは,うたうことと身体を動かすこととの深いつながりを感じさせる。

さらに,身体の動きを通して感じる音楽に焦点を当てると,子どもがすでに生活のなかで触れてきている文化に根づいたものが,重要な存在感を示してくる。なぜなら,先に述べたように,子どもはすでに生活のなかで自分の声や音を携えているからである。子どもは,胎内にいるときから聞いている母語や,身近でかかわっている家族によって,身体のなかに蓄えられたものを糧にして,音楽を楽しむからである。

ただし,どのような状況でも,身体ごとのって元気よくうたったり,遊べるわけではない。プロの演奏家ならば,どのような状況でも,それなりに表現することができるだろう。そこでは,表現を受け止める聴衆よりも演奏家の資質が問われてくる。しかし,子どもの場合は,受け止める保育者のほうが資質を問われる。たとえば,しかめ面(つら)の試験官の前では緊張してうまくうたえなくても,仲間と一緒なら気持ちよくうたえたり,風呂場でリラックスしてうたうとなんだかうまくいくという経験がない人はいないだろう。一緒に生活している家族にお気に入りの歌をうたうのと,知らない人の前でうたうのとでは,子どものあらわすものは大きく異なるはずなのである。

子どもが表現しようとするとき,「いろいろな表現に対して,大人の受け手としての質というのは,たいへん大事な意味をもっている」と,大場は言及している。**子どもが,気持ちよく身体をゆだねることができる雰囲気づくりが保育者に求められているといえるだろう。

*クルト・ザックス,皆川達夫・柿木吾郎 訳『音楽の起源』音楽之友社,1969

**大場牧夫『表現原論—幼児の「あらわし」と領域「表現」』萌文書林,1996

3 「イメージ」から

事例7の石の音をイメージする場面で,年少児はカスタネットを叩く動作をすることで,カスタネットのイメージを再現することを楽しんでいる。これは,事例2のぴょんぴょんと跳ねはじめた子どもたちの参加の仕方と共通項がある。音や音楽につながる具体的な事柄をイメージし,実際に動きに取り込むことで,楽しんでいるのである。そして,このような体験を積み重ねていくことで,子どもたちは音だけでなく,歌詞や音楽のメロディそのものから音楽の雰囲気(楽しい感じや悲しい感じ,テンポのおもしろみや語呂のよさなど)や歌詞の意味,展開を感じ取ることができるようになる。そして,それを手がかりに,それぞれの音楽が,どのような音やどのような気持ちやどのような雰囲気をつくろうとしているのかを,イメージできるようになる。

また,事例7で年長児は,石を打ち鳴らした音にふさわしい楽器をしきりに探し,話し合いがはじまっている。ここでは,通園バスの車内であるために,楽器

を持ってこようという具体的な展開には至っていない。しかし，このような年長児の姿は，音や声について，その演奏のなかでふさわしい音や必要な楽器を判断し，イメージを仲間と実現しようとする姿につながっていく。

　子どもは，歌詞の意味や楽器の音がその演奏全体に与える影響をつかむことにより，やりがいを背景にした緊張感を感じるようになる。

　次の様子は，年長のクラスがお互いにオペレッタ*を見せ合う場面である。

*イタリア語で「小さいオペラ」の意味。喜歌劇や軽歌劇などと訳される。代表的な作品として，オッフェンバックによる「天国と地獄」やヨハン・シュトラウス2世による「こうもり」など。

　また，誰もが参加しやすく，親しみやすい音楽を伴ったお芝居という広い意味でも使われる。

　保育施設で行われるオペレッタは，そのように広い意味でのオペレッタの1つであり，幼児に適した歌や踊り，せりふによってストーリーが展開される総合的な表現活動をいう。ここでは，幼児の表現活動としてのオペレッタを指す。

●事例9　楽　譜

　子どもたちによると「まだ練習中」ではあったが，年長クラスの子どもたちは，オペレッタを見せ合うことになった。まず最初に，自分たちでつくった小道具を保育者と一緒にセッティングする。ある子どもが，積み木にボール紙が貼ってあるものを，楽器が並べてある前にドスンと置いた。ボール紙には，楽器の絵や子どもの名前などが書かれている。

　そして，いよいよオペレッタがはじまった。役柄を演じる出番ではない子どもたちが，楽器を演奏することになっている。そのため，演奏するメンバーは時々替わる。それぞれの子どもが交互に楽器を確認したり，演奏したり，舞台に登場したりするのだ。

　演奏する子どもは，ボール紙を見て保育者に目で確認し，舞台に出て演じている子どもたちの動きを見て，タイミングをはかろうとしている。ボール紙は，楽譜の役目を果たしているのである。その脇で，「メロディベルの赤がないから探してきて」などと，楽器を触っていない子どもたちがなにやら耳打ちしている。保育者は，舞台に出ている子どもと一緒に踊っており（練習中なので），楽器の演奏は，子どもたちが取り仕切って進めていく。

　ここでは，譜面の役割を果たしているボール紙が非常によく生きている。なぜなら，子どもたちはその譜面を自分なりに理解し，その理解を頼りに役割を果たしてオペレッタを進めているからである。子どもたちが自分たちで楽器の演奏を取り仕切っていることから，すでに全体のイメージがある程度彼らのなかにあり，それを共有していることがわかる。また，譜面を見つつタイミングをはかっている様子から，オペレッタ全体のなかでの自分の役割を果たそうとしていることを読み取ることができるのである。

　このようなイメージを子どもたちがクラスで共有していくためには，保育者が子どもたちと，意味を伴った声や音をすり合わせ，イメージをやりとりし，実現していくプロセスを長期間にわたって共有することが必要になる。長い時間をかけることで，その音楽から感じ取れる世界（『かえるの合唱』ならば，カエルの

イメージやメロディやリズムから感じ取れる雰囲気）を自分のものとすると同時に，その音楽の世界にかかわる方法（楽器を演奏すること・うたうこと・踊ること・演じること）を見つけていくことができるからである。このことによって，保育者だけでなく，子どももその音楽があらわそうとしている世界を自分のものにすることが可能となる。

　保育者が，このような子どもの音楽的な場を共有する遊びである歌のプロセス（イメージすること，イメージを共有し実現しようとすること，そのなかでの役割を楽しむこと）を意図し，具体的に支えることで，子どもが音楽に主体的に参加するチャンスが生まれるのである。

【参考文献】
ジョン・ペインター・ピーター・アストン，山本文茂・坪能由紀子・橋都みどり 訳
　『音楽の語るもの──原点からの創造的音楽学習』音楽之友社，1982
小泉文夫『音楽の根源にあるもの』平凡社，1994
三善 晃「音楽の表現と教育」佐伯 胖・藤田英典・佐藤 学 編『表現者として育つ』東
　京大学出版会，1995
岡田正章 編『現代保育用語辞典』フレーベル館，1997

【協　　力】
揖斐幼稚園教諭　小寺 恵
揖斐幼稚園教諭　清水沙緒里

【事例提供】
揖斐幼稚園

第7章 表現された子どもの世界 Ⅱ（造形的表現）

〈学習のポイント〉
① 各年齢における造形的な遊びの特徴を理解し，発達に即した援助のあり方を考えよう。
② 子どもが造形的表現を行う際に重要となる，対象に対するイメージをもつ過程を，体験，観察，想像の3つの視点からとらえよう。
③ 子どもが表現に向かう思いや意欲には，表現したい対象や表現を受け止めてくれる存在などのまわりの環境が大きく影響することを理解しよう。
④ 地域や行事とのかかわりで，どのように子どもの造形的表現がなされているか学ぼう。

　子どもは，保育者・友だち・保護者などの「人」とのかかわり，自然・人工物などの「もの」とのかかわり，地域・行事などの「こと」とのかかわりのなかで生きている。そのなかで，さまざまなことを感じ，受け止めながら，イメージを変化させつつ，自分なりの世界を表現していくが，本章では，その営みを明らかにしていきたい。そして同時に，子どもの世界をどう保育者は読み取り，どうかかわっていくべきかも明らかにしたい。

1. 各年齢における造形的な遊び

　発達的にみれば，0～2歳までは，手先の運動機能の発達とともにまわりの環境に働きかけ，感触を味わい，楽しむ経験が造形的な表現につながっていく。たとえば，地面に手が触れ，模様ができたことが楽しくて何度も繰り返したり，保育者がペンを持って絵を描いているのを見て，そのまねをして楽しんだりする。3歳頃までは，子どもが描いたものに対して，保育者が「これは何かな？」と問いかけることで，描いたものが何かを意識し，「ブーブー（自動車）」などと答えることが多い。3歳までは，自分が描いたものに後からイメージをつけていく時期であるといえよう。3歳以降は，成長するにつれ，自分なりにイメージをもって，「こういうものを描こう」と考えて描くようになっていく。

　このことから，3歳では，自分なりにやりたいことを見つけたり，実際に五感を通じてものとかかわり，イメージを豊かにしていくことがたいへん重要になる。そして，4歳になると，認識能力が徐々に高まってきて，自分なりに表現したいことが増え，活発に表現活動が行われるようになる。そして，自分なりにこだわりをもって，ものをつくっていくようになる。しかし，表現したいことは増えるが，技術が伴わないので，嫌になったり，友だちの表現との違いを気にしたりす

るようにもなってくる。

　5歳になると，それまでのさまざまな造形体験をもとにして，自分がやりたい遊びに必要なものをそろえたり，必要に応じて工夫してつくったりすることも増えてくる。また，友だちと相談して役割を分担したり，地図をつくったりして見通しをもちながら造形的な活動を進めるようにもなってくる。

　子どもが感じたことを表現するのに適した素材との出会いや，さまざまな表現方法との出会いを組織していくことは，子どもが効力感*をもって主体的な表現者となっていくことを支える大切な援助となる。

　ここでは，3歳以降の子どもたちの特徴をあげつつ，子どもの思いが造形的に表現されていく過程を追ってみたい。

1　3歳児の造形表現

　3歳児は，ごっこ遊びや，ものづくりの前段階として，感覚に訴える遊びを十分に行うことが課題となる（ごっこ遊びやものづくりが，まったく行われないという意味ではない）。そのためにも，さまざまな素材に触れ，その素材そのものに慣れ親しむことができるように援助することが大切である。

●事例1　青虫からのプレゼント──小麦粉粘土：3歳児クラス

　絵本『はらぺこあおむし』**が保育のなかで読まれて，青虫に対する親近感が高まったところで，自由な遊びのなかで，青虫からプレゼントがきたという設定にした。以下は，そのときの様子である。

　F　君：あっ，何か置いてある。
　保育者：本当だ。なんだろう？　きれいに包んであるね。
　F　君：先生，開けてみたい。
　保育者：うん，開けてみよう。何が入っているのかな？
　F　君：あっ，お手紙が入っていた。
　保育者：じゃ，ちょっと読んでみるね。"つばめ組のみなさん。いつも，おいしい葉っぱをくれてありがとう。今日は，お礼にすてきなものをプレゼントします。プレゼントは，「小麦粉粘土」です。とってもいいにおいもするよ。使ってみてね"だって。みんなどうする？
　S　子：えー，青虫さんがくれたの？　やったー。
　F　君：俺が見つけたんだよ。
　保育者：においもかいでみる？
　H　子：青虫さんの言う通りだ。いいにおいがする。
　S　子：なんか，アイスクリームのにおいみたい。

---

*「人間が行うさまざまな学習事態では，これだけのことができるであろうという結果についての期待がその遂行行動に大きく影響する。A. バンデューラはこのような結果についての効力期待のことを自己効力と呼んだ」（三宅和夫・北尾倫彦・小嶋秀夫 編『教育心理学小辞典』有斐閣，1991）ここでは，さまざまな素材を体験し，表現方法を身につけることによって，自信をもって表現活動ができるという意味。

**エリック・カール，もりひさし 訳『はらぺこあおむし　世界の絵本』改訂版，偕成社，1989

保育者：あっ，こんなに伸びるよ。ぐにゅぐにゅして気持ちいい。
　F　君：俺もやらせて。触ったら気持ちいい。

　3歳児は，この小麦粉粘土を使う前に，油粘土や，砂などで十分遊んでいた。入園したばかりの4月の時期は，まだ，子どもたちが落ち着いておらず，新しい素材を出すよりも，自宅で使ったことのあるもののほうがよいと考え，油粘土，ブロック，パズルなどを用意した。5月も半ばを過ぎ，保育者と子どもたちの間に信頼関係が芽生えはじめ，落ち着いてきた頃に，新しい素材として，小麦粉粘土を出したのである。しかし，保育者から子どもへいきなり提示するのではなく，身近な存在である"青虫さん"からのプレゼントという形をとった。そのことによって，子どもたちのイメージの世界がいっそう豊かになり，遊びも楽しくなると考えたからである。

　3歳児という年齢にふさわしい素材として小麦粉粘土（万が一口にしても大丈夫）を用意し，さらに，小麦粉粘土の触感を十分楽しんだところで，色が違う小麦粉粘土も出した。少々口に入れてしまっても大丈夫なように，色は食紅で，においはバニラエッセンスでつけた。小麦粉粘土のかたさも，3歳児の年齢で扱いやすいように水の比率を調節してある。

　子どもに新しい素材を提供するときには，さまざまな導入が考えられるであろう。たとえば，自由な遊びの時間に，保育者がそれとなく素材を置いておき，子ども自身が発見し，興味をもった時点で扱い方を説明して遊ぶ。また，クラスの集まりの時間に，設定保育の形で，「今日は，○○をつくってみよう。こんなものを使うよ」などと言いながら，今までの素材との違いを効果的に見せて，子どもたちの興味をひくという方法も考えられる。

　さらに，保育者と子どもの間に，子どもたちが身近に感じている存在を入れるという方法がある。事例では，その存在として青虫を選んだ。なぜ青虫かというと，その頃3歳児クラスで青虫を飼っており，子どもたちにとって身近な存在だったからである。

　この園では，小麦粉粘土の後にも，食紅でつくった色水，色つきスライムなど，さまざまな素材を子どもたちに提示したが，その度に，プレゼントという形をとった。"青虫さん"は，やがて"ちょうちょさん"になり，"ちょうちょさん"からのプレゼントになった。このように，日々の生活のなかに，青虫の存在を入れ込みながら，造形表現を行った。

2 4歳児の造形表現

　前述の通り，3歳児では，ものの特性そのものを身体全体で感覚的に味わうこ

とが大切である。その感覚的な遊びを経て，4歳児では，ものをつくり出すことに興味をもっていく。

　さまざまな素材を体験してきていれば，よりいっそう自分の思いが実現されたものをつくろうと努力する。たとえば，新聞紙で剣をつくる際には，ただ，新聞紙をくるくる巻いて剣に見立てていた状態から，自分なりの剣を工夫してつくるようになる。新聞紙を自分ができる限界まで細く巻いてかたい剣にしたり，何枚も新聞紙をつなぎ合わせて天井まで届くような剣をつくったりする。

写真7-1

　写真7-1は，石けんを泡立ててつくるクリームである。はじめは，ただ，ぶくぶくと泡がつくられれば満足していたが，そのうちそれだけでは満足できなくなってくる。小さい洗面器でつくっていた泡を大きなたらいに入れて，みんなで合体して巨大クリームをつくったり，前に色をつけた経験から，クリームにも食紅で色をつけたりするなど，自分だけのこだわりからくる工夫が多く見られるようになる。

　しかし，4歳児は，認識能力の高まりとともに，「表現したい」という思いと，表現技術のギャップに悩み，挫折感を味わい，造形表現に対して苦手意識をもちはじめる時期でもある。また，まわりの友だちの表現と自分の表現の違いに気づきはじめるのもこの頃である。この時期に，まわりの大人が子どもの表現をどのように受け止め，援助していくかで，その後も自信をもって造形表現に取り組んでいけるかどうかが決まるといってもいいほど大切な時期である。次の事例は，この時期に造形表現に苦手意識をもってしまった子どもに対して，どのように保育者が援助していったかという事例である。

●事例2　どう描けばいいかわからない：4歳8カ月

　W君は，絵を描くことが大の苦手だった。たとえば，夏に「お化けの絵を描いてみましょう」と投げかけても，「お化けなんてどう描けばいいかわからない」と泣き出してしまうこともあった。

　そこで，保育者は，外遊びで泥だらけになって遊ぶことを繰り返した。保育者も一緒になって泥だらけになり，服もどろどろになったところで，「お化けだぞー」とW君に投げかけた。すると，W君は「きゃー，お化けだ」と言いながら，自分も腕や服をどろどろにして「お化けだぞー」と保育者に答えた。保育者は「2人でみんなをおどろかせよう」と言いながら，コンクリートの地面に泥のついた足でお化けの足跡をつけた。W君は，コンクリートにいっぱい泥をつけて大きな足跡をつくり，「巨大お化けだ」と笑った。

W君は，絵画展覧会で入選するほど絵がうまい兄と自分を比較してしまい，自信をなくしてしまっていると母親から相談を受けた。W君は兄と自分の絵を比べて，技能の差に気づき，劣等感をもってしまい，意欲をなくしてしまったようである。

そこで，保育者はW君に，友だちや大人の絵と比較することなく，自分の思いを好きなように表現する楽しみを味わってほしいと考えた。「うまく描こう」という技能面ばかりを強調するのではなく，自由に表現することを楽しんでほしいと思ったのである。そこで，泥だらけになって遊ぶ体験ができるように援助した（写真7-2）。泥の感触を十分に味わった後で，真っ白い紙に絵を描くという表現方法だけではなく，他にもさまざまな表現方法があることに気づき，表現に対する抵抗感をなくしてほしいと考えたのである。

保育者は，泥を身体につけてお化けを表現できること，コンクリートに泥で表現できることのモデルを示した。W君は泥遊びを通して心も解放され，また，真っ白い画用紙に絵を描く以外の方法で描くことで，のびのびと表現活動を楽しめたのではないだろうか。

3 5歳児の造形表現

5歳児では，感覚的な遊び，ものづくりを経て，ごっこ遊びや，友だちとのつながりを重視する遊びが主になってくる。それらは鬼ごっこ，サッカーなどルールのある遊びに発展していく。そして，ごっこ遊びや友だちとつながる遊びのなかで，必要なものづくりが行われるようになっていく。言い換えると，「遊ぶために必要」という必要性から造形的な活動が生まれることが多くなる。

たとえば，ヒーローごっこでヒーローになるためには，剣を持っていなくては仲間に入れないので剣をつくったり，ままごとで赤ちゃんの誕生日という設定でケーキづくりをしたり，プレゼントをつくったりする。また，サッカーをするときには得点板をつくったり，お店ごっこをするために，お金やチケット，看板をつくったりもするようになるのである。

●事例3　人形劇：5歳児クラス

5歳児クラスでは，みんなで話し合って，3歳児と4歳児を呼んで一緒に遊ぶ仲良しランドをつくろうと決めた。そのなかで，ペープサート*の人形劇をすることになった女の子グループがあった。

E子は「どんなお話にする？」とグループのみんなに話しかける。U子は「動物が出てくるお話にしよう」と言いながら，自由画帳に，ウサギと，ネコと，イヌ

* Paper Puppet Theater（紙のあやつり人形）の語尾がつまってできた日本語。

紙に描いた絵を竹串の両面に貼り，それらの人形を移動・反転・転画しながら展開する紙人形劇である。

幼児の場合，描いた絵を切り抜き，割り箸などの棒にセロハンテープでつけて簡単に人形をつくることができ，すぐに遊べることが魅力の1つとなっている。

森上史朗・柏女霊峰 編『保育用語辞典 第2版』ミネルヴァ書房，p.340，2002参照。

と，クマとオオカミを描いた。そして，「この，ウサギさんは，幼稚園の先生で，ネコさんと，イヌさんとクマさんは，子どもね。このオオカミさんは，悪いオオカミなの」と言う。それを見たA子は「じゃ，みんなで，踊りを踊っているときに，オオカミさんがじゃましにくることにしよう」と言う。

　それを聞いていたM子は「じゃあ，3人がお話をつくっている間に，私は，チケットをつくる。N子ちゃんも一緒につくろう」とN子に話しかけ，一緒にチケットをつくりはじめた。N子は「看板もいるよ。ここが，人形劇をやるところってわからないと小さい子は困っちゃうよ」と言いながら，画用紙に，"にんぎょうげき"と書いて，まわりにウサギや猫の絵を描きはじめた。

　5歳児になると，子どもたちどうしで，必要なものを考えながら遊びを進めていく力がついてくる。1人ひとりの個人差はあるが，保育者がモデルを示して引っ張っていくよりも，子どもたちの思いが形になっていく過程で，必要なときにだけ援助をするように心がけていくほうが，この時期には適しているといえる。

　人形劇をすることになった5人の女の子たちは，積極的に必要なものを自分たちなりに考えてそろえていっている。劇をするにあたって，U子は，出てくるキャラクターを絵に描くことによって，みんなのイメージの共有を図っているように思える。このことにより，どのような話にするのか，見通しをもちながら遊びを進めていくことができる。

　さらに，小さい子どもたちを呼んで楽しんでもらうという目的がしっかりしているので，チケットや看板をつくることを考え，役割分担までしている。造形的な表現を手段として，自分たちの思いを実現させていく5歳児らしい姿といえるだろう。

　このように，5歳児になると，今までのさまざまな素材体験，表現方法のなかからやりたい遊びのために適したものを考え，使いこなすようになってくる姿が見られるようになる。保育者は，子どもたちが思いを実現させようと努力していく過程で，必要なものをそろえたり，難しい技術が出てきたらそれとなく伝えるなどのさりげない援助をすることが重要となってくる。

2. イメージを豊かにする

　子どもが表現活動を行う際に重要となってくるのが，表現する対象に対してどのようなイメージをもっているかである。対象をどのように感じ，理解しているかということが，表現につながるイメージの源泉となるからである。

7章　表現された子どもの世界Ⅱ（造形的表現）

　子どもは，成長とともに自分の感じ取るまわりの世界を広げ，自分なりのイメージを豊かにしていく。イメージをもつ際に大切となる体験，観察，想像の3つの視点から，子どもがどのように対象をイメージしていったかということを明らかにしたい。

1 感性に訴えかけられるような体験をする

●事例4　意識をもって描いた花火：2歳0カ月

　S君は，保護者と一緒に打ち上げ花火をはじめて見た。すると次の日に，自由画帳を取り出し，真剣な顔をして何か描き出した。そして，絵を描き終わると，保育者に向かって，絵（写真7-3）を指しながら「どーん，どーん」と，言ってきた。

　保育者は，S君が花火を見てきたことを保護者から聞いていたので，「花火がひゅるひゅる〜って飛んできて，どーんとなったね。すごかったね」と話しかける。すると，S君は，「ひゅーん，どーん」と言いながら，花火が上がって開く様子を身ぶりで示した。

写真7-3

　S君は，この花火の絵を描く日までは，描いた絵の内容を自ら伝えてこようとしたことはなく，なぐり描きを続けて楽しんだ後，保育者に「これは，何かな？」と聞かれてはじめて，「ママ」などと意味を後づけするのが常であった。しかし，この花火の絵を描いた日には，はじめて保育者が聞く前から絵を指さし，「どーん，どーん」と自分が花火を描いたことを知らせてきたのである。このことから，はじめて，自分で花火を描こうと思ってイメージをもちながら描き，描いたものを伝えようとしたのではないだろうかと思われる。それほど，前日の打ち上げ花火がS君の感性に訴え，記憶に残っていたのだろうと思われる。

　このように，感性に訴えかけられるような体験があれば，子どもは自ら表現し，それを誰かに伝えたいという気持ちが芽生えてくる。保育者は，子どもの感性に訴え，表現につながるような体験をどのように保育に取り入れていくかが重要となってくる。そして，子どもが表現したことに対して，「花火がひゅるひゅる〜って飛んできて，どーんとなったね。すごかったね」などと，きちんと共感し，受け止めていくことで，子どもは安心して表現できるようになるのである。

2 五感を生かして認識する

　N保育園では，春にタケノコの絵を描く。夏にはパイナップル，冬にはカニの絵を描く。ここでは，タケノコの絵を事例にとりながら，タケノコに対するイメージを，子どもたちが具体的にどのようにあらわしたかについて考察してみたい。

●事例5　五感を使って描いたタケノコ：5歳児クラス

　5歳児クラスに進級してまもなくの4月末のことである。保育者はタケノコを皮つきで持ってきて，「みんな，ここにタケノコを置いておくよ。自由に触っていいよ」と投げかけて，1週間ほど，保育室に置いておいた。においをかぐ子，舐めてみる子，たたいてみる子，いろんな子どもがいる。すると，子どものなかで，皮をむいてみる子が出てきた。「皮がむけたら，白いのが出てきた」という子どもの声を聞いて，保育者は，「皮がどこまでむけるか試してみよう」と子どもたちに投げかけた。

　子どもたちは一生懸命皮をむき，床に並べはじめた。「1枚，2枚……，38枚！」たくさん皮があることに子どもたちはびっくりした様子だった。茶色い皮がむけると，中は白に近い黄色。少し香りも強くなった。

　実際に絵を描くときには，真ん中で切ったタケノコや，輪切りにしたタケノコなど，いろいろなタケノコを用意して遊戯室に置いた。そして，「自分のいちばんおもしろいなと思うタケノコのところに行って描いてね」と保育者が投げかけた。すると，子どもたちは「僕は，このでっかいタケノコにしよう」，「私は，小さく切ってあるタケノコにしよう」などと言いながら，1人ひとり自分で描きたいタケノコの前に行く。

　しばらくして，S君が輪郭だけ描いて「もうできた。タケノコ描けた」と言った。それを聞いた保育者は，「S君，タケノコに触ってごらん」と語りかける。S君は，タケノコに触ってみた。そして，保育者を見て，「あっ，なんか丸いつぶつぶがある」と驚いた顔をした。保育者は「タケノコって，つぶつぶがあるんだ。S君，おもしろいところに気づいたね」とにっこり笑って答えた。それから，S君はタケノコを触っては絵を描くことを繰り返し，絵を描く時間が終わりに近づいても，「もっとタケノコの絵を描きたい」と言っていた。

　子どもたちに「タケノコの絵を描いてみよう」と，ただ投げかけたらどのような絵を描くだろうか？　きっと，はじめのS君のように，細かいところまで気がつかず何となく形をとらえて描くことであろう。

　しかし，タケノコがしばらく保育室に置いてあったことで，子どもたちは触ったり，においをかいだり，舐めたりなど，さまざまなことをしながら五感を使っ

てタケノコというものを感じている。テレビで見るタケノコや，いつも料理で出てくる食べやすく切ってあってやわらかいタケノコとは違う，"本物"のタケノコと触れ合うことによって，そのイメージが一新されると考える。S君は，はじめ輪郭だけ描いてタケノコをとらえたつもりでいた。保育者は，S君にタケノコをもっとよくとらえて描いてほしいと考え，「S君，タケノコに触ってごらん」と投げかけた。S君はタケノコを触ってみることで，タケノコのつぶつぶに気づき，タケノコの形のおもしろさに夢中になったのであろう。ただ，見て描くだけという視覚しか使わない描き方と，触ってみるなど，十分にその他の感覚も使って描くのとでは，ずいぶん描かれ方も違う（写真7‐4）。このように，保育者が子どものなかに眠っている感性をゆさぶることが，重要な働きかけのポイントになる。

写真7‐4

❸ 想像の世界を豊かにする

　幼児期は，アニミズム*の世界をもっている。植物やものを，生命のある存在として感じるのである。それゆえ，子どもは「太陽はおひさま」，「ニワトリはニワトリさん」といったように，擬人化してとらえることが多い。さらに，子どもは，目には見えなくてもイメージのなかで存在を感じることができ，そのことで，自分自身の想像力を高めていく。子どもたちにとっては，嘘の世界が本当の世界として身近に感じられることもある。そして，保護者や，幼稚園・保育所の先生，友だちだけではなく，不思議な存在が自分たちのまわりにいる（ある）という思いを共有しながら，生活を進めていくことができる。ここでは，子どもたちがもっているイメージを大切にして保育を行っているM幼稚園を例にとり，目に見える世界だけではなく，見えない世界，想像の世界を大切にしながら援助を行うことで育つものについて考察したい。

*アニミズム（animism）：ピアジェが子どもの思考の自己中心性の特徴として指摘した概念である。すなわち，下界のすべての事物に自分と同じ生命や意思があるとみなすことをさす。森上史朗・柏女霊峰 編『保育用語辞典 第2版』ミネルヴァ書房，p.254，2002参照。

●事例6　みんなでつくるカメカメランド：4歳児クラス

　M幼稚園では，玄関にたらいを置き，カメを飼っていた。子どもたちは「こんにちは，カメさん」と言いながら，毎朝登園してくる。6月になり暑くなってくると，カメがたらいから飛び出して逃げ出すことがあった。その様子を見たI子は，「カメさん，もしかしたら，このたらいが狭くて，苦しいのかもしれない」と言い出した。その言葉を聞いた保育者は「そうだね。カメさん苦しいのかな」と答えながら，しばらく考えて，「そうだ，クラスの前に水を入れることができる場所があるよ。そこにカメさんをつれていかない？」と提案した。I子が，「石をもっと並べて，島みたいにしよう。カメさんが休めるところをつくろう」と言うと，G

君が，大きな石をいくつも持ってきて並べはじめた。

　しばらくして，R子は「カメさんだけじゃ寂しいから，お魚さんも入れてあげよう」と言いながら，タイサンボクの実を魚に見立てて浮かべる。保育者が，そのタイサンボクの実に油性マジックで目を描くと，R子は「かわいい。私もやる」と言いながら，描きはじめる。G君は，はっぱを舟に見立てて浮かべて遊んだ（写真7-5）。

写真7-5

　この事例では，I子が「カメさん，もしかしたら，このたらいが狭くて，苦しいのかもしれない」とつぶやいたことをきっかけに，カメが広いところで遊べるようにしようという思いで池をつくり替えた事例である。I子のカメがかわいそうと感じた感性は，誰の受け止めもなければそのまま消えていったかもしれない。だが，保育者がI子のつぶやきを逃さずに，「そうだね。カメさん苦しいのかな」と受け止めたことで，I子が安心して自分を出せる雰囲気ができたと考える。

　このように，想像力豊かな子どもの世界をとらえ，つぶやきを逃さず実践につなげる保育者自身の感性が，カメの住む池をつくり替えようとする遊びの重要なポイントだったといえる。

　子どもたちは，カメのことを身近に感じながら，どうやったらカメがうれしい池になるか1人ひとり考え，石の置き方を工夫したり，カメが寂しくないようにタイサンボクの実を魚に見立てて浮かべたりする造形的な活動を展開している。たくさんの子どもたちがカメの池づくりというイメージを共有して遊ぶ楽しさを味わうことができたといえるだろう。

3. 表現につながる環境や援助のあり方

　子どもが感じたことを表現するとき重要となってくるのが，子どもを支えるまわりの環境である。まわりに表現したいと思う対象があることが，豊かな表現への大切な源となる。一方，子どもは，新入園でまわりに友だちがおらず不安なときや，自分が感じて表現したことを受け止めてくれる存在がいないときには，自分を出すことを抑え，せっかくの表現の芽がしぼんでしまったりする。

　本節では，子どもが表現しようと思う心情や意欲にどのようにまわりの環境が影響したかを明らかにしたい。

7章　表現された子どもの世界Ⅱ（造形的表現）

1 もの・自然とのかかわり

　私たちの身のまわりには，たくさんのもの・自然がある。しかし，そのもの・自然に気づいていないと，身近な存在として感じることができないのである。保育者は，もの・自然環境を整えると同時に，子どもともの・自然がつながりをもつことができるような働きかけをしなくてはいけない。

●事例7　じょうろの水でつくる模様：3歳5カ月

　じょうろに水を汲んで足洗い場で流すことを繰り返していたK君。しばらくして，保育者はK君に「K君，こっち（砂地）にも水を流してみたら？」と声をかけた。K君は，保育者の促しにより，園庭の砂地のところに水をまいた。すると，水をまいたところだけ砂が水を吸ったことにより色が変化して模様ができたのである（写真7-6）。K君は，「あっ」と一声あげ，足洗い場に行き，じょうろに水を入れはじめる。そして，走って園庭に戻り，また水をまきはじめた。そして，模様ができると，保育者の顔を見てにっこりと笑う。保育者が，「おもしろい模様ができたね」とK君に言うと，K君も「うん」とうなずく。そして，何度も何度も水を汲んでは園庭にまき，模様をつくる遊びがはじまった。

　はじめ，K君は水をじょうろに入れ，そのじょうろをひっくり返すことで水が流れていくこと自体を楽しんでいる様子だった。そのK君の様子を見た保育者は，K君がじょうろで水を流すことに満足するまでしばらく待ってから，「K君，こっちにも水を流してみたら？」と誘いをかけた。6月の暑い日でカラカラに乾いた砂地に水をかけたらどうなるか体験してほしいと思ったからである。砂地の園庭にできた水の軌跡に気づいたK君は，何度もじょうろに水を汲み，園庭に水をまいた。自分が水をまいたところだけ色や形（模様）が変わることに気づき，その変化を楽しんだのである。

　もし，K君がじょうろに水を入れて流すことを楽しむ時間を，保育者が十分に保障せず，すぐに園庭に水をまくように促したら，K君は，今楽しんでいる自分の時間を壊されたと感じたのではないかと考える。どのようなタイミングで次の展開に誘うかは，子どもの表情や動きなどから察しなければならない。いわば，ここには，待ちの保育が必要なのである。そして，6月という暑い季節にふさわしい遊びを提案したことが大事である。さらに，ここで重要なのは，「おもしろ

い模様ができたね」と，砂地の変化に気づいたK君の驚きと喜びに共感し，造形的表現活動への発露となるヒントを示してくれる保育者がそばにいることである。そのことで，よりいっそうK君は，遊びへの意欲を増していったと考える。

●**事例8 赤土のチョコレート：4歳3カ月**

T君は，保育者に誘われて，園庭にある土粘土の山に来た。保育者が，「T君，見て。ここ掘ってみたら，ちょっと砂と違うよ」と投げかけると，T君は，少しずつ土を掘りはじめた。掘りはじめてしばらくすると，T君は「これ，あったかいね」と保育者に話しはじめた。保育者は「そうでしょ，赤土っていうんだよ。それでね，ここに水を混ぜてみたらとてもおもしろいよ」と言いながら，水を赤土に混ぜる。すると，赤土はドロドロになった。保育者が「触ってごらん」と促すと，T君は手をつっこみ，かき混ぜはじめた。「なんだか，チョコレートみたいだね」と言いながら，自分の持っていた洗面器に土を入れてこねはじめる（写真7-7）。

楽しそうな様子を見て，K子も来てやりはじめる。そして，M君も「もっと水を入れたほうがいいんじゃない」と言いながら，ペットボトルに水を入れて運んでくれた。保育者が「合体して，大きくしようか」と提案すると，K子は「うん，大きくしたい。大きくしたい」と大きな声で答えた。保育者とK子は，大きなたらいを運んできた。そして，T君にも，「ねえ，合体しない」とお願いするが，T君は「自分のつくったのは，自分で持っている」と答える。「そうか」と保育者は答えて，K子と一緒に赤土でつくったチョコレートを入れはじめる。

その様子を見ていたT君は，自分のスコップで赤土を入れはじめた。そして，しばらくすると，T君は洗面器の中のチョコレートを全部ひっくり返して，たらいに入れた。保育者とK子，T君は，チョコレートでいっぱいになったたらいを見て，「やったー，チョコレートがいっぱいになったぞ」と叫んだ。

T君は外で活発に遊ぶほうではなく，どちらかというと，部屋で工作をすることのほうが好きであった。さらに，友だちと意見が衝突しても，すぐに自分から引いてしまい，自分を主張することがあまりなかった。そこで保育者は，赤土粘土と出会うことを通して，外遊びの楽しさを味わい，心を解放して遊んでほしいと思い，T君を外に誘ったのである。

よく晴れた日であったこと，赤土のもつ砂とは違った感触，水の加減でかたくもなりやわらかくもなる不思議な性質が，T君を外遊びに熱中させる要因となったと考える。そして，保育者に「合体しない？」と聞かれても，T君は「自分のつくったの（チョコレート）は，自分で持っている」と言っている。今までは，言われたら，あまりさからわずにうなずいていたT君が，赤土の遊びを十分に楽しみ，心が解放的になり，自分の思いを主張できるようになっていったのではないだろうか。しかし，保育者とK子が楽しそうにチョコレートを合体している様子を見て，自分もチョコレートを合体させたら，すごく大きなチョコレートができるという期待感をもったのであろう。その期待感が，自分からチョコレートに見立てた赤土粘土を合体するという行動につながったと推測できる。

このように，自然素材がもつ力は大きい。外で遊ぶことの解放感，水の加減により，まるで生きているかのように変化する赤土の魅力，さらに，一緒になって楽しさを共有する保育者や友だちの存在があって，T君が今までと違った姿を見せた日であった。

2 保育者・友だちとのかかわり

ものづくりというと，人とものとのかかわりと思われがちだが，ものの存在自体が，保育者や友だちなどの人と人とのかけはしとなるようなことが多く見られる。人と人との間にものが入ることによって，人とかかわる抵抗感や，プレッシャーがやわらぐ効果があるようである。また，友だちの造形表現を取り込んでまねをするなどさまざまな影響を受けつつ，造形表現をしていく姿も見られることがある。

ここでは，保育者や友だちとの出会いが，造形表現をどのように生み出していったのかという事例をいくつか取り上げて，考察してみたい。

●事例9　軍手人形でつながるN子とM子：5歳6カ月

　N子はM子の遊んでいる様子をずっと見ているが，話しかけることがない。一緒に遊びたい様子だが，なかなか自分の思いを伝えることができない。その様子を感じた保育者は，N子とM子を結ぶものとして，軍手でつくる人形を提示した。

　まず，保育者がウサギの軍手人形をつくって見せ，「N子ちゃん，こんにちは。一緒に遊ぼう」と話しかけた。すると，N子は「私もウサギの人形をつくる」と言い，つくりはじめた。

　人形が一足先にできたN子は，隣で人形をつくっているM子に対して，「ここに目をつけるんだよ」，「早く一緒に遊ぼうよ。私はウサギのお姉さんだよ」と話しかけはじめた。M子も「待ってよ，お姉さん。もうすぐだよ」と言いながら，人形に目をつけた後，自分で工夫してリボンをつけた。すると，N子が「そのリボ

> ンかわいいね。お姉ちゃんもつけようっと」と言いながら，一緒にリボンをつくり，人形の頭につける。その後，2人は人形を手にはめてかくれんぼをして遊んだ。

　N子は，M子と一緒に遊びたいと思いつつも，なかなか言い出せない。だが，軍手人形をM子と一緒につくることで，「ここに目をつけるんだよ」とM子に話しかけることができた。そして，N子は「そのリボンかわいいね。お姉ちゃんもつけようっと」と言いながら，M子がつけたリボンを，自分の軍手人形にもつけている。N子が自分の軍手人形にリボンをつけたのは，M子と同じ飾りをつけることでつながりを持ち，仲良しになった気持ちになるからであろう。M子の造形表現を仲良くなりたいN子が取り入れていった姿であると考える。
　このように，友だちの存在が造形表現に影響していくことがある。

●事例10　屋根つきのおうちづくり：5歳2カ月

　H君は毎日のように遊戯室に行き，1人で組木で家をつくっていた。そして，完成すると，また1人で他の遊びに移っていく。あるとき，O君が「H君，おうちに入れてよ。まぜてよ」と声をかけてきた。H君は，少し考えた後，「いいよ。入ってもいいよ」と答えた。そして，O君が入ろうとしたときに，「ちょっと待って，今から階段をつくるから」と言いながら，積木を持ってきて，階段をつくった。「はい，どうぞ，入ってください」と言うH君に，O君はうれしそうにうなずいた。それから，しばらくして，他にも3人ほどの男の子が「まぜて」と言ってきた。みんなが入った後，H君は板積木を持ってきて屋根をつけはじめた。そして，自分も家の中に入ると，保育者に「屋根を閉めて」とお願いした。中は真っ暗になり，男の子たちは喜んでいる。保育者がお化け役になり，「お化けだぞ，たべちゃうぞ」と言うと，みんなで「きゃー，お化けだー。怖いよ」などといって楽しむようになった。
　この頃から，H君自身に変化がみられはじめた。それまでは，友だちに自分から話しかけることが少なかったのだが，自分から「Y君，一緒に遊ぼう」というように友だちを誘うようになってきたのである。

　4歳児クラスから幼稚園に編入したH君は，積木や組木で家をつくったりすることが大好きである。1学期の間は，毎日のように家をつくって，完成すると外で泥を使って料理をつくるといった姿が見られた。しかし，いずれの遊びでも，友だちを誘って一緒につくるという姿は見られず，1人で遊ぶことが多かった。一方，保育者には，泥でケーキをつくって「プレゼントだよ」と言いながら渡してくることもあり，保育者が「ありがとう。すてきなケーキだね」と答えると，う

れしそうな表情も見られた。2学期になり，H君が1人で家をつくっているところに，O君が来たときから，H君の家が少しずつ変化をみせたのである。

写真7-8

　H君の心の動きを追ってみると，入園当初は，はじめての友だちも多く，話しかけることができなかったのではないかと思われる。自分1人で組木やケーキをつくることで，満足していた部分があったと思う。しかし，自分でつくったケーキを保育者にプレゼントしていることから，つながりを求める気持ちが徐々に芽生えてきていたといえるだろう。

　2学期になり，O君がH君のつくっている組木の家を魅力的に感じて，「H君，まぜて」と言ってきた。そのことで，「O君が入りやすいようにするためにはどうすればよいのだろう」とH君なりの配慮が生まれ，階段がついたのではないだろうか。さらに，他にも男の子が遊びに入ってきたときには，屋根をつけることを思いついている（写真7-8）。どうしたら，友だちと楽しく遊べるか考えて，家をつくり替えていく様子が見てとれる。

　家のつくり替えは，H君が自分1人で遊んでいるだけでは，きっと思いつかなかった発想であろう。友だちが入ってきたことで，みんなが楽しくなるためにはどうつくればよいか考える機会が生まれたのである。保育者は，そのH君の気持ちに気づき，お化けの役になり，遊びに参加している。そのことで，H君が友だちといる楽しさを感じる手助けになったのである。

4. 地域，行事とのかかわり

　未来を生きる子どもたちにとって，自分たちの住む地域のことを知り，地域とつながりをもって生活していくことは，これからも重要な課題となるであろう。幼稚園・保育所にとっても，地域に根ざした保育を行うことで，信頼を得ていくはずである。

　また，行事とのかかわりで造形表現が担う役割も大きい。行事によって，昔から伝わる伝統的な文化との出会いを設定したり，日々の生活にメリハリをつけ，行事に向け目的をもって表現がなされていくことで，子どもの意欲は高まり，技能の習熟も図られたりするからである。ここでは，地域や行事とのかかわりのなかで，子どもの表現がどのようになされていったかを明らかにしたい。

1 地域とのつながり

●事例11　地域の美術館とのつながり：5歳児クラス

　T幼稚園の近くに，富山県水墨美術館があり，年長組は，毎年歩いて見学に行っている。水墨美術館を見学する前に，美術館の学芸員が幼稚園を訪れ，展示品の紹介や，見学の仕方について話をしてくれた。「学芸員さん，こんにちは」と書かれた横断幕に迎えられた学芸員は照れた様子だったが，美術館の展示作品について説明してくれた。水墨美術館には墨で書いた絵がたくさんあることや，企画展では浮世絵という江戸時代の人が描いた版画を飾ってあること，学芸員がわからないことを教えてくれることなどを話してくれた。

　事前に，美術館の展示品（河童の作品）を見ていた保育者が「美術館の前の池には，河童がいるらしい」と話していたことから，子どもたちは，学芸員に「河童って本当にいるんですか？」と質問をした。すると，学芸員は「いるかもしれないねえ」と答えてくれたので，子どもたちは「見てみたい」，「早く行きたい」と話していた。

　見学当日，美術館の前にある池を見た子どもたちは，「おーい，河童出てこーい」と大合唱した。しかし，河童は出てこない。「河童さんは，どこに行ったんだ？」と，子どもたちはがっかりした様子。ところが，美術館に入り，展示作品を見たとたん，「見つけた，いたいた河童がいたー」と大歓声が巻き起こった。展示作品のなかに，河童を描いたものがあったのである。墨で描かれた味わい深い絵に子どもたちは，引き込まれている様子だった。

　次の日に，部屋一面に障子紙を広げ，みんなで墨を使って河童を描くことになった。子どもたちが，1人ひとり思い描いた河童を障子紙いっぱいに描いた（写真7-9）。「この河童はでかくて強い河童だよ。誰にも相撲で負けない」，「この河童は，水がなくなってお皿がカラカラになっている」などと楽しそうに話しながら描いていた。

　後日，水墨美術館では，幼稚園の子どもたちがいちばん興味をもった河童をイメージキャラクターとしてガイドブックを作成し，見学者に配るようになった。

　地域にある文化施設を見学することで，日々の保育実践に生かそうと試みた活動である。

　この実践を行うにあたっては，事前に学芸員，大学教員，幼稚園教諭が集まり，

綿密な打ち合わせが行われた。年間のなかで，幼児に合った企画展が行われるのはいつかという見学の時期の設定からはじまり，常設展，企画展の事前の下見，子どもたちへの説明の仕方，学芸員の役割，保育者の役割なども細かく打ち合わせ，子ども向けのワークシートも作成した。

　子どもたちは，ワークシートがあることで，ただ絵を見るだけでなく，少し視点を絞って絵を見たり，「次には，この絵を探そう」などというように探検ごっこの気分で美術館を見学できたようである。

　事後には，墨を使って絵を描いた。遠足に行ったり，施設を見学しに行ったりしてその思い出を絵にすることはよく行われるが，今回は，見学した経験を生かして，造形表現を試みた。墨で描く素材に出会い，作品に描かれていた河童からイメージを膨らませ，みんなで作品をつくることができた。

　描いた絵は，幼稚園で行う絵の発表会にも飾った。事後に行われた保護者向けアンケートでは，美術館への親しみが増したのではないかという意見が出ていた。幼稚園での見学後に，今度は親子で美術館を見学しにいったり，美術館主催の墨で描く絵のワークショップに参加したりした人もいて，親子で絵や美術館に親しむきっかけになったともいえよう。美術館のほうでも，子どもたちが興味をもった河童をモチーフにしてガイドブックを作成したり，幼児，児童向けのワークショップを開いたりと，大人だけではなく，子どもにも開かれた美術館に少しずつ変化していく様子が見られた。

　このような取り組みが毎年重ねられていくことによって，地域とのつながりができていき，子どもたちの造形表現にもつながっている。

2 行事とのつながり

●**事例12　心のなかの鬼をお面にする：5歳児クラス**

　毎年，節分が近づくと，T幼稚園では，自分の心のなかの悪い鬼を退治する豆まきをする。

　J君は，まゆを太くして，目がぎらぎらして，口が耳まで裂けている鬼のお面をつくっている。保育者が，J君に「J君は，どんな鬼を退治したいの？」と聞くと，「僕は，怒りんぼ鬼を退治したい。だから，怒っている鬼のお面をつくるんだ」と答えた。J君の声を聞いて，G子は「私は，泣き虫鬼。だって，すぐに泣いちゃうもん」と言う。G子は鬼のお面に涙をつけ，口元も下がっている鬼をつくる。J君は，保育者に「先生，怒りんぼ鬼は，怒っているから真っ赤だよね？」と聞く。保育者は「怒ったら真っ赤になるのか。先生も怒ったら真っ赤になるかな？」と言いながら，赤い絵の具を用意した。鬼のお面につける紙粘土に赤い絵の具を混

ぜながら，J君は「これで，すごい怒った鬼になる」とにっこり笑った。
　後日，鬼のお面はクラスの壁面に飾られた。飾られた鬼のお面を見ながら子どもたちは「俺，好き嫌い鬼をやっつける」などと話している。数日後，友だちとけんかしたときにJ君は「僕，怒りんぼ鬼を退治するから，仲直りする」と友だちに言っていた。

　行事は，日々の生活にメリハリをつけることができ，子どもの成長を促すメリットがある。さらに，節分などの行事は，現在失われがちな伝統的文化を伝える大切な機会となる。
　T幼稚園の節分では，心のなかの悪い鬼を退治するというテーマをもち，子どもたちが自分自身の直したいところを振り返り，乗り越えようとするきっかけとなってほしいというねらいがある。行事には，その行事を象徴するシンボルがある。この節分では，鬼のお面がシンボルになっている。自分の心のなかにいる目に見えない悪い心を，鬼のお面という目に見える形に造形化することで，より子どもたちのなかでイメージをもちやすくなる。J君はすぐに怒ってしまう自分を振り返って，鬼のお面の形で表現している。G子も泣き虫な自分を，泣き虫鬼のお面をつくることによって表現しているといえるだろう。
　節分が終わった後も，お面は壁面に飾られた。そのことで，壁面を見るたびに，子どもたちは「僕は，怒りんぼ鬼を退治する」などと意識しやすく，日々の生活のなかにも生かされていく。このように，ただの飾りとしての壁面ではなく，子どもたちの遊びの過程が壁面の形であらわされ，これからの生活に生かされていくことも大切な視点となるであろう。

【参考文献】

開 仁志・長谷川総一郎「幼児における美術館見学──ワークシート作成の試み──」『富山大学教育実践総合センター紀要』No.5, pp.69〜80, 2004

東山 明 監修『幼児の造形ワークショップ3 基本と展開編』明治図書，2004

花篤 實・竹内 博，東山 明 編著『美術教育の理念と創造』黎明書房，1994

鳥居昭美『新装版 子どもの絵の見方，育て方』大月書店，2003

全社協『改訂 保育士養成講座2005 第10巻 保育実習』社会福祉法人全国社会福祉協議会，2005

森上史朗・柏女霊峰 編『保育用語辞典 第2版』ミネルヴァ書房，2002

三宅和夫・北夫倫彦・小嶋秀夫 編『教育心理学小辞典』有斐閣，1991

【事例提供】
富山大学教育学部附属幼稚園
社会福祉法人富山国際学園福祉会にながわ保育園
富山短期大学付属みどり野幼稚園

第8章 表現された子どもの世界 Ⅲ（ごっこ遊び・劇遊びにおける表現）

〈学習のポイント〉
① 年齢ごとに違うごっこ遊びの特徴を理解し，そこで行う保育者の援助や環境の構成のポイントを考えよう。
② 1人ひとりの興味に応じたごっこ遊びに保育者がかかわることが，1人ひとりに応じた発達を保障することを知ろう。
③ 目的を共通にすることで，1人ひとりの遊びから集団の活動に変化する様子をとらえ，援助や環境の構成を考えよう。
④ 異年齢児の劇遊びを通して，年中児・年長児のそれぞれのかかわりを理解し，異年齢のなかでの育ち（発達）を考えよう。

　幼児期における「ごっこ遊び」や「劇遊び」は発達において重要な意味をもつ。年齢や時期によって，遊びの内容・方法・発達の意味合いは違いをもっている。この章においては3歳からの「ごっこ遊び・劇遊び」の実際を紹介しながら経験や育ちについて考えてみたい。

1. 保育者と一緒のごっこ表現（3歳児，6月）

1 この時期の子どもの様子と保育のポイント

●事例1　「オオカミと七匹の子ヤギごっこ」を通して

　保育室で「オオカミと七匹の子ヤギ」の紙芝居を読み，子どもたち全員で話題を共通にした後，「オオカミが部屋に来るから広いところに逃げよう」という保育者の呼びかけで，全員が子ヤギになり，遊戯室へと向かった。
　遊戯室で，子どもたちはそれぞれ子ヤギになりきって，思い思いに身体を動かす。お母さんヤギ役の保育者が「子どもたち集まっておいで」と言うと，ほとんどの子が集まるし，「橋を渡りましょう」と言うと，ぞろぞろ後をついて渡る。
　そこで，保育者は「おうちに入りましょう」と，角材でつくった枠の中に入るよう呼びかけた。「お母さんは買い物に行ってくるから，知らない人（オオカミ）が来ても開けてはだめよ」と家の外に出ていく保育者。一方，別の保育者がオオカミになって近づいてきて，「お母さんよ」と声をかける――。
　子どもたちは絵本で読んだように，オオカミと受け答えをしていくが，最後にオオカミが強引に中に入ると，いよいよ子ヤギとオオカミの鬼ごっこがはじまる。お母さんヤギ役の保育者は，しばらくしてから家に戻り，「みんなこっちよ。戻ってらっしゃい」と声をかける。すると，今まで隠れたり逃げたりしていた子が全

員「おうち」の中に戻ってくる。こうした「鬼ごっこ」を何度か続けて満足し，子どもたちは保育室へ戻っていった。この遊びは2〜3日続いた。
【背　景】
　幼稚園や先生にも慣れ，どうにか幼稚園の生活のペースもつかみ，自分らしさが少しずつ出てきた頃，保育者は，先生や友だちと一緒に遊ぶ楽しさを味わってほしいと考え，遊戯室で「鬼ごっこ」を取り入れた「オオカミと七匹の子ヤギ」ごっこを行うことにした。
　広い遊戯室に積み木や角材を組み合わせてつくった簡単な家（90cm×180cm×90cm，外側は新聞紙で覆い，中が見えないようにしてある）を置いたり，巧技台や平均台を組み合わせたり，マットを用意したりして身体を動かす場をつくったり，ベッドや台を利用した「お休み場」で横になれるようにしたり，また，マルチパネルなどの大型の遊具を組んで，隠れられる環境をつくっておいた。

　入園し2〜3カ月も経つと，3歳児も幼稚園での生活に慣れてくる。生活や気持ちが安定し，自分から動き出せるようになるこの時期は，一方で周囲の友だちにも気持ちが向いてくる頃でもある。まだ自分中心で遊びを進める傾向が強く，先生と自分だけの関係でしか遊びが進んでいかないことも多いが，少しずつ遊びのなかに他者が加わってくるので，クラスという集団にも目が向いていくことになる。

　また，活動範囲も少しずつ広がりだし，保育室から保育室前の庭や園庭，遊戯室など，自分の遊びに応じて動きだしていく。そこでは自分なりの遊びを見つけ，1人で取り組んだり，無鉄砲に身体を動かすことに挑戦したり，自分の興味に応じて何度も繰り返し試したり，先生や友だちと一緒に遊びを楽しんだりする姿が見られる。そうしたなか，先生や友だちと一緒に遊んだり，思い切り身体を動かして遊んだりする楽しさを感じてほしいという願いから，保育を設定する。

　この時期の子どもたちは，物語の登場人物と自分とを重ね合わせ，なりきって遊ぶことが可能であり，また，それを存分に楽しめる。なりきることは自分の世界にどっぷりと浸り，自分の思い・考えのなかでじっくりと遊ぶことにほかならず，そうした保育を繰り返すことで「自分を出す」，「自分自身に気づいていく」ことにつながっていく。

写真8-1

　また，絵本や紙芝居などを見聞きすることが楽しいこの時期，保育者が紙芝居（絵本）を読むことは，子どもたちを物語の世界へ誘うことになる。保育者が「オオカミ」や「母ヤギ」になりきって声をかけていくことで，子どもは物

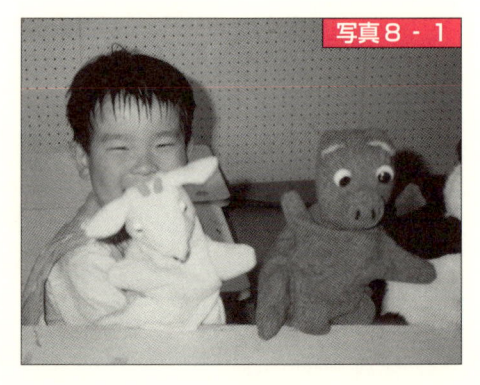

語へと入り込み，自分も子ヤギになったつもりになって遊んでいく（写真8‐1）。物語に十分に触れ，それぞれの姿になっていくことで，少しずついろいろな状況を感じ，表現の仕方を自分なりに感じていく。

2 この時期の保育者の援助のポイント

　年齢が上がるに従い，自分がそのものになりきって遊んでいくことが難しくなっていくことがあるが，3歳児のこの時期は，多くの子が物語のなかに自らを投影し，入り込んで遊ぶ。物語を土台にしながら自分なりに役柄になりきって遊ぶので，自らストーリーをつくっていくことも多い。

　しかし，まだ自分中心であるので，友だちと意見を合わせたり役割を決めたりという姿はほとんどない。そこで，保育者は1人ひとりの思いに答えながらも，集団としての遊びを組織していくことになる。そのなかで思いを十分に発揮し，なりきって「ごっこ遊び」の世界に浸れるようにしていくことが，子どもがイメージ豊かに友だちと活動していくことにつながるのである。

3 子どもの思いや様子をとらえた環境づくり

　3歳児は，（個人差はあるが）生まれ月による成長・発達の差がまだ大きい時期である。また，生育環境によっても遺伝的気質においても全員が同じではなく，今回のようなごっこ遊びに入らない子もいる。身体を動かすことはいいが，友だちと狭いところに入ってかかわるのは苦手な子もいるし，オオカミに追われるのを怖がり，やらない子もいる。

　3歳児は，保育者の用意した環境や援助に対し，信頼し身体や気持ちをゆだね，遊んでいくことが多い。だからといって，保育者の思いだけで環境を設定し，保育を行ってはならない。子どもたちが何に興味を示し，何がやりたいのかを十分見極めていくことが大切である。無理に保育のなかに誘っていくのではなく，やりたい思い・気持ちを支えながら，一緒に活動していくことが大切になる。とくに入園後まもない子どもたちにとって，幼稚園の生活が自分のものとなりつつある時期に嫌な思いをさせて，同じような状況になっただけでその遊びを避けたり，やろうとしなくなってしまうなど，自分から動き出せなくなってしまうことは避けなくてはならない。子どもたちが「やりたい」，「なりたい」ものを見極め，十分に楽しめる場と時間を確保することが大切になるだろう。

2. なりきり遊びのなかの表現（3歳児，2月）

① 遊びを広げる保育者の援助

●事例2 「先生！ 僕，かっこいい？」

　恐竜の好きなA君は，恐竜になりたくて，保育者に恐竜のお面や爪，腕につける"ひらひら"を要求してきた。「ティラノザウルスだよ。先生」と自分がイメージする恐竜を保育者に伝えてきた。画用紙でお面をつくり頭にかぶせ，ダンボールで爪の形に切ったものを腕にはめてやった。"ひらひら"は，話を聞きながら青色の「平テープ（荷造りテープの薄く広いもの）」を用意し，50cm程度の長さに切り，スモックの上に手首からひじまで左右3本ずつ垂らした。

　気に入ったらしいA君は，室内に設置された鏡に自分の姿を映し，いくつもポーズをつくっては見入っている。じっと動かず見つめ，それからゆっくり動き"ひらひら"が動くさまを見つめてはニヤニヤと笑っている。しばらくすると，「先生！ どう？ 僕かっこいい？」と保育者に聞きにきた。「うん」とうなずくと，また鏡の前へ行きポーズをとりはじめた。

　園の生活も，1年が過ぎる頃になると，自分の好きな遊びにじっくりと取り組み，イメージを働かせて遊ぶようになる。また，友だちの遊びに刺激を受け，先生や友だちと一緒に遊ぶ楽しさを知るようになってくる。好きな遊びのなかからは次々とイメージがわいて遊びが広がっていくし，友だちと共通の遊びをするような姿も見られる。

　この時期は，3歳児なりにイメージを膨らませて遊べるように，いろいろな種類の素材や材料を用意したり，場を整えていくことが重要になる。

　A君の場合，恐竜の絵本を見たり，博物館に行って恐竜の実物（復元）を見たりすることで，自分なりに恐竜のイメージを膨らませていた。そのイメージの実現のため保育者の力を借り，お面と爪と"ひらひら"を身につけることで自分の世界に没頭していった。A君は鏡に姿を映して動きの1つひとつを確かめたり，いろいろな動きを試したりして，大好きな恐竜になりきっている。保育者が同意することで，ますます自分の姿に自信をもち，どういう姿がもっとも美しく格好よく見えるのかを探っていく。

　このように，子どもの姿を認め，場と時間，素材を与えることが，自分なりの遊びを深めていくことにつながる（写真8-2）。

写真8-2

2 子どもの内面を理解し，援助する

●事例3 「ねえ，恐竜撃ちごっこしない？」

　A君の姿を見たB君，C君が保育者のところへやってきて「同じ格好がしたい」と言ってきた。2人に同じようにお面と爪と，"ひらひら"をつけてやると，2人は鏡の前でポーズをとっているA君の後ろへ行き，同じようにポーズをとりはじめた。2人はA君のポーズより動きが早く，ところどころで「がおー」や「うおー」などのうなり声を出しながら向き合い，近寄って爪と爪とを合わせ戦うしぐさを見せている。2人の様子を見てA君も2人に近づいていき，爪を出しながら「がおー」とうなり声を出すものの，2人のように本当に爪を合わせようとはしない。しばらく2人の遊ぶ様子を見ていたA君が「ねえ，恐竜撃ちごっこしない？」と2人に提案した。「どうやるの？」と問われ，「向こうの机の下に2人が隠れるの。下から顔を出して『がおう』って言うの。そのとき少し離れたところにいて，鉄砲で『バーン』って撃つの。撃たれたら恐竜と打つ人が交代するの」と説明し，やることになった。最初C君が撃つ役になり，机の下からガオーと2人が顔を出す。A君はすぐに顔を引っ込めるが，B君は撃たれて交代する。次はC君，次はB君と，A君はついに撃たれることなく恐竜のままであった。

　3歳児もこの頃になると，友だちの影響を受けて（刺激として）遊びを進めていくようになる。A君の影響を受け，恐竜になりたいと保育者に伝えてきたB君とC君。B君とC君が遊んでいる様子を見て，一緒にかかわりをもっていったA君。互いの遊びや思いが交錯して，新たな遊びがつくられた。

　しかし，事例からもわかるが，恐竜に対するA君と他の2人の思いは異なる。B君とC君は，A君のまねをして恐竜になり，楽しく遊んだにすぎない。一方，なりきった自分を鏡で見続けたA君にとって，恐竜は大切な遊びや生活の一部となっているようである。A君は2人と爪を合わせることをしないほど，身につけたものを大事に扱っている。しかし，2人と遊びたいという思いをもっているので，A君なりに自分の経験から，身につけたものを壊さずに，遊ぶ方法を考えついたのだろう。そのことで遊びが広がっている。

　子どもは，このような経験を積み重ねていくことで，友だちを感じ，自分をどう表現していくか考えるようになり，場面に応じた表現の仕方を身につけていく。

　なお，ここで大切なことは，3人がなりきるための「グッズ」をつくり与えることではない。思いは違ってもそれぞれの遊びを十分楽しめるような時間と場所を保障し，認めていく援助こそが重要なのである。

　たとえば，爪をぶつけ合おうとする3人を止めてしまっては，その後の遊びの

発展，展開はみられない。1人ひとりの子どもの内面を理解し，保育を展開していくことが大切になる。幼児理解，環境設定，援助どれが欠けても，成長・発達を保障する保育の展開は難しい。どんな遊びに興味をもち，何をしたいのか，どうしたいのかを察知し，それが発達にとってどんな意味があるのかを考えながら保育を展開していくことが保育者の重要な仕事となる。

3. 友だちとのかかわりで広がるごっこ遊びの表現 ── 2・3年保育混合（4歳児，7月）

1 「なんとなく友だちを感じる」ことのもつ意味

●事例4 「先生，忍者になりたい！」──友だちの遊びに興味をもって

　休日に地元にある「忍者村」へ家族で出かけてきたD君。月曜日幼稚園に来るなり「先生，忍者になりたい」と言ってきた。

　D君のもつ忍者のイメージを聞きながら，色（黒，緑，紫）のついたビニール袋を用意し（D君は緑を選んだ），丈を詰め，首と手を出す部分を切り取り，詰めた部分でベルトとはちまきをつくった。すると自分で保育室に置いてあった広告を丸めて長い刀をつくり，背中に差した。「忍者だぞ」とテラスに出ていき，刀を抜き別の保育者に斬りつけていった。

　その様子を見ていた，D君と気の合うE君がD君のそばへ行き，「入れて」と言った。「いいよ」，「その服どうしたの？」，「先生につくってもらった」と言葉を交わした後，E君が保育者のもとへやってきて「D君のと同じものつくって」と言ってきた。つくってやると，同じように広告で刀をつくり，2人で忍者ごっこがはじまった。昨日見た忍者の様子を話しながら伝えているようで，2人で物陰に隠れたり，フェンスに飛びついて進んだりしていた。

　進級・新入の混合クラスであっても，この頃になると，落ち着いて生活できるようになってくる。先生との遊びが中心であるが，友だちに意識も向きはじめ，2～3人の気の合った友だちとの遊びも活発になってくる。しかしまだまだ，自分の思いを主張し遊びを進めていこうとするので思いがかみ合わず，思いの食い違いからトラブルも多く発生する時期である。

　D君は進級児，E君は新入児であったが，2～3週間前から一緒に遊びだし，思いを言い合いながら遊びを進めている。どちらかが一方的にリードするわけではなく，なんとなく通じ合い，遊びが進んでいる関係である。2人は互いのアイ

ディアを受け入れながら遊んでいるが、必ずしも互いの意図するところがピタリとあてはまるわけではない。今回は、D君の遊びをE君が受ける形になったが、D君のイメージをE君なりに受け止めてかみくだき、2人の遊びが進んだ。D君の言葉を試し、「こうしたら？」などと、E君なりのイメージも加えながら遊んでいる。「なんとなく一緒にいると楽しい」という思いを互いが感じながら遊びを進めているようである。

互いの遊びの表現を感じながら遊ぶことは、自分の遊びのヒントにつながり、また遊びの幅を広げていくことにもなる。

2 ごっこ遊びから広がる保育の展開

●事例5 「先生！ 仲間なんだから斬らないでよ」──ごっこ遊びが広がって

　2人の遊びがいつのまにかクラスの半分くらいの子どもに広がり、あちらこちらで忍者の衣装をまとった子どもたちが走り回っている。自分でつくった折り紙の手裏剣を持っている子もいる。気の合った2〜3人がそれぞれの忍者ごっこをしていて「忍者屋敷」や「忍者の基地」は4つもできている。なかには基地をもたないグループもあり、保育室〜廊下〜遊戯室〜年長保育室〜園庭とところ狭しと走っている。女忍者のFちゃんやGちゃんは、衣装を身にまとっていること自体が楽しいらしく、紫の衣装を身につけ、お気に入りの場所でままごとをしている。

　D君たちに誘われ、保育者も刀と手裏剣を持って遊びに加わった。刀でE君を斬ると「先生！ 仲間なんだから斬らないでよ」と怒られた。外に出て2人を連れて壁沿いを走ったり、木や総合遊具などに登ったり降りたりしながら修行をしていると、5、6人の忍者がやってきて新しく仲間に加わった。加わった全員で「忍法、○○の術！」と言いながらウンテイを渡ったり、鉄棒で前回りをしたり、かけっこをしたり身体を動かして修行を続けた。

子どもたちの大半は、気の合った友だちと同じ格好で同じ遊びをするだけで楽しいようである。FちゃんやGちゃんのように衣装を身につけることに興味をもち、それだけで満足している子もおり、まだ1人ひとりの遊びの世界を楽しんでいる子も多い。

事例では、子どもだけではまだ忍者のイメージに限界があり、保育者が入りながらそれぞれのイメージをつなげていこうとしている。さらに保育者は、「忍者ごっこ」というイメージの世界の遊びのなかで、それだけにとらわれず、この時期に必要な経験として身体の動きを楽しむことを保育に取り入れた。

保育は1つの遊びのなかにいろいろな要素を含み総合的に行われるものである

ので，ごっこ遊びのなかで身体の動きに挑戦したり，言葉を獲得したり，自然とのかかわりを経験したりと，さまざまな活動を織り込んでいってよいものである。

　また，一般的に最近の子どもたちの特徴として，失敗することを先生や友だちに見せなかったり，頭で考えてできそうにないことをやらなかったりという子が増えている。今回は「修行」という名を借りているから，失敗も許されるし，何度でも挑戦できる。遊びのなかで子どもたちが「できた」，「またやりたい」という思いをもつことは，これからの生活（学童期以降を含めて）にとって重要な意味をもつのである。また，クラスの半数以上が同じものを身につけるような経験は「一緒に遊んでいる」（中身は違うが）という思いを子ども自身にもたせることにつながり，個から集団へと意識が動いていくはじめの一歩になるだろう。「友だちと同じ」と感じたり，「友だちよりも良いものをもちたい（身につけたい）」という思いをもち，「いいな」と思った友だちをまねしながらも，自分なりの工夫をして良いものをつくって身につけたりしていくようになるのである。

3　1人ひとりの遊びの幅を広げるために

> **●事例6　「忍者屋敷みたいにしようと思って」──新たな遊びの展開を期待して**
>
> 　2週間が過ぎてもD君たちの忍者ごっこはまだ続いている。新たな遊びの発展を願い，部屋中を忍者屋敷のようにしようと考えて，入り口付近を可動式のロッカーを使い簡単な迷路にした。保育室に入るとすぐロッカーが連なり道をつくっている。ロッカーの上をダンボールで覆ったり，分かれ道をビニールの平ロープですだれのようにしたり，運動会などで使うポール立てと木の丸材を利用し，回転ドアをつくったりした。
>
> 　ロッカーの位置が変わっていたので，Hちゃんが保育者のところへ来て「何でこうなったの？」と言ってきた。「忍者屋敷みたいにしようと思って」と話すと「忍者ってなあに？」と聞いてきた。忍者の話と友だちの様子を話すと「ふーん」と納得して「私もやりたいなあ」と保育者に伝えてきた。忍者の衣装をつくって渡すと，保育者と一緒に忍者ごっこをした。
>
> 　迷路ができたことでクラス全員が忍者遊びを知るようになり，帰りの会など話題にしたり，プール遊びのなかでも「潜るの術」やプールへ向かう際に「音を立てず静かに歩いて行くの術」などが生まれたり，新たな遊びにつながっていった。

　事例では，入り口を迷路にしたことで，クラス全員が「忍者ごっこ」に気づく結果となった。

　4歳児のこの時期は，まだ情報をキャッチするには個人差があり，友だちの遊

びを自分の遊びに取り入れることも，全員が行えることではない。事例では保育者が，身体を動かしたり，自分なりにイメージを広げたりする「忍者ごっこ」を1人ひとりに感じてほしいと思い，子どもたちの目につくように環境づくりをしている。クラスの遊びになることで話題が共通になり，ちょっとした遊びや生活の一部として，保育者側からの提案（たとえば「修行」で何かを行うような）を受け入れられるようになり，1人ひとりの遊びの幅が広がる。それまで，ごっこ遊びに関心を示さなかった子にも気づきのヒントを与え，ごっこ遊びの楽しさを伝えることになったようだ。

4. 思いをつなげることで深まる1人ひとりの表現
——2・3年保育混合（5歳児，6月）

１ 子どもの思いを実現していくことで

●事例7 「お化け屋敷がやりたい」——1人のアイディアから広がる遊び

　I君は，少し乱暴なところもあり，なかなか新しいクラスになじめず，1人で遊んでいることが多かった。この日は保育者に「お化け屋敷がやりたい」と言ってきたので，じっくりかかわってやろうと思い，保育室から少し離れたテラスでI君のアイディアをもとに「お化け屋敷」をつくっていった。思いを聞きながら，色紙，広告，新聞紙，紙テープ，ガムテープなどの材料を用意し，「お化け」をつくっていく。その様子に気づいたJ君とKちゃんが「何してるの？」と声をかけてきた。「2人でお化け屋敷やろうと思って」と応じると，「いいねえ。僕たちも入れてよ」と言ってきたので，I君に聞くと「いいよ」と答えてくれた。J君は「僕は何をつくろうかな」と考えはじめた。そのうち「先生，黒いビニール袋ちょうだい」と言うので用意してやると，「こうもりをつくる」と言いながら，新聞を丸めそこに黒ビニールをかぶせ，さらに新聞で羽根をつけビニールで覆い，こうもりをつくっていった。背中から糸を伸ばし園庭から拾ってきた木の枝をさげ手にして，揺らせるこうもりをつくった。それを持って「できたあ」とJ君が保育室や庭を走っていったので，みんなが「何やってるの？」とJ君に聞きにきて，「僕も入れて」，「私も」とお化け屋敷ごっこが広がっていった。

【背　景】
　5歳児進級時にクラス替えを行い，担任も変わった。担任との関係は少しずつできあがってきていたが，今までクラスが一緒だった友だちとはかかわるものの，新しい友だちとの関係がまだしっくりいっていないようである。それでも新たな

友だち関係が少しずつできあがり，なんとなく気の合った数人で遊びが進んでいる。保育者と一緒に遊びを膨らませながら遊んでいる子もいるが，まわりの遊びに対しては敏感に反応し，おもしろそうな遊びを見つけては自分たちなりに取り入れようとする姿もある。

I君とじっくり遊んでいこうと思っていたが，保育者としては思わぬ展開となった。しかし，なかなかクラスのなかに受け入れてもらうのが難しいI君のアイディアではじまった「お化け屋敷」なので，I君の良いところを感じてもらうにはいい機会であると思い，I君を前面に出し仲間に入ってもらった。I君の思いだけではなかなか形にならず，遊びが広がりづらいと思っていたが，広がらなくてもI君の思いを大事にし，遊びを深めていくことで，少しでも友だちの見る目が変わればという思いで援助を行った。I君にとっては自分の思いを表現する方法を感じるいい機会であると思っていたが，遊びを感知するアンテナの高いJ君が入ったことで遊びが一気に広がっていった。

2 思いをつなげる保育者の援助

●事例8 「僕はこうもりをつくる」——自分のやりたい遊びが仲間とつながって

保育室に隣接する遊戯室を利用し「お化け屋敷」をつくることになった。子どもたちのアイディアで遊戯室のなかではなく，まわりをぐるりと囲む通路（遊戯室を囲む中空のテラス形式の幅1メートルほどのもの）をお化け屋敷にすることになった。「僕はこうもりをつくる」，「火の玉がいい」，「ミイラ男がいい」，「ドラキュラだ」，「チケット屋さん」，「じゃあ，お金をつくる人」など，それぞれやりたいことが違うので，おばけの仕掛け場所やチケット屋，銀行など，それぞれの子どもたちと話し合いながら，どこでどのようにやるかを考えて遊びを続けていった。スタート地点には平テープをのれん状に下げて先を見えにくくしたり，ドラム缶を置いてこうもりを下げたり，積み木や大型のブロックを置いて足場を悪くしたり，黒いビニールで通路を覆って外から「うらめしや」と声をかけるなどのアイディアが生まれてきた。また，遊戯室の中にお化けを配置し，思い思いのお化けが出ることになった（写真8-3）。

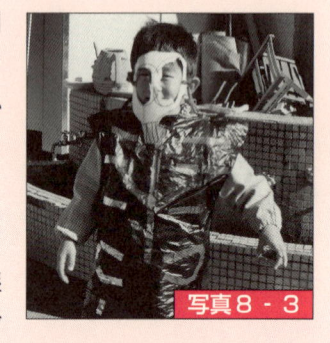

写真8-3

5歳児とはいっても，まだ全員で組織だったごっこ遊びは難しいようである。

ただ，4歳児との違いは同じ思いをもって集まっている子どもたちのイメージが近く，少しずつ意見を重ねていけるようになっている点である。

　しかし，全体を見通し，それぞれの思いをつないでいくのは，やはり保育者の役割となる。チケットができれば勝手に配ってしまい，「何時にはじまります」と年中や年少組に言いまわったり，手当たり次第にトイレットペーパーで自分をグルグル巻きにし，うろうろして見つかってからかわれたりする。「お化け屋敷」という目的をもちながらも，まだまだ自分の思いに突き動かされて行動するので，保育者がリードしながら遊び自体のまとまりをつけ，つなげていかないと，遊びが成立しにくいのである。

　このように5歳児前半の遊びにおいては，1人ひとりやいくつかのグループどうしの思いをつなげていくという保育者の援助が重要になる。こうした援助を続けていくことが，5歳児後半に多く見られる「協同的な遊び」へとつながっていくことになる。

3 見通しをもって遊びを進めていくために

●事例9 「僕たち○○やる」——それぞれが自分の役割をもって

　I君の思いではじめた「お化け屋敷」にクラスのほぼ3分の2がかかわることになった。I君は「チケット屋さんをやりたい」と言い，チケットをつくったり，開始の時間を決めたりとはりきっている。J君は「こうもりを操るミイラ男」の役をやり，Kちゃんは黒ビニールで覆った場所の外から「お化けえ～」と言う人になった。L君は「お化け屋敷」には興味を示さなかったが「銀行をやる」とはりきって，M君と一緒に保育室でチケットを買うための銀行をやっている。それぞれが自分の役割をもって，お客を招き入れオープンした。途中でつくったものが壊れたり，人が滞ったりしていたが，年中組や年少組は「怖かったねえ」と出てきた。その言葉を聞いてそれぞれが満足そうにしていた。

　5歳児では，おもしろい遊びの情報をキャッチするアンテナは4歳児に比べると，どの子もかなり高くなっている。遊びの雰囲気を感じて仲間に入ったり，そのおもしろそうな要素だけを自分の遊びに取り入れて遊びの工夫をしたりするなどの姿も見られるようになる。今回の遊びの全体については保育者がつなぎの役割をもったが，1人ひとり「自分はどうしよう」という思いが強くなったように感じる。「お化け屋敷」という目標・目的をもって遊びを進めていくことで，1人ひとりの役割意識が明確になったようである。比較的イメージしやすい「お化け屋敷」という全体の目標を設定し，自分の役割を意識できたことで「全体のな

かの自分」を感じられたのである。

　この時期，全体のなかの自分の居場所や，自分の役割を感じながら遊びを進めていくことは，子どもの育ちにとって大きな意味をもつ。これは「見通しをもって遊びを進めていく」ということにほかならない。自分が何をつくったらいいのか，どう表現したらいいのかを感じるということである。小学校の学習においては，その日の「めあて」を見通し，学習を進めることになる。小学校入学をおよそ1年後に控えた子どもたちにとって，「見通しをもって遊びを進めていく」ことは，幼児期から学童期へとつながる学びの連続性を考えるうえでも，その基礎を培う意味で重要になるのである。

　さて，この遊びをはじめたI君であったが，保育者は昼食時や帰りの会など「お化け屋敷」を話題にのぼらせるたびに意図してI君の名を出していった。急にというわけにはいかなかったが，何人かは「乱暴なだけのI君」ではないことに気づいてくれ，少しずつかかわりが増えていった。1人の遊びを取り上げ，保育者がその子自身の表現につき合おうと考えたことで，その子自身の育ち（発達）に寄与する結果となり，また，結びつきはそれほど強くないながらも，クラスとしてのごっこ遊びの可能性を感じることとなった。

5. 目的を共通にすることでつくりあげる劇遊び
——2・3年保育混合（5歳児，2月）

1 保育者とともにつくりあげるために

●事例10　「『エルマーの冒険』*はどう？」——自分たちの経験を生かした保育の展開
　園外保育で劇団の公演を見て幼稚園に帰ってくると，「ぼくたちも劇をやりたい」とM君たち数人の子どもたちが保育者に言いにきた。しかしそれぞれに具体的なイメージはなく，格好よさにひかれて，「やりたい」という思いをもったようだ。「クラスに劇をやりたい子がいるがみんなはどう？」とそのことを投げかけると，ほとんどの子がやりたいということだったので，どんなことをやるか話し合いながら決めていくことにした。30人のクラスではなかなか意見がまとまらず，また保育者1人では難しい部分も（意見のすり合わせや，準備など）あったので，応援の保育者を頼み，2グループに分け劇遊びをスタートさせた。
【1日目】
　M君たち男児8名と，Nちゃんたち女児7名の15名のグループで題材づくりから話し合うことになった。ヒーローものにこだわるM君たちと，お姫さまにこだわ

*ルース=スタイルス=ガーネット・ルース=クリスマン=ガーネット『エルマーの冒険』福音館書店，1963

るNちゃんたちで，なかなか話の筋が決まらない。そのうち，O君が「ねえ，『エルマーの冒険』はどう？」とまったく新しい提案をした。みんなが，大好きな『エルマーの冒険』を題材にすることに賛成し，話の大本が決まった。

【2日目】

　登園するなり話し合いがはじまった。保育者の提案で，エルマーではない冒険ものをやることで全員が納得し，クラスの名前をとって「星組の冒険」とした。次に，話の筋を決めることになり，自分の思いを言い合いながら話づくりがはじまった。

- M　君：エルマーみたいに森に探検に行くっていうのはどう？
- P　君：いいねえ。そこで洞窟を見つけて入っていくと，ライオンに襲われるの。
- Qちゃん：洞窟にライオンはいないんじゃない？　お化けが出てくるのはどう？
- Nちゃん：え～！　お化けやだあ。
- R　君：いいじゃん。鉄砲で撃ってやっつける。でも死なないから急いで逃げるんだ。

と，前の話を受けて反対・賛成の思いをたたかわせながらストーリーがつくられていった。

　園外保育が子どもたちの遊び出しのきっかけとなった。全員ではないが，以前に劇遊びの経験はある。また，保育のなかでお話をつくりペープサートで演じたり，OHPを使ったお話づくりの経験もしている。そのようなこともあって，クラス全員での劇遊びも可能ではないかと思い，取り入れてみようと考えた。

　保育者が一方的に題材を与えるのではなく，子どもたち全員が納得できる形でかかわり，「自分たちの劇」を感じ，かかわってほしいという思いがあったので「誰もが発言し」，「誰もが話し合いの中心にいられる人数で遊びを進めたい」と考え，補助の先生の応援を頼んだ。5歳児の2月とはいっても，ストーリーを展開していくのには，まだ保育者の助けを必要とする。保育者はいわゆる話と話をつなぐ役割を行うことになるし，この後行われるであろう舞台設定にもかかわることになる。また，2人の保育者の間では，子どもたちの話し合いの過程で1人ひとり思いが強すぎ意見がゆずれないことも出てくることが予想されるが，そのときは安易に多数決などの方法をとるのではなく，とことん話し合うことができるように援助していくという方向性も話し合っている。

2　1人ひとりの思いを認めていくことで

●事例11　気持ちを1つにしながら――自分たちでつくる劇遊びの完成に向けて

4日間をかけ，なんとか全員が納得する話ができあがり（おおまかなせりふも決まっている），役を決めることになった。配役は2人以上で同一の役を演じ，せりふを言うことにした。M君は「園外保育で見た劇には1人しか出てこなかった」と主張したが，①同じ役をやりたい人が何人もいること，②同じ役の人が複数人いると，お休みのときに困らないで劇の練習ができること，③同じ役どうし，動きや衣装なども考えてつくれること，などの保育者の話を聞き，複数で同じ役をやることを納得したようだった。M君たちのグループともう一方のグループが遊戯室と保育室に分かれて練習をし，本番まで互いのものは見ずに，内緒にしようという話になった。

　M君たちのグループは保育室で練習することになり，それぞれが自分のせりふを覚えたり，練習しながら「こんな舞台セットがあるといいよ」と話したり，劇に向けて思いを膨らませていった。修了式が近いこともあり，劇の上演の日を9日後の23日にすることになり，毎日自主的に午前中の保育時間をほとんど使い，本番に向けて練習したり，小道具，大道具を準備したりしている。なかには"思い"の持続が難しい子もいたが，みんなで励まし，本人の「今日はつくらない」，「やらない」という思いを認めながら，協力してつくりあげていった。

　自分たちがやりたくてはじめた劇であるので，子どもたちは真剣に取り組んでいる。とはいうものの，1人ひとりに気持ちの温度差がある。しかし，みんながそれを認め，補い合っていったのには驚いた。これまでの保育のなかで1人ひとりを保育者が認め，クラス全員で遊ぶことやかかわりをもつことを意図的に取り入れてきたからだろうか。1人ひとりの特性に1人ひとりが目を向け認めている。保育者は「何でやらないの？　日にちがないよ」と言ってしまいそうだが，子どもたち自身が自分のペースをもち，まわりもそれを認めている。保育者は一緒に衣装をつくったり，小道具づくりのアイディアを出したり，演出兼監督のようなことをやりながら，1人ひとりの行動に「どうした？」，「大丈夫か？」と声をかけ，最後は1人ひとりの思いや行動に任せるようにした。

3 共通の目的をもつことの意味

●事例12　「今日はサッカーやるんだ」──やり遂げた満足感を得ることとは
　本番前日になって，2グループが一緒に宣伝用のポスターをつくることになった。保育室前の廊下，玄関，職員室，年少・年中組の廊下などに劇の「タイトル」「場所（遊戯室）」「時間」「入場料」などを書いたポスターをつくり，貼り，明日に備えている。前日はグループで1回ずつ練習しただけで終わってしまった。その他の

8章　表現された子どもの世界Ⅲ（ごっこ遊び・劇遊びにおける表現）

時間は「今日はサッカーやるんだ」と，思い思いにサッカーをしたり，鬼ごっこをしたり，積み木で遊んだりしている。なかには明日のためのお金をつくっている子もいたが，ほとんどの子が「準備万端整った」という顔で，好きな遊びをしていた。

写真8-4

当日，隣のクラスや年少・年中組からたくさんのお客が見に来るなか，幕が開き，自分たちで呼んだにもかかわらず，あまりの客の多さに戸惑いをみせ，声が小さくなった子やせりふを忘れてしまうなどいくつかのハプニングもあったが，どうにか無事に成功したようだった。どの子の顔にも満足そうに笑顔があり，園外保育から約3週間弱をかけてやり遂げた（写真8-4）。

保育者としては，少ない日数でよくやり遂げたと感心している。5歳児のこの時期，共通の目的に向かってクラスでまとまった結果だと思っている。1人ひとりが何を目的とし，何を行えばいいのかを考え，保育者に指示されることなく行動していった結果だろう。クラスの目的が1人ひとりの目的となっていき，みんなで何かを成し遂げていく。これこそ，個と集団の関係の中で「協同的な学び」＊を体現している。

5歳児のこの時期（いわゆる幼児期後期）は，こうした活動が可能な時期である。保育者も子どもたちも，小学校を間近に見すえ，はりきって生活していく時期にあたる。しかし，何もせずとも時期が来ればこうなるものではない。入園時より1人ひとりが十分に自己を発揮し，保育者や友だちに受け止められたり反発されたり，また友だちとの葛藤の時期を乗り越えたりして関係性をつくってきた結果である。これらはすぐにできるものではなく，なりたいものになりきって自己を発揮したり，友だち2～3人のなかでごっこ遊びを繰り返したり，1人ひとりの思いを保育者がつなぎ，「やった」という満足感をもたせることを繰り返してきたなかで築かれてきたものである。

＊文部科学省「幼稚園教育要領」2008（平成20）年3月告示，「領域・人間関係」3.内容の取扱い（2），（3）を参照。

6. 異年齢児のかかわりのなかでつくりあげる劇遊び
——2・3年保育混合（4・5歳児，11月）

１ 異年齢の子どもたちのやりたいことを理解し，はじまる保育

●事例13　内容が決まるまで——１人ひとりの思いを受け止めて

　劇に集まったのは年中児13名，年長児12名，計25名である。男児10名，女児15名の構成だ。どの子も「劇」という言葉にひかれ，それぞれやりたいことをもって集まってきている。解体保育初日，保育者が集まってきた子１人ひとりを，みんなの前で何をやりたいか聞きながら紹介していった。そこでは「○○レンジャー」，「○○キュア」など，ほとんどがテレビやアニメなどのキャラクターばかりだった。行事とはいっても，幼稚園の保育のなかで行うことであるので，やりたい気持ちを受け止めながらも，キャラクターではないものを考えてもらうことにした。その結果，宇宙人，人魚姫，ワニ，忍者，ウサギ，クマ，ヘラクレスオオカブト，妖精などがあがり，それら全部が出てくる劇を演じることになった。

【背　景】

　この園では毎年１回11月に年中・年長組のクラスを解体し，劇的なもの・リズム的なもの・視聴覚機器を使ったもの・楽器・バラエティーⅠ・Ⅱ（担当の保育者が得意なものや，子どもたちの思いでつくりあげていくものなど。たとえば手品やファッションショー，クイズ形式の出し物など，なんでも許される）の６グループに分け，１グループ約20～25人で１つのものをつくりあげていく活動を行っている。

　１人ひとりが自分でやりたい活動を選び，担当の保育者と話し合いながらつくっていく（発表時間は１グループ15分程度。練習期間は約４週間。１日の練習時間は30～120分程度。そのなかで舞台設定から衣装，構成までを手がけていく。いわゆる生活発表会的な活動で，年中時と年長時では別のものを選ばなければならない）。事例では劇的なものを選択した子に焦点をあて，みんなでつくっていくたのしみ会の「劇」を紹介した。

　２年目の経験となる年長児は「たのしみ会」についておおむね理解し，自分が何をやりたいか，どのようにしたいかはっきりと意識をもって集まってくる。しかし年中児は担任に話を聞いて集まってくるのだが，理解の程度が年長とは違い，「お姫さまになれる」，「好きな○○になれる」，「○○ちゃんが行くから」など，必ずしも深い思いがあるわけではなく，自分が思い描いたイメージと少し違うな

かでのスタートとなる。とはいうものの，子どもたちのやりたいものをできるだけ全部取り入れて，「私たちが考えた劇，私たちがつくりあげた劇」にすることで満足感や充足感を味わわせ，その後の幼稚園の生活が充実したものとなるようにつなげていく。

2 異年齢で行うことの意味

●事例14　つくりあげていくなかで──それぞれの様子から

「たのしみ会」の劇グループは，ストーリーからみんなでつくりあげていく（もっとも，さまざまな登場人物が出てくる物語などないので，自分たちで考える以外ないのだが）。異年齢のかかわりのなかなので，年中児は年長児に気を遣いながらの取り組みになる。また年長児は年長であることを意識し，年中児に対しお兄さん，お姉さんとして振舞うようになる。

【年長児の様子】

すべての登場人物が出演できるようにストーリーを組んでいく。自分が主張した役をやることになり，みんなはりきっている。とくに年長児は自分が「主役」をやるぞという意気込みが感じられる。保育者と集まった全員でストーリーを考えることになるが，年長児は自分が主役で話を展開しようとする。「宇宙人が冒険に出てさあ……」とS君がまくしたてたところ，「宇宙じゃ人魚姫は出てこないわ」とTちゃんに反論された。すると，ふだんあまり話さないU君が「冒険して地球に来て人魚姫に会えばいいじゃん」とつなげていく。年長児と保育者がストーリーの展開をリードし，話を進めていく。テンポよく話が進んでいくと，突然年中児のV君が「ヘラクレスオオカブトは」と会話に入ってきた。少し考えてから「宇宙人と戦って仲間になって一緒に冒険しよう。どう？」とS君が答えると，V君は納得して，うれしそうにS君を見ていた。こうして話を展開してストーリーをつくっていき，その後それをもとにせりふや動き，衣装，小道具などをみんなでつくっていくことになる。

【年中児の様子】

やりたいものは決まったが，年中児は「劇」そのものをよく理解できず，年長児と保育者が何のやり取りをしているのかよくわかっていない子が多い。その時間，同じクラスの友だちと話したり，ストーリーを決めているのに，保育室の外に出ていってしまったりと自分たちの遊びを進めている。しかし，同じ役になった年長児の言うことはよく聞き「こうするんだよ」とか「こうしたら」などの言葉かけにその子なりに反応したり，年長児の動きをまねて一生懸命やろうとしたりしている。クラスではボーっとしていることの多いW君だったが，年長児のX

君と一緒の役になったことで，最初はX君にリードされていたが，日を追うごとに堂々とせりふを言うようになり，衣装もていねいにつくりあげていた。

　年長児は自分たちが引っ張ろうという意欲が前面に出てきて，保育者と一緒にどんどんと進めていくようになる。保育者がいなくても自分たちだけで工夫をするようになり，そうしたことが自信にもつながっていくようだ。また，これは年長児にも年中児にもいえることだが，ふだんの保育と違う人間関係がみられることで，担任が知ったら「えっ!?」と思う意外な子が力を発揮し，グループを引っ張っていくことがある。子どもにとって担当（担任）が替わることで，その子に対する見方が変わり，その子の良さが引き出されるという効果もあり，たのしみ会が子どもたちの大きな成長の足がかりとなることもある。

　年中児は年長児を見て，「ああなりたい」という思いを少なからずもつようで，親しくなった年長児のやっていたことをふだんの保育にもち込んで，自分の遊びとすることがある。年長児がつくっていたものや，やっていた遊びを自分なりに行い，そのことがクラスの遊びへと広がっていくことがたのしみ会後によく見受けられ，保育者は他者からの影響を自分の表現としてあらわす姿に，子どもの成長を感じる。

　年長児は「たのしみ会」という目的を達成するため，年中児をどう生かしていくかを自分なりに考え，ほとんどの子が，やさしさと頼もしさを示しながらかかわっていく。誰が教えるわけでもないが，「小さい子だから」という思いを自分なりに感じて接していくようである。

3 行事の終わりは遊びのはじまりの日

●事例15　たのしみ会終了後の交流

　たのしみ会終了後，衣装や小道具が幼稚園の一角に集められる。他のグループの出し物を見てやりたくなった子が集まり，思い思いに身につけ，なりきってせりふを言える場である。人魚姫になりきった年少児のYちゃんは，衣装を身につけただけで満足そうに踊りまわっている。宇宙人のかぶり物をした年中児のZ君は，胸を手で叩きながら「わ・た・し・は・Z・で・す」と宇宙人の声まねをして，友だちとおもしろそうに笑い合っている。たのしみ会後しばらくは，この場が年少児・年中児の社交場となっていくのである。

　たのしみ会後，子どもたちのごっこ遊びが，他のグループで使った衣装や小道具を身につけることではじまっていく。自分の選んだ活動を発表するために本番

当日まではその子なりに練習していくが，本番が終わると，他のやりたいと思った活動に，楽しみを見いだしながらかかわっていく。そのなかで自分なりの役を演じ，表現していくのである。そこではまったく違う顔ぶれで，同じことが行われることもあるし，ストーリーを自分たちで変え，好きなように行うこともある。たのしみ会は，終わった次の日からが本当のたのしみ会なのかもしれない。

7. ごっこ遊びや劇遊びにおける保育者の役割

　子どもたちの成長・発達にとって「なりきって遊ぶ」ごっこ遊びの要素はかかせないものである。3歳児にとって素直に自分を出し，自分の世界だけでなりきって遊べたら，どんなにすばらしいことであろうか。4歳児にとって，言葉や身につけるものを仲立ちとして，先生や気の合った友だちと思いを通じ合わせながら行うごっこ遊びの楽しさは，何ものにも換えられないだろう。そうした経験を十分積んだ5歳児にとって，自分たちで工夫しつくりあげていくごっこ遊びや劇遊びの世界は，かけがえのないひと時になっていくに違いない。

　こうした遊び・活動を充実させていくために，私たち保育者は十分な時間と場所と素材・材料を準備し，その年齢・時期・ねらいに即した環境を構成し，適切な援助をしていかなければならない。子どもたちの内面を理解し，発達の過程を理解し，こう育ってほしいという願いをもって日々の保育にあたっていかなければならないのである。それは少しも難しいことはない。なぜなら，目の前の子どもたちにたくさんの愛情を注ぎ，自分自身が子どもと同じ目線に立って，楽しく遊んでいけばいいのだから。

第9章 子どもの表現と保育者の援助

〈学習のポイント〉　①子どもの表現を育むためには，保育者としてどのような役割を果たさなければならないかを考えてみよう。
②"保育者も1人の表現者である"という視点から，子どもの表現に対応できる保育者の資質とは何かを考えてみよう。
③子どもの表現を指導・援助する際の基本的な考え方や，具体的な留意点を学ぼう。

1．援助の基本的姿勢

1 子どもと大人の表現

●事例1　おもちは伸びたり縮んだり丸まったりする？

　園でもちつきの行事があった次の週に，4歳児クラスでは「おもち」を題材にした遊びをさまざまに楽しむことにした。そのなかで「今日は，おもちになってみよう」と遊戯室で身体表現を行った。保育者は，伸びたり縮んだり丸まったりという動きを中心におもちの表現を楽しもうと考えていた。

写真9-1

　子どもたちは，もち米が大きなお釜に入って蒸されて，それから臼に入れられ，杵でぺったんぺったんとつかれて平たくなるというあたりまでは思い思いに動いていた（写真9-1）。ところが，そのおもちが次にどうなったのかを保育者が投げかけても，なぜかみんなポカーンとした表情をしていた。保育者が「おもちをビヨーンと伸ばして，クルクル丸めて，それから？」と言葉をかける。子どもたちはなんとなく身体を伸ばしはじめたが，先ほどまでの嬉々とした様子とはうって変わって困惑の静けさが漂った。保育者は「なぜだろう？」と思ったけれど答えが見つからず，とっさに自分の手でおもちを丸めてお皿に置くしぐさをした。1人の子どもが「きなこ，パラパラ」と言いながら，自分の身体を揺さぶるように動かした。すると，子どもたちは身体を大きく動かしはじめ，なかには「おもちはおいしい」と言いながら食べるしぐさをはじめる子どももあらわれ，再び生き生きとした雰囲気が生まれてきた。

なぜ，子どもたちからは伸びたり縮んだり丸まったりというおもちの動きが生まれてこなかったのだろうか？「そういえばおもちをクルクル丸めたのは，お母さんたちと5歳クラスのお友だちだった。このクラスの子どもたちは，できあがったお皿のおもちをもらって，自分できなこをかけただけであった」と後になって保育者は気づいた。"子どもたちの経験に沿った題材でなかった"という答えは，気づいてみれば，あまりにも当たり前であった。しかし，大人側から考えるおもちの象徴的な表現が，伸びたり縮んだり丸まったりという動きにあることも間違いではなく，このことは"一般的な"了解を得ていると考えてよいだろう。それゆえ，実際に自分で行っていなくても，その場で見ていたであろうことを題材として採用した保育者の発想も，あながち不適切だったとは言い切れない。

　しかし，実際には子どもと大人の間にズレが生じた。このズレは，表現が生まれるきっかけ，言い換えれば「表現の芽」の部分の違いから生じるものであろう。子どもの発想や表現が，大人から見て独創的に感じられる原因には，"どう見られているのか""どう表現すれば普通なのか"という発想が子ども側に著しく乏しいことがあげられる。これは，何かに出会い，かかわり，感じ，考える心の営みが素直にあらわれるからであろう。心の営みの源泉は"楽しい""うれしい""おいしい"といった素朴な感情であることが多い。

　子どもの表現を支え共有するために，保育者は子どもの身体での経験を把握し，子どもが何を感じ，どんな感激があったのかという心との交わりを見つめ，その営みに自らの感情をも大切に沿わせていく姿勢が求められるのである。

2 子どもの存在そのものを受け止める──「みんなちがってみんないい」*

＊1930（昭和5）年，26歳で亡くなった童謡詩人，金子みすずの詩「私と小鳥とすずと」の一節。

●事例2　ぼくのバラ

　園庭に美しいバラの咲くH幼稚園。保育者は，子どもたちの生活に"バラの花"を取り入れ，さまざまな表現活動へと誘う。「今日は，バラの花を描いてみようね」という保育者の呼びかけに，子どもたちが思い思いに描きはじめる。「きれいだね，花びらがたくさんあるね」，「ピアノの発表会の赤いドレスみたい」

　ところが，T君はさっきから何も描かない。最近のT君は妹が生まれ，少し荒れ気味。そこで保育者は，「いいんだよ，先生はいつも君を見ているよ」というまなざしを向けながら，しばらく黙って様子をうかがうことにした。

　しばらくすると，T君はおもむろに緑のクレヨンを取り出して，画用紙いっぱいに尖った小さな三角形を，いくつも描きはじめた。保育者は"どうしよう？　何が描きたいの？"と少しドキドキしながらも，黙って見守り続けることにした。

　「できた，バラ」と満足気なT君に「へんな"バラの花"」とみんなが言う。「花じ

ゃないもん」と返すT君。T君のバラは，茎に鋭くついていたトゲだった。

　クラスに25人の子どもがいれば，25通りの表現がある。子どもの表現は，ときとして常識的な理解をも超えてしまうほど個性的で独創的な違いをみせる。そこでは，25通りの表現を，違いではなく差であるととらえてしまいがちな保育者の意識が，表現への援助に戸惑いを感じさせているのではないだろうか。

　事例では，T君のあらわしに至るプロセスや，彼の背景を深く知る保育者であるほど，その表現を肯定的にとらえられない場合が多い。"善し悪し"を評価しなければ援助の糸口が見つからず，また，「できないものをできるように」「欠けているものを充足させるために」という一方向の観点が強調されてくると，つい個々の表現を，違いではなく差ととらえてしまう。"差"は比較する対象によってまちまちな不確かなものであるが，"違い"は対象がどうであれ，違いそのものが変わることはなく，言い換えればオリジナルであり，個性である。

　"個性"とは"表現する"ものでなく，"表現される"ものであると佐藤[*]が述べるように，そこに立ちあう保育者は，表現されたものを，むやみに大人のフィルターにかけることなく，子どもの存在そのものを受け止めることからはじめたい。もともと違っているのだから，比べようがないと考えれば，1人ひとりの表現の価値を認める視点が生まれる。赤いドレスのようなバラも，緑の鋭いトゲも，そこに至るプロセスをも含めて，"みんなちがってみんないい"と受け止める姿勢が大切なのである。

[*]佐藤 学『学びの身体技法』太郎次郎社，pp.47〜49，1997

3 保育者も表現者である

　「表現」という領域が，音楽，造形，劇，身体表現の寄せ集めではないことが強調され，子どもの表現活動は総合的なものだからこれらを分けることはよくない，という理解がひとり歩きしている傾向がみられる。子どもの表現を読み取ることが援助の基本であるという理念は，保育者は与えたり教えたりしてはいけない，クラス全員で一斉に何かするのは保育者が引っ張る保育だからよくないというような曲解を生み，放任との境を曖昧にしてきた。表現の援助は，それぞれの表現手段の特性の違いを基にして展開されるものである。もちろん，子どもに対しては，特性の違いに偏らず，すべてを受け止めて，育ちに見合う援助をする姿勢が必要なことは言うまでもない。

　表現における援助は，"与えて教える"のか"子どもの表現を読み取る"のかといった二者択一的な考え方ではなく，双方は互恵的に作用する側面として考える姿勢が求められている。そのためには"保育者も表現者である"という視点が重要である。保育者は，子どもの表現を受け止めることには十分に心を砕いてい

ても，自らの表現のあり方には無頓着な場合が多い。子どもの視点に立って事象をとらえることは大切だが，保育者として自らが感じて表現する面をも自覚的に見つめたい。子ども1人ひとりに個性があるように，保育者にも個性があり，感じ方やあらわし方が異なることが，人的環境を構成する重要な要素となることを意識する必要がある。

　表現はコミュニケーションであるといわれるように，他者とのかかわりのなかでこそ息づく。そこでは，保育者も互いに影響し合う関係の一端を担い，ともにある状態を生み出していく。保育者の表現がそのときに紡ぎだされる子どもの表現に大きな変化をもたらしていることを，保育者は強く自覚しなくてはならない。

４ 身体の出会いを大切に考える

　表現の援助を考えるとき，保育者が大きな関心を寄せるのは「話しかけ」*ではないだろうか。保育の導入や動機づけといわれる場面をはじめ，保育のあらゆる場面において，話しかけの内容やタイミングに大きな関心が注がれる。大人にとっては，「言語」がもっとも合理的で端的な伝達方法だからである。

　子どもはどうだろう。子どもが音楽を聴いているとき，楽しくうたうとき，絵を描くとき，粘土遊びをしているとき，ごっこ遊びをしているとき，多くの言葉を必要としているだろうか？　子どものふり遊び，とくにヒーローごっこを思い描いてみよう。「○○マン！」と言ってポーズをとるとき，子どもは大好きなヒーローのイメージを身体いっぱいにあらわす。一方が戦いを挑むときに，他児がそのイメージを受けとる様子は，言葉ではなく身体で通じ合っているかのように見える。身体の動きや表情を通してかかわっているからこそ，イメージが共有されていくのである。「××くんは，ぼくの仲間だね。次は○○をしよう」と言葉で伝達しなくても，伝わっているからこそ遊びが持続できるのであろう。

　子どもどうしの世界では，身体を中心としたコミュニケーションが頻繁にみられる。しかし，大人である保育者は，子どもと保育者双方の身体が直接的に表現の素材になっているような場面，たとえば一緒に踊るような場面では，自分の身体や動きが子どもに影響を与えていることを意識しやすいが，楽器であったり，描画や造形であったりといった他の素材が媒体として存在する場面や，ごっこ遊びのように自分がそこに直接的に参加していない場面では，自分の身体が子どもの世界にかかわっているという意識が希薄になる。そのために，子どもの世界へ言葉だけで割って入ろうとする傾向がみられる。

　鯨岡**は，生きた身体こそがコミュニケーションの基礎であり，常に何かを表出する身体と出会うことによって，お互いにそれを受け止め合って，さまざまな関係を築いていると述べている。表現の世界は，まず身体との出会いからはじ

＊「言葉かけ」「声かけ」をも含んだ，言語を中心とした援助の総称として用いている。

＊＊鯨岡 峻『原初的コミュニケーションの諸相』ミネルヴァ書房，pp.28～30，1997

9章　子どもの表現と保育者の援助

まるのである。保育者は「身体の出会いを大切にし，身体でかかわろう」という視座から，「表現」領域の価値を再確認してみたい。

5 身体に染み込んで心の栄養になる

「表現という活動は，子どもにとって何になるのですか？」このように問いかける保育者の多くは，表現の世界を否定しようとは思わないが，実際の保育の場では，何を目ざせばよいのか見えなくなるという悩みを抱えている。何を，いつ，どの場面で，どのように……と保育に対して自覚的な意識をもって取り組んでいる熱心な保育者が陥る悩みのようである。

領域「表現」のねらい*は，心情として美しさなどへの感性をもち，意欲として自分なりの表現ができ，態度としてイメージを豊かにすることと示されているが，誤解を恐れずに言えば，他の領域に比べて，"目に見えない部分"が多い。どう変われば"豊か"になったのか，将来どのような力につながるのかが実感できないもどかしさがあるのではないか。

表現する行為は，表現すること自体に意味があり，表現する力は，表現する行為のなかで育つのである。そして，表現する行為は，子ども1人ひとりの身体に染み込んで心の栄養になる。1つひとつの体験が心のヒダとなる。今という時間を未来につなげるものは，子ども自身の自発的な表現行為なのである。そういった保育者の理解が，この領域の取り組みを豊かにするのではないだろうか。

*領域「表現」のねらいは，幼稚園教育要領，保育所保育指針ともに，(1)豊かな感性をもつ，(2)自分なりの表現ができる，(3)イメージを豊かにする，とされている。

2. 具体的援助の要点

1 子どもの体験や体感を豊かにする

日本で社会が大きく変化しはじめた1970年代中頃から，子どもの生活環境と生活も急激に変化してきた。コンピュータゲームやテレビゲームの出現は，遊びの代表格であった外遊びを完全に奪ってしまったかのようである。バーチャルリアリティと称される世界は，体感するという意識を喪失させている。さらに深刻と思われるのは，頭だけでわかったつもりの情報や知識と，体験を通して得た感覚との区別がつかず，"体感"や"実感"という意識そのものが混乱している子どもの姿である。たとえば，草むらに入り込んで遊んだときにかいだむっとするような草のにおいや，不規則な枝や株に足をとられる感覚（＝体感・実感）と，ジャングルというものを映像で見て獲得した知識は，本質的に異なっているはずなのに区別がつかないのである。

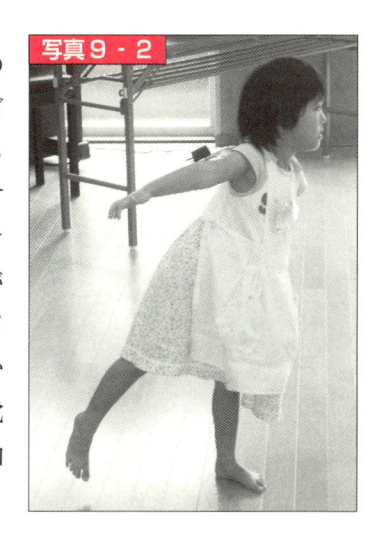

写真9-2

151

表現という行為には，"再現（representation）"という営みが含まれている。[*]再現とは，たとえば，さっき見た鳥をまねして動いてみた（写真9-2），先週遠足で乗ったバスの絵を描いてみたというように，経験したり見たりしたものを再びあらわす行為である。子どもの表現の多くは再現であり，実際の体験が基盤となる。自身の体感こそが，表現する際のイメージの源泉となるのである。子どもの想像世界が日常の世界の1コマとして連なっているからこそ，子どもの多くはイメージを膨らませる段階で大人ほど難渋することがないのである。

むしろ保育者が言葉でかかわりすぎたり，保育者の表現を無意識に押しつけたりすることで，イメージを壊してしまうことがある。保育者は子ども自身の直接的な経験の機会を見つけたり，つくったりすることに努め，1人ひとりの体感を豊かにすることに大きな関心を注ぐ必要がある。表現を生み出す周囲のものや他者とのかかわりの経験を豊富にしていくことが，表現領域における援助の中核となるのである。

[*] 佐伯胖・佐藤学『表現者として育つ』東京大学出版，pp.221〜238，1995

2 子どもが表現できる環境を整える

幼児期の表現は，年齢が進むにつれて意識的になり，創意がかなり強くあらわれるようになる。それは，他者にどう受け止められるかを意識することにもつながる。そのために，子どもはさまざまな表現の方法を用いるようになるが，その表現手段はまだまだ未分化である。そこで，保育者は子どもの表現する機会を保障するために，さまざまな素材や道具を準備し，それを使える環境を構成することで，子どものなかのイメージを膨らませ，アイディアを引き出す必要がある。

子どもは，自分のあらわしたい思いをもっともふさわしい形で伝えられる表現手段を得ることで，感性の幅や表現する力を広げ，さらに表現を楽しむようになる。子ども1人ひとりの"自由な表現"を育むことは，保育者の深い子ども理解と入念な環境構成によるところが大きい。

3 子どもの表現する意欲を育むための共感

子どもに限らず，人は誰でも，自分の表現が他者に受け止められる経験をもつことによって表現意欲が高まる。とくに子どもの場合，信頼しあこがれる保育者に共感的に受容されることは，自分自身の存在をも認められた体験となる。それは，他者と心を通い合わせることの喜びになり，周囲の事象や他者に興味関心をもつきっかけになる。ひいては自信をもつことにつながり，何でも表現してみたいという意欲をもつようになる。それらの表現は，自身のありのままの思いであるため，個性的で独創的なものとなるのである。

しかしながら，大人にとって子どもの表現を理解することは容易ではなく，保

育者が即座に反応できない場合も多い。共感しなければならないという意識をもちすぎるあまり、子どもの表現を先取りしたり、代弁したりしてしまうことも多い。共感するとは、他者と同じことを思うことではなく、自分とは違う他者の思いがあることに関心をもったうえで、自身の感性を背景にして、その他者になってみようとする気持ちだと考えられる。*子どもの側からすれば、自分と同じように感じてくれる他者の存在に気づき、それを喜びに感じ、自分もそういう他者になろうとする過程が、自己表現を促し意欲を育むのである。そのために保育者は、まず、ていねいに子どもの表現を見て受け止めることからはじめる必要がある。

*共感についてのとらえ方は、佐伯胖『共感―育ち合う保育のなかで―』ミネルヴァ書房、2007を参照するとよい。

4 1人とみんなのかかわりを考える

●事例3 ツバメになって、みんなと飛びたい

運動会の直前、「ツバメの表現」にとりくむ年長児。

下肢がやや不自由で歩行器を使用しているA子が、このプログラムだけは歩行器を使わないで出たい、と担任保育者に訴えた。

保育者は"他の子がA子にぶつかって、何かあったら両方が傷つくだろうし、それを見た双方の保護者もつらいだろう。それにA子が、他の子に比べてぎこちないことが目立つのも……"と悩み、園長先生に相談をした。

園長先生は「先生が、A子の近くにそっといてあげたら、A子もみんなも守れるよ。それに何より、ツバメの表現にうまいもへたもないでしょう。A子は、心からツバメになりたいのではないかしら。先生のクラスの子は、そのことをちゃんとわかっているよ」と言いました。

そういえば、以前に同じような障害のある女の子が、ブランコに乗る他児をうらやましそうに眺めていたので、みんなで箱形のブランコをつくったことを思い出した。その子は、それは悲しそうに、「これじゃない。こんなのじゃない」と言って、決して乗らなかったことがあった。そのときも、園長先生に「ブランコに乗るときには、先生が寄りそってあげればいいんじゃないかな」と言われた。

1人ひとりを受け止めるということは、その1人の子が"みんなのなかで生きている"ことを受け止めないといけないんだなと、その保育者は気づいた。

あらわすという行為では、自己表現としての個性と独創性が尊重される。その意味では、子ども1人ひとりを大事に受け止める姿勢が基本である。しかし一方で、個性や独創性は、他の子どもたちとのかかわりや、人間関係の影響を強く受けてあらわれるという理解も必要である。

この事例の保育者は、A子を大事に思うあまり、A子をみんなとのかかわりか

ら離してとらえてしまったようであった。そのことに気づかされ，1人ひとりの表現を大事にすることは，みんなとのかかわりのなかで，その1人の子をとらえる気持ちがあってこそ，生かされると感じたのである。

　もちろん保育者は，1人を理解するのと同時にみんなを理解するだけの，流動的で広い視野をもつ必要もある。1人では表現できないが，みんなの見ている場ならば表現できる子もいるし，みんなと同じでないと不安で表現しづらい子もいるだろう。1度見てからでないとできないという子もいる。表現するための安心感や意欲そのものが，1人ひとり異なるからである。

　同じように見えるあらわしも，きっかけやプロセスは同じではないことが多い。表現における援助には，子どもがこうしたら保育者はこのように援助する，保育者がこのように与えたら子どもたちはこのようにあらわす，といったマニュアルは存在しないからである。

　また，1人の表現をみんなの前で誉める場合には，他の子どもの動機や意欲がどのくらい高まっているのか，その子とみんなの関係はどうなのかなど，全体のなかのいろいろな条件を的確に把握することが必要になる。保育者は，みんなのことを考えることと1人を考えることが，有機的に結びつくように留意しなければならないのである。

3. 環境の構成

　ここでは，保育における表現と環境とのかかわりの意義について，3つの方向から考えてみたい。第1は"空間"という視点でとらえた環境の作用，第2は子どもの表現に応答する人的環境としての保育者，第3は表現の素材という視点からとらえた環境の構成である。

1 空間との相互作用

●**事例4　紙になってみよう**
　保育者が示す紙の形に合わせて，子どもがそれを身体を使って表現するという遊びをした。子どもたちは丸まった紙を見ると，足を抱えこんでそれぞれに丸くなる。次に，保育者がピアノの鍵盤を高音から低音に弾き，「あー，紙が転がって，水たまりにポッチャーンって落っこちちゃったよ」と言うと，A君は「ここは，水の中だー」と言いながら，自分の丸まった身体を伸ばしていった。「ここは，水ってことだよ。でも，ぼくは，ふにゃふにゃにならないよ」と言いながら，身体を

硬くしてさらに伸ばす。S子ちゃんが，「ふにゃふにゃになったら，お日さまに当たれば」と，窓から日光が差し込んでいる床のほうに移動した。するとA君は「ピンピンになった紙で飛行機つくる」と，話をさらに進めていった。

　この事例は，表現する行為と環境との相互作用の一端をあらわしている。とくに，身体や動きへの意識が，"空間"への意識と結びつき広がっていくことで，子どもたちは自分の置かれた空間の状況やちょっとした変化をとらえて，ストーリーの場面としてイメージしていく。この様子を図式化してみた（図9-1）。

　A君は，自分の身体で何度も試すように動くことを通して，自分の身体や動きへの意識が，それを取り巻く周囲の"空間"への意識と結びつき広がっていく。"ぼくは紙だよ"，"ここは水の中だよ"と，自分の身体やその周囲のものに名前をつけはじめる。名づけることで周囲の空間への意識が生まれ，その空間はただの"保育室"でなくなり，ストーリーの場面として意味づけられていく。

　環境とは，保育者によって特別に準備されたり構成されたりした場だけを指すのではない。子どもをとりまく空間そのものが大きな力をもつのである。*子どもの心が周囲の事物や状況に対してどれだけ敏感に，どれだけ繊細に揺れ動いているのかを保育者が意識することによって，子どもの生きる空間の作用を高めるのである。それこそが環境を通した保育の中心的な理念である。

*保育における空間についての考え方として，榎沢良彦『生きられる保育空間』学文社，2004を参照するとよい。

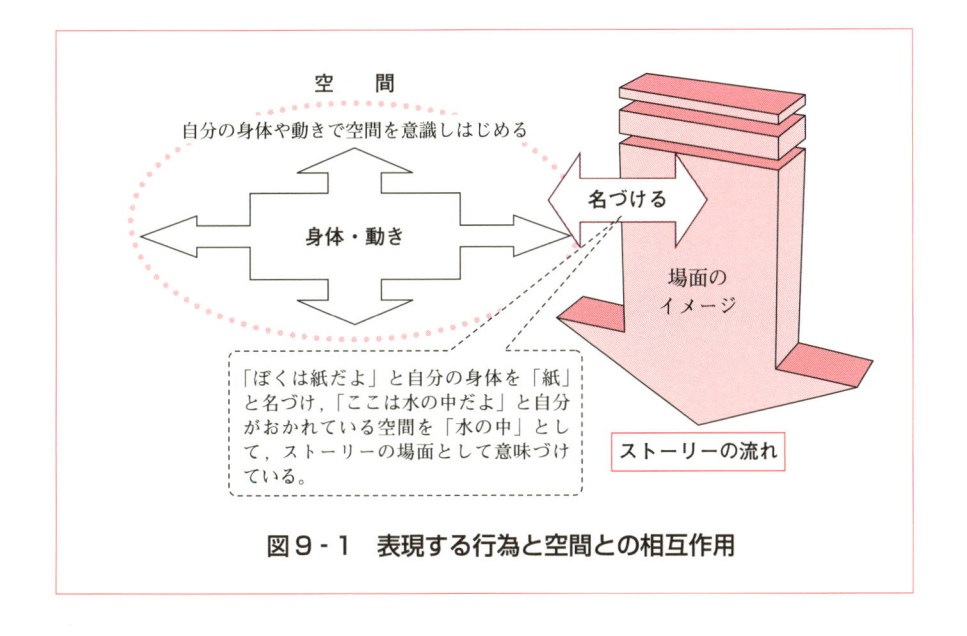

図9-1　表現する行為と空間との相互作用

2 子どもの表現に応答する人的環境としての保育者

●事例5　ネコの声が聞きたいな

　劇遊びの途中,「ちびっこ魔法使いが一人前の魔法使いになるためには,どんな修行が必要かな？」と保育者は子どもたちに問いかけてみた。すると男児らは「分身の術」「変身の術」と積極的に意見を出し,変身の術では恐竜,カメ,イルカ,シャチ,マンタとさまざまに動きを試した。ところが,女児7名は全員,寄り添った状態でまったく動こうとしない。男児が変身して追いかける場面になっても,女児らはただ部屋の隅に入り込んでしまうだけであった。

　そこで保育者は,「そうだ！　逃げる場所をつくってあげるね」と長椅子を持ってきて座らせた。「女の子は何に変身してるのかな？」と聞くと,男児の1人が「ネコだよ,高い所に上ってるもん」。保育者は,「あっそうか,ネコさんね。どんなネコさんに変身したのかな？」と続けたが,女児らは動こうとしなかった。

　ところが,次に保育者が「ネコの声が聞きたいな」と投げかけると,女児らは「にゃあー」と口々に答えたのである。「先生の家で夜に聞こえてくる鳴き声にそっくり」と保育者が続けると,女児らは「にゃあー」と自分の声のリズムに合わせて身体を動かしはじめる。保育者「ネコの姿,見えないね」。女児ら「にゃあー,にゃあー」。そして,保育者の「あれっ！　動いてるネコ,見ーつけた,動き出したよ」の声をきっかけに,女児らは一斉に長椅子から降り四つん這いになって動きだした。その後,丸まって寝るネコ,足で頭をかくネコ,喧嘩するネコ,歩きまわるネコ,と女児は他児の様子を気にせずに,それぞれに身体で語りはじめた。

　本事例で注目されるのは,「ネコの声が聞きたいな」という保育者の投げかけに,なかなか動き出すことのできなかった女児らが「にゃあー」と応答したのをきっかけに,声のリズムに合わせて身体を動かしはじめた点である。さらには,保育者が「動いてるネコ,見ーつけた」と話しかけたのをきっかけに,それまで,ぎこちなく表現していた女児らが1つのリズムを共有して,一斉に独自の表現をはじめている点も見逃せない。

　「ネコの声が聞きたいな」という保育者の話しかけに鳴き声で応じたのを契機に,子どもたちのなかで"現実"と"空想の世界"が一挙に双方向に作用し,イメージが膨らみはじめたのである。子どもたちの想像する力は,かたまっていた現実の世界を一瞬で遊びの世界につくり変えてしまった。その様相は,図9-2のように示すことができるだろう。

　そこでは,子どもにとって息をのんで何かを見たり,聞いたり,触れたりしている感覚が,言葉や動きの表現への発端となっている。保育者は,そのことに気

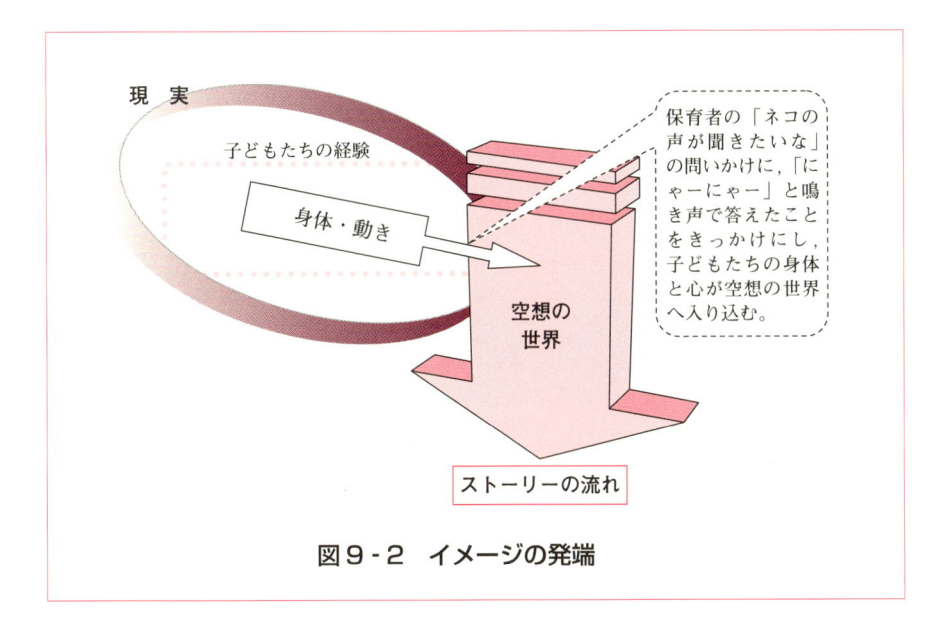

```
現実
子どもたちの経験
身体・動き
空想の世界
ストーリーの流れ

保育者の「ネコの声が聞きたいな」の問いかけに，「にゃーにゃー」と鳴き声で答えたことをきっかけにし，子どもたちの身体と心が空想の世界へ入り込む。
```

図9-2　イメージの発端

づき，見守り，待っている。保育者のまなざしが，子どもの表現を引き出す力となっている。子どもが発話することも動くこともなかった時間と空間を，この保育者は「表現していない」とみるのではなく，「何かが表現されはじめている」と感じ取って受け止めていることに注目したい。その結果，保育者は自身の五感をいっぱいに発揮して，子どもの五感を刺激し表現を引き出している。

　表現は，他者との関係のなかで意味をもつ。他者との応答的なかかわりのなかで，自分自身の表現を肯定したり，修正したりし，あらわしたいという意欲をもつのである。それは，子どもどうしの間にも成立するが，とくに保育者の場合は，子どもの表現の受け手という役割が強調される。そのため保育者が，子ども1人ひとりの表現をどのように理解し，どのように応答していくかによって，子どもの表現は大きく変わり，表現する意欲に大きな影響を及ぼすのである。

3 表現を豊かにする素材

　表現におけるもっとも直接的な援助として，保育者は子どもの表現活動を予想し，それをより豊かにするために材料，道具や楽器，自然物や日常品をも含んだ素材を準備する。ものとの出会いは，子どものイメージを膨らませ創造的な表現を促す。子どもは，素材に対する大人の常識や，音楽・造形・身体といった表現の分野を乗り越えて，あらゆるものを用いて表現を試みる。ザリガニの絵を描いていたD君が，知らぬ間に保育室にあった牛乳パックを腕にはめて，ザリガニになっていた──。このような様子は，"何でも遊びにしてしまう""何でも表現の道具にしてしまう"という子どもの姿を教えてくれる。

では，保育者は素材の準備に対してどのような配慮が必要なのか。もっとも重要なことは，子どもの主体的なかかわりの経験を豊かにするという視点をもつことである。素材の特性を理解したうえで，その素材を通して子ども1人ひとりの独創的な問いかけや感覚を促すのである。それらは，常に子ども各々の経験を背景としたものであり，想像力の源となっていく。それらが自由に使えるという環境や雰囲気にも配慮したい。子ども自身が，ゆっくりと自分の表現を膨らませ，自身の内面と向き合うのに必要なものは何なのか。このことを常に考える姿勢が，保育者には求められているのである。

4. 表現モデルとしての保育者

　保育者にとって，子どもを援助するための具体的な方法を思案し工夫することは重要であるが，同時に，保育者自身のあり方についても深く考えてみたい。

1 自己をつくりあげるためのモデル

　自分の姿を映し出しているものが他者の身体である。「保育者は子どもの表現のモデルである」という言葉には，乳幼児期の重要な発達課題である身体意識や身体図式の発達＊に結びつく深い意味合いがあることを念頭に置きたい。

　子どもは，自分の身体の見える部位と，他者の身体を対応させることで，まず自分の身体を認識しはじめる（写真9-4）。さらに，自分の身体が動くことと，それがどのように見えるのかを，他者の動きを見ることで確認していく。その後，自分では見えない部位を，他者を通して知ることができ，自分の身体図式をつくりあげ，他者から見た自分を思い描くことで，自分と他者を区別し，自分という存在やその身体を認識していくのである。このように，発達というのは，1人ひとりの個別性だけでなく，関係性を視野に入れると，その過程がより的確にみえてくることがある。

　2人以上の人が存在し出会うとき，たとえば母親と乳児，男女の間ではもちろん，道ですれ違っただけの他者との間でも，身体はさまざまな反応を引き起こしている。ならば日常的かつ恒常的に集うクラスにおける保育者と子どもの間では，その作用はいっそう大きなものとなるだろう。子どもは，保育者のあらゆる姿に

＊身体意識や身体図式とは，自分の身体がどのようなものかについて個人がもつ概念である。自分自身の身体のことを考えられなければ，自己がとらえられないという考えに基づいている。

写真9-3

9章　子どもの表現と保育者の援助

自分を映しだし，自分の表現を生み出していくのである。

「このクラスの女の子たちは，担任の先生とそっくりな歩き方をするね」，「先生と同じ口調で，友だちを叱っているわよ」などと指摘され，本人が意識していなかったことやまねしてほしくないようなことまでもまねされて，苦笑いした経験をもつ保育者もいるだろう。このような場合には，モデルの役割を担っているのは保育者だけでなく，保育者と子ども相互にモデルの役割をやり取りしているのである。その意味では，保育者は，自分自身の姿を外側に投げ出しながら，子どもとともに成長していく存在なのである。

2 感じて表現するモデルとしての保育者

　ちょっとした遊びのなかで，ある女児がとてもうれしそうに花になっていた。（写真9-5）。その様子は，心に大切にしまってあった感激が，何かのきっかけで外にあらわれたようだった。女児のクラスにはいつも表現の世界が広がっている。そのクラスを訪ねて感じることは"担任保育者がいつも自然に表現しており，身体いっぱいに喜びがあふれている"ということである。保育者自身がいつも"表現しないではいられない""子どもたちに伝えたい""一緒に楽しみたい"という思いを抱いて保育をしているからであろう。

　保育者自身の表現は，子どもにとって大きな影響を与える。野に咲く花や空飛ぶ鳥を美しいと感じたり，あこがれたりする心の動きやイメージは，生まれもったものではなく，育つ環境や周囲の大人の姿に大きく影響されるからである。その花を心から美しいと感じている保育者の姿，空飛ぶ鳥に気づく保育者の姿が，子どもにとってあこがれとなり，子どもの好奇心を触発させ，その方法を刺激として取り込み，表現する土壌を醸成する。豊かな感性に支えられ表現する保育者の等身大の姿こそが，子どもの感性を育むのである。

写真9-4

3 模倣の力

　保育者が子どものモデルになっている具体的な状況は，子どもの「模倣」という行為に見られる。ここでは，子どもにとっての「模倣」の意味を考えてみよう。

　模倣は，乳幼児の心身の発達段階において重要な行為として位置づけられている。*とくに発達心理学などの領域では，身ぶりやふりといわれる行為の発生や象徴機能の変容を追究し，延滞模倣**の発現が知的能力の指標となることに模倣の価値を認めてきた。また文化人類学の領域では，模倣を通して非言語コミュニケーションの機能をとらえようとし，身体性の本質は他者とのかかわりにこそ存在し，模倣がそれをつないでいることを述べている。人と人のかかわりのなかで

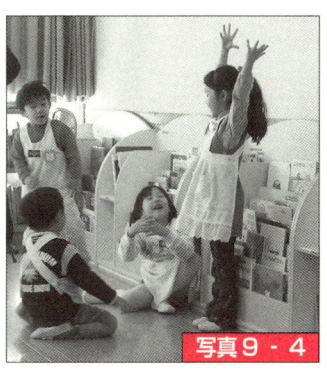

*模倣については，斉藤孝が「まねる力は，生きる力の基本」と述べている。『子どもに伝えたい〈三つの力〉』日本放送出版協会，pp.108〜132，2001を参照するとよい。

**延滞模倣とは，「ある時間が経過した後で，他人の行動を同じように再現して行うこと」（『保育用語辞典』フレーベル館）である。理解を深めるためには，ピアジェ，ワロン，麻生武，やまだようこなどの文献に触れてみるとよい。

模倣のもたらす力への関心が高まっているのである。

しかしながら，表現活動における「模倣」は，音楽・絵画・造形・身体表現など，分野を問わず，創造性と対立した概念と解釈され，否定的に受けとられる場面に多く出会う。「○○ちゃんの絵は，いつも△△ちゃんの絵にそっくり」，「○○ちゃんは，先生のすることばかりまねしている」という評価は，それらを他人の発想のコピーとして否定的にとらえているものであろう。

ある園の表現活動のなかで，1人の保育者が子どもに「自分で思いつかなかったらお友だちや先生のまねをしてもいいよ」と話しかけたことをめぐって，その後，園内で模倣の解釈や援助方法への悩みを話し合ったというケースに出会った。話し合いは，"保育者は見本を見せていいのか" "保育者は，子どもにとって，どのようなモデルであるべきか"という視点にも及んでいた。表現活動事例の省察を通して，次のことを了解し合い，援助の視点を明らかにしたのである。

　○子どもにとって模倣は，何らかの情報を取り込みながら，それを加工したり，生まれ変わらせたりして独自な表現を生み出す力となっている。
　○保育者の模範や他児の行為を模倣ばかりする子どもに対しては，模倣そのものを問題にするのではなく，表現への動機づけやイメージの広がりを工夫する必要がある。
　○保育者は，子どもにとって"あこがれ"を形成するモデルであるが，必要以上に"見本"としてのモデルにならないほうがよい。子どもの自由なアイディアを抑制することがないように気をつけたい。

近年，描画表現における子どもの模倣に着目し，その類型を明らかにする研究も行われている。[***]そこでは，模倣は描画に向かうための自己解決の道，表現ツールやスキルの開拓，遊びのツールとしての効果があることが示されている。

また，身体のかかわりとしての模倣には，他者の存在を認めることを通して自己理解が促されるという力も認められる。いずれにしても，保育者には，子どもの模倣が創造の第一歩となることを再認識し，個別のケースをよく観察し，模倣の動機をていねいに解釈する姿勢が求められているのである。

[***]模倣の類型については，奥美佐子「幼児の描画過程における模倣の効果」『保育学研究』第42巻第2号，日本保育学会，pp.59～70，2004を参照するとよい。

5. 保育者自身の表現性

1 保育者自身の表現体験を充実させる

表現領域における保育者の援助や役割は，保育者自身の表現性の問題と重なる部分が大きい。1人ひとりの子どもの感性や表現を受け止めたいと願うならば，まず保育者自身の感性や表現が豊かに高められていることが大切である。なぜな

らば，子どもは現実の体験を前提としながらも，空想的な世界へと容易に飛躍していくので，そこに内在する意識や感性を受け止めるためには，保育者自身の感性が研ぎすまされていなければならないからである。

　子どもへの援助を好ましく実現している保育者は，その保育者自身も，表現性豊かで魅力あふれる人間であることが多い。それは，子どもへの援助として心を砕いてきた行為が，その人自身を豊かにさせる作用をもっているからでもある。子どもと表現する楽しさを共有するということは，保育者自身の充実した表現体験と重ね合わせることでもあり，他の人の表現をどれだけ大切に受け止めたかといった繊細な体験にも支えられている。そんな保育者に対して子どもは「先生と一緒にいると，楽しいことがいっぱいある」と心をときめかせるのであろう。

　では，どうすればそのような表現性を獲得し，子どもの表現を援助できるのだろうか。保育者が，ある特定の表現技能を専門的に身につけていることや，そのような芸術や文化と触れ合う機会をもつこともすばらしいことである。しかしそれ以上に，日常生活の何気ない事物や事象，季節の移ろいや社会の流れなどに関心をもち，感じ考える体験を繰り返し，自己表現を大切にすることが，子どもの表現を豊かにする土壌となるのである。

2 保育者の身体

　「先生，いっしょに遊ぼ」，「先生，もう怒ってなーい？」，「先生，見て見て，きれいでしょ」といった子どもの語りかけは保育者の身体に向けられており，答えは保育者の身体にあらわれる。保育者の表情や身体のゆるみ具合から"私と遊んでくれそう"と感じ，少し尖った肩と硬い背中から，"ああ，やっぱりまだ怒っている"と落胆し，すっと目線を合わせるようにしゃがみこんでくれた動きから"まあー，きれい"をともに感じたりと，子どもは敏感に保育者の身体からのメッセージを受けとっている。子どもの表現を引き出したり，受容したり，共感したりする姿勢は，保育者の身体にあらわれているからである。子どもは，相手の思いや考えを見極めてから動いているわけではなく，相手の身体の動きに伴って，自らも動き出し，その身体感覚で相手を理解している。

　相対する保育者は，子どもの身体と自分の身体を調和させようとする意識や，子どもの身体に相乗りしていこうとする意識が必要である。また，保育者は自らも動き出す身体をもたねばならないが，同時に自分の身体を投げ出すことによって，子どもの身体がすすんで動き出せるように支えるという姿勢も求められる。子ども理解の基本は，子どもの身体のあり方を視野に入れることなのである。

6. 表現指導上の留意点

　領域「表現」を，保育の実践のなかでどのように生かすかについて保育者の援助という視点から考えてきたが，この領域の広さと深さゆえに未だ整理しきれないことや考えの及ばない部分が残されている。最後に，表現領域における保育者の悩みや課題の把握をもとにして，指導上の留意点を整理してみたい。

1 表現における保育の形態──自由か一斉か

　「表現という活動において，"自由保育"がよいのか"一斉保育"がよいのか」はしばしば聞かれる悩みである。悩みの多くは，「うちの園では遊び中心の自由保育を提唱している。みんなが揃って行う一斉保育は，保育者が子どもの思いを無視して無理に誘導する傾向が強いため，子どもの主体性を奪う保育ととらえられている。表現にかかわる内容は，子どものふだんの表現を読み取って内面を探ることに中心が置かれ，保育者側から働きかけるような活動はしにくいし，してはいけない雰囲気となる。これでいいのだろうか？」というものである。

　子どもの何を大切にするのかという表現領域の意義を考えるうえで，自由保育か一斉保育かという形態の問題は，二者択一をしなければならないような本質的な問題ではない。むしろ自由保育という言葉を，理念としてとらえるのか，方法としてとらえるのかという点で混乱しているにすぎないように感じられる。自由な保育とは，子ども自身が想像力や創造力を発揮してあらわすことや，心の動きが自由であってほしいという，1つの理念であり，それは一斉保育と称される場面にも生かされなければならない考えであろう。

　保育者は，子どもの生活の流れのなかで，今，どのように，子どもに感じ表現させてあげることが大切なのかを考えたうえで，その環境を構成するという視点をもち，保育における形態を柔軟に選択していくことが求められているのである。

2 表現技術を教えることの是非──やらせたらいけない？

　"自由な表現"が尊重されるとき，"練習"や"技術"という言葉は，それを失わせる対極の要素として悪者扱いされる傾向がみられる。"練習"や"技術"が，"上手・下手"といった子どもへの評価に直結する言葉を連想させるからでもある。

　しかし，表現の創造という過程では，それなりの手だてや技術が必要である。技術の習得が悪いのではなく，子どもの発達や興味や意欲と離れたところで，ことさらに作品の完成度を高めるための技術指導が行われることが問題なのである。「できない」と感じている子どもにとって，「自由にやってごらん」と言わ

れることは，むしろ不安で不自由な気持ちを抱かせる場合も多い。その子が安心して表現に向かうためには，今，子どもが求めている表現手段への援助も必要であろう。同時に，保育者はふだんから子どもがさまざまな表現技術を身につけることができるような機会を生活のなかに設定し，子どもの表現の幅を広げるための工夫を施すことも重要である。

表現の手段が広がったことで表現する意欲が高まる，自分の描くイメージに近づくために練習する，みんなに伝えたいからうまくなりたいと感じる，子どものこのような気持ちを喚起し，循環させるための技術指導は，大切な援助である。

3 遊んでいない「○○遊び」

「先生，これが終わったら遊んでいい？」いわゆる"表現遊び"の最中の子どものひと言に，思わず苦笑する保育者。

読み聞かせの前には必ず手遊び。早く読んでほしくて，子どもはすでに目を輝かせているのに，"集中させるため"のお決まりの"導入"。

現行の「保育所保育指針」，「幼稚園教育要領」では，子どもの生活や活動の中心は遊びであるとし，幼児期の発達において，環境にかかわって生み出す遊びの重要性が示され，遊び中心の保育が提唱されている。それによって，子どもの生活を見つめ直す視点が明らかになったことも事実であるが，一方で保育のいたるところで"遊び"という名称がつけられている。

子どもにとって本当の遊びは，自己を表出する自己表現活動である。大人が枠づけしていない"名前のない遊び"のなかにこそ得られるものがあふれている。子どもが名づけたり意味づけたりするような，大人が見過ごしてしまいそうな心と身体の動きのあらわれを，保育者は支えていかなくてはならないのである。

4 「できたら見せてね」には宿題がいっぱい

「できたら見せてね」と保育者。子どもが絵を持ってくる。「いいけれども，もう少し○○したら？ もっと△△にしてみれば？ もう1回がんばってみて！」と保育者が話しかける。子どもは困惑顔。しばしば見かける光景である。

子どもの活動を評価し助言することは大切なことである。保育者は，子どもの表現意欲を高めようという情熱からさまざまな援助を試みる。しかし，あらわれた子どもの行為や形になった作品についての話しかけは，なぜか指示的なニュアンスを帯び，部分的になる傾向がみられる。おしまいには必ず「がんばって」が加わる。このような保育者の働きかけは，ちょっとしたズレで，子どもにとっては表現の強要としか受けとれなくなる。知らず知らずのうちに「保育者に見せると必ず宿題が出る」というマイナスの感覚を植えつけてしまうのである。

美術や音楽，舞踊などの専門家が保育現場に加わることの是非論は別の機会にゆずるが，それらの専門家のほうが保育者より，子どもが表現している過程で細々としたことを言わず，たとえば「ここのところは，きのう見たお空みたいにきれいな色だね」と，子どもが具体的に思い描けるものと結びつけた話しかけによって，子どものイメージを具体化させているという事例を聞く。このような援助は，"こういう場合にはこうするとよい"といった方程式のような指導方法をどのくらい知っているかではなく，保育者の表現観から生まれるのである。何をやったか，どのくらいできたかという評価に基づく固定的で浅い表現観から脱却し，その子が楽しんで内面を表現することの意味を一緒に楽しむという柔軟で深い表現観をもつことが必要なのである。

　保育者は，子どもの表現を援助しつつ，保育者自身も子どもに向けて自分の表現を示していることを十分に自覚し，自身の感性を研ぎすませながら，日々の保育に向き合うことが大切なのである。

5 「できない」と向き合うために「待つ」

　子どもが「できない」と言うとき，その言葉のもつ意味はじつに多様である。「やりたくない」，「きのうよりはできる気がするけど……」，「今，できない」，「やってみたいけど，もう少し待って」，「やっているんだけど……」，「やってみたけど，思っていたのと違うから見せたくない」など。なぜ「できない」のかを考えるとき，そこにあらわれた子どもの表現を文脈*としてとらえる必要がある。文脈のなかに，その子にとっての表現の意味や，あらわしの前にためていたものがみえてくることがある。

　保育者を目ざす学生2人が，4歳児クラスで身体表現活動を見学した後，一方の学生が「うまく表現できていた子ども」を1人，もう一方の学生が「うまく表現できていなかった子ども」を1人抽出して考察するという課題に取り組んだ。後日提出した各々のレポートを見て，学生も周囲も課題に遭遇する。それぞれが抽出した「うまく表現できていた子ども」と「うまく表現できていなかった子ども」は同一人物だったのである。「うまく表現できていた」としたのは"周囲と異なった発想で表現していたから"であり，「うまく表現できていなかった」としたのは"周囲に関心をもたず，一緒に表現しようとしていなかったから"であった。保育者の見方によって，子どものとらえ方が両極になった例である。

　この場合には，「子どもの日常を知らない学生の偏った判断」と考えることもできるが，日常から子どもと深くかかわる保育者がおかしやすい"決めつけ"を省みる事例ととらえることもできるだろう。"決めつけ"のせいで，子どもの「できない」が許容できなくなることも多いのである。

＊文脈とは「状況全体が示している重大な"意味"や，"できごとの"相互関係」である。佐伯胖「保育研究のありかた」『保育の実践と研究』第1巻4号，スペース新社保育研究室，1997を参照するとよい。

子どもが探っているものを理解していくことは，保育者にとって「待つ」ことでもある。「待つ」ことによって，子どもを見守り，子どもの気持ちに近づくことができるのである。その努力を重ねている保育者は「できない子どもをどう変えるか」でなく，保育者自身の見方をどう変えればよいのかに気づくことで，援助の方法が得られることが多い。さまざまな子どもの表現に寄り添うための「待つ」は，保育者自身の視点を子どもの内面に寄り添わせる時間なのである。

【参考文献】
佐伯胖『幼児教育へのいざない──円熟した保育者になるために』東京大学出版，2001
森上史朗「特集：保育者の成長と専門性」『発達』No.83, Vol.21, ミネルヴァ書房，2000
鯨岡峻『〈育てられる者〉から〈育てる者へ〉』日本放送出版協会，2002
鷲田清一『悲鳴をあげる身体』PHP新書，1998
竹内敏晴『子どものからだとことば』晶文社，1983
生田久美子『「わざ」から知る』東京大学出版会，1987
菅原和孝・野村雅一編『コミュニケーションとしての身体』大修館書店，1996

【写真協力】
愛知県岡崎市愛隣幼稚園

第10章 子どもの表現が育つ環境

〈学習のポイント〉
①保育者として，子どもの表現の育ちをどのようにとらえたらよいかを理解しよう。
②子どもを取り巻く環境は，表現の育ちに対し総合的に作用していることを理解しよう。
③さまざまな環境から，子どもがどのように刺激を受けて，それを表現に取り込んでいくのかを具体的に理解しよう。
④子どもの表現の育ちを考える際に，保育者として，それぞれの環境にどのような配慮をしたらよいかを理解しよう。

1．表現にかかわる生活環境の現状

　本章では，環境とのかかわりを通して，子どもの表現がどのように生まれ育っていくのかを，具体的な事例を紹介しながら，環境を構成するうえでの配慮点なども含めて述べていく。
　具体的な環境とのかかわりをみていく前に，まず今日の子どもを取り巻いている生活環境がどのようなものであるかについて触れておこう。

1 直接的体験の減少

　近年「バーチャルリアリティ」という言葉がはやったことからもわかるように，子どもたちの生活のなかでは間接的体験が増え，直接的体験が減ってきている。本や写真，あるいはパソコンを利用すれば，日常ではなかなか見られない動物や昆虫，自然の景色なども簡単に見ることができる。われわれのまわりから自然的なものが減ってきている現在では，もちろんこうした間接的体験の機会も必要であろう。
　しかし，自然でも生き物でも実物にかかわるのと本や写真でみるのとでは，子どもの感情体験はまったく違うものになる。小動物を抱いたときのぬくもり，砂や土の心地よい感触，すばやく逃げ回る虫をつかまえたときのうれしさ……。これらの感情体験は，本や写真では決して得られないものである。
　人とのかかわりにおいても，遊び相手の多くはテレビやゲームにとって替わられようとしている。ゲームやテレビとのかかわりにおいては，それらと子どもとの間に豊かな感情の交流は存在しない。また，テレビやゲームからの反応は，あらかじめプログラムされた画一的なものにすぎない。
　こうした応答性の乏しい間接的体験のなかでは，直接的体験で得られるような豊かな感情体験は望めないであろう。

2 情報化社会

　今日，われわれの生活は，情報化社会と呼ばれるほどさまざまな情報が行き交っている。ひと昔前までは，テレビやラジオ，雑誌などからの情報が中心であった。しかし近年ではパソコンや携帯電話の普及により，さらに多くの情報を家にいながら手軽に得ることができるようになり，また自分がもっている情報をより多くの人々に伝達することも可能になっている。

　幼稚園や保育所における子どもの生活では，パソコンやインターネットに触れる機会は少ないと思われるが，なかには早期教育の一環として，子どもたちをパソコンやインターネットに触れさせているところもあると聞く。

　今後こうした幼稚園や保育所が増えていくかどうかはわからないが，少なくともパソコンやインターネットを保育に取り入れようと考えるのであれば，保育者はプラスの面だけでなく，マイナスの面にも目を向けておく必要がある。

　パソコンやインターネットから得られる情報は量が多く，どれも魅力的であるので，テレビやラジオしかなかったひと昔前に比べ，子どもの興味や関心の幅は広がるだろう。興味や関心の広がりは多様な体験に結びつき，その結果として表現内容の幅も広がっていくであろう。その意味で子どもたちの表現にかかわる生活環境は，情報化社会により豊かになったということができるかもしれない。

　しかし，いくつかの問題も出てきている。1つには，誰でも手軽に情報を受けとれるようになったことで，子どもでも有害な情報を含んだサイトにアクセスできるようになったという問題があげられる。一応の規制はあるものの，テレビなどと比べても内容の有害度が高く，かつアクセスしやすいということで，子どもへの影響が懸念されている。

　また，情報化社会のなかで携帯電話やチャット，メールが普及してきたことにより，人とじかにコミュニケーションをとる機会が少なくなっているという問題もある。直接的なコミュニケーションの機会の減少により，豊かな感情体験が望めなくなるばかりでなく，コミュニケーション能力が不足し，子どもたちが人間関係をうまく築くことができなくなっていることも指摘されている。

3 玩具の豊富さ

　子どもたちが遊ぶ玩具の種類も，昔とは比べものにならないくらい豊富になっている。人形やボールといった昔からある玩具に加え，テレビゲームやキャラクター玩具など，その種類の豊富さには驚くばかりである。

　このように玩具が豊富になったことに伴い，子どもの遊びも多彩になった。しかし，その一方で，友だちと遊ばなくても，それなりに楽しく過ごせるようになったことも事実である。

先に述べた直接的体験や間接的体験の問題とも関連するが，ひとり遊びでは友だちと遊ぶ楽しさを体験できないのはもちろんのこと，ケンカや仲直りなどの貴重な体験をすることもできない。ひとり遊びもときには必要であるが，おおぜいで遊ぶなかで得られる豊かな感情体験は，子どもの育ちにとってなくてはならないものなのである。

また，多くの玩具に囲まれることによって，子どもたちが退屈することはなくなった。しかし，それは反面で退屈さを打開するために自分たちで遊びを考え出したり，仲間を増やすなどの工夫をしなくても済むことを意味する。

このようにみてくると，現代の子どもたちの生活環境は物質的には豊かになったが，子どもたちの表現の育ちを考えたとき，その豊かさが必ずしもプラスに働いているわけではないことがわかる。保育者は環境を構成するとき，こうした物質的豊かさだけにとらわれず，園生活で子どもに何を経験させたいかを考えなければならない。そして，ふだんの生活のなかで経験が足りないと思う部分があれば，園生活のなかに，それらを環境として積極的に取り入れていく必要があるのである。

2. 環境の考え方について

「環境」という言葉を聞いて，みなさんは何を思い浮かべるであろうか。まず思い浮かぶのが「自然環境」であろう。「地球環境」「生活環境」「住環境」などの言葉が思い浮かぶかもしれない。ここでは子どもを取り巻くすべてのものを「環境」としてとらえることとする。

たとえば山へキャンプに行ったとする。そこでは山や川などの自然環境の他，虫や動物などの生き物にも触れるであろう。生き物は環境の1つである。またテントなどのキャンプ用具も使うし，おおぜいでキャンプに行ったなら，家族や仲間たちとバーベキューをしたり，話をしたりする。これらは物や人の環境である。またキャンプ自体，文化という環境である。このようにみてくると，自然，生き物，キャンプ，家族，仲間はすべて環境であり，大人でも子どもでも，そこに存在している限り，さまざまな環境と総合的にかかわり合っているといえる。

では，子どもを取り巻くすべての環境には具体的にどのようなものがあるのであろうか。環境の分類図については，石毛直道やブロンフェンブレンナーの分類に基づいて大場幸夫が作成しており，さらに，それに修正を加えた図を小川博久[*]が作成している（図10-1）。

本章では，大場や小川によって細かくカテゴリー化され整理された環境の概念

[*]中沢和子・小川博久『保育内容　環境』第2版，建帛社, p.31, 1999

をわかりやすく述べるために,「物的な環境」「人的な環境」「生き物の環境」「自然や社会事象の環境」「文化的な環境」の5つに分けて考えていくことにしたい。このように「環境」を幅広くとらえることで,子どもの世界がよりいっそう鮮明にみえてくることであろう。

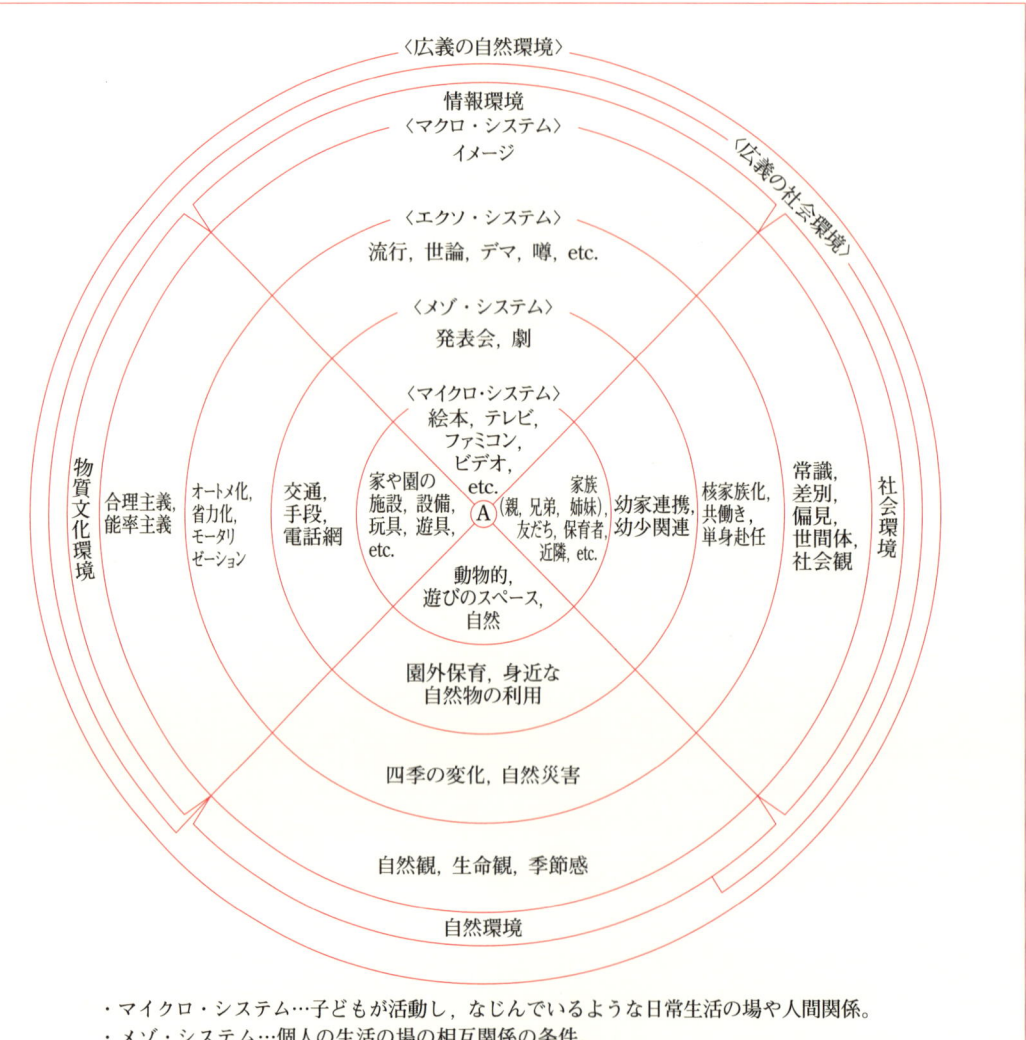

〈広義の自然環境〉
情報環境
〈マクロ・システム〉
イメージ
〈広義の社会環境〉
〈エクソ・システム〉
流行,世論,デマ,噂,etc.
〈メゾ・システム〉
発表会,劇
〈マイクロ・システム〉
絵本,テレビ,ファミコン,ビデオ,etc.
家や園の施設,設備,玩具,遊具,etc.
家族（親,兄弟,姉妹),友だち,保育者,近隣,etc.
幼家族連携,幼少関連
核家族化,共働き,単身赴任
常識,差別,偏見,世間体,社会観
物質文化環境
合理主義,能率主義
オートメ化,省力化,モータリゼーション
交通,手段,電話網
動物的,遊びのスペース,自然
社会環境
園外保育,身近な自然物の利用
四季の変化,自然災害
自然観,生命観,季節感
自然環境

・マイクロ・システム…子どもが活動し,なじんでいるような日常生活の場や人間関係。
・メゾ・システム…個人の生活の場の相互関係の条件。
・エクソ・システム…個人の生育や生活を取り巻く環境を規定している共通の条件。
・マクロ・システム…価値観,信念,イデオロギー。
　　　　　　　　　　　　　　　　　　　　　　（ブロンフェンブレンナーの分類による）
・社会環境・自然環境・物質文化環境・情報環境　　　（石毛直道の分類による）

資料）大場幸夫「環境の意義」岡田正章・平井信義『保育学大事典』第一法規,p.105,1985を小川が改変
中沢和子・小川博久『保育内容　環境』第2版,建帛社,p.31,1999

図10-1　子どもをめぐる環境

3. 物的な環境

　子どもが幼稚園や保育所でかかわる物的な環境は，クレヨン，色紙，はさみ，ボール……といった，子どもの遊びや生活に必要な道具だけに限らない。保育室や園庭など，子どもたちを取り巻くものはすべて物的環境といえる。こうしたさまざまなものとかかわりながら，子どもたちは自分の思いや気持ちといった内面世界を表現している。大人から見ればまったく役に立たない壊れたおもちゃであったり，何気なく暮らしているいつもの保育室であっても，子どもたちはそれらからも想像を広げて遊びにし，「楽しい」，「おもしろい」といった感情を体験している。

　しかし，ものをただ並べておくだけで，すぐれた物的環境となるわけではない。物的環境を構成するうえでは，子どもが今どのようなことに興味や関心をもっているのか，それをどのように設定したらより子どもの表現の育ちにつながるのか，昨日までの子どもの姿，今後の見通し，保育所や幼稚園全体の空間なども考慮していかなくてはならない。

　では，子どもの表現が育つ物的環境を構成するうえで必要な配慮点を，具体的に次の3つの項目に従ってみていくことにしよう。

■1 ものの用途に制約を設けないようにする

　子どもの表現を育てる物的環境を構成するうえでまず必要なのは，できるだけものの用途に制約を設けないようにすること，つまり子どもが，ものに対して自由にかかわれるような配慮をすることである。

　たとえば，ここに1枚の折り紙があるとしよう。折り紙が目の前にあったとき「鶴」の折り方を知っている子どもは，その折り方に従って「鶴」を，また「飛行機」の折り方を知っている子どもは，その折り方に従って「飛行機」を折るということが考えられる。

　他にも，折り紙を細く丸めて剣をつくったり，くしゃくしゃに丸めてボールにしたりする子どももいるだろう。あるいはそのくしゃくしゃに丸めた折り紙をおにぎりやハンバーグに見立て，そこからレストランごっこがはじまったりすることもある。このように，決まった折り方に従って決まった形をつくるという表現活動にとどまらず，子どもたちの表現は無限に広がっていくことが想像できる。

　このとき，たとえば保育者が「折り紙は『折る』ものです。丸めるものではありません」というかかわりをしたとすると，折り紙遊びに一定の制約を設けることになってしまい，「折り紙で剣をつくりたい」という子どもの表現意欲を抑え，結果的に子どもの表現の育ちを阻害することになってしまいかねない。

❷ 子どもの表現したいものを理解し，それに応じたものを提供する

　一方で，子どもが要求するものを，要求通りに際限なく提供していたのでは，子どもの表現の育ちにはなかなかつながらない。保育者は子どもの要求通りのものを提供するよりも，子どもが表現したいものが何であるのかをよく理解し，それに応じたものを提供していくことが必要なのである。

　前項①の折り紙の例でいうと，子どもがただ剣をつくりたいだけであれば，とくに折り紙である必然性はなく，たとえば新聞に折り込まれている広告などを提供してみるのもよい。「折り紙以外にも，剣をつくることのできる紙はたくさんある」という発想を子どもがもつことは，ものの使い方の自由度の幅を広げることにつながる。そして，それは表現の育つ物的環境に必要な要素となるのである。

❸ いつ，どのようなタイミングで，何をどのように出すか考える

　「ものをただ並べておけばそれで物的環境となるわけではない」と先に述べたが，具体的にはどのように配慮すればよいのであろうか。次に紹介する事例は，保育者の物的環境に対する配慮により，子どもの表現の育ちがみられたものである。

●事例１　本格的冬季オリンピックごっこ

　この年は冬季オリンピックイヤーだったこともあり，幼稚園の５歳児クラスの子どもたちは保育者に「スキーがしたい！」と言ってきた。そこで保育者が跳び箱と丈夫な板を用意すると，子どもたちはさっそくそれらを組み合わせてスキー場をつくりはじめた。

　スキー場ができあがると，子どもたちはダンボールでスキー板，紙を細く丸めてストックをつくりはじめる。最初はそのスタイルで滑っていたが，しばらくするとそれでは物足りなくなってきたようである。子どもたちは透明ビニールでゴーグルをつくり，古くなった帽子に毛糸でつくったボンボンをつけスキー帽にするなど，本格的なスキーのスタイルにどんどん近づいていった。

　さらに，子どもたちはスキー場に雪を積もらせることを思いつき，白い布を板に敷くことにする。そうして真っ白なスキー場ができあがった。

　その後，スキー場のまわりには選手村ができたり，また金・銀・銅のメダルをつくるなど，幼稚園における冬季オリンピックはますます本格的になっていったのであった。

　事例では，「オリンピック」という文化や当時の社会事象の環境に刺激を受けて，表現のきっかけが生まれているとみることもできる。では，そうした文化的な環境や社会事象の環境さえあれば，子どもは自分たちだけで事例のように表現

を育てることができるのであろうか。じつは、ここには保育者の「もの＝物的環境」に対する配慮があるのである。

　たとえば、ゴーグルに使った透明ビニールはいつも保育室に出しておくもので、子どもたちはいつでも使えるようになっている。一方、スキー場にした板や跳び箱はふだん保育室の隅に置いてあり、スキー場をつくりたいという子どもたちからの要求に応じて出してきたものである。このときは、子どもたちの遊びのイメージが広がることを保育者がある程度見越したうえで、あえて子どもたちの要求に応じているのであり、常に子どもたちの要求通りにものを出すわけではない。

　スキーやストックに使ったダンボールや紙などは、冬季オリンピックやスキーシーズンということで、スキーをつくりたくなる子どもが出てくることを保育者がある程度予測してあらかじめ用意したものである。それを子どもたちのイメージの広がりに応じて出したのである。

　ボンボンに使った毛糸に関しては、保育者は、子どもたちがスキー帽にはボンボンがついていることに気がついて、どうやってつくろうか考えていることを知っていたが、あえて子どもの要求が出るまで、毛糸を出すのを控えていた。子どもたちが自分の頭のなかでイメージを膨らませ、自発的にアイデアを出してくるのを待っていたのである。

　雪に使った白い布は「雪を積もらせたい」という要求に応じたものであるが、即座に白い布を出したのではない。「白い紙と布があるけど、どっちにする？」と子どもたちに尋ね、自分たちのイメージにより近いほうを選ばせている。

　自然に子どもたちの表現が育っていくようにみえるかもしれないが、このように保育者は子どもたちの様子をみながら、いつどのようなタイミングで、何をどのように出すか考えて物的環境を構成していたのである。

　事例のなかで、子どもたちの表現が育っていったのは、こうした保育者の配慮による物的環境があったからなのである。

4. 人的な環境

　保育所や幼稚園の生活において子どもは、友だちや保育者をはじめとしてたくさんの人とかかわっている。こうした人とのかかわりは、子どもの表現の育ちにおいて非常に重要な環境となる。

1 友だち

　たとえば、友だちどうしで粘土遊びをしている場面で、1人の子どもが恐竜を

つくっていたとしよう。その子が「僕，ティラノサウルスつくった！」と言う。すると，隣の子どもが刺激され，「じゃあ，僕はステゴサウルスつくろう！」と言う。さらにそれを見て，別の子どもが「プテラノドン」になる——。このように，子どもどうしの間でイメージが次々に広がっていくのである。また，ある子どもが紙を細く丸めて剣をつくると，それがクラス中に広がる。最初は剣だけだったのが，ある子どもがマントをつけたりすると，他の子どもがそれをまねる。別の子どもはお面をつける——といった具合にイメージが広がり，これがやがてヒーローごっこに発展していく。

このように，友だちどうし互いのアイデアに刺激を受け，それをまねしたり，あるいは違うものをイメージしたりすることで，表現が育っていくのである。

友だちどうしのかかわりを通して表現が育つのは，同年齢の子どもどうしだけではない。たとえば，年少の子どもたちは年長の子どもたちのやっている遊びを見て，刺激を受けることもある。

ある幼稚園で「アイスクリーム屋さんごっこ」がはやったときのこと。年少の子どもたちの商品はもっぱらカップアイスで，フレーバーはバニラ，イチゴ，チョコレートの3種類であった。ところが，何人かの子どもが年長の部屋に行ってみると，そこにはメロンやピーチ，オレンジなどさまざまなフレーバーがあり，コーンアイスも並んでいた。年少の子どもたちは，これに刺激を受け，フレーバーを増やしてコーンのアイスも売るようになったのである。

逆に，年少の子を年長の子どもが見て，刺激を受けることもある。保育所などでは，赤ちゃんを見て年長の子どもが「赤ちゃんごっこ」をすることがあるが，これは「かわいい」という感情が「赤ちゃんになりたい」という気持ちを生み，表現につながったとみることができる。

2 保育者

保育者も重要な人的環境である。子どもたちは保育者がさりげなくやっていたことでも，それをまねして表現に取り込んでいく。たとえば，砂場で泥だんごをつくっているときなど，子どもたちは保育者のつくり方をよく見ている。保育者がツヤを出すために泥だんごに白砂をかけているのを見れば，同じように白砂をかける。また，保育者が大きい泥だんごをつくれば，もっと大きいのをつくりたくなる。子どもは，保育者をそばで見ていて「先生のやり方っていいな」と思ってすぐにまねすることもあれば，別の日に「先生はああやっていたな」と思い出して，まねすることもある。ここでは保育者は子どもたちのお手本，つまり「モデル」となっているのである。

また，子どもたちの遊びが停滞しているようなとき，保育者のひと言で遊びが

再び発展していくことがある。たとえば，子どもたちが砂場で山をつくって遊んでいたときのこと。山の一部が崩れたことをきっかけとして，1人の子どもが山全体を崩しはじめた。山が崩れていく様子がおもしろかったのか，他の子どもも山崩しに加わり，そのうち砂をぐちゃぐちゃにしているだけの遊びになっていった。最初はおもしろがっていた子どもたちも，だんだんとぐちゃぐちゃな遊びに飽きてきて，全体的につまらなそうな雰囲気が漂ってきた。そのとき，そばにいた保育者がふと子どもたちに「山，崩れちゃったね……」とつぶやいたところ，子どもたちは「そうだ，山をつくってたんだっけ！」とでもいうようにハッとわれに返り，再び山づくりに取り組んだのである。ここでは保育者のひと言がきっかけで，子どもたちは遊びのイメージを取り戻し，再び表現に向かっている。

　子どもたちとの何気ないやりとりのなかでも，保育者の応答が子どもの表現につながることがある。たとえば，子どもがママゴトの最中，保育者にコーヒーを持ってきてくれたようなとき，「ありがとう！」と答えるのもよいが，「先生甘いのが好きなの！　お砂糖を持ってきてくれる？」というような応答も，子どものイメージをさらに膨らませることであろう。

　子どもの表現が育つ人的環境を考えるうえでは，保育者は自らも人的環境であること，そして子どもたちの表現の広がりをイメージしながら，遊びがもっとおもしろくなるようなかかわりを考えることが必要である。

3 保護者や地域の人々

　子どもたちが幼稚園や保育所でかかわるのは，友だちや保育者だけではない。ときには保護者や地域の人々とのかかわりもあり，そういった人たちも子どもの表現の育ちにおいては重要な人的環境となる。

　たとえば，ある幼稚園での催し物で，地域の文化センターの人を呼んでインドの楽器「シタール」の演奏が行われたときのこと。演奏時，子どもたちははじめて聞くシタールの音に興味は示していたが，「変な音だね〜」という感想ぐらいしかもっていなかった。

　ところが演奏後，保護者を対象とした「シタールの簡単なつくり方講座」を開いたところ，保護者，とくに母親たちが興味を示し，講座は大盛況となった。そして，母親が一生懸命シタールをつくっている様子を見て，今度は子どもたちが目を輝かせはじめた。「お母さん一緒につくろうよ！」，「できあがったら私にも弾かせて！」など強い興味を示しはじめたのである。

　この例では，地域の人たちの活動がきっかけとなり，さらに母親という人的環境を通して，シタールづくりやシタール演奏といった表現活動につながったとみることができる。

5．生き物の環境

　生き物とかかわることによって，子どもはさまざまなことを感じる。生き物は私たち人間と同じように生きているということが子どもたちにも実感できるぶん，親近感を抱きやすいからではないかと思う。動物や昆虫は，子どもたちにとって友だちみたいなものなのかもしれない。人とは違う，その不思議な友だちとかかわるとき，子どもはふだんと違った表現をすることがある。

　ここで紹介する事例は，生き物とかかわるなかで，その子どもなりの身体表現が非常によくあらわれたものである。

●事例2　「トリさん，仲間に入れてよ！」
　A夫は5歳児クラスであるが，早生まれということもあって，まだ幼さが残っており，友だちみんなからかわいがられている存在である。
　ある天気の良い日に，園の近くにある小川のほとりを年少から年長まで，みんなで散歩したときのことである。A夫は川の対岸にいる数羽のカモを見つけた。A夫は大きな声で対岸のカモに向かって「トリさ〜ん！　トリさ〜ん！　な〜にしてんの〜！」と尋ねている。カモは当然知らんぷり。A夫はさらに大きな声で「トリさ〜ん！　トリさ〜ん！　僕も仲間にいれてよ〜！」とカモにお願いする。
　そうしているうちに，数羽のカモが歩きはじめた。それを見たA夫は手を後ろに組み，カモの歩き方をまねしながらエッチラオッチラと同じ方向に歩いていく。その姿を保育者は「相変わらずA夫くんはかわいらしいなあ」と思って眺めていたが，あまりにもその姿がかわいらしいので，保育者自身も，カモのまねをしながら（正確には，カモのまねをするA夫のまねをしながら）エッチラオッチラA夫の後についていった。
　しばらくすると他の子どもたちも，A夫と保育者のまねをしながらエッチラオッチラ，後に続いて歩きはじめた。その後，子どもたちはカモだけでなく思い思いに好きな鳥になりきり，小川のほとりを，ワシになったり，ツバメになったりして遊びはじめ，小川のほとり全体が一時的に「野鳥公園」のようになった。
　そのときA夫はというと，相変わらずカモのまねをしてエッチラオッチラ小川の畔を歩いていた。

　この事例では，A男がカモに対してなんとなく親近感を抱き，自分もカモの仲間になりたくなったという気持ちから，「まねをする」という身体表現につながったのではないかと考えられる。保育者自身はA夫の動きをただ「かわいい」と感じてまねをしたのであるが，A夫はカモの仲間に入りたくて，その気持ちが膨

らんでいった結果，カモと同じ動きをしたくなったのではないだろうか。

　また，保育者はとても自然な感じで，カモの（A夫の）まねをしながらA夫の後についていったのであるが，そうした保育者の姿は，まわりの子どもたちの表現に刺激を与えている。その意味で，この事例の内容は人的な環境の事例としてもみることができる。

　A夫以外の子どもたちにとって表現のきっかけは保育者であったのであるが，表現の対象が子どもたちにとって身近でいつもみているような生き物＝鳥であったことが，子どもたちに親近感を抱かせたのだろう。そして親近感がわいた分イメージが広がりやすく，そのイメージの広がりが自分なりの鳥の表現につながったとみることができる。

　生き物は，子どもにとって身近で親近感を抱きやすい。とくに生活のなかで触れ合っていると，友だちの1人のような存在になる。だからこそ，生き物の気持ちになって考えることもできる。そのことが多様な感情体験を生み，表現の育ちにつながるのである。

　また，こうした身近な存在である生き物の病気や死に子どもたちが遭遇したとき，容態を心配したり，お墓をつくったり，その生き物の絵を描いてお墓に供えたりすることもある。身近な生き物の病気や死との出会いが子どもの感情を揺さぶり，さまざまな表現としてあらわれるのであろう。病気や死だけではなく生き物の誕生に際しても子どもたちは，その赤ちゃんの絵を描いたり，生まれる様子を遊びで表現するなど，さまざまな表現をする。

　子どもたちの身近にいる生き物は，子どもたちにとって大切な友だちであるとともに，表現の育ちにとって非常に重要な環境であるといえるのである。

6. 自然や社会事象の環境

1 自然環境

　自然にかかわるということは，生き物だけではなく，砂や水，空気，雪，風など生きていないものにもかかわることである。山内昭道は，自然には「直接手に触れることのできるもの，できないもの，また，いつでも見たり，触れたりできるもの，できないものがあり，こうした自然の多様性に対し，子どものかかわりもまた多様にならざるを得ない」*としている。自然とのかかわりのなかで子どものかかわりが多様になるということは，子どもの表現も多様になるということであり，その意味で子どもの表現が育つうえで，自然は重要な環境であるといえる。

　次の事例は，泥だんごづくりをきっかけとして遊びが広がり，そのなかで子

＊山内昭道・幼児の自然教育研究会『子どもと環境　自然・社会とかかわる子どもたち』文化書房博文社，p.194，2000

もの表現が育っていく様子がみられるものである。

●事例3　泥だんごづくりから，たこ焼き屋さんへ
　5歳児クラスのB弘とC香は泥だんごをつくるのが大好きである。とくにこの夏，ボランティアの男子学生にピカピカに光った泥だんごを見せてもらってからは，泥だんごづくりの虜(とりこ)になり，毎日「どうやったらピカピカなるんだろう？」，「白砂をかけるといいんじゃない？」，「よく乾かしたほうがいいよ」などと2人で相談しながら数々の新作に挑戦していた。
　そんな2人の熱気に魅かれたのか，他の子どもたちも続々と泥だんごづくりに参加するようになった。そのため園庭にある乾燥棚には大小さまざまな泥だんごが飾られるようになっていった。
　子どもたちはたくさんの泥だんごを見て，「たこ焼き」をイメージしたのか，保育者が日頃とっておいた牛乳パックを使って，たこ焼きの下に敷いてあるような笹船型のお皿をつくり，みんなで「たこ焼き屋さんごっこ」をはじめたのであった。
　一方，B弘とC香は，「たこ焼き屋さんごっこ」の最中も黙々と新作をつくり続け，とうとう2人が納得のいくピカピカの泥だんごを完成させたのである。
　2人は今「ボランティアのおにいさんに見せるんだ！」とはりきっている。

　この事例は，B弘とC香がボランティア学生のつくった泥だんごに触発され，泥だんごづくりに熱中していくなかで，他の子どもたちにも遊びが広がり，「たこ焼き屋さんごっこ」に展開していったものである。砂・泥・水など自然環境を使った泥だんごづくりを通して，子どもたちがイメージを広げ，それを形にしている様子から，表現が育っていることがみてとれる。
　現代の子どもは，昔に比べ自然とかかわる機会が極端に少なくなっているといわれている。子どもたちは昔のように，自由に虫をとりにいったり，川へ泳ぎにいったりすることができなくなった。これは虫がとれる場所や泳げる川がなくなったからというだけではなく，遊びが自然を対象としたもの以外にも広がったからだともいえる。また子どもたちだけで川に行くことや虫とりに行くことが，安全などの面からあまり歓迎されなくなったということもあるだろう。
　このように自然とかかわる機会が減っているのであれば，保育者は，子どもが自然にかかわる機会を工夫して意図的に設ける必要がある。自然というと何か貴重なもので，どこかの山奥からもってこなければならないもののように感じるかもしれないが，何気なく目を周囲に向けただけでも，風，空，雲，水，砂など，私たちは自然にいつも触れていることが実感できるであろう。このとき，いつも自然に触れているからそれで良い，と考えたり，逆にわざわざ自然を子どもの目

の前にもってきて見せたりするのではなく，子どもたちが自然のもつ多様な変化を感じられるような工夫をすることが必要なのである。

たとえば，秋になるといっぱいになる落ち葉も，何本か違った種類の木が植えてあれば，子どもたちはいろいろな形や色の落ち葉を見ることができる。また果物のなる木には，花が咲いて，実がなって，それをみんなで食べて……。自然の変化に伴って，子どもたちはさまざまな楽しみを味わえるであろう。

木を植えるのが難しければ，花壇に植える花に工夫を凝らしてみるのも良い。たとえば子どもたちの大好きなチューリップを植えるだけでなく，季節の変化を感じられるようにアジサイ，ヒマワリ，コスモス……など四季折々の花を植えておくと，季節ごとにいろいろな花が楽しめる。花だけでなく，蝶を園に呼びこむためにキャベツなどの植物を植えておくのも良い。キャベツに蝶がやってきて，卵を産んで，卵から青虫が生まれて，それがサナギになり，やがて蝶になる……。そうした蝶の変化の姿を間近で見ることは，子どもにとって貴重な感情体験になるであろう。

こうした変化に富んだ自然に触れることによる感情体験は，子どもたちの表現につながっていくのである。

2 社会事象の環境

私たちを取り巻いている社会で起こっている出来事の影響は，子どもの表現にもあらわれてくる。子どもの遊びなどを見ていると，現代の社会の様相がみてとれることもある。

●事例4 ペットになりたい！

学生がある保育所に実習に行ったときのこと。女の子たちが集まって何かしていたので，仲間に入れてもらおうと思い，1人の女の子に「ねえねえ，何してるの？ 私も入れてよ！」と問いかけたところ，「おママゴトしてるの。ちょうどよかった！ 先生，人の役やってね！」という答えが返ってきた。学生は「人の役？」と疑問に思いながらも，仲間に入って遊んでみると，ようやくその疑問が解けた。子どもたちはママゴトをしようと思ったものの，全員がペットの役になりたがり，誰が人の役をするかもめており，そこにちょうど学生が入ってきたのだった。ようやくペットの世話をする人の役が決まったので，子どもたちは思い思いのペットになりきり，園庭を走りまわったり，寝転んだりしながら遊びを楽しんだ。

この事例のように，みんながペットになりたがることは，あまりないことであ

る。しかし、ママゴト遊びにペットが登場することは、よくあることである。ペットを飼うことが現代社会に広まっていることは確かであり、それがこのような子どもの遊びにも反映しているのである。

こうした社会の変化が子どもの表現に出ているのをみると、子どもの表現がいかにまわりの環境に刺激を受けているかがよくわかる。

次にあげる事例は、大きな社会事象を活動に取り入れることによって、子どもたちの表現活動が広がった例である。

●事例5　気分はサポーター？

2002年の日韓共催のサッカーワールドカップにおけるグループリーグの日本対チュニジア戦。その日は午後の3時半から試合がはじまるということで、子どもたちはサッカーワールドカップの話でもちきりだった。試合が保育中にはじまることもあって、保育者たちはなんとか今日本中で盛り上がっているこの試合の放映を子どもたちと一緒に見て、子どもたちと感動を共有したいと考えていた。それを園長に相談したところ、「みんなで一緒になって自分の住んでいる国を応援することも良いことだし、また他の国にも目を向けるいい機会になるので、ぜひやりなさい」という承諾を得ることができた。

子どもたちはその話をすると非常に喜び、その話を聞いて「(日本代表の) ユニホームを着て応援したい」という子どもも出てきた。そこで保育者は青い大きなビニール袋に頭と腕を通す穴を開け、そのビニール袋に子どもたちと一緒に紙で背番号や模様を貼りつけ、ユニホームをつくったところ、子どもたちは大興奮で、みんなで背番号の入ったユニホームをつくることになった。その日は、手づくりユニホーム姿のままで子どもたちは生活し、その後午後3時半から保育者らと一緒に試合を観戦して、おおいに盛り上がったのであった。

この事例のように、保育中にテレビでサッカーの試合を観戦することが良いか悪いかは別にして、ワールドカップのような一大イベントを保育のなかに取り入れることも、子どもの表現の育ちを考えたときには大切な環境構成の1つとなる。

もちろん、サッカーにそれほど興味のない子どももなかにはいるだろう。しかし、保育者も含め園全体で盛り上がることによって、そうした子どももなんとなく楽しい、うれしい気持ちになるのではないだろうか。

そのなかで、「ユニホームをつくる」という活動は、この時期だからこそ、いつも以上に楽しんで取り組めたし、この時期でなければ子どもたちからの提案もなかったかもしれない。

この「ユニホームをつくる」活動には後日談があり、子どもたちはこのときに

つくったユニホームを着て帰り，その後数日間，そのユニホームを着て登降園していたそうで，途中，はがれた背番号や模様は家で家族と一緒に修正したりして，結果的に家族を巻き込んでの活動となった。

　サッカーにあまり興味がなくとも，ワールドカップなどで日本中が盛り上がっているときには，大人でもなんだかうれしい気分になるものである。子どもたちにとっては，運動会や遠足などと同じ楽しみであったかもしれない。運動会や遠足の前後では，子どもたちはよく，それらの絵を描いたり，それらを遊びのなかに取り入れたりするが，それは運動会や遠足という楽しみが，子どもの表現したい気持ちを育てているとみることもできる。年中行事だけでなく，私たちを取り囲んでいる社会事象にも目を向けて，それを保育に取り入れると，子どもたちの楽しみもより広がり，表現もさらに育っていくのである。

7. 文化的な環境

　国語辞典によれば，文化とは「その人間集団の構成員に共通の価値観を反映した，物心両面にわたる活動の様式（の総体）。また，それによってつくり出されたもの」[*]のことであるが，今日，文化的といわれる芸術・スポーツなどはすべてその発生段階においては遊びであったという説がある。[**]したがって，子どもの自然発生的な遊びも，それが結晶化したときには文化となる可能性があるといえる。しかし，子どもの遊びのなかには，すでに文化的と呼ばれる環境を取り入れたくてはじまる遊びもある。

　次にあげるのは，日本の伝統的文化の1つ「お祭り」という文化的環境が，子どもの表現活動につながった例である。

[*]金田一京助・山田忠雄・柴田 武 他編著『大きな活字の新明解国語辞典』第五版，三省堂，pp.1252～1253，1998

[**]ホイジンガ，高橋英夫訳『ホモ・ルーデンス』中公文庫，1973

●事例6　山車より獅子舞・カキ氷！
　ある秋の日。近所で町内会のお祭りがあるというので，子どもたちは山車を引かせてもらうことになった。みんなで山車を引かせてもらい，町内を一周した後，町内会の人たちにカキ氷をごちそうしてもらい園に帰ってきた。保育者が立案したその日の計画では，ダンボールや紙を使って子どもたちみんなで大きな山車をつくることになっていた。
　ところが，帰ってくると子どもたちは山車よりも，カキ氷を食べながら見た「獅子舞」に非常に興味をもったようで，みんな獅子舞を自分なりに舞っていた。なかには保育者が用意していた紙で獅子舞のお面をつくり出す子どもも出てきた。それがだんだん他の子どもにも広がると，お面だけでなく風呂敷代わりにビニー

ルを背中にまとうようにもなり，本格的な「獅子舞」遊びへと発展していった。
　そのうち，獅子舞の横で「カキ氷屋さんをやりたい」という子どもも出てきたので，急遽予定を変更し，子どもたちと一緒に机や用意していたダンボールでお店をつくり，新聞紙を細かく破いてカキ氷をつくった。山車こそなかったが，保育室はまさにお祭りの熱気で盛り上がっていた。

　この事例の「獅子舞のお面をつくり，舞う」という遊びは，日本の文化に影響を受けた表現活動といえる。事例では必ずしも保育者の意図した遊びにはならなかったが，お祭りという文化的な環境が子どもの表現に良い形であらわれたものである。
　ここで留意しておかなければならないことは，子どものやりたいことだけに任せて遊びを展開し，保育者はそれに従うだけ，という保育が必ずしも子どもの充実感につながるとは限らないという点である。しかし，保育者が当初の計画に縛られて，そのときの子どもの興味・関心を抑えてしまうのでは，子どもの充実感にはつながらない。文化的な環境だけに限ったことではないが，とくに文化という形になったものを遊びとして取り入れる際，保育者は自分で描いている1つの文化の形を，子どもに押しつけてしまいがちなのである。
　事例では，子どもの興味・関心に沿って，急遽その日の保育計画を変えつつも，「お祭りの楽しさを子どもたちの遊びのなかでも継続させたい」という保育者の当初の思いが生かされている。そのバランスがうまくとれているために，子どもの表現の育ちが良い形であらわれたのだといえよう。
　ここでは「お祭り」を文化的な環境の例としてあげたが，たとえば物的な環境の項であげた「冬季オリンピック」の事例や，人的な環境の項であげたインドの楽器「シタール」の例も，文化的な環境から刺激を受けて遊びが盛り上がったということができる。また，社会事象の項であげた「サッカーワールドカップ」の事例でも，「サッカー」は文化そのものであるし，「ワールドカップ」は多くの国が参加するイベントだと考えると，これらはみな文化的な環境であるともいえる。
　このようにみてみると，子どもたちは各環境から受ける刺激を総合的に自らの表現に取り込んでいるといえるだろう。

8. 総合的に環境をとらえるということ

　本章では子どもの表現が育つ環境について，子どもの周囲にあるものすべてを環境としてとらえ，そのなかでもとくに5つの環境に焦点を当てて述べてきた。

これまでのまとめとして，子どもの表現が育つうえで配慮しておきたい点は次の通りである。

1 各環境が子どもに総合的に作用していることを理解する

　本章の第2節や第7節でも述べたように，「物的な環境」「人的な環境」「生き物の環境」「自然や社会事象の環境」「文化的な環境」は，それぞれがバラバラに子どもたちに作用しているわけではなく，それぞれが絡み合って作用し，子どもたちはそれらを総合的に取り込んで自らの表現を生み出しているのである。

　たとえば事例3で，「泥だんごづくり」の1場面を取りあげ，その様子を「自然環境を通しての子どもの表現の育ち」として述べたが，友だちどうしのかかわり合いが子どもたちの表現の育ちに作用しているとみることもでき，その面では「人的な環境」が作用しているといえる。また，保育者がとっておいた牛乳パックを使って「たこ焼きのお皿」をつくるところなどは，「物的な環境」を表現において取り込んでいるとみることもできる。

　これは他の事例でもいえることであり，その意味では子どもの生活すべてにおいて，環境は総合的に子どもに作用しているといえる。このため，保育者は子どもの環境を整える際，たとえば自然環境を設定する際にも，子どもと自然のかかわりのなかで同時に発生するであろう，人的環境や物的環境も含めて総合的に構成する必要があるのである。

2 子どもの表現手段が総合的であることを理解する

　子どもの遊びをみるとき，環境だけでなく表現手段についても総合的にとらえることができる。たとえば事例3では，「泥だんごをつくる」，「たこ焼きのお皿をつくる」といった造形的な表現だけに限らず，友だちが「泥だんごづくりの仲間に入れて」と言ってきたときには，遊びのルールを説明したりするのに「言葉」という表現手段を用いている。「泥だんごづくり」に入ろうとするときには「いーれーて♪」といった音程やリズムを強調した言葉を発していることも想像できる。「子どもの表現が育つ環境」を考える際は，さまざまな環境を総合的にとらえることと同時に，子どもの表現行為を総合的にとらえる必要もあるのである。

　子どもの表現は多様である。保育者は表にあらわれ出たものだけでなく，その裏にある子どもの内面世界にも目を向けてとらえることが大切である。そのことと合わせ，保育者は，子どもを取り巻くすべてのものが1人ひとりの表現を育てる環境になることを忘れてはならないのである。

【参考文献】

中沢和子・小川博久 編著『保育内容　環境』第2版，建帛社，1999

山内昭道・幼児の自然教育研究会『子どもと環境　自然・社会とかかわる子どもたち』
　　文化書房博文社，2000

ホイジンガ，高橋英夫 訳『ホモ・ルーデンス』中公文庫，1973

おわりに
Afterword

　わが国の乳幼児期における教育・保育の特徴の1つは，子どもの発達を全体としてとらえ，多様な体験が含まれている遊び・生活のなかで総合的に指導・援助することを通して，その発達を促していくことである。それは同時に，小学校以降の学習にとって不可欠な主体性や自発性を育むことにもつながる。

　この基本的な考え方が，保育内容の領域に反映されている。すなわち，保育内容の各領域は，子どもの発達全体との関係を常に視野に入れながら，子ども自身の遊び・生活のなかで，興味や関心に即して，ていねいに指導されなければならないのである。しかし，このことを初心者が理解することは難しいようである。とくに，保育内容「表現」に関しては，従来，保育の現場では歌や演奏，絵画や造形など，音楽的あるいは美術的な活動に焦点化された指導も実際に行われてきたために，初心者は特別な表現活動に目を奪われるようである。それは，往々にして，子どもの発達全体のなかに表現を位置づけ，子ども自身の遊び・生活のなかから表現する力を育てるという視点を見失わせる。

　そこで，本書では，次の3点を基本的な編纂方針とした。1つは，表現を発達全体のなかに位置づけるとともに，さまざまな表現の発達自体も，相互に関連したものとしてとらえることである。2つ目は，生きることはさまざまな形で自分を表現することであり，それゆえに遊び・生活のなかで子どもがさまざまな表現を行っていることを明らかにすることである。そして3つ目は，遊び・生活のなかに芽生えている子どもの表現を出発点として，表現する力を育むために，どのように子どもの活動を援助すればよいのかを，できるだけ具体的に理解できるようにすることである。以上の点に加えて，各章の説明もできるだけ平易でわかりやすいように配慮した。

　保育者を志す学生のみなさんは，各養成施設・機関において，さまざまな保育技術を学ぶ。それらのなかには保育内容「表現」に関わるものも多い。その技術が本当に有意義なものとなるかどうかは，保育者が子どもの表現について十分に理解できているかどうかにかかっている。それゆえ，本書を通して，保育者を志す学生のみなさんが子どもの表現について理解を深め，遊び・生活のなかにある表現の芽に気づき，それを育むための基礎を身につけられることを切に願うしだいである。

編著者　榎沢良彦

索引 *Index*

―― あ 行 ――

空き箱　78
アクション　58, 64
遊び　2, 69
アタッチメント　17
アニミズム　115
油粘土　109
あらわし手　15, 32
安定　63
生き物の環境　170, 176, 183
生きられた身体　53
生きる力　7
一斉保育　162
異年齢　142
異年齢児　141
イメージ　30, 40, 103, 112, 155, 156
意欲　152
色鉛筆　76
色画用紙　78
インターネット　168
イントネーション　94
受け手　15
動き　102
歌　81, 102
うたう　20, 81
運動機能　107
運動共感　60
映像的表象　29
絵具　76
絵本　128
援助　116, 147, 151

演じる　28, 82
演奏　89, 102
大まかな表現的活動　66, 67
音　80, 87, 93, 99
踊る　30
驚き　71
思い　71
折り紙　78
音楽　13, 87, 88
音楽体験　89
音楽的な場　95
音楽的表現　19, 32, 87, 95
音声言語　28

―― か 行 ――

カーペンター効果　60
外的世界　4
解放　48
かく　24, 75
学習活動　13
掛け合い　98
画材　76
カスタネット　81
風　38
楽器　80
楽器遊び　102
学校教育　7, 13
活動　66
奏でる　21
紙　78
紙芝居　128
紙粘土　77

身体　5, 53, 55, 59, 62, 64, 66, 73, 150, 161
環境　2, 11, 55, 62, 116, 129, 145, 152, 153, 167, 169, 170, 182
玩具　168
感情体験　179
感じる　59
感性　8, 9, 113
間接的体験　167
感動　71
観念運動性反応　60
木　78
聞く　21
気づく　62
基底線　25
協応動作　21
教科　11, 13
京花紙　78
行事　121, 123, 144
クーイング　20
空間　154, 155
空想　43
くぎ打ち　79
倉橋惣三　4
クレヨン　75, 76
クレープ紙　78
経験　12
ゲーム　167
劇遊び　83, 127, 138, 142, 145
ケロッグ　24
言語　150
健康　11, 54
行為的表象　29

索引

効力感　108
声　87, 93, 94
五感　60, 114
国語　13
心　55
個性　149
ごっこ遊び　29, 82, 127, 132, 145
固定遊具　73
こと　62, 107
言葉　11, 70
木の葉　79
木の実　79
コミュニケーション　20, 28, 55, 59, 95, 98, 150, 168
小麦粉粘土　77, 109

—— さ 行 ——

再現　152
材料　48, 130, 145
サインペン　76
挫折感　110
視覚型　25
シグナル　64
自己充実　3
自己表現　70
自己表出　70
自然　71, 117
自然環境　169, 177
自然や社会事象の環境　170, 177, 183
社会事象の環境　179
周囲　62
自由感　5
住環境　169
充実感　3
集団記憶　101
自由保育　162
主体性　3
主体的体験　89
受容　63
小学校教育　13
情緒　18

象徴期　24
象徴機能　29
象徴的表象　29
情報化社会　168
触覚　60
触覚型　25
身体的表現　28, 32
人的環境　156
人的な環境　170, 173, 183
図画工作　13
スクリブル　24
図式期　24
鈴　81
生活科　13
生活環境　169
前図式期　24, 26
相　55
造形的な遊び　107
造形表現　23, 32, 107
想像　115
創造性　10, 11, 13
素材　48, 108, 109, 130, 145, 158
素朴　6

—— た 行 ——

体育　13
体感　151
体験　1, 37, 151
太鼓　81
タイミング　172
探索　26
タンバリン　81
地域　121, 122, 123, 175
地球環境　169
聴覚　94
聴覚フィードバック　21
チョーク　76
直接の体験　167
つくる　26, 75
土粘土　26, 77
積み木　26, 77
デカルコマニー　76

テレビ　167
展開描法　25
伝達機能　20
同期現象　30
友だち　119, 173
トライアングル　81
泥粘土　77

—— な 行 ——

内的世界　4
内面　4, 131
なりきり遊び　130
喃語　20
苦手意識　110
日常生活　12
人間関係　11, 55
粘土　77
ノンバーバルコミュニケーション　55

—— は 行 ——

バーチャルリアリティ　151, 167
パソコン　167, 168
発見　71
発達　15, 32, 33
発達段階　15
発表会　84
反射　16
ピアジェ　1
光　39
人　62, 107
描画　24, 25, 160
表現　1, 4, 11, 16, 34, 65, 66
表現活動　65
表現技術　110, 162
表現機能　20
表現指導　162
表現者　149
表現手段　183
表現体験　160
表現的活動　66
表現的行動　66

187

表現モデル　158
表出　16, 65
表出的行動　65
フィードバック　26
節　95
物的な環境　170, 171, 183
筆　76
ふり　74
ふり行為　29
ブリッジス　18
触れる　59, 60
ブロック　77
雰囲気　48
分化　18
文化　68, 87, 181
文化的な環境　170, 181, 183
扮する　82
保育者　49, 119, 145, 149, 156,
　158, 159, 161, 174
保育所　175
保育所保育指針　51, 163
保育内容　11
保育の場　53

ボール紙　78
保護者　175

——— ま 行 ———

待つ　164
まなざし　49
マラカス　81
満足感　3
明確な表現的行動　66
芽生え期　16
目的　138, 140
もてあそび　26
モデル　158, 159
もの　62, 107, 117, 171
物語　43, 128
物語る　70, 72
模倣　28, 30, 73, 159

——— や 行 ———

役割　137
役割意識　137

指さし　28
幼稚園　175
幼稚園教育　7, 8
幼稚園教育要領　7, 40, 67, 163
用途　171

——— ら 行 ———

リアクション　58
リーチング　28
リズミカル　74
リズム　95
リズム性　30
領域　1, 8, 11, 54, 67
領域「表現」　1, 7, 8, 9, 10, 11,
　13, 67, 162
レッジョエミリア　28
ローウェンフェルド　25

保育・教育ネオシリーズ［19］
保育内容・表現

2006年 5月1日　　第一版第1刷発行
2008年 4月1日　　第二版第1刷発行
2009年 4月1日　　第三版第1刷発行
2014年10月1日　　第三版第4刷発行

編著者　榎沢良彦
著　者　槇 英子・森川 紅
　　　　庄司康生・中島千恵子
　　　　佐木彩水・開 仁志
　　　　五十嵐市郎・鈴木裕子
　　　　小久保圭一郎
発行者　宇野文博
発行所　株式会社　同文書院
　　　　〒112-0002
　　　　東京都文京区小石川5-24-3
　　　　TEL (03)3812-7777
　　　　FAX (03)3812-7792
　　　　振替　00100-4-1316
印刷・製本　中央精版印刷株式会社

© Yoshihiko Enosawa et al., 2006
Printed in Japan　ISBN978-4-8103-1334-5
●乱丁・落丁本はお取り替えいたします

《 幼稚園教育要領 改訂
保育所保育指針 改定
幼保連携型認定こども園教育・保育要領 改訂 》について

無藤　隆　監修

同文書院

━━━━━━━━━━━━━━━━━━━ 目　次 ━━━━━━━━━━━━━━━━━━━

第1章　幼稚園教育要領の改訂について　3
　1. はじめに　3
　2. 幼稚園教育要領改訂のポイント　6
　3. 新しい幼稚園教育要領の概要　8

第2章　保育所保育指針の改定について　12
　1. はじめに　12
　2. 保育所保育指針改定のポイント　14
　3. 新しい保育所保育指針の概要　17

第3章　幼保連携型認定こども園教育・保育要領の改訂について　19
　1. はじめに　19
　2. 幼保連携型認定こども園教育・保育要領改訂のポイント　20
　3. 新しい幼保連携型認定こども園教育・保育要領の概要　22

資料　幼稚園教育要領　27
資料　保育所保育指針　36
資料　幼保連携型認定こども園教育・保育要領　53

第1章 幼稚園教育要領の改訂について

1．はじめに

　新幼稚園教育要領（以下，新教育要領とも）は，2016（平成28）年12月の中央教育審議会による答申「幼稚園，小学校，中学校，高等学校及び特別支援学校の学習指導要領等の改善及び必要な方策等について」を踏まえ，幼稚園の教育課程の基準の改正を図ったものである。2017（平成29）年3月31日告示され，1年間の周知期間を経た後，2018（平成30）年4月1日から施行されることになる。

(1) 中央教育審議会による答申

　今回の中央教育審議会による答申のポイントは，現行の学習指導要領で謳われている知（確かな学力）・徳（豊かな人間性）・体（健康・体力）にわたる「生きる力」を，将来子どもたちがより一層確実に育むためには何が必要かということにある。

　今後，人工知能（AI）のさらなる進化によって，現在，小・中学校に通う子どもたちが成人となる2030年以降の世界では，現在ある仕事の半数近くが自動化される可能性があるといわれている。また子どもたちの65％が今は存在しない職業に就くであろうと予測されている。インターネットが地球の隅々まで普及した現代において，さまざまな情報が国境や地域を越えて共有化され，グローバル化の流れはとどまるところを知らない。今後，社会の変化はさらに速度を増し，今まで以上に予測困難なものとなっていくであろう。

　こうした予測困難な未来社会において求められるのは，人類社会，日本社会，さらに個人としてどのような未来を創っていくのか，どのように社会や自らの人生をよりよいものにするのかという目的意識を主体的に持とうとすることである。そして，複雑に入り混じった環境の中でも状況を理解し，その目的に必要な情報を選択・理解し，自分の考えをまとめ，多様な他者と協働しながら，主体的に社会や世界と関わっていくこと，こうした資質・能力が求められている。

　また近年，国際的にも忍耐力や自己制御，自尊心といった社会情動的スキル，いわゆる非認知的能力を幼児期に身につけることが，大人になってからの生活に大きな差を生じさせるといった研究成果が発表されている。非認知的能力とは，「学びに向かう力や姿勢」と呼ばれることもあり，「粘り強く取り組んでいくこと，難しい課題にチャレンジする姿勢」などの力をさす。従来はその子どもの気質，性格と考えられていたが，現在では適切な環境を与えることでどの子どもでも伸ばすことが可能な能力（スキル）として捉えられるようになっている。

　そのため，今回の答申では，こうした資質・能力を育むための「主体的・対話的で深い学び」（アクティブ・ラーニング）の実現の重要性を強調している。その上で「何のために学ぶのか」という学習の意義を共有しながら，授業の創意工夫や教科書等の教材の改善を引き出していけるよう，すべての教科等また幼児教育について，①知識及び技能，②思考力，判断力，表現力等，③学びに向かう力，人間性等，の3つの柱に再整理している（図1-1）。

(2) 幼稚園を取り巻く環境

　わが国の幼稚園児数は，1978（昭和53）年の249万7,895人をピークに減少し続けており，2009（平成21）年163万336人，2013（平成25）年158万3,610人，2016年133万9,761人，2017年

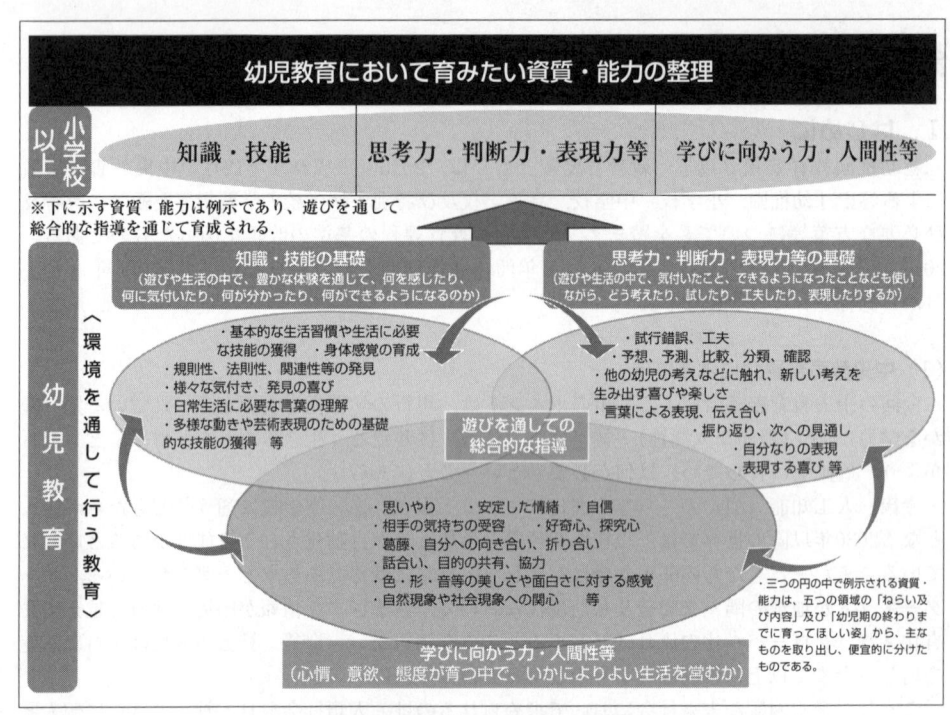

図1−1　幼児教育において育みたい資質・能力

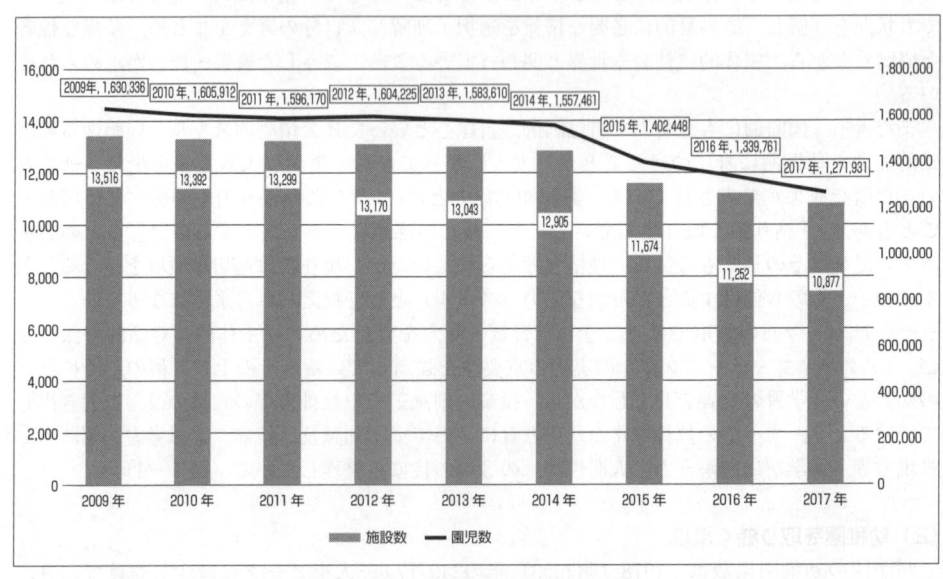

図1−2　幼稚園数と園児数の推移

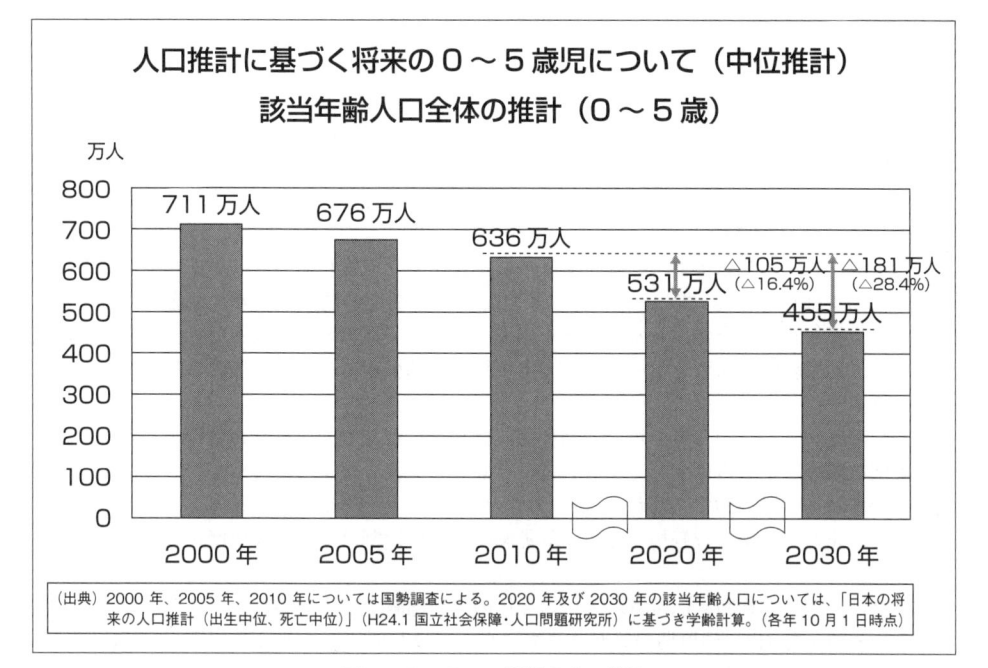

人口推計に基づく将来の0～5歳児について（中位推計）
該当年齢人口全体の推計（0～5歳）

万人
- 2000年：711万人
- 2005年：676万人
- 2010年：636万人
- 2020年：531万人（△105万人（△16.4%））
- 2030年：455万人（△181万人（△28.4%））

（出典）2000年、2005年、2010年については国勢調査による。2020年及び2030年の該当年齢人口については、「日本の将来の人口推計（出生中位、死亡中位）」（H24.1 国立社会保障・人口問題研究所）に基づき学齢計算。（各年10月1日時点）

図1－3　0～5歳児の人口推移

では127万1,931人となった。また幼稚園の設置数も，1985（昭和60）年の1万5,220園をピークに減少し，2009年1万3,516園，2013年1万3,043園，2016年1万1,252園，2017年では1万877園となっている（図1－2）（なお，2015年から2017年に認定こども園に移行した幼稚園は1,454園。詳細は『第3章　幼保連携型認定こども園教育・保育要領について』を参照）。一方，保育所等の入所児数は1980（昭和55）年まで増加し続け（1978年191万3,140人）その後一旦減少したが，1996（平成8）年から再び増加し，2009年には204万934人，2013年221万9,581人，さらに子ども・子育て支援新制度がスタートした2015年には237万3,614人，2017年は254万6,669人となっている（2015年からの数値は幼保連携型認定こども園，幼稚園型認定こども園等，特定地域型保育事業を含む，第2章図2－1参照）。

　このように保育所利用児童の増加の一方で，わが国の0～5歳児の人口は2000（平成12）年の711万人から2030年には455万人まで減少すると予想されており，少子化傾向に歯止めが掛かる兆しは見えていない（図1－3）。全国的に幼稚園児数が減少し続けるのに対し，保育所等のニーズが増え続ける背景には，女性の社会進出に伴い乳幼児を持つ母親の就業が増えていること，長期化する景気の低迷から共働き家庭の増加や長時間労働の蔓延などがあげられている。なかでも3歳未満の待機児童数は毎年2万人前後で推移しており，この年齢層の保育ニーズはさらに増えていくものと見られている（第2章図2－3参照）。

　日本総合研究所の調査によると，出生率が現状のまま推移し，乳幼児を持つ母親の就業率が過去10年間と同じペースで上昇する出生中位・就業中位の場合，保育所ニーズは2015年の233万人から2020年には254万人に増え，その後2040年までほぼ横ばいとなるとしている。一方，幼稚園ニーズは2015年の151万人から2040年には64万人に減少すると見ている。また，出生中

位のまま母親の就業率が2倍のペースで増え続ける就業高位では，保育所ニーズが2040年に1.4倍の334万人と増える一方，幼稚園ニーズは2040年には35万人と2015年の4分の1に激減するとしている。

　もし幼稚園が従来の3歳以上の子どもを対象とした教育時間内の幼児教育にのみ特化するならば，幼稚園を取り巻く環境が今後，好転することは難しいだろう。しかし，共働きの保護者の希望に応え，教育時間外に子どもを保育する「預かり保育」を積極的に実施している施設は増えている。私立幼稚園の預かり保育の実施率は，1997（平成9）年度には46％だったが，2014（平成26）年度には95.0％とほとんどの私立幼稚園で実施している（平成26年度幼児教育実態調査，文部科学省）。また，子ども・子育て支援新制度の開始により，3歳未満児の保育を行う小規模保育施設を併設した幼稚園も出てきている。従来の幼稚園という枠にとらわれることなく，幼児教育・保育をトータルに考え実践する幼稚園のみが生き残れる時代になったといえよう。

　また教育という観点から見た場合，幼稚園には長年にわたる幼児教育の蓄積があり，保護者が幼稚園に求めるところは少なくない。特に今回の中央教育審議会の答申が求める①知識及び技能（の基礎），②思考力，判断力，表現力等（の基礎），③学びに向かう力，人間性等，の3つの資質・能力の基礎を育む場として，幼稚園の果たす役割はさらに重要度を増すものと考えられる。

　本章では，新教育要領に記載されている今後の幼稚園教育に求められる「幼児教育において育みたい資質・能力」「幼児期の終わりまでに育ってほしい姿」などの具体的な内容について概説する。

2．幼稚園教育要領改訂のポイント
(1) 学校教育における幼稚園教育の位置付けの強化

　新教育要領において重要なことは，前回の改訂よりもさらに踏み込んで，幼稚園を学校教育の始まりとすることを強調している点である。現在の教育要領では，2008（平成20）年の学校教育法の改正により，幼稚園が学校教育の始まりとしてその存在が明確化され，幼児教育が公的な教育として捉えられている。さらに新教育要領ではその旨を新設した前文に明記している。

　この背景には，幼児教育がその後の学校教育の基礎を培う時期として重視され，さらに今回，幼稚園・保育所・幼保連携型認定こども園がともに幼児教育を実践する共通の施設として，その基礎を形成する場として強調されたということがある。なかでも幼稚園はその幼児教育のあり方を先導してきた施設なのであり，今後もそうであることが期待される。

　新教育要領で新設された「前文」には，「これからの幼稚園には，学校教育の始まりとして，こうした教育の目的及び目標の達成を目指しつつ，一人一人の幼児が，将来，自分のよさや可能性を認識するとともに，（中略）持続可能な社会の創り手となることができるようにするための基礎を培うことが求められる」とし，「幼稚園教育要領が果たす役割の一つは，公の性質を有する幼稚園における教育水準を全国的に確保することである」と記載されている。これは取りも直さず，より質の高い幼児教育の重要性の強調にほかならず，幼稚園教育（ひいては幼児教育）と小学校教育との円滑な接続が求められている。

(2) 幼稚園教育において育みたい資質・能力および「幼児期の終わりまでに育ってほしい姿」

　では，ここで述べられている「幼稚園における教育水準」とは何を意味するのであろうか。それは小学校以降で行われる文字の読み書き，計算といった小学校教育の先取りではない。本来の意味は，幼児の自発的な活動である遊びや生活を通して，「幼稚園教育で育みたい3つの資質・能力」を育成し，その具体的な現れとして「幼児期の終わりまでに育ってほしい10の姿」を実現していくことにある。

　なお，この3つの資質・能力は，これまでの幼稚園教育要領で規定されてきた5領域（「健康」「人間関係」「環境」「言語」「表現」）に基づく遊びを中心とした活動全体を通じて育まれていくものである。

① 豊かな体験を通じて，感じたり，気付いたり，分かったり，できるようになったりする「知識及び技能の基礎」
② 気付いたことや，できるようになったことなどを使い，考えたり，試したり，工夫したり，表現したりする「思考力，判断力，表現力等の基礎」
③ 心情，意欲，態度が育つ中で，よりよい生活を営もうとする「学びに向かう力，人間性等」

　つまり，気付くこと，考えること，試し，工夫すること，また心動かし，やりたいことを見出し，それに向けて粘り強く取り組むことなどを指している。それらは相互に結びついて一体的に育成されていく。

　そして，この3つの資質・能力が育まれている幼児の幼稚園修了時の具体的な姿「幼児期の終わりまでに育ってほしい10の姿」が以下の10項目である（詳細は「新教育要領」第1章第2を参照）。ここで，実際の指導ではこれらが到達すべき目標を示したものではないことや，個別に取り出されて指導されるものではないことに十分留意する必要がある。

① 健康な心と体　　　　　　　⑥ 思考力の芽生え
② 自立心　　　　　　　　　　⑦ 自然との関わり・生命尊重
③ 協同性　　　　　　　　　　⑧ 数量や図形，標識や文字などへの関心・感覚
④ 道徳性・規範意識の芽生え　　⑨ 言葉による伝え合い
⑤ 社会生活との関わり　　　　　⑩ 豊かな感性と表現

(3) カリキュラム・マネジメント

　幼稚園では，教育基本法および学校教育法その他の法令ならびに幼稚園教育要領に基づき，それぞれの園の運営方針，指導方針の基礎となる教育課程を編成することが義務付けられている。教育課程や預かり保育の計画等を合わせて，全体的な計画と呼んでいる。新教育要領では，「幼児期の終わりまでに育ってほしい姿」を踏まえて教育課程を編成し，この教育課程を実施，評価し，改善を図っていくこと（PDCAサイクル），また教育課程の実施に必要な人的または物的な体制を，家庭や地域の外部の資源も含めて活用しながら，各幼稚園の教育活動の質の向上を図っていくカリキュラム・マネジメントの考え方が導入されている。幼稚園等では，教科書のような教材を用いずに，環境を通した教育を基本としており，また幼児の家庭との関係の緊密度が他校種と比べて高いこと，ならびに預かり保育・子育ての支援などの教育課程以外の活動が多くの幼稚園で実施されていることなどから，カリキュラム・マネジメントはきわめて重要とされている。

(4)「主体的・対話的で深い学び」(アクティブ・ラーニング)の実現

　新教育要領では,「指導計画の作成上の留意事項」に「主体的・対話的で深い学び」(アクティブ・ラーニング)の考えが加わった。
　中央教育審議会の答申で述べられているように,これからの予測困難な未来を切り開いていくためには,学ぶことに興味・関心を持ち,見通しを持って粘り強く取り組み,自己の学習活動を振り返って次につなげる「主体的な学び」,子ども同士の協働・教職員や地域の人との対話・先哲の考え方を手がかりに考えるなどを通じて,自己の考えを広め深める「対話的な学び」,そして得られた知識を相互に関連付けてより深く理解したり,情報を精査して考えを形成したり,問題を見出し解決策を思考したり,自分の思い・考えを基に創造へと向かう「深い学び」のアクティブ・ラーニングの実現が求められている。教育要領では,従来から重視されてきた,体験の多様性と関連性を進める中で,この3つの学びを実現していく。様々な心動かされる体験をして,そこから次にしたい活動が生まれ,さらに体験を重ねていき,それらの体験がつながりながら,学びを作り出す。その際,振り返ったり見通しを立てたり,考え工夫して様々に表現し対話を行い,さらに身近な環境への関わりから意味を見出していくのである。
　幼児教育における重要な学習である「遊び」においても,この主体的・対話的で深い学びの視点,すなわちアクティブ・ラーニングの視点に基づいた指導計画の作成が必要となる。

(5) 言語活動の充実

　新教育要領の「指導計画の作成上の留意事項」では「主体的・対話的で深い学び」とともに,「言語活動の充実」が新たに加えられた。これは「幼児期の終わりまでに育ってほしい10の姿」の9番目にある「言葉による伝え合い」および第2章「ねらい及び内容」の5領域の「言葉」とも関連する項目であるが,言語能力の発達が思考力等のさまざまな能力の発達に関連していることを踏まえ,絵本や物語,言葉遊びなどを通して,言葉や表現を豊かにすることで,自分の経験・考えを言葉にする思考力やそれを相手に伝えるコミュニケーション能力の発達を促していこうとの狙いが読み取れる。

(6) 地域における幼児教育の中心的役割の強化

　前回の改訂から幼稚園の地域における保護者の幼児教育のセンターとしての役割が求められるようになった。さらにこの10年間では貧困家庭,外国籍家庭や海外から帰国した幼児など特別な配慮を必要とする家庭・子どもの増加,また児童虐待の相談件数の増加など,子どもと保護者を取り巻く状況も大きく変化している。このため新教育要領では,「心理や保健の専門家,地域の子育て経験者等と連携・協働しながら取り組むよう配慮する」との記載を追加することで,その役割のさらなる専門化を図っている。

3. 新しい幼稚園教育要領の概要(中央説明会資料による)
(1) 前文の趣旨及び要点

　今回の改訂では,新たに前文を設け,次の事項を示した。
　① 教育基本法に規定する教育の目的や目標の明記とこれからの学校に求められること
　②「社会に開かれた教育課程」の実現を目指すこと
　　教育課程を通して,これからの時代に求められる教育を実現していくためには,よりよい学校教育を通してよりよい社会を創るという理念を学校と社会とが共有することが求められ

る。
　そのため，それぞれの幼稚園において，幼児期にふさわしい生活をどのように展開し，どのような資質・能力を育むようにするのかを教育課程において明確にしながら，社会との連携及び協働によりその実現を図っていく，「社会に開かれた教育課程」の実現が重要となることを示した。
③ 幼稚園教育要領を踏まえた創意工夫に基づく教育活動の充実
　幼稚園教育要領は，公の性質を有する幼稚園における教育水準を全国的に確保することを目的に，教育課程の基準を大綱的に定めるものであり，それぞれの幼稚園は，幼稚園教育要領を踏まえ，各幼稚園の特色を生かして創意工夫を重ね，長年にわたり積み重ねられてきた教育実践や学術研究の蓄積を生かしながら，幼児や地域の現状や課題を捉え，家庭や地域社会と協力して，教育活動の更なる充実を図っていくことが重要であることを示した。

(2)「総則」の改訂の要点

　総則については，幼稚園，家庭，地域の関係者で幅広く共有し活用できる「学びの地図」としての役割を果たすことができるよう，構成を抜本的に改善するとともに，以下のような改訂を行った。
① 幼稚園教育の基本
　幼児期の教育における見方・考え方を新たに示すとともに，計画的な環境の構成に関連して教材を工夫することを新たに示した。
② 幼稚園教育において育みたい資質・能力及び「幼児期の終わりまでに育ってほしい姿」
　幼稚園教育において育みたい資質・能力と「幼児期の終わりまでに育ってほしい姿」を新たに示すとともに，これらと第2章の「ねらい及び内容」との関係について新たに示した。
③ 教育課程の役割と編成等
　次のことを新たに示した。
　・各幼稚園においてカリキュラム・マネジメントの充実に努めること
　・各幼稚園の教育目標を明確にし，教育課程の編成についての基本的な方針が家庭や地域とも共有されるよう努めること
　・満3歳児が学年の途中から入園することを考慮し，安心して幼稚園生活を過ごすことができるよう配慮すること
　・幼稚園生活が安全なものとなるよう，教職員による協力体制の下，園庭や園舎などの環境の配慮や指導の工夫を行うこと
　・「幼児期の終わりまでに育ってほしい姿」を共有するなど連携を図り，幼稚園教育と小学校教育との円滑な接続を図るよう努めること
　・教育課程を中心に，幼稚園の様々な計画を関連させ，一体的に教育活動が展開されるよう全体的な計画を作成すること
④ 指導計画の作成と幼児理解に基づいた評価
　次のことを新たに示した。
　・多様な体験に関連して，幼児の発達に即して主体的・対話的で深い学びが実現するようにすること
　・幼児の発達を踏まえた言語環境を整え，言語活動の充実を図ること
　・幼児の実態を踏まえながら，教師や他の幼児と共に遊びや生活の中で見通しをもった

り，振り返ったりするよう工夫すること
- 幼児期は直接的な体験が重要であることを踏まえ，視聴覚教材やコンピュータなど情報機器を活用する際には，幼稚園生活では得難い体験を補完するなど，幼児の体験との関連を考慮すること
- 幼児一人一人のよさや可能性を把握するなど幼児理解に基づいた評価を実施すること
- 評価の実施に当たっては，指導の過程を振り返りながら幼児の理解を進め，幼児一人一人のよさや可能性などを把握し，指導の改善に生かすようにすることに留意すること

⑤ 特別な配慮を必要とする幼児への指導
　次のことを新たに示した。
- 障害のある幼児などへの指導に当たっては，長期的な視点で幼児への教育的支援を行うための個別の教育支援計画と，個別の指導計画を作成し活用することに努めること
- 海外から帰国した幼児や生活に必要な日本語の習得に困難のある幼児については，個々の幼児の実態に応じ，指導内容等の工夫を組織的かつ計画的に行うこと

⑥ 幼稚園運営上の留意事項
　次のことを新たに示した。
- 園長の方針の下に，教職員が適切に役割を分担，連携しつつ，教育課程や指導の改善を図るとともに，学校評価については，カリキュラム・マネジメントと関連付けながら実施するよう留意すること
- 幼稚園間に加え，小学校等との間の連携や交流を図るとともに，障害のある幼児児童生徒との交流及び共同学習の機会を設け，協働して生活していく態度を育むよう努めること

(3)「ねらい及び内容」の改訂の要点

　「ねらい」を幼稚園教育において育みたい資質・能力を幼児の生活する姿から捉えたもの，「内容の取扱い」を幼児の発達を踏まえた指導を行うに当たって留意すべき事項として新たに示すとともに，指導を行う際に「幼児期の終わりまでに育ってほしい姿」を考慮することを新たに示した。

① 領域「健康」
　見通しをもって行動することを「ねらい」に新たに示した。また，食べ物への興味や関心をもつことを「内容」に示すとともに，「幼児期運動指針」（平成24年3月文部科学省）などを踏まえ，多様な動きを経験する中で，体の働きを調整するようにすることを「内容の取扱い」に新たに示した。さらに，これまで第3章指導計画作成に当たっての留意事項に示されていた安全に関する記述を，安全に関する指導の重要性の観点等から「内容の取扱い」に示した。

② 領域「人間関係」
　工夫したり，協力したりして一緒に活動する楽しさを味わうことを「ねらい」に新たに示した。また，諦めずにやり遂げることの達成感や，前向きな見通しをもつことなどを「内容の取扱い」に新たに示した。

③ 領域「環境」
　日常生活の中で，我が国や地域社会における様々な文化や伝統に親しむことなどを「内容」に新たに示した。また，文化や伝統に親しむ際には，正月や節句など我が国の伝統的な行

事，国歌，唱歌，わらべうたや伝統的な遊びに親しんだり，異なる文化に触れる活動に親しんだりすることを通じて，社会とのつながりの意識や国際理解の意識の芽生えなどが養われるようにすることなどを「内容の取扱い」に新たに示した。
④ 領域「言葉」
　言葉に対する感覚を豊かにすることを「ねらい」に新たに示した。また，生活の中で，言葉の響きやリズム，新しい言葉や表現などに触れ，これらを使う楽しさを味わえるようにすることを「内容の取扱い」に新たに示した。
⑤ 領域「表現」
　豊かな感性を養う際に，風の音や雨の音，身近にある草や花の形や色など自然の中にある音，形，色などに気付くようにすることを「内容の取扱い」に新たに示した。

(4)「教育課程に係る教育時間の終了後等に行う教育活動などの留意事項」の改訂の要点
① 教育課程に係る教育時間の終了後等に行う教育活動などの留意事項
　教育課程に係る教育時間終了後等に行う教育活動の計画を作成する際に，地域の人々と連携するなど，地域の様々な資源を活用しつつ，多様な体験ができるようにすることを新たに示した。
② 子育ての支援
　幼稚園が地域における幼児期の教育のセンターとしての役割を果たす際に，心理や保健の専門家，地域の子育て経験者等と連携・協働しながら取り組むことを新たに示した。

<参考文献>
文部科学省『幼稚園教育要領』2017.3.31
厚生労働省『保育所保育指針』2017.3.31
内閣府・文部科学省・厚生労働省『幼保連携型認定こども園教育・保育要領』2017.3.31
中央教育審議会『幼稚園，小学校，中学校，高等学校及び特別支援学校の学習指導要領等の改善及び必要な方策等について（答申）』2016.12.21
文部科学省『学校基本調査』
無藤　隆『今後の幼児教育とは　幼稚園教育要領，保育所保育指針，幼保連携型認定こども園教育・保育要領，小学校学習指導要領の改訂を受けて』2017.1.16 国立教育政策研究所　幼児教育研究センター発足記念 平成28年度教育研究公開シンポジウム
淵上　孝『私立幼稚園を取り巻く現状と課題について』2016.1.28 全日本私立幼稚園連合会 平成27年度第2回都道府県政策担当者会議
池本美香，立岡健二郎『保育ニーズの将来展望と対応の在り方』JRIレビュー Vol.3, No.42 ㈱日本総合研究所
文部科学省『平成26年度幼児教育実態調査』2015.10
東京都教育委員会『小1問題・中1ギャップの予防・解決のための「教員加配に関わる効果検証」に関する調査　最終報告書について』2013.4.25

第2章　保育所保育指針の改定について

1．はじめに
(1) 中央教育審議会の答申と保育所保育指針
　2017（平成29）年3月31日，新保育所保育指針（以下，「新指針」とも）が告示され，これに続き，新指針の解説書『保育所保育指針解説書』の発行が通知された。

　今回改定された新指針は，1965（昭和40）年に保育所保育指針が策定されてから4回目の改定となる。なかでも2008（平成20）年の前回の改定からは，それまでの局長通知から厚生労働大臣による告示となり，遵守すべき法令となっている。

　今回の改定の特徴は，「第1章　幼稚園教育要領の改訂について」でも述べた2016（平成28）年12月の中央教育審議会による答申「幼稚園，小学校，中学校，高等学校及び特別支援学校の学習指導要領等の改善及び必要な方策等について」を踏まえ，新たな保育所保育指針においても「幼児教育を行う施設として共有すべき事項」として，3つの「育みたい資質・能力」ならびに10の「幼児期の終わりまでに育ってほしい姿」が記載されていることである。また，0歳から2歳児を中心とした3歳未満児の保育所利用児童数の増加といった保育所等における独自の問題への取り組みの積極的な対応も図られている。

(2) 保育所等を取り囲む環境
　図2－1に示すように，保育所等の利用児童数および設置数は，2009（平成21）年から2017年までの間いずれも増加している。特に子ども・子育て支援新制度がスタートした2015（平成27）年からは幼保連携型認定こども園，幼稚園型認定こども園等，特定地域型保育事業（小規模保育事業，家庭的保育事業，事業所内保育事業，居宅訪問型保育事業）が加わったことで，2017年には利用児童数254万6,669人，施設数では3万2,793施設と大きく拡大した。これは女性の社会進出に伴い乳幼児を持つ母親の就業が増えていること，また長期化する景気の低迷から共働き家庭の増加，長時間労働の蔓延など，小学校入学前の乳幼児の保育ニーズが高まっていることによる。

　なかでも3歳未満の乳幼児の利用数は多く，少子化が進んでいるにもかかわらず，2017年の保育所等を利用する3歳未満児数は103万1,486人と2009年の70万9,399人に比べ45.4％増，30万人近い増加となっている（図2－2）。また，3歳未満児の保育所等の待機児童数を見てみると，2009年から2017年にいたるまで毎年ほぼ2万人前後で推移している（図2－3）。これは保育所等の施設が近隣に新設されたことで，それまで出産を機に就業をあきらめていた女性たちが就業を目的に乳幼児の入所を希望するという，これまで表にあらわれなかった保育ニーズが顕在化しているためといわれている。産前産後休業後の職場復帰を考えている女性たちが子どもを預けるための保育所探しに奔走する「保活」という言葉が一般化しているように，3歳未満の乳幼児の保育ニーズが解消する兆しは見えていない。

　このため新指針では，乳児，1歳以上3歳未満児の保育についての記載の充実を図ることで，今後さらに増えていくであろう3歳未満児の保育の質的な向上を目指している。また，2016年12月の中央教育審議会による答申「幼稚園，小学校，中学校，高等学校及び特別支援学校の学習指導要領等の改善及び必要な方策等について」を踏まえ，新幼稚園教育要領との整合性を図ったより質の高い幼児教育の提供，食育の推進・安全な保育環境の確保などを訴えて

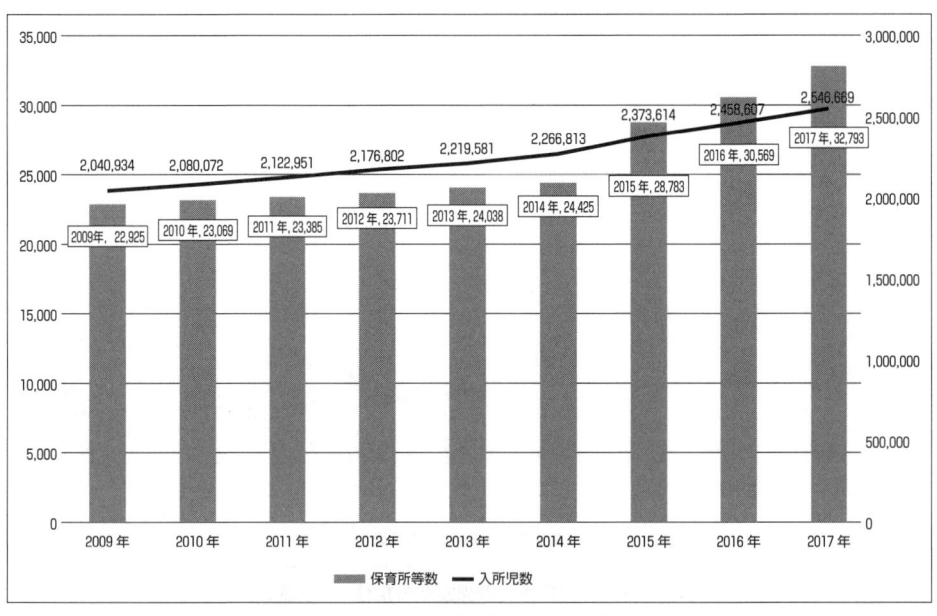

図2-1　保育所等施設数と入所児数の推移

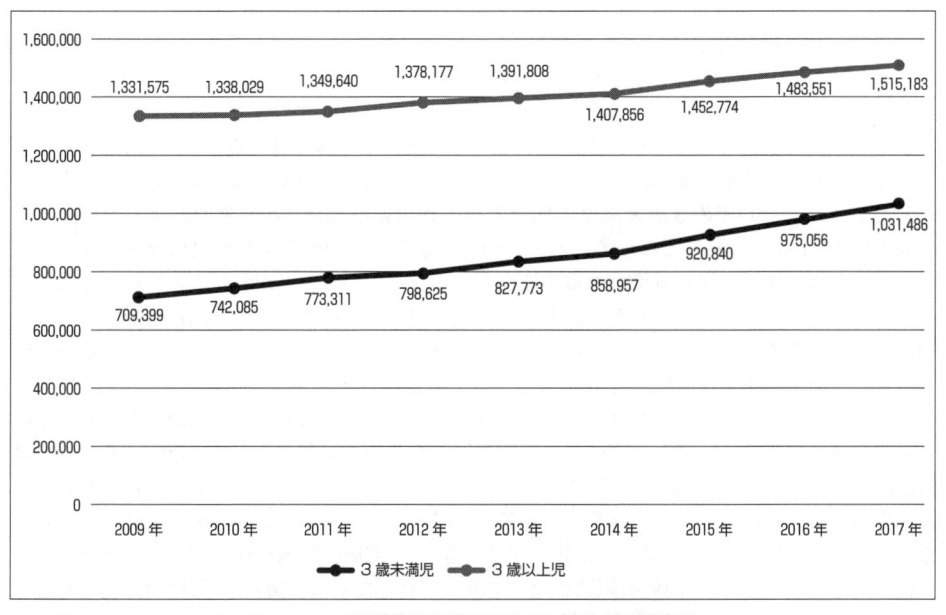

図2-2　保育所等の利用児数の推移（年齢層別）

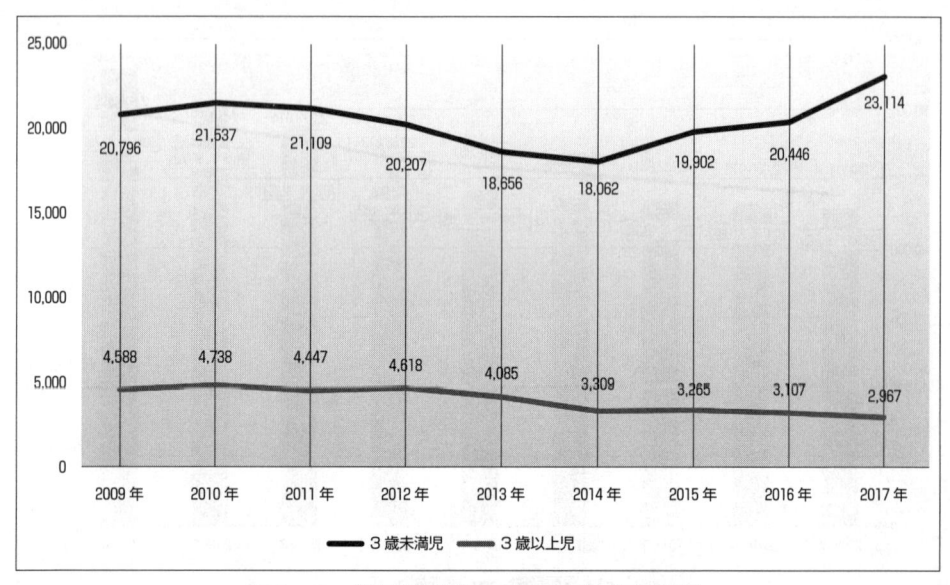

図2－3　保育所等待機児童数の推移（年齢層別）

いる。さらに，子育て世帯における子育ての負担や不安・孤立感の高まり・児童虐待相談件数の増加など子育てをめぐる地域や社会，家庭の状況の変化に対応し得る保育士としての専門性の向上など，今日的な施策を見据えた改定がなされている。

2．保育所保育指針改定のポイント
(1) 乳児・1歳以上3歳未満児の保育の重要性

　2017年の就学前児童のうち保育所等利用率は42.4％で，このうち3歳未満児は35.1％，さらに1・2歳児は45.7％を占めるまでになっている（2017年4月1日時点）。これに対し，2008年の全体の保育所等利用率は30.7％，このうち1・2歳児の利用率が27.6％であった。また前述したように，2017年の3歳未満児の保育所等の利用児童数は，2008年の前回の改定時に比べ52.5％増の103万1,486人となっている。このことから前回の改定から幼児保育を取り巻く環境，特に3歳未満児の保育所保育の重要性が大きくなっていることがわかる。なかでも乳児から2歳児までの時期は，保護者や保育士など特定のおとなとの間での愛着関係が形成されると同時に，周囲の人やもの，自然などとの関わりから自我が形成されていく，子どもの心身の発達にとって非常に重要な時期である。

　そのため，新指針では「第2章　保育の内容」を大きく変更している。前回の改定では，発達過程を8つの年齢に区分し，すべての年齢を通じた共通の記載となっていたが，新指針では「乳児」「1歳以上3歳未満児」「3歳以上児」の3年齢に区分している。そして各年齢における保育内容を5領域に則り，それぞれの年齢区分における成長の特徴を詳細に記載する内容となった（乳児に関しては，「健やかに伸び伸びと育つ」（健康の領域へ発展する），「身近な人と気持ちが通じ合う」（人間関係の領域へ発展する），「身近なものと関わり感性が育つ」（環境の領域へ発展する）の3つの関わりの視点）。なお「3歳以上児」については幼稚園教育要領の

「第2章　ねらい及び内容」に準拠している。

(2) 幼児教育の積極的な位置づけ

　2016年12月の中央教育審議会による答申「幼稚園，小学校，中学校，高等学校及び特別支援学校の学習指導要領等の改善及び必要な方策等について」では，現行の学習指導要領で謳われている知（確かな学力）・徳（豊かな人間性）・体（健康・体力）にわたる「生きる力」を，将来子どもたちがより一層確実に育むためには何が必要かということをポイントに記載されている。特に今後，人工知能（AI）の技術が進み，社会環境・構造の大きな変化が予測される未来において，その変化を前向きに受け止め，主体的によりよい将来を創り出していこうとする姿勢がより重要となってくる。

　そのため，新指針でも「幼児教育を行う施設として共有すべき事項」として，幼稚園教育要領および幼保連携型認定こども園教育・保育要領の改訂との整合性を図った「保育活動全体を通して育みたい」3つの「資質・能力」を記載している。

① 豊かな体験を通じて，感じたり，気付いたり，分かったり，できるようになったりする「知識及び技能の基礎」
② 気付いたことや，できるようになったことなどを使い，考えたり，試したり，工夫したり，表現したりする「思考力，判断力，表現力等の基礎」
③ 心情，意欲，態度が育つ中で，よりよい生活を営もうとする「学びに向かう力，人間性等」

そして以下の10項目が，この3つの資質・能力が育まれている幼児において「幼児期の終わりまでに育ってほしい具体的な姿」である。

① 健康な心と体　　　　　　　⑥ 思考力の芽生え
② 自立心　　　　　　　　　　⑦ 自然との関わり・生命尊重
③ 協同性　　　　　　　　　　⑧ 数量や図形，標識や文字などへの関心・感覚
④ 道徳性・規範意識の芽生え　⑨ 言葉による伝え合い
⑤ 社会生活との関わり　　　　⑩ 豊かな感性と表現

　保育所等における3歳以上の利用児童数は，前回の保育所保育指針の改定から増加傾向にあり，2015年からは子ども・子育て支援新制度の開始もあって幼稚園の園児数を上回るようになった（図1-2，図2-1参照）。こうした状況から，保育所等における幼児教育の重要性はさらに高まっていくものと考えられる。

　なお幼稚園教育要領，幼保連携型認定こども園教育・保育要領に記載されている「主体的・対話的で深い学び」（アクティブ・ラーニング），「カリキュラム・マネジメント」については，新指針でそれらの用語を使っては触れていない。しかし，子どもの主体的な活動を促すために，全体的な計画などを子どもの実態や子どもを取り巻く状況の変化などに即して手直ししていく，PDCAの重要性について述べている（「主体的・対話的で深い学び」および「カリキュラム・マネジメント」については第1章を参照）。

(3) 小学校教育との円滑なつながり

　従来，小学校教育はいわばゼロからスタートするものと考えられてきた。そのため，ほとんどの子どもが幼稚園，保育所，認定こども園などに通い，小学校教育に求められる幼児として

の資質・能力はある程度育成されており，既に多くを学んでいることが見逃されていた。そこで，幼児教育が保育所での教育を含め，小学校以降の学習や生活の基盤の育成につながる重要な機会であるとの認識から，保育所保育でも小学校とのつながりを一層図るべきことが強調されるようになった。

このため新指針では，前回以上に「小学校との連携」の項の充実を図っている。具体的には「幼児期にふさわしい生活を通じて，創造的な思考や主体的な生活態度などの基礎を培うようにする」などの幼児教育の「見方・考え方」に通ずる表現を盛り込むとともに，「保育所保育において育まれた資質・能力を踏まえ（中略），小学校教師との意見交換や合同の研究の機会などを設け（中略）『幼児期の終わりまでに育ってほしい姿』を共有するなど連携を図り」など，幼児期に育ってほしい資質・能力とその具体的な姿を幼保小で連携し円滑な接続に向けていくことの重要性が明記されている。

(4) 健康および安全な保育環境の確保

子どもの育ちをめぐる環境の変化を踏まえ，食育の推進，安全な保育環境の確保等の記載内容を変更している。食育に関しては，前回の改定以降，2回にわたる食育推進基本計画の策定を反映させ，保育所における食育のさらなる浸透を目指し，記述内容の充実を図っている。また，保育所における食物アレルギー有病率が4.9％（平成21年度日本保育園保健協議会調査（現：日本保健保育協議会））と高率であることから，食物アレルギーに対する職員全員の共通理解を高める内容となった。

さらに2011（平成23）年3月11日の東日本大震災や2016年の熊本地震の経験を踏まえて，行政機関や地域の関係機関と連携しながら，日頃からの備えや危機管理体制づくり等を進めるとともに，災害発生時の保護者との連絡，子どもの引渡しの円滑化などが記載された。

(5) 子育て支援の充実

前回の改定から保育所に入所する子どもの保護者の支援が加わった（「保護者支援」）が，新指針では「保護者支援」の章を「子育て支援」に改め，保護者・家庭と連携した，質の高い子育てのための記述内容の充実を図っている。また，貧困家庭，外国籍家庭など特別な配慮を必要とする家庭の増加，児童虐待の相談件数の増加に対応した記述内容となっている。

(6) 職員の資質・専門性の向上

子育て環境をめぐる地域・家庭の状況が変化（核家族化により子育て支援・協力が困難，共働き家庭の増加，父親の長時間労働，兄弟姉妹の減少から乳幼児と触れ合う機会のないまま親となった保護者の増加等）から，保育士は今まで以上にその専門性を高めることが求められるようなった。こうした時代背景から，専門職としての保育士等の資質の向上を目指した記述内容の充実と，そのためのキャリアパス（career path）の明確化，研修計画の体系化について新たに記載された。

なお2015年度から実施されている「子ども・子育て支援新制度」では，より質の高い幼児教育提供のために，さまざまな支援が行われるようになった。その中で「幼稚園，保育所，認定こども園などの職員の処遇改善」が謳われており，具体的には職員の給与の改善，研修の充実など，キャリアップの取り組みに対する支援が掲げられている。

3．新しい保育所保育指針の概要（中央説明会資料による）

　改定の方向性を踏まえて、前回の改定における大綱化の方針を維持しつつ、必要な章立ての見直しと記載内容の変更・追記等を行った。主な変更点及び新たな記載内容は、以下の通りである。

(1) 総則

　保育所の役割や保育の目標など保育所保育に関する基本原則を示した上で、養護は保育所保育の基盤であり、保育所保育指針全体にとって重要なものであることから、「養護に関する基本的事項」（「生命の保持」と「情緒の安定」）を総則において記載することとした。

　また、「保育の計画及び評価」についても総則で示すとともに、改定前の保育所保育指針における「保育課程の編成」については、「全体的な計画の作成」とし、幼保連携型認定こども園教育・保育要領、幼稚園教育要領との構成的な整合性を図った。

　さらに、「幼児教育を行う施設として共有すべき事項」として、「育みたい資質・能力」3項目及び「幼児期の終わりまでに育ってほしい姿」10項目を、新たに示した。

(2) 保育の内容

　保育所における教育については、幼保連携型認定こども園及び幼稚園と構成の共通化を図り、「健康・人間関係・環境・言葉・表現」の各領域における「ねらい」「内容」「内容の取扱い」を記載した。その際、保育所においては発達による変化が著しい乳幼児期の子どもが長期にわたって在籍することを踏まえ、乳児・1歳以上3歳未満児・3歳以上児に分けて記載するとともに、改定前の保育所保育指針第2章において示した「子どもの発達」に関する内容を、「基本的な事項」として、各時期のねらいや内容等とあわせて記述することとした。

　乳児保育については、この時期の発達の特性を踏まえ、生活や遊びが充実することを通して、子どもたちの身体的・社会的精神的発達の基盤を培うという基本的な考え方の下、乳児を主体に、「健やかに伸び伸びと育つ」（健康な心と体を育て、自ら健康で安全な生活をつくり出す力の基盤を培う）、「身近な人と気持ちが通じ合う」（受容的・応答的な関わりの下で、何かを伝えようとする意欲や身近な大人との信頼関係を育て、人と関わる力の基盤を培う）、「身近なものと関わり感性が育つ」（身近な環境に興味や好奇心をもって関わり、感じたことや考えたことを表現する力の基盤を培う）という3つの視点から、保育の内容等を記載した。1歳以上3歳未満児については言葉と表現活動が生まれることに応じて、3歳以上と同様の5つの領域を構成している。

　さらに、年齢別に記述するのみでは十分ではない項目については、別途配慮事項として示した。

(3) 健康及び安全

　子どもの育ちをめぐる環境の変化や様々な研究、調査等による知見を踏まえ、アレルギー疾患を有する子どもの保育及び重大事故の発生しやすい保育の場面を具体的に提示しての事故防止の取組について、新たに記載した。

　また、食育の推進に関する項目について、記述内容の充実を図った。さらに、子どもの生命を守るため、施設・設備等の安全確保や災害発生時の対応体制及び避難への備え、地域の関係機関との連携など、保育所における災害への備えに関する節を新たに設けた。

（4）子育て支援

　改定前の保育所保育指針と同様に，子育て家庭に対する支援についての基本的事項を示した上で，保育所を利用している保護者に対する子育て支援と，地域の保護者等に対する子育て支援について述べる構成となっている。

　基本的事項については，改定前の保育所保育指針の考え方や留意事項を踏襲しつつ，記述内容を整理するとともに，「保護者が子どもの成長に気付き子育ての喜びを感じられるよう努める」ことを明記した。

　また，保育所を利用している保護者に対する子育て支援については，保護者の子育てを自ら実践する力の向上に寄与する取組として，保育の活動に対する保護者の積極的な参加について記載するとともに，外国籍家庭など特別なニーズを有する家庭への個別的な支援に関する事項を新たに示した。

　地域の保護者等に対する子育て支援に関しても，改定前の保育所保育指針において示された関係機関との連携や協働，要保護児童への対応等とともに，保育所保育の専門性を生かすことや一時預かり事業等における日常の保育との関連への配慮など，保育所がその環境や特性を生かして地域に開かれた子育て支援を行うことをより明示的に記載した。

（5）職員の資質向上

　職員の資質・専門性とその向上について，各々の自己研鑽とともに，保育所が組織として職員のキャリアパスを見据えた研修機会の確保や充実を図ることを重視し，施設長の責務や体系的・計画的な研修の実施体制の構築，保育士等の役割分担や職員の勤務体制の工夫等，取組の内容や方法を具体的に示した。

＜参考文献＞

厚生労働省『保育所保育指針』2017.3.31
文部科学省『幼稚園教育要領』2017.3.31
内閣府・文部科学省・厚生労働省『幼保連携型認定こども園教育・保育要領』2017.3.31
中央教育審議会『幼稚園，小学校，中学校，高等学校及び特別支援学校の学習指導要領等の改善及び必要な方策等について（答申）』2016.12.21
無藤　隆『今後の幼児教育とは　幼稚園教育要領，保育所保育指針，幼保連携型認定こども園教育・保育要領，小学校学習指導要領の改訂を受けて』2017.1.16 国立教育政策研究所 幼児教育研究センター発足記念 平成28年度教育研究公開シンポジウム
渕上　孝『私立幼稚園を取り巻く現状と課題について』2016.1.28 全日本私立幼稚園連合会 平成27年度第2回都道府県政策担当者会議
厚生労働省『保育所等関連状況取りまとめ（平成29年4月1日）』2017.9.2
池本美香, 立岡健二郎『保育ニーズの将来展望と対応の在り方』JRIレビュー Vol.3, No.42 ㈱日本総合研究所
東京都教育委員会『小1問題・中1ギャップの予防・解決のための「教員加配に関わる効果検証」に関する調査　最終報告書について』2013.4.25
日本保育園保健協議会（現：日本保育保健協議会）『保育所における食物アレルギーにかかわる調査研究』2010.3

第3章　幼保連携型認定こども園教育・保育要領の改訂について

1．はじめに
(1) これまでの流れ
　認定こども園は，小学校入学前の子どもに対する幼児教育・保育，ならびに保護者に対する子育ての支援を総合的に提供する施設として，2006（平成18）年に「就学前の子どもに関する教育，保育等の総合的な提供の推進に関する法律」（認定こども園法）の成立により，同年10月から開始された。周知のように認定こども園は，幼保連携型，幼稚園型，保育所型，地方裁量型の4タイプに分けられており，制度発足の当初は，幼稚園型が学校教育法に基づく認可，保育所型が児童福祉法に基づく認可，また幼保連携型が学校教育法および児童福祉法に基づくそれぞれの認可が必要であった。そのため2014（平成26）年に認定こども園法を改正し，幼保連携型認定こども園は認定こども園法に基づく単一の認可（教育基本法第6条の法律で定める学校）とし，管轄省庁も内閣府に一本化した。また同年には「幼保連携型認定こども園教育・保育要領」（以下，教育・保育要領）が策定され，0歳から小学校就学前までの子どもの一貫した保育・教育が実施されるようになった（幼保連携型認定こども園以外の認定こども園においても教育・保育要領を踏まえることとしている）。それらに基づき，2015年（平成27年）4月より，子ども・子育て支援新制度の開始とともに，新しい形の単一認可による幼保連携型認定こども園が発足した。

(2) 認定こども園を取り巻く環境
　2017（平成29）年3月31日に告示された新しい教育・保育要領は，2014年の策定に続くもので，『幼稚園教育要領』『保育所保育指針』の改訂（改定）との整合性を図ったものとなっている。認定こども園の施設数は，2014年までは緩やかな増加となっていたが，2014年に幼保連携型の認可が一元化されたこと，また2015年から子ども・子育て支援新制度がスタートし施設給付型に変わったことなどから，幼保連携型施設が大幅に増加し，2016（平成28）年には認定こども園全体で4,001施設，2017（平成29）年では5,081施設となった（図3-1）。このうち幼稚園，保育所等の既存の施設から認定こども園に移行した施設は，幼稚園377か所（2015年639か所，2016年438か所），認可保育所715か所（2015年1,047か所，2016年786か所），その他の保育施設35か所と，既存の施設からの移行が9割以上を占めている（なお認定こども園から認定こども園以外の施設に移行した施設は2015年128か所，2016年4か所，2017年4か所となっている）。一方，新規開設した施設は比較的少ないが（2015年16か所，2016年37か所），2017年は60施設が新規開設となっており年々増加傾向にある。
　認定こども園制度の一番の目的は，「待機児童ゼロ」政策の一環として，保護者の就労の有無に関わらず，小学校就学前の児童に対し幼稚園・保育所の制度の枠組みを超えた幼児教育・保育を提供することであった。しかし，待機児童数が減る兆しは一向にみえておらず，子ども・子育て支援新制度がスタートし保育所等の施設数・定員が増えた2015年，2016年においても，その数は減っていない。なかでも産前産後休業あるいは育児休業後の職場復帰を考えている共働き家庭で保育ニーズの高い3歳未満児の待機児童数は，若干の減少はみられても，ほぼ毎年2万人前後で推移している（図2-3参照）。これは，それまで保育所に入ることができずに母親の就労をあきらめていた家庭が保育施設の増設に伴い，幼児の保育所への入所を希

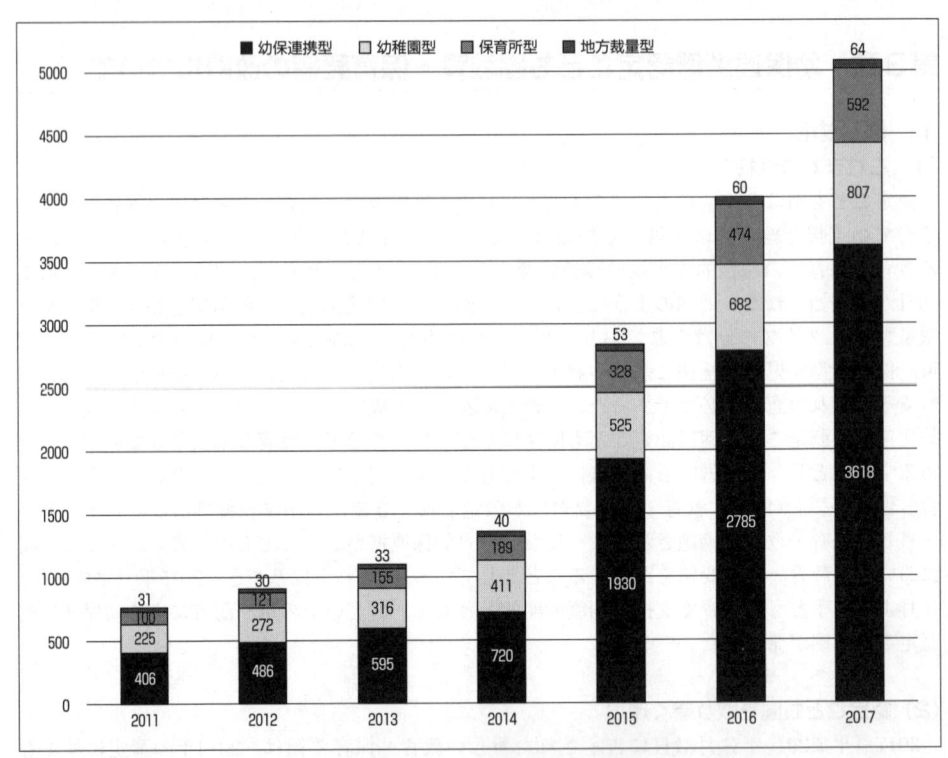

図3-1　認定こども園施設数の推移

望するようになったという隠れ需要が出てきていることによるといわれている。
　今後も少子化の流れに変わりはないと思われるが，女性の社会進出がより進むことで5歳以下の幼児保育のニーズは増えていくと予想されている。また，第1章でも述べたように，中央教育審議会の求める「質の高い幼児教育」の提供という観点から幼児教育を担う幼稚園の存在意義はさらに大きくなるものと考えられる。こうしたことから幼稚園機能と保育所機能の両方を併せ持つ幼保連携型をはじめとする認定こども園の重要性はこれからさらに増していくものと思われる。

2．幼保連携型認定こども園教育・保育要領改訂のポイント

　今回の改訂では，基本的には幼稚園教育要領での改訂，および保育所保育指針の改定に準拠したものとなっている。そのため，幼稚園教育要領および保育所保育指針の改訂（改定）のポイントなっている，幼児教育（保育）を通じて「育みたい資質・能力」および「幼児期の終わりまでに育ってほしい姿」が，新しい教育・保育要領の改訂版でも強調されている。なお，以下の（1）から（4）は幼稚園教育要領に準拠，また（5）から（7）は保育所保育指針に準拠した内容となっている。

(1) 幼保連携型認定こども園の教育および保育において育みたい資質・能力および「幼児期の終わりまでに育ってほしい姿」

現行の中央教育審議会の答申で述べられている「生きる力」の基礎を育むために子どもたちに以下の3つの資質・能力を育むことを明記している。

① 豊かな体験を通じて，感じたり，気付いたり，分かったり，できるようになったりする「知識及び技能の基礎」
② 気付いたことや，できるようになったことなどを使い，考えたり，試したり，工夫したり，表現したりする「思考力，判断力，表現力等の基礎」
③ 心情，意欲，態度が育つ中で，よりよい生活を営もうとする「学びに向かう力，人間性等」

そして，この3つの資質・能力が育まれている幼児の幼保連携型認定こども園修了時の具体的な姿が以下の10の姿である。

① 健康な心と体　　　　　　　⑥ 思考力の芽生え
② 自立心　　　　　　　　　　⑦ 自然との関わり・生命尊重
③ 協同性　　　　　　　　　　⑧ 数量や図形，標識や文字などへの関心・感覚
④ 道徳性・規範意識の芽生え　⑨ 言葉による伝え合い
⑤ 社会生活との関わり　　　　⑩ 豊かな感性と表現

(2) カリキュラム・マネジメント

新教育・保育要領では，この「幼児期の終わりまでに育ってほしい姿」を踏まえて教育および保育の内容ならびに子育ての支援などに関する全体的な計画を作成し，その実施状況を評価して改善していくこと，また実施に必要な人的・物的な体制を確保し改善することで，幼保連携型認定こども園における教育および保育の質を高めていくカリキュラム・マネジメントの考え方が導入されている。

(3) 小学校教育との接続

幼保連携型認定こども園における教育および保育と小学校教育との円滑な接続の一層の強化を図ることを目的に，小学校教育との接続に関する記載が設けられた。ここでは幼保連携型認定こども園で育みたい3つの資質・能力を踏まえ，小学校の教諭との意見交換や合同研究の機会，また「幼児期の終わりまでに育ってほしい姿」を共有するなどの連携と接続の重要性が述べられている。

(4) 「主体的・対話的で深い学び」（アクティブ・ラーニング）の実現

中央教育審議会の答申で述べられている，学ぶことに興味・関心を持ち，見通しを持って粘り強く取り組み，自己の学習活動を振り返って次につなげる「主体的な学び」，子ども同士の協働・教職員や地域の人との対話・先哲の考え方を手がかりに考えるなどを通じて，自己の考えを広め深める「対話的な学び」，そして得られた知識を相互に関連付けてより深く理解したり，情報を精査して考えを形成したり，問題を見出し解決策を思考したり，自分の思い・考えを基に創造へと向かう「深い学び」の実現を謳っている。幼保連携型認定こども園においては，子どもたちがさまざまな人やものとの関わりを通して，多様な体験をし，心身の調和の取れた発達を促す際に，この「主体的・対話的で深い学び」が実現されることを求めている。

(5) 乳児・1歳以上3才未満児の保育の記載を充実

　新保育所保育指針との整合性を取り，「第2章　ねらい及び内容並びに配慮事項」では，乳児，1歳以上3才未満，満3歳以上の3つの年齢に分けている。そして各年齢における保育内容を原則として5領域に則り，それぞれの年齢区分における成長の特徴を詳細に記載する内容となっている。乳児に関しては，「健やかに伸び伸びと育つ」（健康な心と体を育て，自ら健康で安全な生活をつくりだす力の基盤を培う），「身近な人と気持ちが通じ合う」（受容的・応答的な関わりの下で，何かを伝えようとする意欲や身近な大人との信頼関係を育て，人と関わる力の基盤を培う），「身近なものと関わり感性が育つ」（身近な環境に興味や好奇心をもって関わり，感じたことや考えたことを表現する力の基盤を培う）という3つの関わりの視点とした。1歳以上3歳未満児については，言葉が生まれ，表現活動が始まることに応じて，3歳以上と同様の5つの領域を構成する。なお「3歳以上児」については，保育所保育指針と同じく，幼稚園教育要領の「第2章　ねらい及び内容」に準拠した内容となっている。

(6) 健康及び安全

　新しい教育・保育要領では，これまで「幼保連携型認定こども園として特に配慮すべき事項」に含まれていた「健康支援」「食育の推進」「環境及び衛生管理並びに安全管理」の3項目に，新たに「災害の備え」を付け加えた「第3章　健康及び安全」を新設している。内容としては，新しい保育所保育指針に準拠することで，保育における子どもの健康，安全性の確保の重要性を明記している。

(7) 子育ての支援の充実

　現行の教育・保育要領では「子育ての支援」は「幼保連携型認定こども園として特に配慮すべき事項」に含まれていたが，新しい教育・保育要領では「第4章　子育ての支援」として独立した章立てとし，園児の保護者ならびに地域の子育て家庭の保護者に向けた総合的な支援の提供を謳っている。内容としては，保育所保育指針との整合性を図っているほか，認定こども園独自の問題として，園に幼稚園機能を求める保護者と保育所機能を求める保護者との意識の違いの解消を目的とした記載もみられる。

3．新しい幼保連携型認定こども園教育・保育要領の概要（中央説明会資料による）

(1) 総則

① 幼保連携型認定こども園における教育及び保育の基本及び目標等

　幼保連携型認定こども園における教育及び保育の基本の中で，幼児期の物事を捉える視点や考え方である幼児期における見方・考え方を新たに示すとともに，計画的な環境の構成に関連して，教材を工夫すること，また，教育及び保育は，園児が入園してから修了するまでの在園期間全体を通して行われるものであることを新たに示した。

　さらに，幼保連携型認定こども園の教育及び保育において育みたい資質・能力と園児の幼保連携型認定こども園修了時の具体的な姿である「幼児期の終わりまでに育ってほしい姿」を新たに示すとともに，これらと第2章の「ねらい」及び「内容」との関係について新たに示した。

② 教育及び保育の内容並びに子育ての支援等に関する全体的な計画等
ア 教育及び保育の内容並びに子育ての支援等に関する全体的な計画の作成等
　幼稚園教育要領等を踏まえて，次のことを新たに示した。
　・教育及び保育の内容並びに子育ての支援等に関する全体的な計画（全体的な計画）は，どのような計画か
　・各幼保連携型認定こども園においてカリキュラム・マネジメントに努めること
　・各幼保連携型認定こども園の教育及び保育の目標を明確化及び全体的な計画の作成についての基本的な方針が共有されるよう努めること
　・園長の方針の下，保育教諭等職員が適切に役割を分担，連携しつつ，全体的な計画や指導の改善を図るとともに，教育及び保育等に係る評価について，カリキュラム・マネジメントと関連を図りながら実施するよう留意すること
　・「幼児期の終わりまでに育ってほしい姿」を共有するなど連携を図り，幼保連携型認定こども園における教育及び保育と小学校教育との円滑な接続を図るよう努めること
イ 指導計画の作成と園児の理解に基づいた評価
　幼稚園教育要領を踏まえて，次のことを新たに示した。
　・多様な体験に関連して，園児の発達に即して主体的・対話的で深い学びが実現するようにすること
　・園児の発達を踏まえた言語環境を整え，言語活動の充実を図ること
　・保育教諭等や他の園児と共に遊びや生活の中で見通しをもったり振り返ったりするよう工夫すること
　・直接体験の重要性を踏まえ，視聴覚教材やコンピュータなど情報機器を活用する際には，園生活では得難い体験を補完するなど，園児の体験との関連を考慮すること
　・幼保連携型認定こども園間に加え，小学校等との間の連携や交流を図るとともに，障害のある園児等との交流及び共同学習の機会を設け，協働して生活していく態度を育むよう努めること
　・園児一人一人のよさや可能性を把握するなど園児の理解に基づいた評価を実施すること
　・評価の実施の際には，他の園児との比較や一定の基準に対する達成度についての評定によって捉えるものではないことに留意すること
ウ 特別な配慮を必要とする園児への指導
　幼稚園教育要領を踏まえて次のことを新たに示した。
　・障害のある園児への指導に当たって，長期的な視点で園児への教育的支援を行うため，個別の教育及び保育支援計画や個別の指導計画を作成し活用することに努めること
　・海外から帰国した園児や生活に必要な日本語の習得に困難のある園児については，個々の園児の実態に応じ，指導内容等の工夫を組織的かつ計画的に行うこと
③ 幼保連携型認定こども園として特に配慮すべき事項
　前回の幼保連携型認定こども園教育・保育要領の策定，施行後の実践を踏まえた知見等を基に，次のことなどを新たに示した。
・満3歳以上の園児の入園時や移行時等の情報共有や，環境の工夫等について
・環境を通して行う教育及び保育の活動の充実を図るため，教育及び保育の環境の構成に当たっては，多様な経験を有する園児同士が学び合い，豊かな経験を積み重ねられるよう，工夫をすること

・長期的な休業中の多様な生活経験が長期的な休業などの終了後等の園生活に生かされるよう工夫をすること

(2) ねらい及び内容並びに配慮事項

　満3歳未満の園児の保育に関するねらい及び内容並びに配慮事項等に関しては保育所保育指針の保育の内容の新たな記載を踏まえ，また，満3歳以上の園児の教育及び保育に関するねらい及び内容に関しては幼稚園教育要領のねらい及び内容の改善・充実を踏まえて，それぞれ新たに示した。
・「ねらい」は幼保連携型認定こども園の教育及び保育において育みたい資質・能力を園児の生活する姿から捉えたものであること
・「内容の取扱い」は園児の発達を踏まえた指導を行うに当たって留意すべき事項であること
・「幼児期の終わりまでに育ってほしい姿」は指導を行う際に考慮するものであること
・各視点や領域は，この時期の発達の特徴を踏まえ，乳幼児の発達の側面からまとめ示したものであること

　また，幼保連携型認定こども園においては，長期にわたって在籍する園児もいることを踏まえ，乳児期・満1歳以上満3歳未満の園児・満3歳以上の園児に分けて記載するとともに，「子どもの発達」に関する内容を，「基本的な事項」として各時期のねらいや内容等とあわせて新たに示した。
① 乳児期の園児の保育に関するねらい及び内容
　乳児期の発達の特徴を示すとともに，それらを踏まえ，ねらい及び内容について身体的発達に関する視点「健やかに伸び伸びと育つ」，社会的発達に関する視点「身近な人と気持ちが通じ合う」，精神的発達に関する視点「身近なものと関わり感性が育つ」としてまとめ，新たに示した。
② 満1歳以上満3歳未満の園児の保育に関するねらい及び内容
　この時期の発達の特徴を示すとともに，それらを踏まえ，ねらい及び内容について心身の健康に関する領域「健康」，人との関わりに関する領域「人間関係」，身近な環境との関わりに関する領域「環境」，言葉の獲得に関する領域「言葉」及び感性と表現に関する領域「表現」としてまとめ，新たに示した。
③ 満3歳以上の園児の教育及び保育に関するねらい及び内容
　この時期の発達の特徴を示すとともに，それらを踏まえ，ねらい及び内容について心身の健康に関する領域「健康」，人との関わりに関する領域「人間関係」，身近な環境との関わりに関する領域「環境」，言葉の獲得に関する領域「言葉」及び感性と表現に関する領域「表現」としてまとめ，内容の改善を図り，充実させた。
④ 教育及び保育の実施に関する配慮事項
　保育所保育指針を踏まえて，次のことなどを新たに示した。
　・心身の発達や個人差，個々の気持ち等を踏まえ，援助すること
　・心と体の健康等に留意すること
　・園児が自ら周囲へ働き掛け自ら行う活動を見守り，援助すること
　・入園時の個別対応や周りの園児への留意等
　・国籍や文化の違い等への留意等

・性差や個人差等への留意等

（3）健康及び安全
　現代的な諸課題を踏まえ，特に，以下の事項の改善・充実を図った。
　また，全職員が相互に連携し，それぞれの専門性を生かしながら，組織的かつ適切な対応を行うことができるような体制整備や研修を行うことを新たに示した。
  ・アレルギー疾患を有する園児への対応や環境の整備等
  ・食育の推進における，保護者や地域，関係機関等との連携や協働
  ・環境及び衛生管理等における職員の衛生知識の向上
  ・重大事故防止の対策等
  ・災害への備えとして，施設・設備等の安全確保，災害発生時の対応や体制等，地域の関係機関との連携

（4）子育ての支援
　子育ての支援に関して，特に以下の事項の内容の改善・充実を図った。
　○ 子育ての全般に関わる事項について
  ・保護者の自己決定の尊重や幼保連携型認定こども園の特性を生かすこと
  ・園全体の体制構築に努めることや地域の関係機関との連携構築，子どものプライバシーの保護・秘密保持
　○ 幼保連携型認定こども園の園児の保護者に対する事項について
  ・多様な生活形態の保護者に対する教育及び保育の活動等への参加の工夫
  ・保護者同士の相互理解や気付き合い等への工夫や配慮
  ・保護者の多様化した教育及び保育の需要への対応等
　○ 地域における子育て家庭の保護者に対する事項について
  ・地域の子どもに対する一時預かり事業などと教育及び保育との関連への考慮
  ・幼保連携型認定こども園の地域における役割等

＜参考文献＞
内閣府・文部科学省・厚生労働省『幼保連携型認定こども園教育・保育要領』2017.3.31
文部科学省『幼稚園教育要領』2017.3.31
厚生労働省『保育所保育指針』2017.3.31
中央教育審議会『幼稚園，小学校，中学校，高等学校及び特別支援学校の学習指導要領等の改善及び必要な方策等について（答申）』2016.12.21
無藤　隆『今後の幼児教育とは　幼稚園教育要領，保育所保育指針，幼保連携型認定こども園教育・保育要領，小学校学習指導要領の改訂を受けて』2017.1.16 国立教育政策研究所　幼児教育研究センター発足記念 平成28年度教育研究公開シンポジウム
淵上　孝『私立幼稚園を取り巻く現状と課題について』2016.1.28 全日本私立幼稚園連合会 平成27年度第2回都道府県政策担当者会議
池本美香，立岡健二郎『保育ニーズの将来展望と対応の在り方』JRIレビュー Vol.3. No. 42 ㈱日本総合研究所

内閣府『認定こども園に関する状況について（平成29年4月1日）』2017.9.8
文部科学省『平成26年度幼児教育実態調査』2015.10
厚生労働省『保育所等関連状況取りまとめ（平成29年4月1日）』2017.9.1
東京都教育委員会『小1問題・中1ギャップの予防・解決のための「教員加配に関わる効果検証」に
　関する調査　最終報告書について』2013.4.25

資料　幼稚園教育要領

(平成 29 年 3 月 31 日文部科学省告示第 62 号)
(平成 30 年 4 月 1 日から施行)

　教育は，教育基本法第 1 条に定めるとおり，人格の完成を目指し，平和で民主的な国家及び社会の形成者として必要な資質を備えた心身ともに健康な国民の育成を期すという目的のもと，同法第 2 条に掲げる次の目標を達成するよう行われなければならない。
1　幅広い知識と教養を身に付け，真理を求める態度を養い，豊かな情操と道徳心を培うとともに，健やかな身体を養うこと。
2　個人の価値を尊重して，その能力を伸ばし，創造性を培い，自主及び自律の精神を養うとともに，職業及び生活との関連を重視し，勤労を重んずる態度を養うこと。
3　正義と責任，男女の平等，自他の敬愛と協力を重んずるとともに，公共の精神に基づき，主体的に社会の形成に参画し，その発展に寄与する態度を養うこと。
4　生命を尊び，自然を大切にし，環境の保全に寄与する態度を養うこと。
5　伝統と文化を尊重し，それらをはぐくんできた我が国と郷土を愛するとともに，他国を尊重し，国際社会の平和と発展に寄与する態度を養うこと。

　また，幼児期の教育については，同法第 11 条に掲げるとおり，生涯にわたる人格形成の基礎を培う重要なものであることにかんがみ，国及び地方公共団体は，幼児の健やかな成長に資する良好な環境の整備その他適当な方法によって，その振興に努めなければならないこととされている。

　これからの幼稚園には，学校教育の始まりとして，こうした教育の目的及び目標の達成を目指しつつ，一人一人の幼児が，将来，自分のよさや可能性を認識するとともに，あらゆる他者を価値のある存在として尊重し，多様な人々と協働しながら様々な社会的変化を乗り越え，豊かな人生を切り拓き，持続可能な社会の創り手となることができるようにするための基礎を培うことが求められる。このために必要な教育の在り方を具体化するのが，各幼稚園において教育の内容等を組織的かつ計画的に組み立てた教育課程である。

　教育課程を通して，これからの時代に求められる教育を実現していくためには，よりよい学校教育を通してよりよい社会を創るという理念を学校と社会とが共有し，それぞれの幼稚園において，幼児期にふさわしい生活をどのように展開し，どのような資質・能力を育むようにするのかを教育課程において明確にしながら，社会との連携及び協働によりその実現を図っていくという，社会に開かれた教育課程の実現が重要となる。

　幼稚園教育要領とは，こうした理念の実現に向けて必要となる教育課程の基準を大綱的に定めるものである。幼稚園教育要領が果たす役割の一つは，公の性質を有する幼稚園における教育水準を全国的に確保することである。また，各幼稚園がその特色を生かして創意工夫を重ね，長年にわたり積み重ねられてきた教育実践や学術研究の蓄積を生かしながら，幼児や地域の現状や課題を捉え，家庭や地域社会と協力して，幼稚園教育要領を踏まえた教育活動の更なる充実を図っていくことも重要である。

　幼児の自発的な活動としての遊びを生み出すために必要な環境を整え，一人一人の資質・能力を育んでいくことは，教職員をはじめとする幼稚園関係者はもとより，家庭や地域の人々も含め，様々な立場から幼児や幼稚園に関わる全ての大人に期待される役割である。家庭との緊密な連携の下，小学校以降の教育や生涯にわたる学習とのつながりを見通しながら，幼児の自発的な活動としての遊びを通しての総合的な指導をする際に広く活用されるものとなることを期待して，ここに幼稚園教育要領を定める。

　　　　第 1 章　総　則

第 1　幼稚園教育の基本
　幼児期の教育は，生涯にわたる人格形成の基礎を培う重要なものであり，幼稚園教育は，学校教育法に規定する目的及び目標を達成するため，幼児期の特性を踏まえ，環境を通して行うものであることを基本とする。
　このため教師は，幼児との信頼関係を十分に築き，幼児が身近な環境に主体的に関わり，環境との関わり方や意味に気付き，これらを取り込もうとして，試行錯誤したり，考えたりするようになる幼児期の教育における見方・考え方を生かし，幼児と共によりよい教育環境を創造するように努めるものとする。これらを踏まえ，次に示す事項を重視して教育を行わなければならない。
1　幼児は安定した情緒の下で自己を十分に発揮することにより発達に必要な体験を得ていくものであることを考慮して，幼児の主体的な活動を促し，幼児期にふさわしい生活が展開されるようにすること。
2　幼児の自発的な活動としての遊びは，心身の調和のとれた発達の基礎を培う重要な学習であることを考慮して，遊びを通しての指導を中心として第 2 章に示すねらいが総合的に達成されるようにすること。
3　幼児の発達は，心身の諸側面が相互に関連し合い，多様な経過をたどって成し遂げられていくものであること，また，幼児の生活経験がそれぞれ異なることなどを考慮して，幼児一人一人の特性に応じ，発達の課

題に即した指導を行うようにすること。

　その際，教師は，幼児の主体的な活動が確保されるよう幼児一人一人の行動の理解と予想に基づき，計画的に環境を構成しなければならない。この場合において，教師は，幼児と人やものとの関わりが重要であることを踏まえ，教材を工夫し，物的・空間的環境を構成しなければならない。また，幼児一人一人の活動の場面に応じて，様々な役割を果たし，その活動を豊かにしなければならない。

第2　幼稚園教育において育みたい資質・能力及び「幼児期の終わりまでに育ってほしい姿」
 1　幼稚園においては，生きる力の基礎を育むため，この章の第1に示す幼稚園教育の基本を踏まえ，次に掲げる資質・能力を一体的に育むよう努めるものとする。
　(1) 豊かな体験を通じて，感じたり，気付いたり，分かったり，できるようになったりする「知識及び技能の基礎」
　(2) 気付いたことや，できるようになったことなどを使い，考えたり，試したり，工夫したり，表現したりする「思考力，判断力，表現力等の基礎」
　(3) 心情，意欲，態度が育つ中で，よりよい生活を営もうとする「学びに向かう力，人間性等」
 2　1に示す資質・能力は，第2章に示すねらい及び内容に基づく活動全体によって育むものである。
 3　次に示す「幼児期の終わりまでに育ってほしい姿」は，第2章に示すねらい及び内容に基づく活動全体を通して資質・能力が育まれている幼児の幼稚園修了時の具体的な姿であり，教師が指導を行う際に考慮するものである。
　(1) 健康な心と体
　　幼稚園生活の中で，充実感をもって自分のやりたいことに向かって心と体を十分に働かせ，見通しをもって行動し，自ら健康で安全な生活をつくり出すようになる。
　(2) 自立心
　　身近な環境に主体的に関わり様々な活動を楽しむ中で，しなければならないことを自覚し，自分の力で行うために考えたり，工夫したりしながら，諦めずにやり遂げることで達成感を味わい，自信をもって行動するようになる。
　(3) 協同性
　　友達と関わる中で，互いの思いや考えなどを共有し，共通の目的の実現に向けて，考えたり，工夫したり，協力したりし，充実感をもってやり遂げるようになる。

　(4) 道徳性・規範意識の芽生え
　　友達と様々な体験を重ねる中で，してよいことや悪いことが分かり，自分の行動を振り返ったり，友達の気持ちに共感したりし，相手の立場に立って行動するようになる。また，きまりを守る必要性が分かり，自分の気持ちを調整し，友達と折り合いを付けながら，きまりをつくったり，守ったりするようになる。
　(5) 社会生活との関わり
　　家族を大切にしようとする気持ちをもつとともに，地域の身近な人と触れ合う中で，人との様々な関わり方に気付き，相手の気持ちを考えて関わり，自分が役に立つ喜びを感じ，地域に親しみをもつようになる。また，幼稚園内外の様々な環境に関わる中で，遊びや生活に必要な情報を取り入れ，情報に基づき判断したり，情報を伝え合ったり，活用したりするなど，情報を役立てながら活動するようになるとともに，公共の施設を大切に利用するなどして，社会とのつながりなどを意識するようになる。
　(6) 思考力の芽生え
　　身近な事象に積極的に関わる中で，物の性質や仕組みなどを感じ取ったり，気付いたりし，考えたり，予想したり，工夫したりするなど，多様な関わりを楽しむようになる。また，友達の様々な考えに触れる中で，自分と異なる考えがあることに気付き，自ら判断したり，考え直したりするなど，新しい考えを生み出す喜びを味わいながら，自分の考えをよりよいものにするようになる。
　(7) 自然との関わり・生命尊重
　　自然に触れて感動する体験を通して，自然の変化などを感じ取り，好奇心や探究心をもって考え言葉などで表現しながら，身近な事象への関心が高まるとともに，自然への愛情や畏敬の念をもつようになる。また，身近な動植物に心を動かされる中で，生命の不思議さや尊さに気付き，身近な動植物への接し方を考え，命あるものとしていたわり，大切にする気持ちをもって関わるようになる。
　(8) 数量や図形，標識や文字などへの関心・感覚
　　遊びや生活の中で，数量や図形，標識や文字などに親しむ体験を重ねたり，標識や文字の役割に気付いたりし，自らの必要感に基づきこれらを活用し，興味や関心，感覚をもつようになる。
　(9) 言葉による伝え合い
　　先生や友達と心を通わせる中で，絵本や物語などに親しみながら，豊かな言葉や表現を身に付け，経験したことや考えたことなどを言葉で伝えたり，相手の話を注意して聞いたりし，言葉による伝え合い

を楽しむようになる。
(10) 豊かな感性と表現
心を動かす出来事などに触れ感性を働かせる中で，様々な素材の特徴や表現の仕方などに気付き，感じたことや考えたことを自分で表現したり，友達同士で表現する過程を楽しんだりし，表現する喜びを味わい，意欲をもつようになる。

第3 教育課程の役割と編成等
1 教育課程の役割
　各幼稚園においては，教育基本法及び学校教育法その他の法令並びにこの幼稚園教育要領の示すところに従い，創意工夫を生かし，幼児の心身の発達と幼稚園及び地域の実態に即応した適切な教育課程を編成するものとする。
　また，各幼稚園においては，6に示す全体的な計画にも留意しながら，「幼児期の終わりまでに育ってほしい姿」を踏まえ教育課程を編成すること，教育課程の実施状況を評価してその改善を図っていくこと，教育課程の実施に必要な人的又は物的な体制を確保するとともにその改善を図っていくことなどを通して，教育課程に基づき組織的かつ計画的に各幼稚園の教育活動の質の向上を図っていくこと（以下「カリキュラム・マネジメント」という。）に努めるものとする。
2 各幼稚園の教育目標と教育課程の編成
　教育課程の編成に当たっては，幼稚園教育において育みたい資質・能力を踏まえつつ，各幼稚園の教育目標を明確にするとともに，教育課程の編成についての基本的な方針が家庭や地域とも共有されるよう努めるものとする。
3 教育課程の編成上の基本的事項
(1) 幼稚園生活の全体を通して第2章に示すねらいが総合的に達成されるよう，教育課程に係る教育期間や幼児の生活経験や発達の過程などを考慮して具体的なねらいと内容を組織するものとする。この場合においては，特に，自我が芽生え，他者の存在を意識し，自己を抑制しようとする気持ちが生まれる幼児期の発達の特性を踏まえ，入園から修了に至るまでの長期的な視野をもって充実した生活が展開できるように配慮するものとする。
(2) 幼稚園の毎学年の教育課程に係る教育週数は，特別の事情のある場合を除き，39週を下ってはならない。
(3) 幼稚園の1日の教育課程に係る教育時間は，4時間を標準とする。ただし，幼児の心身の発達の程度や季節などに適切に配慮するものとする。
4 教育課程の編成上の留意事項

教育課程の編成に当たっては，次の事項に留意するものとする。
(1) 幼児の生活は，入園当初の一人一人の遊びや教師との触れ合いを通して幼稚園生活に親しみ，安定していく時期から，他の幼児との関わりの中で幼児の主体的な活動が深まり，幼児が互いに必要な存在であることを認識するようになり，やがて幼児同士や学級全体で目的をもって協同して幼稚園生活を展開し，深めていく時期などに至るまでの過程を様々に経ながら広げられていくものであることを考慮し，活動がそれぞれの時期にふさわしく展開されるようにすること。
(2) 入園当初，特に，3歳児の入園については，家庭との連携を緊密にし，生活のリズムや安全面に十分配慮すること。また，満3歳児については，学年の途中から入園することを考慮し，幼児が安心して幼稚園生活を過ごすことができるよう配慮すること。
(3) 幼稚園生活が幼児にとって安全なものとなるよう，教職員による協力体制の下，幼児の主体的な活動を大切にしつつ，園庭や園舎などの環境の配慮や指導の工夫を行うこと。
5 小学校教育との接続に当たっての留意事項
(1) 幼稚園においては，幼稚園教育が，小学校以降の生活や学習の基盤の育成につながることに配慮し，幼児期にふさわしい生活を通して，創造的な思考や主体的な生活態度などの基礎を培うようにするものとする。
(2) 幼稚園教育において育まれた資質・能力を踏まえ，小学校教育が円滑に行われるよう，小学校の教師との意見交換や合同の研究の機会などを設け，「幼児期の終わりまでに育ってほしい姿」を共有するなど連携を図り，幼稚園教育と小学校教育との円滑な接続を図るよう努めるものとする。
6 全体的な計画の作成
　各幼稚園においては，教育課程を中心に，第3章に示す教育課程に係る教育時間の終了後等に行う教育活動の計画，学校保健計画，学校安全計画などとを関連させ，一体的に教育活動が展開されるよう全体的な計画を作成するものとする。

第4 指導計画の作成と幼児理解に基づいた評価
1 指導計画の考え方
　幼稚園教育は，幼児が自ら意欲をもって環境と関わることによりつくり出される具体的な活動を通して，その目標の達成を図るものである。
　幼稚園においてはこのことを踏まえ，幼児期にふさわしい生活が展開され，適切な指導が行われるよう，

それぞれの幼稚園の教育課程に基づき，調和のとれた組織的，発展的な指導計画を作成し，幼児の活動に沿った柔軟な指導を行わなければならない。
2　指導計画の作成上の基本的事項
(1) 指導計画は，幼児の発達に即して一人一人の幼児が幼児期にふさわしい生活を展開し，必要な体験を得られるようにするために，具体的に作成するものとする。
(2) 指導計画の作成に当たっては，次に示すところにより，具体的なねらい及び内容を明確に設定し，適切な環境を構成することなどにより活動が選択・展開されるようにするものとする。
　ア　具体的なねらい及び内容は，幼稚園生活における幼児の発達の過程を見通し，幼児の生活の連続性，季節の変化などを考慮して，幼児の興味や関心，発達の実情などに応じて設定すること。
　イ　環境は，具体的なねらいを達成するために適切なものとなるように構成し，幼児が自らその環境に関わることにより様々な活動を展開しつつ必要な体験を得られるようにすること。その際，幼児の生活する姿や発想を大切にし，常にその環境が適切なものとなるようにすること。
　ウ　幼児の行う具体的な活動は，生活の流れの中で様々に変化するものであることに留意し，幼児が望ましい方向に向かって自ら活動を展開していくことができるよう必要な援助をすること。
　　その際，幼児の実態及び幼児を取り巻く状況の変化などに即して指導の過程についての評価を適切に行い，常に指導計画の改善を図るものとする。
3　指導計画の作成上の留意事項
　指導計画の作成に当たっては，次の事項に留意するものとする。
(1) 長期的に発達を見通した年，学期，月などにわたる長期の指導計画やこれとの関連を保ちながらより具体的な幼児の生活に即した週，日などの短期の指導計画を作成し，適切な指導が行われるようにすること。特に，週，日などの短期の指導計画については，幼児の生活のリズムに配慮し，幼児の意識や興味の連続性のある活動が相互に関連して幼稚園生活の自然な流れの中に組み込まれるようにすること。
(2) 幼児が様々な人やものとの関わりを通して，多様な体験をし，心身の調和のとれた発達を促すようにしていくこと。その際，幼児の発達に即して主体的・対話的で深い学びが実現するようにするとともに，心を動かされる体験が次の活動を生み出すことを考慮し，一つ一つの体験が相互に結び付き，幼稚園生活が充実するようにすること。

(3) 言語に関する能力の発達と思考力等の発達が関連していることを踏まえ，幼稚園生活全体を通して，幼児の発達を踏まえた言語環境を整え，言語活動の充実を図ること。
(4) 幼児が次の活動への期待や意欲をもつことができるよう，幼児の実態を踏まえながら，教師や他の幼児と共に遊びや生活の中で見通しをもったり，振り返ったりするよう工夫すること。
(5) 行事の指導に当たっては，幼稚園生活の自然の流れの中で生活に変化や潤いを与え，幼児が主体的に楽しく活動できるようにすること。なお，それぞれの行事についてはその教育的価値を十分検討し，適切なものを精選し，幼児の負担にならないようにすること。
(6) 幼児期は直接的な体験が重要であることを踏まえ，視聴覚教材やコンピュータなど情報機器を活用する際には，幼稚園生活では得難い体験を補完するなど，幼児の体験との関連を考慮すること。
(7) 幼児の主体的な活動を促すためには，教師が多様な関わりをもつことが重要であることを踏まえ，教師は，理解者，共同作業者など様々な役割を果たし，幼児の発達に必要な豊かな体験が得られるよう，活動の場面に応じて，適切な指導を行うようにすること。
(8) 幼児の行う活動は，個人，グループ，学級全体などで多様に展開されるものであることを踏まえ，幼稚園全体の教師による協力体制を作りながら，一人一人の幼児が興味や欲求を十分に満足させるよう適切な援助を行うようにすること。
4　幼児理解に基づいた評価の実施
　幼児一人一人の発達の理解に基づいた評価の実施に当たっては，次の事項に配慮するものとする。
(1) 指導の過程を振り返りながら幼児の理解を進め，幼児一人一人のよさや可能性などを把握し，指導の改善に生かすようにすること。その際，他の幼児との比較や一定の基準に対する達成度についての評定によって捉えるものではないことに留意すること。
(2) 評価の妥当性や信頼性が高められるよう創意工夫を行い，組織的かつ計画的な取組を推進するとともに，次年度又は小学校等にその内容が適切に引き継がれるようにすること。

第5　特別な配慮を必要とする幼児への指導
1　障害のある幼児などへの指導
　障害のある幼児などへの指導に当たっては，集団の中で生活することを通して全体的な発達を促していくことに配慮し，特別支援学校などの助言又は援助を活

用しつつ，個々の幼児の障害の状態などに応じた指導内容や指導方法の工夫を組織的かつ計画的に行うものとする。また，家庭，地域及び医療や福祉，保健等の業務を行う関係機関との連携を図り，長期的な視点で幼児への教育的支援を行うために，個別の教育支援計画を作成し活用することに努めるとともに，個々の幼児の実態を的確に把握し，個別の指導計画を作成し活用することに努めるものとする。
2 海外から帰国した幼児や生活に必要な日本語の習得に困難のある幼児の幼稚園生活への適応
　海外から帰国した幼児や生活に必要な日本語の習得に困難のある幼児については，安心して自己を発揮できるよう配慮するなど個々の幼児の実態に応じ，指導内容や指導方法の工夫を組織的かつ計画的に行うものとする。

第6 幼稚園運営上の留意事項
1 各幼稚園においては，園長の方針の下に，園務分掌に基づき教職員が適切に役割を分担しつつ，相互に連携しながら，教育課程や指導の改善を図るものとする。また，各幼稚園が行う学校評価については，教育課程の編成，実施，改善が教育活動や幼稚園運営の中核となることを踏まえ，カリキュラム・マネジメントと関連付けながら実施するよう留意するものとする。
2 幼児の生活は，家庭を基盤として地域社会を通じて次第に広がりをもつものであることに留意し，家庭との連携を十分に図るなど，幼稚園における生活が家庭や地域社会と連続性を保ちつつ展開されるようにするものとする。その際，地域の自然，高齢者や異年齢の子供などを含む人材，行事や公共施設などの地域の資源を積極的に活用し，幼児が豊かな生活体験を得られるように工夫するものとする。また，家庭との連携に当たっては，保護者との情報交換の機会を設けたり，保護者と幼児との活動の機会を設けたりなどすることを通じて，保護者の幼児期の教育に関する理解が深まるよう配慮するものとする。
3 地域や幼稚園の実態等により，幼稚園間に加え，保育所，幼保連携型認定こども園，小学校，中学校，高等学校及び特別支援学校などとの間の連携や交流を図るものとする。特に，幼稚園教育と小学校教育の円滑な接続のため，幼稚園の幼児と小学校の児童との交流の機会を積極的に設けるようにするものとする。また，障害のある幼児児童生徒との交流及び共同学習の機会を設け，共に尊重し合いながら協働して生活していく態度を育むよう努めるものとする。

第7 教育課程に係る教育時間終了後等に行う教育活動など

　幼稚園は，第3章に示す教育課程に係る教育時間の終了後等に行う教育活動について，学校教育法に規定する目的及び目標並びにこの章の第1に示す幼稚園教育の基本を踏まえ実施するものとする。また，幼稚園の目的の達成に資するため，幼児の生活全体が豊かなものとなるよう家庭や地域における幼児期の教育の支援に努めるものとする。

第2章 ねらい及び内容

　この章に示すねらいは，幼稚園教育において育みたい資質・能力を幼児の生活する姿から捉えたものであり，内容は，ねらいを達成するために指導する事項である。各領域は，これらを幼児の発達の側面から，心身の健康に関する領域「健康」，人との関わりに関する領域「人間関係」，身近な環境との関わりに関する領域「環境」，言葉の獲得に関する領域「言葉」及び感性と表現に関する領域「表現」としてまとめ，示したものである。内容の取扱いは，幼児の発達を踏まえた指導を行うに当たって留意すべき事項である。
　各領域に示すねらいは，幼稚園における生活の全体を通じ，幼児が様々な体験を積み重ねる中で相互に関連をもちながら次第に達成に向かうものであること，内容は，幼児が環境に関わって展開する具体的な活動を通して総合的に指導されるものであることに留意しなければならない。
　また，「幼児期の終わりまでに育ってほしい姿」が，ねらい及び内容に基づく活動全体を通して資質・能力が育まれている幼児の幼稚園修了時の具体的な姿であることを踏まえ，指導を行う際に考慮するものとする。
　なお，特に必要な場合には，各領域に示すねらいの趣旨に基づいて適切な，具体的な内容を工夫し，それを加えても差し支えないが，その場合には，それが第1章の第1に示す幼稚園教育の基本を逸脱しないよう慎重に配慮する必要がある。

健康
〔健康な心と体を育て，自ら健康で安全な生活をつくり出す力を養う。〕
1 ねらい
(1) 明るく伸び伸びと行動し，充実感を味わう。
(2) 自分の体を十分に動かし，進んで運動しようとする。
(3) 健康，安全な生活に必要な習慣や態度を身に付け，見通しをもって行動する。
2 内容
(1) 先生や友達と触れ合い，安定感をもって行動する。
(2) いろいろな遊びの中で十分に体を動かす。

(3) 進んで戸外で遊ぶ。
　(4) 様々な活動に親しみ，楽しんで取り組む。
　(5) 先生や友達と食べることを楽しみ，食べ物への興味や関心をもつ。
　(6) 健康な生活のリズムを身に付ける。
　(7) 身の回りを清潔にし，衣服の着脱，食事，排泄などの生活に必要な活動を自分でする。
　(8) 幼稚園における生活の仕方を知り，自分たちで生活の場を整えながら見通しをもって行動する。
　(9) 自分の健康に関心をもち，病気の予防などに必要な活動を進んで行う。
　(10) 危険な場所，危険な遊び方，災害時などの行動の仕方が分かり，安全に気を付けて行動する。
３　内容の取扱い
　上記の取扱いに当たっては，次の事項に留意する必要がある。
　(1) 心と体の健康は，相互に密接な関連があるものであることを踏まえ，幼児が教師や他の幼児との温かい触れ合いの中で自己の存在感や充実感を味わうことなどを基盤として，しなやかな心と体の発達を促すこと。特に，十分に体を動かす気持ちよさを体験し，自ら体を動かそうとする意欲が育つようにすること。
　(2) 様々な遊びの中で，幼児が興味や関心，能力に応じて全身を使って活動することにより，体を動かす楽しさを味わい，自分の体を大切にしようとする気持ちが育つようにすること。その際，多様な動きを経験する中で，体の動きを調整するようにすること。
　(3) 自然の中で伸び伸びと体を動かして遊ぶことにより，体の諸機能の発達が促されることに留意し，幼児の興味や関心が戸外にも向くようにすること。その際，幼児の動線に配慮した園庭や遊具の配置などを工夫すること。
　(4) 健康な心と体を育てるためには食育を通じた望ましい食習慣の形成が大切であることを踏まえ，幼児の食生活の実情に配慮し，和やかな雰囲気の中で教師や他の幼児と食べる喜びや楽しさを味わったり，様々な食べ物への興味や関心をもったりするなどし，食の大切さに気付き，進んで食べようとする気持ちが育つようにすること。
　(5) 基本的な生活習慣の形成に当たっては，家庭での生活経験に配慮し，幼児の自立心を育て，幼児が他の幼児と関わりながら主体的な活動を展開する中で，生活に必要な習慣を身に付け，次第に見通しをもって行動できるようにすること。
　(6) 安全に関する指導に当たっては，情緒の安定を図り，遊びを通して安全についての構えを身に付け，危険な場所や事物などが分かり，安全についての理解を深めるようにすること。また，交通安全の習慣を身に付けるようにするとともに，避難訓練などを通して，災害などの緊急時に適切な行動がとれるようにすること。

人間関係
〔他の人々と親しみ，支え合って生活するために，自立心を育て，人と関わる力を養う。〕
１　ねらい
　(1) 幼稚園生活を楽しみ，自分の力で行動することの充実感を味わう。
　(2) 身近な人と親しみ，関わりを深め，工夫したり，協力したりして一緒に活動する楽しさを味わい，愛情や信頼感をもつ。
　(3) 社会生活における望ましい習慣や態度を身に付ける。
２　内容
　(1) 先生や友達と共に過ごすことの喜びを味わう。
　(2) 自分で考え，自分で行動する。
　(3) 自分でできることは自分でする。
　(4) いろいろな遊びを楽しみながら物事をやり遂げようとする気持ちをもつ。
　(5) 友達と積極的に関わりながら喜びや悲しみを共感し合う。
　(6) 自分の思ったことを相手に伝え，相手の思っていることに気付く。
　(7) 友達のよさに気付き，一緒に活動する楽しさを味わう。
　(8) 友達と楽しく活動する中で，共通の目的を見いだし，工夫したり，協力したりなどする。
　(9) よいことや悪いことがあることに気付き，考えながら行動する。
　(10) 友達との関わりを深め，思いやりをもつ。
　(11) 友達と楽しく生活する中できまりの大切さに気付き，守ろうとする。
　(12) 共同の遊具や用具を大切にし，皆で使う。
　(13) 高齢者をはじめ地域の人々などの自分の生活に関係の深いいろいろな人に親しみをもつ。
３　内容の取扱い
　上記の取扱いに当たっては，次の事項に留意する必要がある。
　(1) 教師との信頼関係に支えられて自分自身の生活を確立していくことが人と関わる基盤となることを考慮し，幼児が自ら周囲に働き掛けることにより多様な感情を体験し，試行錯誤しながら諦めずにやり遂げることの達成感や，前向きな見通しをもって自分の力で行うことの充実感を味わうことができるよう，幼児の行

動を見守りながら適切な援助を行うようにすること。
(2)　一人一人を生かした集団を形成しながら人と関わる力を育てていくようにすること。その際、集団の生活の中で、幼児が自己を発揮し、教師や他の幼児に認められる体験をし、自分のよさや特徴に気付き、自信をもって行動できるようにすること。
(3)　幼児が互いに関わりを深め、協同して遊ぶようになるため、自ら行動する力を育てるようにするとともに、他の幼児と試行錯誤しながら活動を展開する楽しさや共通の目的が実現する喜びを味わうことができるようにすること。
(4)　道徳性の芽生えを培うに当たっては、基本的な生活習慣の形成を図るとともに、幼児が他の幼児との関わりの中で他人の存在に気付き、相手を尊重する気持ちをもって行動できるようにし、また、自然や身近な動植物に親しむことなどを通して豊かな心情が育つようにすること。特に、人に対する信頼感や思いやりの気持ちは、葛藤やつまずきをも体験し、それらを乗り越えることにより次第に芽生えてくることに配慮すること。
(5)　集団の生活を通して、幼児が人との関わりを深め、規範意識の芽生えが培われることを考慮し、幼児が教師との信頼関係に支えられて自己を発揮する中で、互いに思いを主張し、折り合いを付ける体験をし、きまりの必要性などに気付き、自分の気持ちを調整する力が育つようにすること。
(6)　高齢者をはじめ地域の人々などの自分の生活に関係の深いいろいろな人と触れ合い、自分の感情や意志を表現しながら共に楽しみ、共感し合う体験を通して、これらの人々などに親しみをもち、人と関わることの楽しさや人の役に立つ喜びを味わうことができるようにすること。また、生活を通して親や祖父母などの家族の愛情に気付き、家族を大切にしようとする気持ちが育つようにすること。

環境
〔周囲の様々な環境に好奇心や探究心をもって関わり、それらを生活に取り入れていこうとする力を養う。〕
1　ねらい
(1)　身近な環境に親しみ、自然と触れ合う中で様々な事象に興味や関心をもつ。
(2)　身近な環境に自分から関わり、発見を楽しんだり、考えたりし、それを生活に取り入れようとする。
(3)　身近な事象を見たり、考えたり、扱ったりする中で、物の性質や数量、文字などに対する感覚を豊かにする。
2　内容

(1)　自然に触れて生活し、その大きさ、美しさ、不思議さなどに気付く。
(2)　生活の中で、様々な物に触れ、その性質や仕組みに興味や関心をもつ。
(3)　季節により自然や人間の生活に変化のあることに気付く。
(4)　自然などの身近な事象に関心をもち、取り入れて遊ぶ。
(5)　身近な動植物に親しみをもって接し、生命の尊さに気付き、いたわったり、大切にしたりする。
(6)　日常生活の中で、我が国や地域社会における様々な文化や伝統に親しむ。
(7)　身近な物を大切にする。
(8)　身近な物や遊具に興味をもって関わり、自分なりに比べたり、関連付けたりしながら考えたり、試したりして工夫して遊ぶ。
(9)　日常生活の中で数量や図形などに関心をもつ。
(10)　日常生活の中で簡単な標識や文字などに関心をもつ。
(11)　生活に関係の深い情報や施設などに興味や関心をもつ。
(12)　幼稚園内外の行事において国旗に親しむ。
3　内容の取扱い
　　上記の取扱いに当たっては、次の事項に留意する必要がある。
(1)　幼児が、遊びの中で周囲の環境と関わり、次第に周囲の世界に好奇心を抱き、その意味や操作の仕方に関心をもち、物事の法則性に気付き、自分なりに考えることができるようになる過程を大切にすること。また、他の幼児の考えなどに触れて新しい考えを生み出す喜びや楽しさを味わい、自分の考えをよりよいものにしようとする気持ちが育つようにすること。
(2)　幼児期において自然のもつ意味は大きく、自然の大きさ、美しさ、不思議さなどに直接触れる体験を通して、幼児の心が安らぎ、豊かな感情、好奇心、思考力、表現力の基礎が培われることを踏まえ、幼児が自然との関わりを深めることができるよう工夫すること。
(3)　身近な事象や動植物に対する感動を伝え合い、共感し合うことなどを通して自分から関わろうとする意欲を育てるとともに、様々な関わり方を通してそれらに対する親しみや畏敬の念、生命を大切にする気持ち、公共心、探究心などが養われるようにすること。
(4)　文化や伝統に親しむ際には、正月や節句など我が国の伝統的な行事、国歌、唱歌、わらべうたや我が国の伝統的な遊びに親しんだり、異なる文化に触れる活動に親しんだりすることを通じて、社会とのつながりの

意識や国際理解の意識の芽生えなどが養われるようにすること。
(5) 数量や文字などに関しては，日常生活の中で幼児自身の必要感に基づく体験を大切にし，数量や文字などに関する興味や関心，感覚が養われるようにすること。

言葉
〔経験したことや考えたことなどを自分なりの言葉で表現し，相手の話す言葉を聞こうとする意欲や態度を育て，言葉に対する感覚や言葉で表現する力を養う。〕
1　ねらい
(1) 自分の気持ちを言葉で表現する楽しさを味わう。
(2) 人の言葉や話などをよく聞き，自分の経験したことや考えたことを話し，伝え合う喜びを味わう。
(3) 日常生活に必要な言葉が分かるようになるとともに，絵本や物語などに親しみ，言葉に対する感覚を豊かにし，先生や友達と心を通わせる。
2　内容
(1) 先生や友達の言葉や話に興味や関心をもち，親しみをもって聞いたり，話したりする。
(2) したり，見たり，聞いたり，感じたり，考えたりなどしたことを自分なりに言葉で表現する。
(3) したいこと，してほしいことを言葉で表現したり，分からないことを尋ねたりする。
(4) 人の話を注意して聞き，相手に分かるように話す。
(5) 生活の中で必要な言葉が分かり，使う。
(6) 親しみをもって日常の挨拶をする。
(7) 生活の中で言葉の楽しさや美しさに気付く。
(8) いろいろな体験を通じてイメージや言葉を豊かにする。
(9) 絵本や物語などに親しみ，興味をもって聞き，想像をする楽しさを味わう。
(10) 日常生活の中で，文字などで伝える楽しさを味わう。
3　内容の取扱い
上記の取扱いに当たっては，次の事項に留意する必要がある。
(1) 言葉は，身近な人に親しみをもって接し，自分の感情や意志などを伝え，それに相手が応答し，その言葉を聞くことを通して次第に獲得されていくものであることを考慮して，幼児が教師や他の幼児と関わることにより心を動かされるような体験をし，言葉を交わす喜びを味わえるようにすること。
(2) 幼児が自分の思いを言葉で伝えるとともに，教師や他の幼児などの話を興味をもって注意して聞くことを通して次第に話を理解するようになっていき，言葉による伝え合いができるようにすること。
(3) 絵本や物語などで，その内容と自分の経験とを結び付けたり，想像を巡らせたりするなど，楽しみを十分に味わうことによって，次第に豊かなイメージをもち，言葉に対する感覚が養われるようにすること。
(4) 幼児が生活の中で，言葉の響きやリズム，新しい言葉や表現などに触れ，これらを使う楽しさを味わえるようにすること。その際，絵本や物語に親しんだり，言葉遊びなどをしたりすることを通して，言葉が豊かになるようにすること。
(5) 幼児が日常生活の中で，文字などを使いながら思ったことや考えたことを伝える喜びや楽しさを味わい，文字に対する興味や関心をもつようにすること。

表現
〔感じたことや考えたことを自分なりに表現することを通して，豊かな感性や表現する力を養い，創造性を豊かにする。〕
1　ねらい
(1) いろいろなものの美しさなどに対する豊かな感性をもつ。
(2) 感じたことや考えたことを自分なりに表現して楽しむ。
(3) 生活の中でイメージを豊かにし，様々な表現を楽しむ。
2　内容
(1) 生活の中で様々な音，形，色，手触り，動きなどに気付いたり，感じたりするなどして楽しむ。
(2) 生活の中で美しいものや心を動かす出来事に触れ，イメージを豊かにする。
(3) 様々な出来事の中で，感動したことを伝え合う楽しさを味わう。
(4) 感じたこと，考えたことなどを音や動きなどで表現したり，自由にかいたり，つくったりなどする。
(5) いろいろな素材に親しみ，工夫して遊ぶ。
(6) 音楽に親しみ，歌を歌ったり，簡単なリズム楽器を使ったりなどする楽しさを味わう。
(7) かいたり，つくったりすることを楽しみ，遊びに使ったり，飾ったりなどする。
(8) 自分のイメージを動きや言葉などで表現したり，演じて遊んだりするなどの楽しさを味わう。
3　内容の取扱い
上記の取扱いに当たっては，次の事項に留意する必要がある。
(1) 豊かな感性は，身近な環境と十分に関わる中で美しいもの，優れたもの，心を動かす出来事などに出会い，そこから得た感動を他の幼児や教師と共有し，

様々に表現することなどを通して養われるようにすること。その際，風の音や雨の音，身近にある草や花の形や色など自然の中にある音，形，色などに気付くようにすること。
(2) 幼児の自己表現は素朴な形で行われることが多いので，教師はそのような表現を受容し，幼児自身の表現しようとする意欲を受け止めて，幼児が生活の中で幼児らしい様々な表現を楽しむことができるようにすること。
(3) 生活経験や発達に応じ，自ら様々な表現を楽しみ，表現する意欲を十分に発揮させることができるように，遊具や用具などを整えたり，様々な素材や表現の仕方に親しんだり，他の幼児の表現に触れられるよう配慮したりし，表現する過程を大切にして自己表現を楽しめるように工夫すること。

  第3章　教育課程に係る教育時間の終了後等に行う教育活動などの留意事項

1　地域の実態や保護者の要請により，教育課程に係る教育時間の終了後等に希望する者を対象に行う教育活動については，幼児の心身の負担に配慮するものとする。また，次の点にも留意するものとする。
(1) 教育課程に基づく活動を考慮し，幼児期にふさわしい無理のないものとなるようにすること。その際，教育課程に基づく活動を担当する教師と緊密な連携を図るようにすること。
(2) 家庭や地域での幼児の生活も考慮し，教育課程に係る教育時間の終了後等に行う教育活動の計画を作成するようにすること。その際，地域の人々と連携するなど，地域の様々な資源を活用しつつ，多様な体験ができるようにすること。
(3) 家庭との緊密な連携を図るようにすること。その際，情報交換の機会を設けたりするなど，保護者が，幼稚園と共に幼児を育てるという意識が高まるようにすること。
(4) 地域の実態や保護者の事情とともに幼児の生活のリズムを踏まえつつ，例えば実施日数や時間などについて，弾力的な運用に配慮すること。
(5) 適切な責任体制と指導体制を整備した上で行うようにすること。
2　幼稚園の運営に当たっては，子育ての支援のために保護者や地域の人々に機能や施設を開放して，園内体制の整備や関係機関との連携及び協力に配慮しつつ，幼児期の教育に関する相談に応じたり，情報を提供したり，幼児と保護者との登園を受け入れたり，保護者同士の交流の機会を提供したりするなど，幼稚園と家庭が一体となって幼児と関わる取組を進め，地域における幼児期の教育のセンターとしての役割を果たすよう努めるものとする。その際，心理や保健の専門家，地域の子育て経験者等と連携・協働しながら取り組むよう配慮するものとする。

資料　保育所保育指針

（平成29年3月31日厚生労働省告示第117号）
（平成30年4月1日から施行）

第1章　総則

　この指針は、児童福祉施設の設備及び運営に関する基準（昭和23年厚生省令第63号。以下「設備運営基準」という。）第35条の規定に基づき、保育所における保育の内容に関する事項及びこれに関連する運営に関する事項を定めるものである。各保育所は、この指針において規定される保育の内容に係る基本原則に関する事項等を踏まえ、各保育所の実情に応じて創意工夫を図り、保育所の機能及び質の向上に努めなければならない。

1　保育所保育に関する基本原則
　(1)　保育所の役割
　　ア　保育所は、児童福祉法（昭和22年法律第164号）第39条の規定に基づき、保育を必要とする子どもの保育を行い、その健全な心身の発達を図ることを目的とする児童福祉施設であり、入所する子どもの最善の利益を考慮し、その福祉を積極的に増進することに最もふさわしい生活の場でなければならない。
　　イ　保育所は、その目的を達成するために、保育に関する専門性を有する職員が、家庭との緊密な連携の下に、子どもの状況や発達過程を踏まえ、保育所における環境を通して、養護及び教育を一体的に行うことを特性としている。
　　ウ　保育所は、入所する子どもを保育するとともに、家庭や地域の様々な社会資源との連携を図りながら、入所する子どもの保護者に対する支援及び地域の子育て家庭に対する支援等を行う役割を担うものである。
　　エ　保育所における保育士は、児童福祉法第18条の4の規定を踏まえ、保育所の役割及び機能が適切に発揮されるように、倫理観に裏付けられた専門的知識、技術及び判断をもって、子どもを保育するとともに、子どもの保護者に対する保育に関する指導を行うものであり、その職責を遂行するための専門性の向上に絶えず努めなければならない。
　(2)　保育の目標
　　ア　保育所は、子どもが生涯にわたる人間形成にとって極めて重要な時期に、その生活時間の大半を過ごす場である。このため、保育所の保育は、子どもが現在を最も良く生き、望ましい未来をつくり出す力の基礎を培うために、次の目標を目指して行わなければならない。
　　　(ア)　十分に養護の行き届いた環境の下に、くつろいだ雰囲気の中で子どもの様々な欲求を満たし、生命の保持及び情緒の安定を図ること。
　　　(イ)　健康、安全など生活に必要な基本的な習慣や態度を養い、心身の健康の基礎を培うこと。
　　　(ウ)　人との関わりの中で、人に対する愛情と信頼感、そして人権を大切にする心を育てるとともに、自主、自立及び協調の態度を養い、道徳性の芽生えを培うこと。
　　　(エ)　生命、自然及び社会の事象についての興味や関心を育て、それらに対する豊かな心情や思考力の芽生えを培うこと。
　　　(オ)　生活の中で、言葉への興味や関心を育て、話したり、聞いたり、相手の話を理解しようとするなど、言葉の豊かさを養うこと。
　　　(カ)　様々な体験を通して、豊かな感性や表現力を育み、創造性の芽生えを培うこと。
　　イ　保育所は、入所する子どもの保護者に対し、その意向を受け止め、子どもと保護者の安定した関係に配慮し、保育所の特性や保育士等の専門性を生かして、その援助に当たらなければならない。
　(3)　保育の方法
　　保育の目標を達成するために、保育士等は、次の事項に留意して保育しなければならない。
　　ア　一人一人の子どもの状況や家庭及び地域社会での生活の実態を把握するとともに、子どもが安心感と信頼感をもって活動できるよう、子どもの主体としての思いや願いを受け止めること。
　　イ　子どもの生活のリズムを大切にし、健康、安全で情緒の安定した生活ができる環境や、自己を十分に発揮できる環境を整えること。
　　ウ　子どもの発達について理解し、一人一人の発達過程に応じて保育すること。その際、子どもの個人差に十分配慮すること。
　　エ　子ども相互の関係づくりや互いに尊重する心を大切にし、集団における活動を効果あるものにするよう援助すること。
　　オ　子どもが自発的・意欲的に関われるような環境を構成し、子どもの主体的な活動や子ども相互の関わりを大切にすること。特に、乳幼児期にふさわしい体験が得られるように、生活や遊びを通して総合的に保育すること。
　　カ　一人一人の保護者の状況やその意向を理解、受容し、それぞれの親子関係や家庭生活等に配慮しながら、様々な機会をとらえ、適切に援助すること。
　(4)　保育の環境
　　保育の環境には、保育士等や子どもなどの人的環

境，施設や遊具などの物的環境，更には自然や社会の事象などがある。保育所は，こうした人，物，場などの環境が相互に関連し合い，子どもの生活が豊かなものとなるよう，次の事項に留意しつつ，計画的に環境を構成し，工夫して保育しなければならない。
  ア 子ども自らが環境に関わり，自発的に活動し，様々な経験を積んでいくことができるよう配慮すること。
  イ 子どもの活動が豊かに展開されるよう，保育所の設備や環境を整え，保育所の保健的環境や安全の確保などに努めること。
  ウ 保育室は，温かな親しみとくつろぎの場となるとともに，生き生きと活動できる場となるように配慮すること。
  エ 子どもが人と関わる力を育てていくため，子ども自らが周囲の子どもや大人と関わっていくことができる環境を整えること。
 (5) 保育所の社会的責任
  ア 保育所は，子どもの人権に十分配慮するとともに，子ども一人一人の人格を尊重して保育を行わなければならない。
  イ 保育所は，地域社会との交流や連携を図り，保護者や地域社会に，当該保育所が行う保育の内容を適切に説明するよう努めなければならない。
  ウ 保育所は，入所する子ども等の個人情報を適切に取り扱うとともに，保護者の苦情などに対し，その解決を図るよう努めなければならない。
2 養護に関する基本的事項
 (1) 養護の理念
  保育における養護とは，子どもの生命の保持及び情緒の安定を図るために保育士等が行う援助や関わりであり，保育所における保育は，養護及び教育を一体的に行うことをその特性とするものである。保育所における保育全体を通じて，養護に関するねらい及び内容を踏まえた保育が展開されなければならない。
 (2) 養護に関わるねらい及び内容
  ア 生命の保持
  (ア) ねらい
   ① 一人一人の子どもが，快適に生活できるようにする。
   ② 一人一人の子どもが，健康で安全に過ごせるようにする。
   ③ 一人一人の子どもの生理的欲求が，十分に満たされるようにする。
   ④ 一人一人の子どもの健康増進が，積極的に図られるようにする。
  (イ) 内容

   ① 一人一人の子どもの平常の健康状態や発育及び発達状態を的確に把握し，異常を感じる場合は，速やかに適切に対応する。
   ② 家庭との連携を密にし，嘱託医等との連携を図りながら，子どもの疾病や事故防止に関する認識を深め，保健的で安全な保育環境の維持及び向上に努める。
   ③ 清潔で安全な環境を整え，適切な援助や応答的な関わりを通して子どもの生理的欲求を満たしていく。また，家庭と協力しながら，子どもの発達過程等に応じた適切な生活のリズムがつくられていくようにする。
   ④ 子どもの発達過程等に応じて，適度な運動と休息を取ることができるようにする。また，食事，排泄，衣類の着脱，身の回りを清潔にすることなどについて，子どもが意欲的に生活できるよう適切に援助する。
  イ 情緒の安定
  (ア) ねらい
   ① 一人一人の子どもが，安定感をもって過ごせるようにする。
   ② 一人一人の子どもが，自分の気持ちを安心して表すことができるようにする。
   ③ 一人一人の子どもが，周囲から主体として受け止められ，主体として育ち，自分を肯定する気持ちが育まれていくようにする。
   ④ 一人一人の子どもがくつろいで共に過ごし，心身の疲れが癒されるようにする。
  (イ) 内容
   ① 一人一人の子どもの置かれている状態や発達過程などを的確に把握し，子どもの欲求を適切に満たしながら，応答的な触れ合いや言葉がけを行う。
   ② 一人一人の子どもの気持ちを受容し，共感しながら，子どもとの継続的な信頼関係を築いていく。
   ③ 保育士等との信頼関係を基盤に，一人一人の子どもが主体的に活動し，自発性や探索意欲などを高めるとともに，自分への自信をもつことができるよう成長の過程を見守り，適切に働きかける。
   ④ 一人一人の子どもの生活のリズム，発達過程，保育時間などに応じて，活動内容のバランスや調和を図りながら，適切な食事や休息が取れるようにする。
3 保育の計画及び評価
 (1) 全体的な計画の作成

ア 保育所は，1の(2)に示した保育の目標を達成するために，各保育所の保育の方針や目標に基づき，子どもの発達過程を踏まえて，保育の内容が組織的・計画的に構成され，保育所の生活の全体を通して，総合的に展開されるよう，全体的な計画を作成しなければならない。
イ 全体的な計画は，子どもや家庭の状況，地域の実態，保育時間などを考慮し，子どもの育ちに関する長期的見通しをもって適切に作成されなければならない。
ウ 全体的な計画は，保育所保育の全体像を包括的に示すものとし，これに基づく指導計画，保健計画，食育計画等を通じて，各保育所が創意工夫して保育できるよう，作成されなければならない。

(2) 指導計画の作成
ア 保育所は，全体的な計画に基づき，具体的な保育が適切に展開されるよう，子どもの生活や発達を見通した長期的な指導計画と，それに関連しながら，より具体的な子どもの日々の生活に即した短期的な指導計画を作成しなければならない。
イ 指導計画の作成に当たっては，第2章及びその他の関連する章に示された事項のほか，子ども一人一人の発達過程や状況を十分に踏まえるとともに，次の事項に留意しなければならない。
　(ア) 3歳未満児については，一人一人の子どもの生育歴，心身の発達，活動の実態等に即して，個別的な計画を作成すること。
　(イ) 3歳以上児については，個の成長と，子ども相互の関係や協同的な活動が促されるよう配慮すること。
　(ウ) 異年齢で構成される組やグループでの保育においては，一人一人の子どもの生活や経験，発達過程などを把握し，適切な援助や環境構成ができるよう配慮すること。
ウ 指導計画においては，保育所の生活における子どもの発達過程を見通し，生活の連続性，季節の変化などを考慮し，子どもの実態に即した具体的なねらい及び内容を設定すること。また，具体的なねらいが達成されるよう，子どもの生活する姿や発想を大切にして適切な環境を構成し，子どもが主体的に活動できるようにすること。
エ 一日の生活のリズムや在園時間が異なる子どもが共に過ごすことを踏まえ，活動と休息，緊張感と解放感等の調和を図るよう配慮すること。
オ 午睡は生活のリズムを構成する重要な要素であり，安心して眠ることのできる安全な睡眠環境を確保するとともに，在園時間が異なることや，睡眠時間は子どもの発達の状況や個人によって差があることから，一律とならないよう配慮すること。
カ 長時間にわたる保育については，子どもの発達過程，生活のリズム及び心身の状態に十分配慮して，保育の内容や方法，職員の協力体制，家庭との連携などを指導計画に位置付けること。
キ 障害のある子どもの保育については，一人一人の子どもの発達過程や障害の状態を把握し，適切な環境の下で，障害のある子どもが他の子どもとの生活を通して共に成長できるよう，指導計画の中に位置付けること。また，子どもの状況に応じた保育を実施する観点から，家庭や関係機関と連携した支援のための計画を個別に作成するなど適切な対応を図ること。

(3) 指導計画の展開
指導計画に基づく保育の実施に当たっては，次の事項に留意しなければならない。
ア 施設長，保育士など，全職員による適切な役割分担と協力体制を整えること。
イ 子どもが行う具体的な活動は，生活の中で様々に変化することに留意して，子どもが望ましい方向に向かって自ら活動を展開できるよう必要な援助を行うこと。
ウ 子どもの主体的な活動を促すためには，保育士等が多様な関わりをもつことが重要であることを踏まえ，子どもの情緒の安定や発達に必要な豊かな体験が得られるよう援助すること。
エ 保育士等は，子どもの実態や子どもを取り巻く状況の変化などに即して保育の過程を記録するとともに，これらを踏まえ，指導計画に基づく保育の内容の見直しを行い，改善を図ること。

(4) 保育内容等の評価
ア 保育士等の自己評価
　(ア) 保育士等は，保育の計画や保育の記録を通して，自らの保育実践を振り返り，自己評価することを通して，その専門性の向上や保育実践の改善に努めなければならない。
　(イ) 保育士等による自己評価に当たっては，子どもの活動内容やその結果だけでなく，子どもの心の育ちや意欲，取り組む過程などにも十分配慮するよう留意すること。
　(ウ) 保育士等は，自己評価における自らの保育実践の振り返りや職員相互の話し合い等を通じて，専門性の向上及び保育の質の向上のための課題を明確にするとともに，保育所全体の保育の内容に関する認識を深めること。
イ 保育所の自己評価

(ア) 保育所は、保育の質の向上を図るため、保育の計画の展開や保育士等の自己評価を踏まえ、当該保育所の保育の内容等について、自ら評価を行い、その結果を公表するよう努めなければならない。
(イ) 保育所が自己評価を行うに当たっては、地域の実情や保育所の実態に即して、適切に評価の観点や項目等を設定し、全職員による共通理解をもって取り組むよう留意すること。
(ウ) 設備運営基準第36条の趣旨を踏まえ、保育の内容等の評価に関し、保護者及び地域住民等の意見を聴くことが望ましいこと。
(5) 評価を踏まえた計画の改善
ア 保育所は、評価の結果を踏まえ、当該保育所の保育の内容等の改善を図ること。
イ 保育の計画に基づく保育、保育の内容の評価及びこれに基づく改善という一連の取組により、保育の質の向上が図られるよう、全職員が共通理解をもって取り組むことに留意すること。
4 幼児教育を行う施設として共有すべき事項
(1) 育みたい資質・能力
ア 保育所においては、生涯にわたる生きる力の基礎を培うため、1の(2)に示す保育の目標を踏まえ、次に掲げる資質・能力を一体的に育むよう努めるものとする。
(ア) 豊かな体験を通じて、感じたり、気付いたり、分かったり、できるようになったりする「知識及び技能の基礎」
(イ) 気付いたことや、できるようになったことなどを使い、考えたり、試したり、工夫したり、表現したりする「思考力、判断力、表現力等の基礎」
(ウ) 心情、意欲、態度が育つ中で、よりよい生活を営もうとする「学びに向かう力、人間性等」
イ アに示す資質・能力は、第2章に示すねらい及び内容に基づく保育活動全体によって育むものである。
(2) 幼児期の終わりまでに育ってほしい姿
次に示す「幼児期の終わりまでに育ってほしい姿」は、第2章に示すねらい及び内容に基づく保育活動全体を通して資質・能力が育まれている子どもの小学校就学時の具体的な姿であり、保育士等が指導を行う際に考慮するものである。
ア 健やかな心と体
保育所の生活の中で、充実感をもって自分のやりたいことに向かって心と体を十分に働かせ、見通しをもって行動し、自ら健康で安全な生活をつくり出すようになる。
イ 自立心
身近な環境に主体的に関わり様々な活動を楽しむ中で、しなければならないことを自覚し、自分の力で行うために考えたり、工夫したりしながら、諦めずにやり遂げることで達成感を味わい、自信をもって行動するようになる。
ウ 協同性
友達と関わる中で、互いの思いや考えなどを共有し、共通の目的の実現に向けて、考えたり、工夫したり、協力したりし、充実感をもってやり遂げるようになる。
エ 道徳性・規範意識の芽生え
友達と様々な体験を重ねる中で、してよいことや悪いことが分かり、自分の行動を振り返ったり、友達の気持ちに共感したりし、相手の立場に立って行動するようになる。また、きまりを守る必要性が分かり、自分の気持ちを調整し、友達と折り合いを付けながら、きまりをつくったり、守ったりするようになる。
オ 社会生活との関わり
家族を大切にしようとする気持ちをもつとともに、地域の身近な人と触れ合う中で、人との様々な関わり方に気付き、相手の気持ちを考えて関わり、自分が役に立つ喜びを感じ、地域に親しみをもつようになる。また、保育所内外の様々な環境に関わる中で、遊びや生活に必要な情報を取り入れ、情報に基づき判断したり、情報を伝え合ったり、活用したりするなど、情報を役立てながら活動するようになるとともに、公共の施設を大切に利用するなどして、社会とのつながりなどを意識するようになる。
カ 思考力の芽生え
身近な事象に積極的に関わる中で、物の性質や仕組みなどを感じ取ったり、気付いたりし、考えたり、予想したり、工夫したりするなど、多様な関わりを楽しむようになる。また、友達の様々な考えに触れる中で、自分と異なる考えがあることに気付き、自ら判断したり、考え直したりするなど、新しい考えを生み出す喜びを味わいながら、自分の考えをよりよいものにするようになる。
キ 自然との関わり・生命尊重
自然に触れて感動する体験を通して、自然の変化などを感じ取り、好奇心や探究心をもって考え言葉などで表現しながら、身近な事象への関心が高まるとともに、自然への愛情や畏敬の念をもつようになる。また、身近な動植物に心を動かされる中で、生命の不思議さや尊さに気付き、身近な動植物への接し方を考え、命あるものとしていたわり、大切にす

ク 数量や図形、標識や文字などへの関心・感覚
　遊びや生活の中で、数量や図形、標識や文字などに親しむ体験を重ねたり、標識や文字の役割に気付いたりし、自らの必要感に基づきこれらを活用し、興味や関心、感覚をもつようになる。
ケ 言葉による伝え合い
　保育士等や友達と心を通わせる中で、絵本や物語などに親しみながら、豊かな言葉や表現を身に付け、経験したことや考えたことなどを言葉で伝えたり、相手の話を注意して聞いたりし、言葉による伝え合いを楽しむようになる。
コ 豊かな感性と表現
　心を動かす出来事などに触れ感性を働かせる中で、様々な素材の特徴や表現の仕方などに気付き、感じたことや考えたことを自分で表現したり、友達同士で表現する過程を楽しんだりし、表現する喜びを味わい、意欲をもつようになる。

第2章 保育の内容

　この章に示す「ねらい」は、第1章の1の（2）に示された保育の目標をより具体化したものであり、子どもが保育所において、安定した生活を送り、充実した活動ができるように、保育を通じて育みたい資質・能力を、子どもの生活する姿から捉えたものである。また、「内容」は、「ねらい」を達成するために、子どもの生活やその状況に応じて保育士等が適切に行う事項と、保育士等が援助して子どもが環境に関わって経験する事項を示したものである。
　保育における「養護」とは、子どもの生命の保持及び情緒の安定を図るために保育士等が行う援助や関わりであり、「教育」とは、子どもが健やかに成長し、その活動がより豊かに展開されるための発達の援助である。本章では、保育士等が、「ねらい」及び「内容」を具体的に把握するため、主に教育に関わる側面からの視点を示しているが、実際の保育においては、養護と教育が一体となって展開されることに留意する必要がある。

1 乳児保育に関わるねらい及び内容
　(1) 基本的事項
　　ア 乳児期の発達については、視覚、聴覚などの感覚や、座る、はう、歩くなどの運動機能が著しく発達し、特定の大人との応答的な関わりを通じて、情緒的な絆が形成されるといった特徴がある。これらの発達の特徴を踏まえて、乳児保育は、愛情豊かに、応答的に行われることが特に必要である。
　　イ 本項においては、この時期の発達の特徴を踏まえ、乳児保育の「ねらい」及び「内容」について

は、身体的発達に関する視点「健やかに伸び伸びと育つ」、社会的発達に関する視点「身近な人と気持ちが通じ合う」及び精神的発達に関する視点「身近なものと関わり感性が育つ」としてまとめ、示している。
　　ウ 本項の各視点において示す保育の内容は、第1章の2に示された養護における「生命の保持」及び「情緒の安定」に関わる保育の内容と、一体となって展開されるものであることに留意が必要である。
　(2) ねらい及び内容
　　ア 健やかに伸び伸びと育つ
　　　健康な心と体を育て、自ら健康で安全な生活をつくり出す力の基盤を培う。
　　(ア) ねらい
　　　① 身体感覚が育ち、快適な環境に心地よさを感じる。
　　　② 伸び伸びと体を動かし、はう、歩くなどの運動をしようとする。
　　　③ 食事、睡眠等の生活のリズムの感覚が芽生える。
　　(イ) 内容
　　　① 保育士等の愛情豊かな受容の下で、生理的・心理的欲求を満たし、心地よく生活をする。
　　　② 一人一人の発育に応じて、はう、立つ、歩くなど、十分に体を動かす。
　　　③ 個人差に応じて授乳を行い、離乳を進めていく中で、様々な食品に少しずつ慣れ、食べることを楽しむ。
　　　④ 一人一人の生活のリズムに応じて、安全な環境の下で十分に午睡をする。
　　　⑤ おむつ交換や衣服の着脱などを通じて、清潔になることの心地よさを感じる。
　　(ウ) 内容の取扱い
　　　上記の取扱いに当たっては、次の事項に留意する必要がある。
　　　① 心と体の健康は、相互に密接な関連があるものであることを踏まえ、温かい触れ合いの中で、心と体の発達を促すこと。特に、寝返り、お座り、はいはい、つかまり立ち、伝い歩きなど、発育に応じて、遊びの中で体を動かす機会を十分に確保し、自ら体を動かそうとする意欲が育つようにすること。
　　　② 健康な心と体を育てるためには望ましい食習慣の形成が重要であることを踏まえ、離乳食が完了期へと徐々に移行する中で、様々な食品に慣れるようにするとともに、和やかな雰囲気の中で食べる喜びや楽しさを味わい、進んで食べ

ようとする気持ちが育つようにすること。なお，食物アレルギーのある子どもへの対応については，嘱託医等の指示や協力の下に適切に対応すること。
イ 身近な人と気持ちが通じ合う
　受容的・応答的な関わりの下で，何かを伝えようとする意欲や身近な大人との信頼関係を育て，人と関わる力の基盤を培う。
（ア）ねらい
　① 安心できる関係の下で，身近な人と共に過ごす喜びを感じる。
　② 体の動きや表情，発声等により，保育士等と気持ちを通わせようとする。
　③ 身近な人と親しみ，関わりを深め，愛情や信頼感が芽生える。
（イ）内容
　① 子どもからの働きかけを踏まえた，応答的な触れ合いや言葉がけによって，欲求が満たされ，安定感をもって過ごす。
　② 体の動きや表情，発声，喃語(なん)等を優しく受け止めてもらい，保育士等とのやり取りを楽しむ。
　③ 生活や遊びの中で，自分の身近な人の存在に気付き，親しみの気持ちを表す。
　④ 保育士等による語りかけや歌いかけ，発声や喃語(なん)等への応答を通じて，言葉の理解や発語の意欲が育つ。
　⑤ 温かく，受容的な関わりを通じて，自分を肯定する気持ちが芽生える。
（ウ）内容の取扱い
　上記の取扱いに当たっては，次の事項に留意する必要がある。
　① 保育士等との信頼関係に支えられて生活を確立していくことが人と関わる基盤となることを考慮して，子どもの多様な感情を受け止め，温かく受容的・応答的に関わり，一人一人に応じた適切な援助を行うようにすること。
　② 身近な人に親しみをもって接し，自分の感情などを表し，それに相手が応答する言葉を聞くことを通して，次第に言葉が獲得されていくことを考慮して，楽しい雰囲気の中での保育士等との関わり合いを大切にし，ゆっくりと優しく話しかけるなど，積極的に言葉のやり取りを楽しむことができるようにすること。
ウ 身近なものと関わり感性が育つ
　身近な環境に興味や好奇心をもって関わり，感じたことや考えたことを表現する力の基盤を培う。

（ア）ねらい
　① 身の回りのものに親しみ，様々なものに興味や関心をもつ。
　② 見る，触れる，探索するなど，身近な環境に自分から関わろうとする。
　③ 身体の諸感覚による認識が豊かになり，表情や手足，体の動き等で表現する。
（イ）内容
　① 身近な生活用具，玩具や絵本などが用意された中で，身の回りのものに対する興味や好奇心をもつ。
　② 生活や遊びの中で様々なものに触れ，音，形，色，手触りなどに気付き，感覚の働きを豊かにする。
　③ 保育士等と一緒に様々な色彩や形のものや絵本などを見る。
　④ 玩具や身の回りのものを，つまむ，つかむ，たたく，引っ張るなど，手や指を使って遊ぶ。
　⑤ 保育士等のあやし遊びに機嫌よく応じたり，歌やリズムに合わせて手足や体を動かして楽しんだりする。
（ウ）内容の取扱い
　上記の取扱いに当たっては，次の事項に留意する必要がある。
　① 玩具などは，音質，形，色，大きさなど子どもの発達状態に応じて適切なものを選び，その時々の子どもの興味や関心を踏まえるなど，遊びを通して感覚の発達が促されるものとなるように工夫すること。なお，安全な環境の下で，子どもが探索意欲を満たして自由に遊べるよう，身の回りのものについては，常に十分な点検を行うこと。
　② 乳児期においては，表情，発声，体の動きなどで，感情を表現することが多いことから，これらの表現しようとする意欲を積極的に受け止めて，子どもが様々な活動を楽しむことを通して表現が豊かになるようにすること。
(3) 保育の実施に関わる配慮事項
ア 乳児は疾病への抵抗力が弱く，心身の機能の未熟さに伴う疾病の発生が多いことから，一人一人の発育及び発達状態や健康状態についての適切な判断に基づく保健的な対応を行うこと。
イ 一人一人の子どもの生育歴の違いに留意しつつ，欲求を適切に満たし，特定の保育士が応答的に関わるように努めること。
ウ 乳児保育に関わる職員間の連携や嘱託医との連携を図り，第3章に示す事項を踏まえ，適切に対応す

ること。栄養士及び看護師等が配置されている場合は，その専門性を生かした対応を図ること。
　　エ　保護者との信頼関係を築きながら保育を進めるとともに，保護者からの相談に応じ，保護者への支援に努めていくこと。
　　オ　担当の保育士が替わる場合には，子どものそれまでの生育歴や発達過程に留意し，職員間で協力して対応すること。
2　1歳以上3歳未満児の保育に関わるねらい及び内容
　(1) 基本的事項
　　ア　この時期においては，歩き始めから，歩く，走る，跳ぶなどへと，基本的な運動機能が次第に発達し，排泄の自立のための身体的機能も整うようになる。つまむ，めくるなどの指先の機能も発達し，食事，衣類の着脱なども，保育士等の援助の下で自分で行うようになる。発声も明瞭になり，語彙も増加し，自分の意思や欲求を言葉で表出できるようになる。このように自分でできることが増えてくる時期であることから，保育士等は，子どもの生活の安定を図りながら，自分でしようとする気持ちを尊重し，温かく見守るとともに，愛情豊かに，応答的に関わることが必要である。
　　イ　本項においては，この時期の発達の特徴を踏まえ，保育の「ねらい」及び「内容」について，心身の健康に関する領域「健康」，人との関わりに関する領域「人間関係」，身近な環境との関わりに関する領域「環境」，言葉の獲得に関する領域「言葉」及び感性と表現に関する領域「表現」としてまとめ，示している。
　　ウ　本項の各領域において示す保育の内容は，第1章の2に示された養護における「生命の保持」及び「情緒の安定」に関わる保育の内容と，一体となって展開されるものであることに留意が必要である。
　(2) ねらい及び内容
　　ア　健康
　　　健康な心と体を育て，自ら健康で安全な生活をつくり出す力を養う。
　　　(ア) ねらい
　　　　① 明るく伸び伸びと生活し，自分から体を動かすことを楽しむ。
　　　　② 自分の体を十分に動かし，様々な動きをしようとする。
　　　　③ 健康，安全な生活に必要な習慣に気付き，自分でしてみようとする気持ちが育つ。
　　　(イ) 内容
　　　　① 保育士等の愛情豊かな受容の下で，安定感をもって生活をする。
　　　　② 食事や午睡，遊びと休息など，保育所における生活のリズムが形成される。
　　　　③ 走る，跳ぶ，登る，押す，引っ張るなど全身を使う遊びを楽しむ。
　　　　④ 様々な食品や調理形態に慣れ，ゆったりとした雰囲気の中で食事や間食を楽しむ。
　　　　⑤ 身の回りを清潔に保つ心地よさを感じ，その習慣が少しずつ身に付く。
　　　　⑥ 保育士等の助けを借りながら，衣類の着脱を自分でしようとする。
　　　　⑦ 便器での排泄に慣れ，自分で排泄ができるようになる。
　　　(ウ) 内容の取扱い
　　　　上記の取扱いに当たっては，次の事項に留意する必要がある。
　　　　① 心と体の健康は，相互に密接な関連があるものであることを踏まえ，子どもの気持ちに配慮した温かい触れ合いの中で，心と体の発達を促すこと。特に，一人一人の発育に応じて，体を動かす機会を十分に確保し，自ら体を動かそうとする意欲が育つようにすること。
　　　　② 健康な心と体を育てるためには望ましい食習慣の形成が重要であることを踏まえ，ゆったりとした雰囲気の中で食べる喜びや楽しさを味わい，進んで食べようとする気持ちが育つようにすること。なお，食物アレルギーのある子どもへの対応については，嘱託医等の指示や協力の下に適切に対応すること。
　　　　③ 排泄の習慣については，一人一人の排尿間隔等を踏まえ，おむつが汚れていないときに便器に座らせるなどにより，少しずつ慣れさせるようにすること。
　　　　④ 食事，排泄，睡眠，衣類の着脱，身の回りを清潔にすることなど，生活に必要な基本的な習慣については，一人一人の状態に応じ，落ち着いた雰囲気の中で行うようにし，子どもが自分でしようとする気持ちを尊重すること。また，基本的な生活習慣の形成に当たっては，家庭での生活経験に配慮し，家庭との適切な連携の下で行うようにすること。
　　イ　人間関係
　　　他の人々と親しみ，支え合って生活するために，自立心を育て，人と関わる力を養う。
　　　(ア) ねらい
　　　　① 保育所での生活を楽しみ，身近な人と関わる心地よさを感じる。
　　　　② 周囲の子ども等への興味や関心が高まり，関

わりをもとうとする。
③ 保育所の生活の仕方に慣れ，きまりの大切さに気付く。
（イ）内容
① 保育士等や周囲の子ども等との安定した関係の中で，共に過ごす心地よさを感じる。
② 保育士等の受容的・応答的な関わりの中で，欲求を適切に満たし，安定感をもって過ごす。
③ 身の回りに様々な人がいることに気付き，徐々に他の子どもと関わりをもって遊ぶ。
④ 保育士等の仲立ちにより，他の子どもとの関わり方を少しずつ身につける。
⑤ 保育所の生活の仕方に慣れ，きまりがあることや，その大切さに気付く。
⑥ 生活や遊びの中で，年長児や保育士等の真似をしたり，ごっこ遊びを楽しんだりする。
（ウ）内容の取扱い
上記の取扱いに当たっては，次の事項に留意する必要がある。
① 保育士等との信頼関係に支えられて生活を確立するとともに，自分で何かをしようとする気持ちが旺盛になる時期であることに鑑み，そのような子どもの気持ちを尊重し，温かく見守るとともに，愛情豊かに，応答的に関わり，適切な援助を行うようにすること。
② 思い通りにいかない場合等の子どもの不安定な感情の表出については，保育士等が受容的に受け止めるとともに，そうした気持ちから立ち直る経験や感情をコントロールすることへの気付き等につなげていけるように援助すること。
③ この時期は自己と他者との違いの認識がまだ十分ではないことから，子どもの自我の育ちを見守るとともに，保育士等が仲立ちとなって，自分の気持ちを相手に伝えることや相手の気持ちに気付くことの大切さなど，友達の気持ちや友達との関わり方を丁寧に伝えていくこと。

ウ　環境
周囲の様々な環境に好奇心や探究心をもって関わり，それらを生活に取り入れていこうとする力を養う。
（ア）ねらい
① 身近な環境に親しみ，触れ合う中で，様々なものに興味や関心をもつ。
② 様々なものに関わる中で，発見を楽しんだり，考えたりしようとする。
③ 見る，聞く，触るなどの経験を通して，感覚の働きを豊かにする。

（イ）内容
① 安全で活動しやすい環境での探索活動等を通して，見る，聞く，触れる，嗅ぐ，味わうなどの感覚の働きを豊かにする。
② 玩具，絵本，遊具などに興味をもち，それらを使った遊びを楽しむ。
③ 身の回りの物に触れる中で，形，色，大きさ，量などの物の性質や仕組みに気付く。
④ 自分の物と人の物の区別や，場所的感覚など，環境を捉える感覚が育つ。
⑤ 身近な生き物に気付き，親しみをもつ。
⑥ 近隣の生活や季節の行事などに興味や関心をもつ。
（ウ）内容の取扱い
上記の取扱いに当たっては，次の事項に留意する必要がある。
① 玩具などは，音質，形，色，大きさなど子どもの発達状態に応じて適切なものを選び，遊びを通して感覚の発達が促されるように工夫すること。
② 身近な生き物との関わりについては，子どもが命を感じ，生命の尊さに気付く経験へとつながるものであることから，そうした気付きを促すような関わりとなるようにすること。
③ 地域の生活や季節の行事などに触れる際には，社会とのつながりや地域社会の文化への気付きにつながるものとなることが望ましいこと。その際，保育所内外の行事や地域の人々との触れ合いなどを通して行うこと等も考慮すること。

エ　言葉
経験したことや考えたことなどを自分なりの言葉で表現し，相手の話す言葉を聞こうとする意欲や態度を育て，言葉に対する感覚や言葉で表現する力を養う。
（ア）ねらい
① 言葉遊びや言葉で表現する楽しさを感じる。
② 人の言葉や話などを聞き，自分でも思ったことを伝えようとする。
③ 絵本や物語等に親しむとともに，言葉のやり取りを通じて身近な人と気持ちを通わせる。
（イ）内容
① 保育士等の応答的な関わりや話しかけにより，自ら言葉を使おうとする。
② 生活に必要な簡単な言葉に気付き，聞き分ける。
③ 親しみをもって日常の挨拶に応じる。

④　絵本や紙芝居を楽しみ，簡単な言葉を繰り返したり，模倣をしたりして遊ぶ。
　⑤　保育士等とごっこ遊びをする中で，言葉のやり取りを楽しむ。
　⑥　保育士等を仲立ちとして，生活や遊びの中で友達との言葉のやり取りを楽しむ。
　⑦　保育士等や友達の言葉や話に興味や関心をもって，聞いたり，話したりする。
（ウ）内容の取扱い
　上記の取扱いに当たっては，次の事項に留意する必要がある。
　①　身近な人に親しみをもって接し，自分の感情などを伝え，それに相手が応答し，その言葉を聞くことを通して，次第に言葉が獲得されていくものであることを考慮して，楽しい雰囲気の中で保育士等との言葉のやり取りができるようにすること。
　②　子どもが自分の思いを言葉で伝えるとともに，他の子どもの話などを聞くことを通して，次第に話を理解し，言葉による伝え合いができるようになるよう，気持ちや経験等の言語化を行うことを援助するなど，子ども同士の関わりの仲立ちを行うようにすること。
　③　この時期は，片言から，二語文，ごっこ遊びでのやり取りができる程度へと，大きく言葉の習得が進む時期であることから，それぞれの子どもの発達の状況に応じて，遊びや関わりの工夫など，保育の内容を適切に展開することが必要であること。

オ　表現
　感じたことや考えたことを自分なりに表現することを通して，豊かな感性や表現する力を養い，創造性を豊かにする。
（ア）ねらい
　①　身体の諸感覚の経験を豊かにし，様々な感覚を味わう。
　②　感じたことや考えたことなどを自分なりに表現しようとする。
　③　生活や遊びの様々な体験を通して，イメージや感性が豊かになる。
（イ）内容
　①　水，砂，土，紙，粘土など様々な素材に触れて楽しむ。
　②　音楽，リズムやそれに合わせた体の動きを楽しむ。
　③　生活の中で様々な音，形，色，手触り，動き，味，香りなどに気付いたり，感じたりして楽しむ。
　④　歌を歌ったり，簡単な手遊びや全身を使う遊びを楽しんだりする。
　⑤　保育士等からの話や，生活や遊びの中での出来事を通して，イメージを豊かにする。
　⑥　生活や遊びの中で，興味のあることや経験したことなどを自分なりに表現する。
（ウ）内容の取扱い
　上記の取扱いに当たっては，次の事項に留意する必要がある。
　①　子どもの表現は，遊びや生活の様々な場面で表出されているものであることから，それらを積極的に受け止め，様々な表現の仕方や感性を豊かにする経験となるようにすること。
　②　子どもが試行錯誤しながら様々な表現を楽しむことや，自分の力でやり遂げる充実感などに気付くよう，温かく見守るとともに，適切に援助を行うようにすること。
　③　様々な感情の表現等を通じて，子どもが自分の感情や気持ちに気付くようになる時期であることに鑑み，受容的な関わりの中で自信をもって表現をすることや，諦めずに続けた後の達成感等を感じられるような経験が蓄積されるようにすること。
　④　身近な自然や身の回りの事物に関わる中で，発見や心が動く経験が得られるよう，諸感覚を働かせることを楽しむ遊びや素材を用意するなど保育の環境を整えること。
(3)　保育の実施に関わる配慮事項
　ア　特に感染症にかかりやすい時期であるので，体の状態，機嫌，食欲などの日常の状態の観察を十分に行うとともに，適切な判断に基づく保健的な対応を心がけること。
　イ　探索活動が十分できるように，事故防止に努めながら活動しやすい環境を整え，全身を使う遊びなど様々な遊びを取り入れること。
　ウ　自我が形成され，子どもが自分の感情や気持ちに気付くようになる重要な時期であることに鑑み，情緒の安定を図りながら，子どもの自発的な活動を尊重するとともに促していくこと。
　エ　担当の保育士が替わる場合には，子どものそれまでの経験や発達過程に留意し，職員間で協力して対応すること。

3　3歳以上児の保育に関するねらい及び内容
(1)　基本的事項
　ア　この時期においては，運動機能の発達により，基本的な動作が一通りできるようになるとともに，基

本的な生活習慣もほぼ自立できるようになる。理解する語彙数が急激に増加し、知的興味や関心も高まってくる。仲間と遊び、仲間の中の一人という自覚が生じ、集団的な遊びや協同的な活動も見られるようになる。これらの発達の特徴を踏まえて、この時期の保育においては、個の成長と集団としての活動の充実が図られるようにしなければならない。
　イ　本項においては、この時期の発達の特徴を踏まえ、保育の「ねらい」及び「内容」について、心身の健康に関する領域「健康」、人との関わりに関する領域「人間関係」、身近な環境との関わりに関する領域「環境」、言葉の獲得に関する領域「言葉」及び感性と表現に関する領域「表現」としてまとめ、示している。
　ウ　本項の各領域において示す保育の内容は、第1章の2に示された養護における「生命の保持」及び「情緒の安定」に関わる保育の内容と、一体となって展開されるものであることに留意が必要である。
(2) ねらい及び内容
　ア　健康
　　健康な心と体を育て、自ら健康で安全な生活をつくり出す力を養う。
　　(ア) ねらい
　　　① 明るく伸び伸びと行動し、充実感を味わう。
　　　② 自分の体を十分に動かし、進んで運動しようとする。
　　　③ 健康、安全な生活に必要な習慣や態度を身に付け、見通しをもって行動する。
　　(イ) 内容
　　　① 保育士等や友達と触れ合い、安定感をもって行動する。
　　　② いろいろな遊びの中で十分に体を動かす。
　　　③ 進んで戸外で遊ぶ。
　　　④ 様々な活動に親しみ、楽しんで取り組む。
　　　⑤ 保育士等や友達と食べることを楽しみ、食べ物への興味や関心をもつ。
　　　⑥ 健康な生活のリズムを身に付ける。
　　　⑦ 身の回りを清潔にし、衣服の着脱、食事、排泄などの生活に必要な活動を自分でする。
　　　⑧ 保育所における生活の仕方を知り、自分たちで生活の場を整えながら見通しをもって行動する。
　　　⑨ 自分の健康に関心をもち、病気の予防などに必要な活動を進んで行う。
　　　⑩ 危険な場所、危険な遊び方、災害時などの行動の仕方が分かり、安全に気を付けて行動する。

　　(ウ) 内容の取扱い
　　　上記の取扱いに当たっては、次の事項に留意する必要がある。
　　　① 心と体の健康は、相互に密接な関連があるものであることを踏まえ、子どもが保育士等や他の子どもとの温かい触れ合いの中で自己の存在感や充実感を味わうことなどを基盤として、しなやかな心と体の発達を促すこと。特に、十分に体を動かす気持ちよさを体験し、自ら体を動かそうとする意欲が育つようにすること。
　　　② 様々な遊びの中で、子どもが興味や関心、能力に応じて全身を使って活動することにより、体を動かす楽しさを味わい、自分の体を大切にしようとする気持ちが育つようにすること。その際、多様な動きを経験する中で、体の動きを調整するようにすること。
　　　③ 自然の中で伸び伸びと体を動かして遊ぶことにより、体の諸機能の発達が促されることに留意し、子どもの興味や関心が戸外にも向くようにすること。その際、子どもの動線に配慮した園庭や遊具の配置などを工夫すること。
　　　④ 健康な心と体を育てるためには食育を通じた望ましい食習慣の形成が大切であることを踏まえ、子どもの食生活の実情に配慮し、和やかな雰囲気の中で保育士等や他の子どもと食べる喜びや楽しさを味わったり、様々な食べ物への興味や関心をもったりするなどし、食の大切さに気付き、進んで食べようとする気持ちが育つようにすること。
　　　⑤ 基本的な生活習慣の形成に当たっては、家庭での生活経験に配慮し、子どもの自立心を育て、子どもが他の子どもと関わりながら主体的な活動を展開する中で、生活に必要な習慣を身に付け、次第に見通しをもって行動できるようにすること。
　　　⑥ 安全に関する指導に当たっては、情緒の安定を図り、遊びを通して安全についての構えを身に付け、危険な場所や事物などが分かり、安全についての理解を深めるようにすること。また、交通安全の習慣を身に付けるようにするとともに、避難訓練などを通して、災害などの緊急時に適切な行動がとれるようにすること。
　イ　人間関係
　　他の人々と親しみ、支え合って生活するために、自立心を育て、人と関わる力を養う。
　　(ア) ねらい
　　　① 保育所の生活を楽しみ、自分の力で行動する

ことの充実感を味わう。
② 身近な人と親しみ，関わりを深め，工夫したり，協力したりして一緒に活動する楽しさを味わい，愛情や信頼感をもつ。
③ 社会生活における望ましい習慣や態度を身に付ける。
(イ) 内容
① 保育士等や友達と共に過ごすことの喜びを味わう。
② 自分で考え，自分で行動する。
③ 自分でできることは自分でする。
④ いろいろな遊びを楽しみながら物事をやり遂げようとする気持ちをもつ。
⑤ 友達と積極的に関わりながら喜びや悲しみを共感し合う。
⑥ 自分の思ったことを相手に伝え，相手の思っていることに気付く。
⑦ 友達のよさに気付き，一緒に活動する楽しさを味わう。
⑧ 友達と楽しく活動する中で，共通の目的を見いだし，工夫したり，協力したりなどする。
⑨ よいことや悪いことがあることに気付き，考えながら行動する。
⑩ 友達との関わりを深め，思いやりをもつ。
⑪ 友達と楽しく生活する中できまりの大切さに気付き，守ろうとする。
⑫ 共同の遊具や用具を大切にし，皆で使う。
⑬ 高齢者をはじめ地域の人々などの自分の生活に関係の深いいろいろな人に親しみをもつ。
(ウ) 内容の取扱い
上記の取扱いに当たっては，次の事項に留意する必要がある。
① 保育士等との信頼関係に支えられて自分自身の生活を確立していくことが人と関わる基盤となることを考慮し，子どもが自ら周囲に働き掛けることにより多様な感情を体験し，試行錯誤しながら諦めずにやり遂げることの達成感や，前向きな見通しをもって自分の力で行うことの充実感を味わうことができるよう，子どもの行動を見守りながら適切な援助を行うようにすること。
② 一人一人を生かした集団を形成しながら人と関わる力を育てていくようにすること。その際，集団の生活の中で，子どもが自己を発揮し，保育士等や他の子どもに認められる体験をし，自分のよさや特徴に気付き，自信をもって行動できるようにすること。
③ 子どもが互いに関わりを深め，協同して遊ぶようになるため，自ら行動する力を育てるとともに，他の子どもと試行錯誤しながら活動を展開する楽しさや共通の目的が実現する喜びを味わうことができるようにすること。
④ 道徳性の芽生えを培うに当たっては，基本的な生活習慣の形成を図るとともに，子どもが他の子どもとの関わりの中で他人の存在に気付き，相手を尊重する気持ちをもって行動できるようにし，また，自然や身近な動植物に親しむことなどを通して豊かな心情が育つようにすること。特に，人に対する信頼感や思いやりの気持ちは，葛藤やつまずきをも体験し，それらを乗り越えることにより次第に芽生えてくることに配慮すること。
⑤ 集団の生活を通して，子どもが人との関わりを深め，規範意識の芽生えが培われることを考慮し，子どもが保育士等との信頼関係に支えられて自己を発揮する中で，互いに思いを主張し，折り合いを付ける体験をし，きまりの必要性などに気付き，自分の気持ちを調整する力が育つようにすること。
⑥ 高齢者をはじめ地域の人々などの自分の生活に関係の深いいろいろな人と触れ合い，自分の感情や意志を表現しながら共に楽しみ，共感し合う体験を通して，これらの人々などに親しみをもち，人と関わることの楽しさや人の役に立つ喜びを味わうことができるようにすること。また，生活を通して親や祖父母などの家族の愛情に気付き，家族を大切にしようとする気持ちが育つようにすること。

ウ 環境
周囲の様々な環境に好奇心や探究心をもって関わり，それらを生活に取り入れていこうとする力を養う。
(ア) ねらい
① 身近な環境に親しみ，自然と触れ合う中で様々な事象に興味や関心をもつ。
② 身近な環境に自分から関わり，発見を楽しんだり，考えたりし，それを生活に取り入れようとする。
③ 身近な事象を見たり，考えたり，扱ったりする中で，物の性質や数量，文字などに対する感覚を豊かにする。
(イ) 内容
① 自然に触れて生活し，その大きさ，美しさ，不思議さなどに気付く。

② 生活の中で，様々な物に触れ，その性質や仕組みに興味や関心をもつ。
③ 季節により自然や人間の生活に変化のあることに気付く。
④ 自然などの身近な事象に関心をもち，取り入れて遊ぶ。
⑤ 身近な動植物に親しみをもって接し，生命の尊さに気付き，いたわったり，大切にしたりする。
⑥ 日常生活の中で，我が国や地域社会における様々な文化や伝統に親しむ。
⑦ 身近な物を大切にする。
⑧ 身近な物や遊具に興味をもって関わり，自分なりに比べたり，関連付けたりしながら考えたり，試したりして工夫して遊ぶ。
⑨ 日常生活の中で数量や図形などに関心をもつ。
⑩ 日常生活の中で簡単な標識や文字などに関心をもつ。
⑪ 生活に関係の深い情報や施設などに興味や関心をもつ。
⑫ 保育所内外の行事において国旗に親しむ。

（ウ）内容の取扱い

上記の取扱いに当たっては，次の事項に留意する必要がある。

① 子どもが，遊びの中で周囲の環境と関わり，次第に周囲の世界に好奇心を抱き，その意味や操作の仕方に関心をもち，物事の法則性に気付き，自分なりに考えることができるようになる過程を大切にすること。また，他の子どもの考えなどに触れて新しい考えを生み出す喜びや楽しさを味わい，自分の考えをよりよいものにしようとする気持ちが育つようにすること。
② 幼児期において自然のもつ意味は大きく，自然の大きさ，美しさ，不思議さなどに直接触れる体験を通して，子どもの心が安らぎ，豊かな感情，好奇心，思考力，表現力の基礎が培われることを踏まえ，子どもが自然との関わりを深めることができるよう工夫すること。
③ 身近な事象や動植物に対する感動を伝え合い，共感し合うことなどを通して自分から関わろうとする意欲を育てるとともに，様々な関わり方を通してそれらに対する親しみや畏敬の念，生命を大切にする気持ち，公共心，探究心などが養われるようにすること。
④ 文化や伝統に親しむ際には，正月や節句など我が国の伝統的な行事，国歌，唱歌，わらべうたや我が国の伝統的な遊びに親しんだり，異なる文化に触れる活動に親しんだりすることを通じて，社会とのつながりの意識や国際理解の意識の芽生えなどが養われるようにすること。
⑤ 数量や文字などに関しては，日常生活の中で子ども自身の必要感に基づく体験を大切にし，数量や文字などに関する興味や関心，感覚が養われるようにすること。

エ　言葉

経験したことや考えたことなどを自分なりの言葉で表現し，相手の話す言葉を聞こうとする意欲や態度を育て，言葉に対する感覚や言葉で表現する力を養う。

（ア）ねらい

① 自分の気持ちを言葉で表現する楽しさを味わう。
② 人の言葉や話などをよく聞き，自分の経験したことや考えたことを話し，伝え合う喜びを味わう。
③ 日常生活に必要な言葉が分かるようになるとともに，絵本や物語などに親しみ，言葉に対する感覚を豊かにし，保育士等や友達と心を通わせる。

（イ）内容

① 保育士等や友達の言葉や話に興味や関心をもち，親しみをもって聞いたり，話したりする。
② したり，見たり，聞いたり，感じたり，考えたりなどしたことを自分なりに言葉で表現する。
③ したいこと，してほしいことを言葉で表現したり，分からないことを尋ねたりする。
④ 人の話を注意して聞き，相手に分かるように話す。
⑤ 生活の中で必要な言葉が分かり，使う。
⑥ 親しみをもって日常の挨拶をする。
⑦ 生活の中で言葉の楽しさや美しさに気付く。
⑧ いろいろな体験を通じてイメージや言葉を豊かにする。
⑨ 絵本や物語などに親しみ，興味をもって聞き，想像をする楽しさを味わう。
⑩ 日常生活の中で，文字などで伝える楽しさを味わう。

（ウ）内容の取扱い

上記の取扱いに当たっては，次の事項に留意する必要がある。

① 言葉は，身近な人に親しみをもって接し，自分の感情や意志などを伝え，それに相手が応答

し，その言葉を聞くことを通して次第に獲得されていくものであることを考慮して，子どもが保育士等や他の子どもと関わることにより心を動かされるような体験をし，言葉を交わす喜びを味わえるようにすること。
② 子どもが自分の思いを言葉で伝えるとともに，保育士等や他の子どもなどの話を興味をもって注意して聞くことを通して次第に話を理解するようになっていき，言葉による伝え合いができるようにすること。
③ 絵本や物語などで，その内容と自分の経験とを結び付けたり，想像を巡らせたりするなど，楽しみを十分に味わうことによって，次第に豊かなイメージをもち，言葉に対する感覚が養われるようにすること。
④ 子どもが生活の中で，言葉の響きやリズム，新しい言葉や表現などに触れ，これらを使う楽しさを味わえるようにすること。その際，絵本や物語に親しんだり，言葉遊びなどをしたりすることを通して，言葉が豊かになるようにすること。
⑤ 子どもが日常生活の中で，文字などを使いながら思ったことや考えたことを伝える喜びや楽しさを味わい，文字に対する興味や関心をもつようにすること。

オ　表現
感じたことや考えたことを自分なりに表現することを通して，豊かな感性や表現する力を養い，創造性を豊かにする。
（ア）ねらい
① いろいろなものの美しさなどに対する豊かな感性をもつ。
② 感じたことや考えたことを自分なりに表現して楽しむ。
③ 生活の中でイメージを豊かにし，様々な表現を楽しむ。
（イ）内容
① 生活の中で様々な音，形，色，手触り，動きなどに気付いたり，感じたりするなどして楽しむ。
② 生活の中で美しいものや心を動かす出来事に触れ，イメージを豊かにする。
③ 様々な出来事の中で，感動したことを伝え合う楽しさを味わう。
④ 感じたこと，考えたことなどを音や動きなどで表現したり，自由にかいたり，つくったりなどする。
⑤ いろいろな素材に親しみ，工夫して遊ぶ。
⑥ 音楽に親しみ，歌を歌ったり，簡単なリズム楽器を使ったりなどする楽しさを味わう。
⑦ かいたり，つくったりすることを楽しみ，遊びに使ったり，飾ったりなどする。
⑧ 自分のイメージを動きや言葉などで表現したり，演じて遊んだりするなどの楽しさを味わう。
（ウ）内容の取扱い
上記の取扱いに当たっては，次の事項に留意する必要がある。
① 豊かな感性は，身近な環境と十分に関わる中で美しいもの，優れたもの，心を動かす出来事などに出会い，そこから得た感動を他の子どもや保育士等と共有し，様々に表現することなどを通して養われるようにすること。その際，風の音や雨の音，身近にある草や花の形や色など自然の中にある音，形，色などに気付くようにすること。
② 子どもの自己表現は素朴な形で行われることが多いので，保育士等はそのような表現を受容し，子ども自身の表現しようとする意欲を受け止めて，子どもが生活の中で子どもらしい様々な表現を楽しむことができるようにすること。
③ 生活経験や発達に応じ，自ら様々な表現を楽しみ，表現する意欲を十分に発揮させることができるように，遊具や用具などを整えたり，様々な素材や表現の仕方に親しんだり，他の子どもの表現に触れられるよう配慮したりし，表現する過程を大切にして自己表現を楽しめるように工夫すること。

(3) 保育の実施に関わる配慮事項
ア　第1章の4の(2)に示す「幼児期の終わりまでに育ってほしい姿」が，ねらい及び内容に基づく活動全体を通して資質・能力が育まれている子どもの小学校就学時の具体的な姿であることを踏まえ，指導を行う際には適宜考慮すること。
イ　子どもの発達や成長の援助をねらいとした活動の時間については，意識的に保育の計画等において位置付けて，実施することが重要であること。なお，そのような活動の時間については，保護者の就労状況等に応じて子どもが保育所で過ごす時間がそれぞれ異なることに留意して設定すること。
ウ　特に必要な場合には，各領域に示すねらいの趣旨に基づいて，具体的な内容を工夫し，それを加えても差し支えないが，その場合には，それが第1章の1に示す保育所保育に関する基本原則を逸脱しない

4 保育の実施に関して留意すべき事項
 (1) 保育全般に関わる配慮事項
  ア 子どもの心身の発達及び活動の実態などの個人差を踏まえるとともに、一人一人の子どもの気持ちを受け止め、援助すること。
  イ 子どもの健康は、生理的・身体的な育ちとともに、自主性や社会性、豊かな感性の育ちとがあいまってもたらされることに留意すること。
  ウ 子どもが自ら周囲に働きかけ、試行錯誤しつつ自分の力で行う活動を見守りながら、適切に援助すること。
  エ 子どもの入所時の保育に当たっては、できるだけ個別的に対応し、子どもが安定感を得て、次第に保育所の生活になじんでいくようにするとともに、既に入所している子どもに不安や動揺を与えないようにすること。
  オ 子どもの国籍や文化の違いを認め、互いに尊重する心を育てるようにすること。
  カ 子どもの性差や個人差にも留意しつつ、性別などによる固定的な意識を植え付けることがないようにすること。
 (2) 小学校との連携
  ア 保育所においては、保育所保育が、小学校以降の生活や学習の基盤の育成につながることに配慮し、幼児期にふさわしい生活を通じて、創造的な思考や主体的な生活態度などの基礎を培うようにすること。
  イ 保育所保育において育まれた資質・能力を踏まえ、小学校教育が円滑に行われるよう、小学校教師との意見交換や合同の研究の機会などを設け、第1章の4の(2)に示す「幼児期の終わりまでに育って欲しい姿」を共有するなど連携を図り、保育所保育と小学校教育との円滑な接続を図るよう努めること。
  ウ 子どもに関する情報共有に関して、保育所に入所している子どもの就学に際し、市町村の支援の下に、子どもの育ちを支えるための資料が保育所から小学校へ送付されるようにすること。
 (3) 家庭及び地域社会との連携
  子どもの生活の連続性を踏まえ、家庭及び地域社会と連携して保育が展開されるよう配慮すること。その際、家庭や地域の機関及び団体の協力を得て、地域の自然、高齢者や異年齢の子ども等を含む人材、行事、施設等の地域の資源を積極的に活用し、豊かな生活体験をはじめ保育内容の充実が図られるよう配慮すること。

第3章 健康及び安全

 保育所保育において、子どもの健康及び安全の確保は、子どもの生命の保持と健やかな生活の基本であり、一人一人の子どもの健康の保持及び増進並びに安全の確保とともに、保育所全体における健康及び安全の確保に努めることが重要となる。
 また、子どもが、自らの体や健康に関心をもち、心身の機能を高めていくことが大切である。
 このため、第1章及び第2章等の関連する事項に留意し、次に示す事項を踏まえ、保育を行うこととする。
1 子どもの健康支援
 (1) 子どもの健康状態並びに発育及び発達状態の把握
  ア 子どもの心身の状態に応じて保育するために、子どもの健康状態並びに発育及び発達状態について、定期的・継続的に、また、必要に応じて随時、把握すること。
  イ 保護者からの情報とともに、登所時及び保育中を通じて子どもの状態を観察し、何らかの疾病が疑われる状態や傷害が認められた場合には、保護者に連絡するとともに、嘱託医と相談するなど適切な対応を図ること。看護師等が配置されている場合には、その専門性を生かした対応を図ること。
  ウ 子どもの心身の状態等を観察し、不適切な養育の兆候が見られる場合には、市町村や関係機関と連携し、児童福祉法第25条に基づき、適切な対応を図ること。また、虐待が疑われる場合には、速やかに市町村又は児童相談所に通告し、適切な対応を図ること。
 (2) 健康増進
  ア 子どもの健康に関する保健計画を全体的な計画に基づいて作成し、全職員がそのねらいや内容を踏まえ、一人一人の子どもの健康の保持及び増進に努めていくこと。
  イ 子どもの心身の健康状態や疾病等の把握のために、嘱託医等により定期的に健康診断を行い、その結果を記録し、保育に活用するとともに、保護者が子どもの状態を理解し、日常生活に活用できるようにすること。
 (3) 疾病等への対応
  ア 保育中に体調不良や傷害が発生した場合には、その子どもの状態等に応じて、保護者に連絡するとともに、適宜、嘱託医や子どものかかりつけ医等と相談し、適切な処置を行うこと。看護師等が配置されている場合には、その専門性を生かした対応を図ること。

イ　感染症やその他の疾病の発生予防に努め，その発生や疑いがある場合には，必要に応じて嘱託医，市町村，保健所等に連絡し，その指示に従うとともに，保護者や全職員に連絡し，予防等について協力を求めること。また，感染症に関する保育所の対応方法等について，あらかじめ関係機関の協力を得ておくこと。看護師等が配置されている場合には，その専門性を生かした対応を図ること。

　　ウ　アレルギー疾患を有する子どもの保育については，保護者と連携し，医師の診断及び指示に基づき，適切な対応を行うこと。また，食物アレルギーに関して，関係機関と連携して，当該保育所の体制構築など，安全な環境の整備を行うこと。看護師や栄養士等が配置されている場合には，その専門性を生かした対応を図ること。

　　エ　子どもの疾病等の事態に備え，医務室等の環境を整え，救急用の薬品，材料等を適切な管理の下に常備し，全職員が対応できるようにしておくこと。

2　食育の推進

　(1) 保育所の特性を生かした食育

　　ア　保育所における食育は，健康な生活の基本としての「食を営む力」の育成に向け，その基礎を培うことを目標とすること。

　　イ　子どもが生活と遊びの中で，意欲をもって食に関わる体験を積み重ね，食べることを楽しみ，食事を楽しみ合う子どもに成長していくことを期待するものであること。

　　ウ　乳幼児期にふさわしい食生活が展開され，適切な援助が行われるよう，食事の提供を含む食育計画を全体的な計画に基づいて作成し，その評価及び改善に努めること。栄養士が配置されている場合は，専門性を生かした対応を図ること。

　(2) 食育の環境の整備等

　　ア　子どもが自らの感覚や体験を通して，自然の恵みとしての食材や食の循環・環境への意識，調理する人への感謝の気持ちが育つように，子どもと調理員等との関わりや，調理室など食に関わる保育環境に配慮すること。

　　イ　保護者や地域の多様な関係者との連携及び協働の下で，食に関する取組が進められること。また，市町村の支援の下に，地域の関係機関等との日常的な連携を図り，必要な協力が得られるよう努めること。

　　ウ　体調不良，食物アレルギー，障害のある子どもなど，一人一人の子どもの心身の状態等に応じ，嘱託医，かかりつけ医等の指示や協力の下に適切に対応すること。栄養士が配置されている場合は，専門性を生かした対応を図ること。

3　環境及び衛生管理並びに安全管理

　(1) 環境及び衛生管理

　　ア　施設の温度，湿度，換気，採光，音などの環境を常に適切な状態に保持するとともに，施設内外の設備及び用具等の衛生管理に努めること。

　　イ　施設内外の適切な環境の維持に努めるとともに，子ども及び全職員が清潔を保つようにすること。また，職員は衛生知識の向上に努めること。

　(2) 事故防止及び安全対策

　　ア　保育中の事故防止のために，子どもの心身の状態等を踏まえつつ，施設内外の安全点検に努め，安全対策のために全職員の共通理解や体制づくりを図るとともに，家庭や地域の関係機関の協力の下に安全指導を行うこと。

　　イ　事故防止の取組を行う際には，特に，睡眠中，プール活動・水遊び中，食事中等の場面では重大事故が発生しやすいことを踏まえ，子どもの主体的な活動を大切にしつつ，施設内外の環境の配慮や指導の工夫を行うなど，必要な対策を講じること。

　　ウ　保育中の事故の発生に備え，施設内外の危険箇所の点検や訓練を実施するとともに，外部からの不審者等の侵入防止のための措置や訓練など不測の事態に備えて必要な対応を行うこと。また，子どもの精神保健面における対応に留意すること。

4　災害への備え

　(1) 施設・設備等の安全確保

　　ア　防火設備，避難経路等の安全性が確保されるよう，定期的にこれらの安全点検を行うこと。

　　イ　備品，遊具等の配置，保管を適切に行い，日頃から，安全環境の整備に努めること。

　(2) 災害発生時の対応体制及び避難への備え

　　ア　火災や地震などの災害の発生に備え，緊急時の対応の具体的内容及び手順，職員の役割分担，避難訓練計画等に関するマニュアルを作成すること。

　　イ　定期的に避難訓練を実施するなど，必要な対応を図ること。

　　ウ　災害の発生時に，保護者等への連絡及び子どもの引渡しを円滑に行うため，日頃から保護者との密接な連携に努め，連絡体制や引渡し方法等について確認をしておくこと。

　(3) 地域の関係機関等との連携

　　ア　市町村の支援の下に，地域の関係機関との日常的な連携を図り，必要な協力が得られるよう努めること。

　　イ　避難訓練については，地域の関係機関や保護者との連携の下に行うなど工夫すること。

第4章　子育て支援

保育所における保護者に対する子育て支援は，全ての子どもの健やかな育ちを実現することができるよう，第1章及び第2章等の関連する事項を踏まえ，子どもの育ちを家庭と連携して支援していくとともに，保護者及び地域が有する子育てを自ら実践する力の向上に資するよう，次の事項に留意するものとする。
1　保育所における子育て支援に関する基本的事項
（1）保育所の特性を生かした子育て支援
　　ア　保護者に対する子育て支援を行う際には，各地域や家庭の実態等を踏まえるとともに，保護者の気持ちを受け止め，相互の信頼関係を基本に，保護者の自己決定を尊重すること。
　　イ　保育及び子育てに関する知識や技術など，保育士等の専門性や，子どもが常に存在する環境など，保育所の特性を生かし，保護者が子どもの成長に気付き子育ての喜びを感じられるように努めること。
（2）子育て支援に関して留意すべき事項
　　ア　保護者に対する子育て支援における地域の関係機関等との連携及び協働を図り，保育所全体の体制構築に努めること。
　　イ　子どもの利益に反しない限りにおいて，保護者や子どものプライバシーを保護し，知り得た事柄の秘密を保持すること。
2　保育所を利用している保護者に対する子育て支援
（1）保護者との相互理解
　　ア　日常の保育に関連した様々な機会を活用し子どもの日々の様子の伝達や収集，保育所保育の意図の説明などを通じて，保護者との相互理解を図るよう努めること。
　　イ　保育の活動に対する保護者の積極的な参加は，保護者の子育てを自ら実践する力の向上に寄与することから，これを促すこと。
（2）保護者の状況に配慮した個別の支援
　　ア　保護者の就労と子育ての両立等を支援するため，保護者の多様化した保育の需要に応じ，病児保育事業など多様な事業を実施する場合には，保護者の状況に配慮するとともに，子どもの福祉が尊重されるよう努め，子どもの生活の連続性を考慮すること。
　　イ　子どもに障害や発達上の課題が見られる場合には，市町村や関係機関と連携及び協力を図りつつ，保護者に対する個別の支援を行うよう努めること。
　　ウ　外国籍家庭など，特別な配慮を必要とする家庭の場合には，状況等に応じて個別の支援を行うよう努めること。
（3）不適切な養育等が疑われる家庭への支援
　　ア　保護者に育児不安等が見られる場合には，保護者の希望に応じて個別の支援を行うよう努めること。
　　イ　保護者に不適切な養育等が疑われる場合には，市町村や関係機関と連携し，要保護児童対策地域協議会で検討するなど適切な対応を図ること。また，虐待が疑われる場合には，速やかに市町村又は児童相談所に通告し，適切な対応を図ること。
3　地域の保護者等に対する子育て支援
（1）地域に開かれた子育て支援
　　ア　保育所は，児童福祉法第48条の4の規定に基づき，その行う保育に支障がない限りにおいて，地域の実情や当該保育所の体制等を踏まえ，地域の保護者等に対して，保育所保育の専門性を生かした子育て支援を積極的に行うよう努めること。
　　イ　地域の子どもに対する一時預かり事業などの活動を行う際には，一人一人の子どもの心身の状態などを考慮するとともに，日常の保育との関連に配慮するなど，柔軟に活動を展開できるようにすること。
（2）地域の関係機関等との連携
　　ア　市町村の支援を得て，地域の関係機関等との積極的な連携及び協働を図るとともに，子育て支援に関する地域の人材と積極的に連携を図るよう努めること。
　　イ　地域の要保護児童への対応など，地域の子どもを巡る諸課題に対し，要保護児童対策地域協議会など関係機関等と連携及び協力して取り組むよう努めること。

第5章　職員の資質向上

第1章から前章までに示された事項を踏まえ，保育所は，質の高い保育を展開するため，絶えず，一人一人の職員についての資質向上及び職員全体の専門性の向上を図るよう努めなければならない。
1　職員の資質向上に関する基本的事項
（1）保育所職員に求められる専門性
　　　子どもの最善の利益を考慮し，人権に配慮した保育を行うためには，職員一人一人の倫理観，人間性並びに保育所職員としての職務及び責任の理解と自覚が基盤となる。
　　　各職員は，自己評価に基づく課題等を踏まえ，保育所内外の研修等を通じて，保育士・看護師・調理員・栄養士等，それぞれの職務内容に応じた専門性を高めるため，必要な知識及び技術の修得，維持及び向上に努めなければならない。
（2）保育の質の向上に向けた組織的な取組

保育所においては，保育の内容等に関する自己評価等を通じて把握した，保育の質の向上に向けた課題に組織的に対応するため，保育内容の改善や保育士等の役割分担の見直し等に取り組むとともに，それぞれの職位や職務内容等に応じて，各職員が必要な知識及び技能を身につけられるよう努めなければならない。

2　施設長の責務

(1) 施設長の責務と専門性の向上

　　施設長は，保育所の役割や社会的責任を遂行するために，法令等を遵守し，保育所を取り巻く社会情勢等を踏まえ，施設長としての専門性等の向上に努め，当該保育所における保育の質及び職員の専門性向上のために必要な環境の確保に努めなければならない。

(2) 職員の研修機会の確保等

　　施設長は，保育所の全体的な計画や，各職員の研修の必要性等を踏まえて，体系的・計画的な研修機会を確保するとともに，職員の勤務体制の工夫等により，職員が計画的に研修等に参加し，その専門性の向上が図られるよう努めなければならない。

3　職員の研修等

(1) 職場における研修

　　職員が日々の保育実践を通じて，必要な知識及び技術の修得，維持及び向上を図るとともに，保育の課題等への共通理解や協働性を高め，保育所全体としての保育の質の向上を図っていくためには，日常的に職員同士が主体的に学び合う姿勢と環境が重要であり，職場内での研修の充実が図られなければならない。

(2) 外部研修の活用

　　各保育所における保育の課題への的確な対応や，保育士等の専門性の向上を図るためには，職場内での研修に加え，関係機関等による研修の活用が有効であることから，必要に応じて，こうした外部研修への参加機会が確保されるよう努めなければならない。

4　研修の実施体制等

(1) 体系的な研修計画の作成

　　保育所においては，当該保育所における保育の課題や各職員のキャリアパス等も見据えて，初任者から管理職員までの職位や職務内容を踏まえた体系的な研修計画を作成しなければならない。

(2) 組織内での研修成果の活用

　　外部研修に参加する職員は，自らの専門性の向上を図るとともに，保育所における保育の課題を理解し，その解決を実践できる力を身に付けることが重要である。また，研修で得た知識及び技能を他の職員と共有することにより，保育所全体としての保育実践の質及び専門性の向上につなげていくことが求められる。

(3) 研修の実施に関する留意事項

　　施設長等は保育所全体としての保育実践の質及び専門性の向上のために，研修の受講は特定の職員に偏ることなく行われるよう，配慮する必要がある。また，研修を修了した職員については，その職務内容等において，当該研修の成果等が適切に勘案されることが望ましい。

> 資料　幼保連携型認定こども園教育・保育要領

（平成29年3月31内閣府・文部科学省・厚生労働省告示第1号）
（平成30年4月1日から施行）

　　　　第1章　総則

第1　幼保連携型認定こども園における教育及び保育の基本及び目標等
　1　幼保連携型認定こども園における教育及び保育の基本
　　　乳幼児期の教育及び保育は，子どもの健全な心身の発達を図りつつ生涯にわたる人格形成の基礎を培う重要なものであり，幼保連携型認定こども園における教育及び保育は，就学前の子どもに関する教育，保育等の総合的な提供の推進に関する法律（平成18年法律第77号。以下「認定こども園法」という。）第2条第7項に規定する目的及び第9条に掲げる目標を達成するため，乳幼児期全体を通して，その特性及び保護者や地域の実態を踏まえ，環境を通して行うものであることを基本とし，家庭や地域での生活を含めた園児の生活全体が豊かなものとなるように努めなければならない。
　　　このため保育教諭等は，園児との信頼関係を十分に築き，園児が自ら安心して身近な環境に主体的に関わり，環境との関わり方や意味に気付き，これらを取り込もうとして，試行錯誤したり，考えたりするようになる幼児期の教育における見方・考え方を生かし，その活動が豊かに展開されるよう環境を整え，園児と共によりよい教育及び保育の環境を創造するように努めるものとする。これらを踏まえ，次に示す事項を重視して教育及び保育を行わなければならない。
　　(1)　乳幼児期は周囲への依存を基盤にしつつ自立に向かうものであることを考慮して，周囲との信頼関係に支えられた生活の中で，園児一人一人が安心感と信頼感をもっていろいろな活動に取り組む体験を十分に積み重ねられるようにすること。
　　(2)　乳幼児期においては生命の保持が図られ安定した情緒の下で自己を十分に発揮することにより発達に必要な体験を得ていくものであることを考慮して，園児の主体的な活動を促し，乳幼児期にふさわしい生活が展開されるようにすること。
　　(3)　乳幼児期における自発的な活動としての遊びは，心身の調和のとれた発達の基礎を培う重要な学習であることを考慮して，遊びを通しての指導を中心として第2章に示すねらいが総合的に達成されるようにすること。
　　(4)　乳幼児期における発達は，心身の諸側面が相互に関連し合い，多様な経過をたどって成し遂げられていくものであること，また，園児の生活経験がそれぞれ異なることなどを考慮して，園児一人一人の特性や発達の過程に応じ，発達の課題に即した指導を行うようにすること。
　　　その際，保育教諭等は，園児の主体的な活動が確保されるよう，園児一人一人の行動の理解と予想に基づき，計画的に環境を構成しなければならない。この場合において，保育教諭等は，園児と人やものとの関わりが重要であることを踏まえ，教材を工夫し，物的・空間的環境を構成しなければならない。また，園児一人一人の活動の場面に応じて，様々な役割を果たし，その活動を豊かにしなければならない。
　　　なお，幼保連携型認定こども園における教育及び保育は，園児が入園してから修了するまでの在園期間全体を通して行われるものであり，この章の第3に示す幼保連携型認定こども園として特に配慮すべき事項を十分に踏まえて行うものとする。
　2　幼保連携型認定こども園における教育及び保育の目標
　　　幼保連携型認定こども園は，家庭との連携を図りながら，この章の第1の1に示す幼保連携型認定こども園における教育及び保育の基本に基づいて一体的に展開される幼保連携型認定こども園における生活を通して，生きる力の基礎を育成するよう認定こども園法第9条に規定する幼保連携型認定こども園の教育及び保育の目標の達成に努めなければならない。幼保連携型認定こども園は，このことにより，義務教育及びその後の教育の基礎を培うとともに，子どもの最善の利益を考慮しつつ，その生活を保障し，保護者と共に園児を心身ともに健やかに育成するものとする。
　　　なお，認定こども園法第9条に規定する幼保連携型認定こども園の教育及び保育の目標については，発達や学びの連続性及び生活の連続性の観点から，小学校就学の始期に達するまでの時期を通じ，その達成に向けて努力すべき目当てとなるものであることから，満3歳未満の園児の保育にも当てはまることに留意するものとする。
　3　幼保連携型認定こども園の教育及び保育において育みたい資質・能力及び「幼児期の終わりまでに育ってほしい姿」
　　(1)　幼保連携型認定こども園においては，生きる力の基礎を育むため，この章の1に示す幼保連携型認定こども園の教育及び保育の基本を踏まえ，次に掲げる資質・能力を一体的に育むよう努めるものとす

る。
　　　ア　豊かな体験を通じて，感じたり，気付いたり，分かったり，できるようになったりする「知識及び技能の基礎」
　　　イ　気付いたことや，できるようになったことなどを使い，考えたり，試したり，工夫したり，表現したりする「思考力，判断力，表現力等の基礎」
　　　ウ　心情，意欲，態度が育つ中で，よりよい生活を営もうとする「学びに向かう力，人間性等」
　(2)　(1)に示す資質・能力は，第2章に示すねらい及び内容に基づく活動全体によって育むものである。
　(3)　次に示す「幼児期の終わりまでに育ってほしい姿」は，第2章に示すねらい及び内容に基づく活動全体を通して資質・能力が育まれている園児の幼保連携型認定こども園修了時の具体的な姿であり，保育教諭等が指導を行う際に考慮するものである。
　　　ア　健康な心と体
　　　　幼保連携型認定こども園における生活の中で，充実感をもって自分のやりたいことに向かって心と体を十分に働かせ，見通しをもって行動し，自ら健康で安全な生活をつくり出すようになる。
　　　イ　自立心
　　　　身近な環境に主体的に関わり様々な活動を楽しむ中で，しなければならないことを自覚し，自分の力で行うために考えたり，工夫したりしながら，諦めずにやり遂げることで達成感を味わい，自信をもって行動するようになる。
　　　ウ　協同性
　　　　友達と関わる中で，互いの思いや考えなどを共有し，共通の目的の実現に向けて，考えたり，工夫したり，協力したりし，充実感をもってやり遂げるようになる。
　　　エ　道徳性・規範意識の芽生え
　　　　友達と様々な体験を重ねる中で，してよいことや悪いことが分かり，自分の行動を振り返ったり，友達の気持ちに共感したりし，相手の立場に立って行動するようになる。また，きまりを守る必要性が分かり，自分の気持ちを調整し，友達と折り合いを付けながら，きまりをつくったり，守ったりするようになる。
　　　オ　社会生活との関わり
　　　　家族を大切にしようとする気持ちをもつとともに，地域の身近な人と触れ合う中で，人との様々な関わり方に気付き，相手の気持ちを考えて関わり，自分が役に立つ喜びを感じ，地域に親しみをもつようになる。また，幼保連携型認定こども園内外の様々な環境に関わる中で，遊びや生活に必要な情報を取り入れ，情報に基づき判断したり，情報を伝え合ったり，活用したりするなど，情報を役立てながら活動するようになるとともに，公共の施設を大切に利用するなどして，社会とのつながりなどを意識するようになる。
　　　カ　思考力の芽生え
　　　　身近な事象に積極的に関わる中で，物の性質や仕組みなどを感じ取ったり，気付いたりし，考えたり，予想したり，工夫したりするなど，多様な関わりを楽しむようになる。また，友達の様々な考えに触れる中で，自分と異なる考えがあることに気付き，自ら判断したり，考え直したりするなど，新しい考えを生み出す喜びを味わいながら，自分の考えをよりよいものにするようになる。
　　　キ　自然との関わり・生命尊重
　　　　自然に触れて感動する体験を通して，自然の変化などを感じ取り，好奇心や探究心をもって考え言葉などで表現しながら，身近な事象への関心が高まるとともに，自然への愛情や畏敬の念をもつようになる。また，身近な動植物に心を動かされる中で，生命の不思議さや尊さに気付き，身近な動植物への接し方を考え，命あるものとしていたわり，大切にする気持ちをもって関わるようになる。
　　　ク　数量や図形，標識や文字などへの関心・感覚
　　　　遊びや生活の中で，数量や図形，標識や文字などに親しむ体験を重ねたり，標識や文字の役割に気付いたりし，自らの必要感に基づきこれらを活用し，興味や関心，感覚をもつようになる。
　　　ケ　言葉による伝え合い
　　　　保育教諭等や友達と心を通わせる中で，絵本や物語などに親しみながら，豊かな言葉や表現を身に付け，経験したことや考えたことなどを言葉で伝えたり，相手の話を注意して聞いたりし，言葉による伝え合いを楽しむようになる。
　　　コ　豊かな感性と表現
　　　　心を動かす出来事などに触れ感性を働かせる中で，様々な素材の特徴や表現の仕方などに気付き，感じたことや考えたことを自分で表現したり，友達同士で表現する過程を楽しんだりし，表現する喜びを味わい，意欲をもつようになる。

第2　教育及び保育の内容並びに子育ての支援等に関する全体的な計画等
　1　教育及び保育の内容並びに子育ての支援等に関する全体的な計画の作成等
　　(1)　教育及び保育の内容並びに子育ての支援等に関す

る全体的な計画の役割

　各幼保連携型認定こども園においては，教育基本法（平成18年法律第120号），児童福祉法（昭和22年法律第164号）及び認定こども園法その他の法令並びにこの幼保連携型認定こども園教育・保育要領の示すところに従い，教育と保育を一体的に提供するため，創意工夫を生かし，園児の心身の発達と幼保連携型認定こども園，家庭及び地域の実態に即応した適切な教育及び保育の内容並びに子育ての支援等に関する全体的な計画を作成するものとする。

　教育及び保育の内容並びに子育ての支援等に関する全体的な計画とは，教育と保育を一体的に捉え，園児の入園から修了までの在園期間の全体にわたり，幼保連携型認定こども園の目標に向かってどのような過程をたどって教育及び保育を進めていくかを明らかにするものであり，子育ての支援と有機的に連携し，園児の園生活全体を捉え，作成する計画である。

　各幼保連携型認定こども園においては，「幼児期の終わりまでに育ってほしい姿」を踏まえ教育及び保育の内容並びに子育ての支援等に関する全体的な計画を作成すること，その実施状況を評価して改善を図っていくこと，また実施に必要な人的又は物的な体制を確保するとともにその改善を図っていくことなどを通して，教育及び保育の内容並びに子育ての支援等に関する全体的な計画に基づき組織的かつ計画的に各幼保連携型認定こども園の教育及び保育活動の質の向上を図っていくこと（以下「カリキュラム・マネジメント」という。）に努めるものとする。

(2) 各幼保連携型認定こども園の教育及び保育の目標と教育及び保育の内容並びに子育ての支援等に関する全体的な計画の作成

　教育及び保育の内容並びに子育ての支援等に関する全体的な計画の作成に当たっては，幼保連携型認定こども園の教育及び保育において育みたい資質・能力を踏まえつつ，各幼保連携型認定こども園の教育及び保育の目標を明確にするとともに，教育及び保育の内容並びに子育ての支援等に関する全体的な計画の作成についての基本的な方針が家庭や地域とも共有されるよう努めるものとする。

(3) 教育及び保育の内容並びに子育ての支援等に関する全体的な計画の作成上の基本的事項

　ア　幼保連携型認定こども園における生活の全体を通して第2章に示すねらいが総合的に達成されるよう，教育課程に係る教育期間や園児の生活経験や発達の過程などを考慮して具体的なねらいと内容を組織するものとする。この場合においては，特に，自我が芽生え，他者の存在を意識し，自己を抑制しようとする気持ちが生まれるなどの乳幼児期の発達の特性を踏まえ，入園から修了に至るまでの長期的な視野をもって充実した生活が展開できるように配慮するものとする。

　イ　幼保連携型認定こども園の満3歳以上の園児の教育課程に係る教育週数は，特別の事情のある場合を除き，39週を下ってはならない。

　ウ　幼保連携型認定こども園の1日の教育課程に係る教育時間は，4時間を標準とする。ただし，園児の心身の発達の程度や季節などに適切に配慮するものとする。

　エ　幼保連携型認定こども園の保育を必要とする子どもに該当する園児に対する教育及び保育の時間（満3歳以上の保育を必要とする子どもに該当する園児については，この章の第2の1の(3)ウに規定する教育時間を含む。）は，1日につき8時間を原則とし，園長がこれを定める。ただし，その地方における園児の保護者の労働時間その他家庭の状況等を考慮するものとする。

(4) 教育及び保育の内容並びに子育ての支援等に関する全体的な計画の実施上の留意事項

　各幼保連携型認定こども園においては，園長の方針の下に，園務分掌に基づき保育教諭等職員が適切に役割を分担しつつ，相互に連携しながら，教育及び保育の内容並びに子育ての支援等に関する全体的な計画や指導の改善を図るものとする。また，各幼保連携型認定こども園が行う教育及び保育等に係る評価については，教育及び保育の内容並びに子育ての支援等に関する全体的な計画の作成，実施，改善が教育及び保育活動や園運営の中核となることを踏まえ，カリキュラム・マネジメントと関連付けながら実施するよう留意するものとする。

(5) 小学校教育との接続に当たっての留意事項

　ア　幼保連携型認定こども園においては，その教育及び保育が，小学校以降の生活や学習の基盤の育成につながることに配慮し，乳幼児期にふさわしい生活を通して，創造的な思考や主体的な生活態度などの基礎を培うようにするものとする。

　イ　幼保連携型認定こども園の教育及び保育において育まれた資質・能力を踏まえ，小学校教育が円滑に行われるよう，小学校の教師との意見交換や合同の研究の機会などを設け，「幼児期の終わりまでに育ってほしい姿」を共有するなど連携を図り，幼保連携型認定こども園における教育及び保

育と小学校教育との円滑な接続を図るよう努めるものとする。
2 指導計画の作成と園児の理解に基づいた評価
 (1) 指導計画の考え方
　　幼保連携型認定こども園における教育及び保育は、園児が自ら意欲をもって環境と関わることによりつくり出される具体的な活動を通して、その目標の達成を図るものである。
　　幼保連携型認定こども園においてはこのことを踏まえ、乳幼児期にふさわしい生活が展開され、適切な指導が行われるよう、調和のとれた組織的、発展的な指導計画を作成し、園児の活動に沿った柔軟な指導を行わなければならない。
 (2) 指導計画の作成上の基本的事項
　ア 指導計画は、園児の発達に即して園児一人一人が乳幼児期にふさわしい生活を展開し、必要な体験を得られるようにするために、具体的に作成するものとする。
　イ 指導計画の作成に当たっては、次に示すところにより、具体的なねらい及び内容を明確に設定し、適切な環境を構成することなどにより活動が選択・展開されるようにするものとする。
　(ア) 具体的なねらい及び内容は、幼保連携型認定こども園の生活における園児の発達の過程を見通し、園児の生活の連続性、季節の変化などを考慮して、園児の興味や関心、発達の実情などに応じて設定すること。
　(イ) 環境は、具体的なねらいを達成するために適切なものとなるように構成し、園児が自らその環境に関わることにより様々な活動を展開しつつ必要な体験を得られるようにすること。その際、園児の生活する姿や発想を大切にし、常にその環境が適切なものとなるようにすること。
　(ウ) 園児の行う具体的な活動は、生活の流れの中で様々に変化するものであることに留意し、園児が望ましい方向に向かって自ら活動を展開していくことができるよう必要な援助をすること。
　　その際、園児の実態及び園児を取り巻く状況の変化などに即して指導の過程についての評価を適切に行い、常に指導計画の改善を図るものとする。
 (3) 指導計画の作成上の留意事項
　　指導計画の作成に当たっては、次の事項に留意するものとする。
　ア 園児の生活は、入園当初の一人一人の遊びや保育教諭等との触れ合いを通して幼保連携型認定こども園の生活に親しみ、安定していく時期から、他の園児との関わりの中で園児の主体的な活動が深まり、園児が互いに必要な存在であることを認識するようになる。その後、園児同士や学級全体で目的をもって協同して幼保連携型認定こども園の生活を展開し、深めていく時期などに至るまでの過程を様々に経ながら広げられていくものである。これらを考慮し、活動がそれぞれの時期にふさわしく展開されるようにすること。
　　また、園児の入園当初の教育及び保育に当たっては、既に在園している園児に不安や動揺を与えないようにしつつ、可能な限り個別的に対応し、園児が安定感を得て、次第に幼保連携型認定こども園の生活になじんでいくよう配慮すること。
　イ 長期的に発達を見通した年、学期、月などにわたる長期の指導計画やこれとの関連を保ちながらより具体的な園児の生活に即した週、日などの短期の指導計画を作成し、適切な指導が行われるようにすること。特に、週、日などの短期の指導計画については、園児の生活のリズムに配慮し、園児の意識や興味の連続性のある活動が相互に関連して幼保連携型認定こども園の生活の自然な流れの中に組み込まれるようにすること。
　ウ 園児が様々な人やものとの関わりを通して、多様な体験をし、心身の調和のとれた発達を促すようにしていくこと。その際、園児の発達に即して主体的・対話的で深い学びが実現するようにするとともに、心を動かされる体験が次の活動を生み出すことを考慮し、一つ一つの体験が相互に結び付き、幼保連携型認定こども園の生活が充実するようにすること。
　エ 言語に関する能力の発達と思考力等の発達が関連していることを踏まえ、幼保連携型認定こども園における生活全体を通して、園児の発達を踏まえた言語環境を整え、言語活動の充実を図ること。
　オ 園児が次の活動への期待や意欲をもつことができるよう、園児の実態を踏まえながら、保育教諭等や他の園児と共に遊びや生活の中で見通しをもったり、振り返ったりするよう工夫すること。
　カ 行事の指導に当たっては、幼保連携型認定こども園の生活の自然な流れの中で生活に変化や潤いを与え、園児が主体的に楽しく活動できるようにすること。なお、それぞれの行事については教育及び保育における価値を十分検討し、適切なものを精選し、園児の負担にならないようにすること。
　キ 乳幼児期は直接的な体験が重要であることを踏

まえ，視聴覚教材やコンピュータなど情報機器を活用する際には，幼保連携型認定こども園の生活では得難い体験を補完するなど，園児の体験との関連を考慮すること。
 ク 園児の主体的な活動を促すためには，保育教諭等が多様な関わりをもつことが重要であることを踏まえ，保育教諭等は，理解者，共同作業者など様々な役割を果たし，園児の情緒の安定や発達に必要な豊かな体験が得られるよう，活動の場面に応じて，園児の人権や園児一人一人の個人差等に配慮した適切な指導を行うようにすること。
 ケ 園児の行う活動は，個人，グループ，学級全体などで多様に展開されるものであることを踏まえ，幼保連携型認定こども園全体の職員による協力体制を作りながら，園児一人一人が興味や欲求を十分に満足させるよう適切な援助を行うようにすること。
 コ 園児の生活は，家庭を基盤として地域社会を通じて次第に広がりをもつものであることに留意し，家庭との連携を十分に図るなど，幼保連携型認定こども園における生活が家庭や地域社会と連続性を保ちつつ展開されるようにするものとする。その際，地域の自然，高齢者や異年齢の子どもなどを含む人材，行事や公共施設などの地域の資源を積極的に活用し，園児が豊かな生活体験を得られるように工夫するものとする。また，家庭との連携に当たっては，保護者との情報交換の機会を設けたり，保護者と園児との活動の機会を設けたりなどすることを通じて，保護者の乳幼児期の教育及び保育に関する理解が深まるよう配慮するものとする。
 サ 地域や幼保連携型認定こども園の実態等により，幼保連携型認定こども園間に加え，幼稚園，保育所等の保育施設，小学校，中学校，高等学校及び特別支援学校などとの間の連携や交流を図るものとする。特に，小学校教育との円滑な接続のため，幼保連携型認定こども園の園児と小学校の児童との交流の機会を積極的に設けるようにするものとする。また，障害のある園児や児童生徒との交流及び共同学習の機会を設け，共に尊重し合いながら協働して生活していく態度を育むよう努めるものとする。
(4) 園児の理解に基づいた評価の実施
  園児一人一人の発達の理解に基づいた評価の実施に当たっては，次の事項に配慮するものとする。
 ア 指導の過程を振り返りながら園児の理解を進め，園児一人一人のよさや可能性などを把握し，指導の改善に生かすようにすること。その際，他の園児との比較や一定の基準に対する達成度についての評定によって捉えるものではないことに留意すること。
 イ 評価の妥当性や信頼性が高められるよう創意工夫を行い，組織的かつ計画的な取組を推進するとともに，次年度又は小学校等にその内容が適切に引き継がれるようにすること。
3 特別な配慮を必要とする園児への指導
 (1) 障害のある園児などへの指導
   障害のある園児などへの指導に当たっては，集団の中で生活することを通して全体的な発達を促していくことに配慮し，適切な環境の下で，障害のある園児が他の園児との生活を通して共に成長できるよう，特別支援学校などの助言又は援助を活用しつつ，個々の園児の障害の状態などに応じた指導内容や指導方法の工夫を組織的かつ計画的に行うものとする。また，家庭，地域及び医療や福祉，保健等の業務を行う関係機関との連携を図り，長期的な視点で園児への教育及び保育的支援を行うために，個別の教育及び保育支援計画を作成し活用することに努めるとともに，個々の園児の実態を的確に把握し，個別の指導計画を作成し活用することに努めるものとする。
 (2) 海外から帰国した園児や生活に必要な日本語の習得に困難のある園児の幼保連携型認定こども園の生活への適応
   海外から帰国した園児や生活に必要な日本語の習得に困難のある園児については，安心して自己を発揮できるよう配慮するなど個々の園児の実態に応じ，指導内容や指導方法の工夫を組織的かつ計画的に行うものとする。

第3 幼保連携型認定こども園として特に配慮すべき事項
  幼保連携型認定こども園における教育及び保育を行うに当たっては，次の事項について特に配慮しなければならない。
 1 当該幼保連携型認定こども園に入園した年齢により集団生活の経験年数が異なる園児がいることに配慮する等，0歳から小学校就学前までの一貫した教育及び保育を園児の発達や学びの連続性を考慮して展開していくこと。特に満3歳以上については入園する園児が多いことや同一学年の園児で編制される学級の中で生活することなどを踏まえ，家庭や他の保育施設等との連携や引継ぎを円滑に行うとともに，環境の工夫をすること。
 2 園児の一日の生活の連続性及びリズムの多様性に配

慮するとともに，保護者の生活形態を反映した園児の在園時間の長短，入園時期や登園日数の違いを踏まえ，園児一人一人の状況に応じ，教育及び保育の内容やその展開について工夫をすること。特に入園及び年度当初においては，家庭との連携の下，園児一人一人の生活の仕方やリズムに十分に配慮して一日の自然な生活の流れをつくり出していくようにすること。

3　環境を通して行う教育及び保育の活動の充実を図るため，幼保連携型認定こども園における教育及び保育の環境の構成に当たっては，乳幼児期の特性及び保護者や地域の実態を踏まえ，次の事項に留意すること。

(1)　0歳から小学校就学前までの様々な年齢の園児の発達の特性を踏まえ，満3歳未満の園児については特に健康，安全や発達の確保を十分に図るとともに，満3歳以上の園児については同一学年の園児で編制される学級による集団活動の中で遊びを中心とする園児の主体的な活動を通して発達や学びを促す経験が得られるよう工夫をすること。特に，満3歳以上の園児同士が共に育ち，学び合いながら，豊かな体験を積み重ねることができるよう工夫をすること。

(2)　在園時間が異なる多様な園児がいることを踏まえ，園児の生活が安定するよう，家庭や地域，幼保連携型認定こども園における生活の連続性を確保するとともに，一日の生活のリズムを整えるよう工夫をすること。特に満3歳未満の園児については睡眠時間等の個人差に配慮するとともに，満3歳以上の園児については集中して遊ぶ場と家庭的な雰囲気の中でくつろぐ場との適切な調和等の工夫をすること。

(3)　家庭や地域において異年齢の子どもと関わる機会が減少していることを踏まえ，満3歳以上の園児については，学級による集団活動とともに，満3歳未満の園児を含む異年齢の園児による活動を，園児の発達の状況にも配慮しつつ適切に組み合わせて設定するなどの工夫をすること。

(4)　満3歳以上の園児については，特に長期的な休業中，園児が過ごす家庭や園などの生活の場が異なることを踏まえ，それぞれの多様な生活経験が長期的な休業などの終了後等の園生活に生かされるよう工夫をすること。

4　指導計画を作成する際には，この章に示す指導計画の作成上の留意事項を踏まえるとともに，次の事項にも特に配慮すること。

(1)　園児の発達の個人差，入園した年齢の違いなどによる集団生活の経験年数の差，家庭環境等を踏まえ，園児一人一人の発達の特性や課題に十分留意す

ること。特に満3歳未満の園児については，大人への依存度が極めて高い等の特性があることから，個別的な対応を図ること。また，園児の集団生活への円滑な接続について，家庭等との連携及び協力を図る等十分留意すること。

(2)　園児の発達の連続性を考慮した教育及び保育を展開する際には，次の事項に留意すること。

ア　満3歳未満の園児については，園児一人一人の生育歴，心身の発達，活動の実態等に即して，個別的な計画を作成すること。

イ　満3歳以上の園児については，個の成長と，園児相互の関係や協同的な活動が促されるよう考慮すること。

ウ　異年齢で構成されるグループ等での指導に当たっては，園児一人一人の生活や経験，発達の過程などを把握し，適切な指導や環境の構成ができるよう考慮すること。

(3)　一日の生活のリズムや在園時間が異なる園児が共に過ごすことを踏まえ，活動と休息，緊張感と解放感等の調和を図るとともに，園児に不安や動揺を与えないようにする等の配慮を行うこと。その際，担当の保育教諭等が替わる場合には，園児の様子等引継ぎを行い，十分な連携を図ること。

(4)　午睡は生活のリズムを構成する重要な要素であり，安心して眠ることのできる安全な午睡環境を確保するとともに，在園時間が異なることや，睡眠時間は園児の発達の状況や個人によって差があることから，一律とならないよう配慮すること。

(5)　長時間にわたる教育及び保育については，園児の発達の過程，生活のリズム及び心身の状態に十分配慮して，保育の内容や方法，職員の協力体制，家庭との連携などを指導計画に位置付けること。

5　生命の保持や情緒の安定を図るなど養護の行き届いた環境の下，幼保連携型認定こども園における教育及び保育を展開すること。

(1)　園児一人一人が，快適にかつ健康で安全に過ごせるようにするとともに，その生理的欲求が十分に満たされ，健康増進が積極的に図られるようにするため，次の事項に留意すること。

ア　園児一人一人の平常の健康状態や発育及び発達の状態を的確に把握し，異常を感じる場合は，速やかに適切に対応すること。

イ　家庭との連携を密にし，学校医等との連携を図りながら，園児の疾病や事故防止に関する認識を深め，保健的で安全な環境の維持及び向上に努めること。

ウ　清潔で安全な環境を整え，適切な援助や応答的

な関わりを通して,園児の生理的欲求を満たしていくこと。また,家庭と協力しながら,園児の発達の過程等に応じた適切な生活のリズムがつくられていくようにすること。
　　エ　園児の発達の過程等に応じて,適度な運動と休息をとることができるようにすること。また,食事,排泄,睡眠,衣類の着脱,身の回りを清潔にすることなどについて,園児が意欲的に生活できるよう適切に援助すること。
　(2) 園児一人一人が安定感をもって過ごし,自分の気持ちを安心して表すことができるようにするとともに,周囲から主体として受け止められ主体として育ち,自分を肯定する気持ちが育まれていくようにし,くつろいで共に過ごし,心身の疲れが癒やされるようにするため,次の事項に留意すること。
　　ア　園児一人一人の置かれている状態や発達の過程などを的確に把握し,園児の欲求を適切に満たしながら,応答的な触れ合いや言葉掛けを行うこと。
　　イ　園児一人一人の気持ちを受容し,共感しながら,園児との継続的な信頼関係を築いていくこと。
　　ウ　保育教諭等との信頼関係を基盤に,園児一人一人が主体的に活動し,自発性や探索意欲などを高めるとともに,自分への自信をもつことができるよう成長の過程を見守り,適切に働き掛けること。
　　エ　園児一人一人の生活のリズム,発達の過程,在園時間などに応じて,活動内容のバランスや調和を図りながら,適切な食事や休息がとれるようにすること。
　6　園児の健康及び安全は,園児の生命の保持と健やかな生活の基本であり,幼保連携型認定こども園の生活全体を通して健康や安全に関する管理や指導,食育の推進等に十分留意すること。
　7　保護者に対する子育ての支援に当たっては,この章に示す幼保連携型認定こども園における教育及び保育の基本及び目標を踏まえ,子どもに対する学校としての教育及び児童福祉施設としての保育並びに保護者に対する子育ての支援について相互に有機的な連携が図られるようにすること。また,幼保連携型認定こども園の目的の達成に資するため,保護者が子どもの成長に気付き子育ての喜びが感じられるよう,幼保連携型認定こども園の特性を生かした子育ての支援に努めること。

第2章　ねらい及び内容並びに配慮事項

　この章に示すねらいは,幼保連携型認定こども園の教育及び保育において育みたい資質・能力を園児の生活する姿から捉えたものであり,内容は,ねらいを達成するために指導する事項である。各視点や領域は,この時期の発達の特徴を踏まえ,教育及び保育のねらい及び内容を乳幼児の発達の側面から,乳児は三つの視点として,幼児は五つの領域としてまとめ,示したものである。内容の取扱いは,園児の発達を踏まえた指導を行うに当たって留意すべき事項である。

　各視点や領域に示すねらいは,幼保連携型認定こども園における生活の全体を通じ,園児が様々な体験を積み重ねる中で相互に関連をもちながら次第に達成に向かうものであること,内容は,園児が環境に関わって展開する具体的な活動を通して総合的に指導されるものであることに留意しなければならない。

　また,「幼児期の終わりまでに育ってほしい姿」が,ねらい及び内容に基づく活動全体を通して資質・能力が育まれている園児の幼保連携型認定こども園修了時の具体的な姿であることを踏まえ,指導を行う際に考慮するものとする。

　なお,特に必要な場合には,各視点や領域に示すねらいの趣旨に基づいて適切な,具体的な内容を工夫し,それを加えても差し支えないが,その場合には,それが第1章の第1に示す幼保連携型認定こども園の教育及び保育の基本及び目標を逸脱しないよう慎重に配慮する必要がある。

第1　乳児期の園児の保育に関するねらい及び内容
　基本的事項
　1　乳児期の発達については,視覚,聴覚などの感覚や,座る,はう,歩くなどの運動機能が著しく発達し,特定の大人との応答的な関わりを通じて,情緒的な絆が形成されるといった特徴がある。これらの発達の特徴を踏まえて,乳児期の園児の保育は,愛情豊かに,応答的に行われることが特に必要である。
　2　本項においては,この時期の発達の特徴を踏まえ,乳児期の園児の保育のねらい及び内容については,身体的発達に関する視点「健やかに伸び伸びと育つ」,社会的発達に関する視点「身近な人と気持ちが通じ合う」及び精神的発達に関する視点「身近なものと関わり感性が育つ」としてまとめ,示している。
　ねらい及び内容
　健やかに伸び伸びと育つ
　〔健康な心と体を育て,自ら健康で安全な生活をつくり出す力の基盤を培う。〕

1 ねらい
  (1) 身体感覚が育ち，快適な環境に心地よさを感じる。
  (2) 伸び伸びと体を動かし，はう，歩くなどの運動をしようとする。
  (3) 食事，睡眠等の生活のリズムの感覚が芽生える。
2 内容
  (1) 保育教諭等の愛情豊かな受容の下で，生理的・心理的欲求を満たし，心地よく生活をする。
  (2) 一人一人の発育に応じて，はう，立つ，歩くなど，十分に体を動かす。
  (3) 個人差に応じて授乳を行い，離乳を進めていく中で，様々な食品に少しずつ慣れ，食べることを楽しむ。
  (4) 一人一人の生活のリズムに応じて，安全な環境の下で十分に午睡をする。
  (5) おむつ交換や衣服の着脱などを通じて，清潔になることの心地よさを感じる。
3 内容の取扱い
  上記の取扱いに当たっては，次の事項に留意する必要がある。
  (1) 心と体の健康は，相互に密接な関連があるものであることを踏まえ，温かい触れ合いの中で，心と体の発達を促すこと。特に，寝返り，お座り，はいはい，つかまり立ち，伝い歩きなど，発育に応じて，遊びの中で体を動かす機会を十分に確保し，自ら体を動かそうとする意欲が育つようにすること。
  (2) 健康な心と体を育てるためには望ましい食習慣の形成が重要であることを踏まえ，離乳食が完了期へと徐々に移行する中で，様々な食品に慣れるようにするとともに，和やかな雰囲気の中で食べる喜びや楽しさを味わい，進んで食べようとする気持ちが育つようにすること。なお，食物アレルギーのある園児への対応については，学校医等の指示や協力の下に適切に対応すること。

身近な人と気持ちが通じ合う
〔受容的・応答的な関わりの下で，何かを伝えようとする意欲や身近な大人との信頼関係を育て，人と関わる力の基盤を培う。〕
1 ねらい
  (1) 安心できる関係の下で，身近な人と共に過ごす喜びを感じる。
  (2) 体の動きや表情，発声等により，保育教諭等と気持ちを通わせようとする。
  (3) 身近な人と親しみ，関わりを深め，愛情や信頼感が芽生える。
2 内容
  (1) 園児からの働き掛けを踏まえた，応答的な触れ合いや言葉掛けによって，欲求が満たされ，安定感をもって過ごす。
  (2) 体の動きや表情，発声，喃語等を優しく受け止めてもらい，保育教諭等とのやり取りを楽しむ。
  (3) 生活や遊びの中で，自分の身近な人の存在に気付き，親しみの気持ちを表す。
  (4) 保育教諭等による語り掛けや歌い掛け，発声や喃語等への応答を通じて，言葉の理解や発語の意欲が育つ。
  (5) 温かく，受容的な関わりを通じて，自分を肯定する気持ちが芽生える。
3 内容の取扱い
  上記の取扱いに当たっては，次の事項に留意する必要がある。
  (1) 保育教諭等との信頼関係に支えられて生活を確立していくことが人と関わる基盤となることを考慮して，園児の多様な感情を受け止め，温かく受容的・応答的に関わり，一人一人に応じた適切な援助を行うようにすること。
  (2) 身近な人に親しみをもって接し，自分の感情などを表し，それに相手が応答する言葉を聞くことを通して，次第に言葉が獲得されていくことを考慮して，楽しい雰囲気の中での保育教諭等との関わり合いを大切にし，ゆっくりと優しく話し掛けるなど，積極的に言葉のやり取りを楽しむことができるようにすること。

身近なものと関わり感性が育つ
〔身近な環境に興味や好奇心をもって関わり，感じたことや考えたことを表現する力の基盤を培う。〕
1 ねらい
  (1) 身の回りのものに親しみ，様々なものに興味や関心をもつ。
  (2) 見る，触れる，探索するなど，身近な環境に自分から関わろうとする。
  (3) 身体の諸感覚による認識が豊かになり，表情や手足，体の動き等で表現する。
2 内容
  (1) 身近な生活用具，玩具や絵本などが用意された中で，身の回りのものに対する興味や好奇心をもつ。
  (2) 生活や遊びの中で様々なものに触れ，音，形，色，手触りなどに気付き，感覚の働きを豊かにする。
  (3) 保育教諭等と一緒に様々な色彩や形のものや絵本などを見る。
  (4) 玩具や身の回りのものを，つまむ，つかむ，たたく，引っ張るなど，手や指を使って遊ぶ。

(5) 保育教諭等のあやし遊びに機嫌よく応じたり，歌やリズムに合わせて手足や体を動かして楽しんだりする。
3　内容の取扱い
　上記の取扱いに当たっては，次の事項に留意する必要がある。
　(1) 玩具などは，音質，形，色，大きさなど園児の発達状態に応じて適切なものを選び，その時々の園児の興味や関心を踏まえるなど，遊びを通して感覚の発達が促されるものとなるように工夫すること。なお，安全な環境の下で，園児が探索意欲を満たして自由に遊べるよう，身の回りのものについては常に十分な点検を行うこと。
　(2) 乳児期においては，表情，発声，体の動きなどで，感情を表現することが多いことから，これらの表現しようとする意欲を積極的に受け止めて，園児が様々な活動を楽しむことを通して表現が豊かになるようにすること。

第2　満1歳以上満3歳未満の園児の保育に関するねらい及び内容
基本的事項
1　この時期においては，歩き始めから，歩く，走る，跳ぶなどへと，基本的な運動機能が次第に発達し，排泄の自立のための身体的機能も整うようになる。つまみ，めくるなどの指先の機能も発達し，食事，衣類の着脱なども，保育教諭等の援助の下で自分で行うようになる。発声も明瞭になり，語彙も増加し，自分の意思や欲求を言葉で表出できるようになる。このように自分でできることが増えてくる時期であることから，保育教諭等は，園児の生活の安定を図りながら，自分でしようとする気持ちを尊重し，温かく見守るとともに，愛情豊かに，応答的に関わることが必要である。
2　本項においては，この時期の発達の特徴を踏まえ，保育のねらい及び内容について，心身の健康に関する領域「健康」，人との関わりに関する領域「人間関係」，身近な環境との関わりに関する領域「環境」，言葉の獲得に関する領域「言葉」及び感性と表現に関する領域「表現」としてまとめ，示している。

ねらい及び内容
健康
〔健康な心と体を育て，自ら健康で安全な生活をつくり出す力を養う。〕
1　ねらい
　(1) 明るく伸び伸びと生活し，自分から体を動かすことを楽しむ。
　(2) 自分の体を十分に動かし，様々な動きをしようとする。
　(3) 健康，安全な生活に必要な習慣に気付き，自分でしてみようとする気持ちが育つ。
2　内容
　(1) 保育教諭等の愛情豊かな受容の下で，安定感をもって生活をする。
　(2) 食事や午睡，遊びと休息など，幼保連携型認定こども園における生活のリズムが形成される。
　(3) 走る，跳ぶ，登る，押す，引っ張るなど全身を使う遊びを楽しむ。
　(4) 様々な食品や調理形態に慣れ，ゆったりとした雰囲気の中で食事や間食を楽しむ。
　(5) 身の回りを清潔に保つ心地よさを感じ，その習慣が少しずつ身に付く。
　(6) 保育教諭等の助けを借りながら，衣類の着脱を自分でしようとする。
　(7) 便器での排泄に慣れ，自分で排泄ができるようになる。
3　内容の取扱い
　上記の取扱いに当たっては，次の事項に留意する必要がある。
　(1) 心と体の健康は，相互に密接な関連があるものであることを踏まえ，園児の気持ちに配慮した温かい触れ合いの中で，心と体の発達を促すこと。特に，一人一人の発育に応じて，体を動かす機会を十分に確保し，自ら体を動かそうとする意欲が育つようにすること。
　(2) 健康な心と体を育てるためには望ましい食習慣の形成が重要であることを踏まえ，ゆったりとした雰囲気の中で食べる喜びや楽しさを味わい，進んで食べようとする気持ちが育つようにすること。なお，食物アレルギーのある園児への対応については，学校医等の指示や協力の下に適切に対応すること。
　(3) 排泄の習慣については，一人一人の排尿間隔等を踏まえ，おむつが汚れていないときに便器に座らせるなどにより，少しずつ慣れさせるようにすること。
　(4) 食事，排泄，睡眠，衣類の着脱，身の回りを清潔にすることなど，生活に必要な基本的な習慣については，一人一人の状態に応じ，落ち着いた雰囲気の中で行うようにし，園児が自分でしようとする気持ちを尊重すること。また，基本的な生活習慣の形成に当たっては，家庭での生活経験に配慮し，家庭との適切な連携の下で行うようにすること。

人間関係
〔他の人々と親しみ，支え合って生活するために，自立心を育て，人と関わる力を養う。〕

1 ねらい
　(1) 幼保連携型認定こども園での生活を楽しみ，身近な人と関わる心地よさを感じる。
　(2) 周囲の園児等への興味・関心が高まり，関わりをもとうとする。
　(3) 幼保連携型認定こども園の生活の仕方に慣れ，きまりの大切さに気付く。
2 内容
　(1) 保育教諭等や周囲の園児等との安定した関係の中で，共に過ごす心地よさを感じる。
　(2) 保育教諭等の受容的・応答的な関わりの中で，欲求を適切に満たし，安定感をもって過ごす。
　(3) 身の回りに様々な人がいることに気付き，徐々に他の園児と関わりをもって遊ぶ。
　(4) 保育教諭等の仲立ちにより，他の園児との関わり方を少しずつ身につける。
　(5) 幼保連携型認定こども園の生活の仕方に慣れ，きまりがあることや，その大切さに気付く。
　(6) 生活や遊びの中で，年長児や保育教諭等の真似をしたり，ごっこ遊びを楽しんだりする。
3 内容の取扱い
　上記の取扱いに当たっては，次の事項に留意する必要がある。
　(1) 保育教諭等との信頼関係に支えられて生活を確立するとともに，自分で何かをしようとする気持ちが旺盛になる時期であることに鑑み，そのような園児の気持ちを尊重し，温かく見守るとともに，愛情豊かに，応答的に関わり，適切な援助を行うようにすること。
　(2) 思い通りにいかない場合等の園児の不安定な感情の表出については，保育教諭等が受容的に受け止めるとともに，そうした気持ちから立ち直る経験や感情をコントロールすることへの気付き等につなげていけるように援助すること。
　(3) この時期は自己と他者との違いの認識がまだ十分ではないことから，園児の自我の育ちを見守るとともに，保育教諭等が仲立ちとなって，自分の気持ちを相手に伝えることや相手の気持ちに気付くことの大切さなど，友達の気持ちや友達との関わり方を丁寧に伝えていくこと。

環境
〔周囲の様々な環境に好奇心や探究心をもって関わり，それらを生活に取り入れていこうとする力を養う。〕
1 ねらい
　(1) 身近な環境に親しみ，触れ合う中で，様々なものに興味や関心をもつ。
　(2) 様々なものに関わる中で，発見を楽しんだり，考えたりしようとする。
　(3) 見る，聞く，触るなどの経験を通して，感覚の働きを豊かにする。
2 内容
　(1) 安全で活動しやすい環境での探索活動等を通して，見る，聞く，触れる，嗅ぐ，味わうなどの感覚の働きを豊かにする。
　(2) 玩具，絵本，遊具などに興味をもち，それらを使った遊びを楽しむ。
　(3) 身の回りの物に触れる中で，形，色，大きさ，量などの物の性質や仕組みに気付く。
　(4) 自分の物と人の物の区別や，場所的感覚など，環境を捉える感覚が育つ。
　(5) 身近な生き物に気付き，親しみをもつ。
　(6) 近隣の生活や季節の行事などに興味や関心をもつ。
3 内容の取扱い上記の取扱いに当たっては，次の事項に留意する必要がある。
　(1) 玩具などは，音質，形，色，大きさなど園児の発達状態に応じて適切なものを選び，遊びを通して感覚の発達が促されるように工夫すること。
　(2) 身近な生き物との関わりについては，園児が命を感じ，生命の尊さに気付く経験へとつながるものであることから，そうした気付きを促すような関わりとなるようにすること。
　(3) 地域の生活や季節の行事などに触れる際には，社会とのつながりや地域社会の文化への気付きにつながるものとなることが望ましいこと。その際，幼保連携型認定こども園内外の行事や地域の人々との触れ合いなどを通して行うこと等も考慮すること。

言葉
〔経験したことや考えたことなどを自分なりの言葉で表現し，相手の話す言葉を聞こうとする意欲や態度を育て，言葉に対する感覚や言葉で表現する力を養う。〕
1 ねらい
　(1) 言葉遊びや言葉で表現する楽しさを感じる。
　(2) 人の言葉や話などを聞き，自分でも思ったことを伝えようとする。
　(3) 絵本や物語等に親しむとともに，言葉のやり取りを通じて身近な人と気持ちを通わせる。
2 内容
　(1) 保育教諭等の応答的な関わりや話し掛けにより，自ら言葉を使おうとする。
　(2) 生活に必要な簡単な言葉に気付き，聞き分ける。
　(3) 親しみをもって日常の挨拶に応じる。
　(4) 絵本や紙芝居を楽しみ，簡単な言葉を繰り返したり，模倣をしたりして遊ぶ。

(5) 保育教諭等とごっこ遊びをする中で，言葉のやり取りを楽しむ。
  (6) 保育教諭等を仲立ちとして，生活や遊びの中で友達との言葉のやり取りを楽しむ。
  (7) 保育教諭等や友達の言葉や話に興味や関心をもって，聞いたり，話したりする。
3 内容の取扱い
  上記の取扱いに当たっては，次の事項に留意する必要がある。
  (1) 身近な人に親しみをもって接し，自分の感情などを伝え，それに相手が応答し，その言葉を聞くことを通して，次第に言葉が獲得されていくものであることを考慮して，楽しい雰囲気の中で保育教諭等との言葉のやり取りができるようにすること。
  (2) 園児が自分の思いを言葉で伝えるとともに，他の園児の話などを聞くことを通して，次第に話を理解し，言葉による伝え合いができるようになるよう，気持ちや経験等の言語化を行うことを援助するなど，園児同士の関わりの仲立ちを行うようにすること。
  (3) この時期は，片言から，二語文，ごっこ遊びでのやり取りができる程度へと，大きく言葉の習得が進む時期であることから，それぞれの園児の発達の状況に応じて，遊びや関わりの工夫など，保育の内容を適切に展開することが必要であること。
表現
〔感じたことや考えたことを自分なりに表現することを通して，豊かな感性や表現する力を養い，創造性を豊かにする。〕
1 ねらい
  (1) 身体の諸感覚の経験を豊かにし，様々な感覚を味わう。
  (2) 感じたことや考えたことなどを自分なりに表現しようとする。
  (3) 生活や遊びの様々な体験を通して，イメージや感性が豊かになる。
2 内容
  (1) 水，砂，土，紙，粘土など様々な素材に触れて楽しむ。
  (2) 音楽，リズムやそれに合わせた体の動きを楽しむ。
  (3) 生活の中で様々な音，形，色，手触り，動き，味，香りなどに気付いたり，感じたりして楽しむ。
  (4) 歌を歌ったり，簡単な手遊びや全身を使う遊びを楽しんだりする。
  (5) 保育教諭等からの話や，生活や遊びの中での出来事を通して，イメージを豊かにする。
  (6) 生活や遊びの中で，興味のあることや経験したことなどを自分なりに表現する。
3 内容の取扱い
  上記の取扱いに当たっては，次の事項に留意する必要がある。
  (1) 園児の表現は，遊びや生活の様々な場面で表出されているものであることから，それらを積極的に受け止め，様々な表現の仕方や感性を豊かにする経験となるようにすること。
  (2) 園児が試行錯誤しながら様々な表現を楽しむことや，自分の力でやり遂げる充実感などに気付くよう，温かく見守るとともに，適切に援助を行うようにすること。
  (3) 様々な感情の表現等を通じて，園児が自分の感情や気持ちに気付くようになる時期であることに鑑み，受容的な関わりの中で自信をもって表現をすることや，諦めずに続けた後の達成感等を感じられるような経験が蓄積されるようにすること。
  (4) 身近な自然や身の回りの事物に関わる中で，発見や心が動く経験が得られるよう，諸感覚を働かせることを楽しむ遊びや素材を用意するなど保育の環境を整えること。

第3 満3歳以上の園児の教育及び保育に関するねらい及び内容
基本的事項
1 この時期においては，運動機能の発達により，基本的な動作が一通りできるようになるとともに，基本的な生活習慣もほぼ自立できるようになる。理解する語彙数が急激に増加し，知的興味や関心も高まってくる。仲間と遊び，仲間の中の一人という自覚が生じ，集団的な遊びや協同的な活動も見られるようになる。これらの発達の特徴を踏まえて，この時期の教育及び保育においては，個の成長と集団としての活動の充実が図られるようにしなければならない。
2 本項においては，この時期の発達の特徴を踏まえ，教育及び保育のねらい及び内容について，心身の健康に関する領域「健康」，人との関わりに関する領域「人間関係」，身近な環境との関わりに関する領域「環境」，言葉の獲得に関する領域「言葉」及び感性と表現に関する領域「表現」としてまとめ，示している。
ねらい及び内容
健康
〔健康な心と体を育て，自ら健康で安全な生活をつくり出す力を養う。〕
1 ねらい
  (1) 明るく伸び伸びと行動し，充実感を味わう。
  (2) 自分の体を十分に動かし，進んで運動しようとす

る。
    (3) 健康，安全な生活に必要な習慣や態度を身に付け，見通しをもって行動する。
 2 内容
    (1) 保育教諭等や友達と触れ合い，安定感をもって行動する。
    (2) いろいろな遊びの中で十分に体を動かす。
    (3) 進んで戸外で遊ぶ。
    (4) 様々な活動に親しみ，楽しんで取り組む。
    (5) 保育教諭等や友達と食べることを楽しみ，食べ物への興味や関心をもつ。
    (6) 健康な生活のリズムを身に付ける。
    (7) 身の回りを清潔にし，衣服の着脱，食事，排泄などの生活に必要な活動を自分でする。
    (8) 幼保連携型認定こども園における生活の仕方を知り，自分たちで生活の場を整えながら見通しをもって行動する。
    (9) 自分の健康に関心をもち，病気の予防などに必要な活動を進んで行う。
    (10) 危険な場所，危険な遊び方，災害時などの行動の仕方が分かり，安全に気を付けて行動する。
 3 内容の取扱い
    上記の取扱いに当たっては，次の事項に留意する必要がある。
    (1) 心と体の健康は，相互に密接な関連があるものであることを踏まえ，園児が保育教諭等や他の園児との温かい触れ合いの中で自己の存在感や充実感を味わうことなどを基盤として，しなやかな心と体の発達を促すこと。特に，十分に体を動かす気持ちよさを体験し，自ら体を動かそうとする意欲が育つようにすること。
    (2) 様々な遊びの中で，園児が興味や関心，能力に応じて全身を使って活動することにより，体を動かす楽しさを味わい，自分の体を大切にしようとする気持ちが育つようにすること。その際，多様な動きを経験する中で，体の動きを調整するようにすること。
    (3) 自然の中で伸び伸びと体を動かして遊ぶことにより，体の諸機能の発達が促されることに留意し，園児の興味や関心が戸外にも向くようにすること。その際，園庭の動線に配慮した園庭や遊具の配置などを工夫すること。
    (4) 健康な心と体を育てるためには食育を通じた望ましい食習慣の形成が大切であることを踏まえ，園児の食生活の実情に配慮し，和やかな雰囲気の中で保育教諭等や他の園児と食べる喜びや楽しさを味わったり，様々な食べ物への興味や関心をもったりするなどし，食の大切さに気付き，進んで食べようとする気持ちが育つようにすること。
    (5) 基本的な生活習慣の形成に当たっては，家庭での生活経験に配慮し，園児の自立心を育て，園児が他の園児と関わりながら主体的な活動を展開する中で，生活に必要な習慣を身に付け，次第に見通しをもって行動できるようにすること。
    (6) 安全に関する指導に当たっては，情緒の安定を図り，遊びを通して安全についての構えを身に付け，危険な場所や事物などが分かり，安全についての理解を深めるようにすること。また，交通安全の習慣を身に付けるようにするとともに，避難訓練などを通して，災害などの緊急時に適切な行動がとれるようにすること。

人間関係
〔他の人々と親しみ，支え合って生活するために，自立心を育て，人と関わる力を養う。〕
 1 ねらい
    (1) 幼保連携型認定こども園の生活を楽しみ，自分の力で行動することの充実感を味わう。
    (2) 身近な人と親しみ，関わりを深め，工夫したり，協力したりして一緒に活動する楽しさを味わい，愛情や信頼感をもつ。
    (3) 社会生活における望ましい習慣や態度を身に付ける。
 2 内容
    (1) 保育教諭等や友達と共に過ごすことの喜びを味わう。
    (2) 自分で考え，自分で行動する。
    (3) 自分でできることは自分でする。
    (4) いろいろな遊びを楽しみながら物事をやり遂げようとする気持ちをもつ。
    (5) 友達と積極的に関わりながら喜びや悲しみを共感し合う。
    (6) 自分の思ったことを相手に伝え，相手の思っていることに気付く。
    (7) 友達のよさに気付き，一緒に活動する楽しさを味わう。
    (8) 友達と楽しく活動する中で，共通の目的を見いだし，工夫したり，協力したりなどする。
    (9) よいことや悪いことがあることに気付き，考えながら行動する。
    (10) 友達との関わりを深め，思いやりをもつ。
    (11) 友達と楽しく生活する中できまりの大切さに気付き，守ろうとする。
    (12) 共同の遊具や用具を大切にし，皆で使う。
    (13) 高齢者をはじめ地域の人々などの自分の生活に

関係の深いいろいろな人に親しみをもつ。
3 内容の取扱い
上記の取扱いに当たっては，次の事項に留意する必要がある。
(1) 保育教諭等との信頼関係に支えられて自分自身の生活を確立していくことが人と関わる基盤となることを考慮し，園児が自ら周囲に働き掛けることにより多様な感情を体験し，試行錯誤しながら諦めずにやり遂げることの達成感や，前向きな見通しをもって自分の力で行うことの充実感を味わうことができるよう，園児の行動を見守りながら適切な援助を行うようにすること。
(2) 一人一人を生かした集団を形成しながら人と関わる力を育てていくようにすること。その際，集団の生活の中で，園児が自己を発揮し，保育教諭等や他の園児に認められる体験をし，自分のよさや特徴に気付き，自信をもって行動できるようにすること。
(3) 園児が互いに関わりを深め，協同して遊ぶようになるため，自ら行動する力を育てるようにするとともに，他の園児と試行錯誤しながら活動を展開する楽しさや共通の目的が実現する喜びを味わうことができるようにすること。
(4) 道徳性の芽生えを培うに当たっては，基本的な生活習慣の形成を図るとともに，園児が他の園児との関わりの中で他人の存在に気付き，相手を尊重する気持ちをもって行動できるようにし，また，自然や身近な動植物に親しむことなどを通して豊かな心情が育つようにすること。特に，人に対する信頼感や思いやりの気持ちは，葛藤やつまずきをも体験し，それらを乗り越えることにより次第に芽生えてくることに配慮すること。
(5) 集団の生活を通して，園児が人との関わりを深め，規範意識の芽生えが培われることを考慮し，園児が保育教諭等との信頼関係に支えられて自己を発揮する中で，互いに思いを主張し，折り合いを付ける体験をし，きまりの必要性などに気付き，自分の気持ちを調整する力が育つようにすること。
(6) 高齢者をはじめ地域の人々などの自分の生活に関係の深いいろいろな人と触れ合い，自分の感情や意志を表現しながら共に楽しみ，共感し合う体験を通して，これらの人々などに親しみをもち，人と関わることの楽しさや人の役に立つ喜びを味わうことができるようにすること。また，生活を通して親や祖父母などの家族の愛情に気付き，家族を大切にしようとする気持ちが育つようにすること。

環境
〔周囲の様々な環境に好奇心や探究心をもって関わり，それらを生活に取り入れていこうとする力を養う。〕
1 ねらい
(1) 身近な環境に親しみ，自然と触れ合う中で様々な事象に興味や関心をもつ。
(2) 身近な環境に自分から関わり，発見を楽しんだり，考えたりし，それを生活に取り入れようとする。
(3) 身近な事象を見たり，考えたり，扱ったりする中で，物の性質や数量，文字などに対する感覚を豊かにする。
2 内容
(1) 自然に触れて生活し，その大きさ，美しさ，不思議さなどに気付く。
(2) 生活の中で，様々な物に触れ，その性質や仕組みに興味や関心をもつ。
(3) 季節により自然や人間の生活に変化のあることに気付く。
(4) 自然などの身近な事象に関心をもち，取り入れて遊ぶ。
(5) 身近な動植物に親しみをもって接し，生命の尊さに気付き，いたわったり，大切にしたりする。
(6) 日常生活の中で，我が国や地域社会における様々な文化や伝統に親しむ。
(7) 身近な物を大切にする。
(8) 身近な物や道具に興味をもって関わり，自分なりに比べたり，関連付けたりしながら考えたり，試したりして工夫して遊ぶ。
(9) 日常生活の中で数量や図形などに関心をもつ。
(10) 日常生活の中で簡単な標識や文字などに関心をもつ。
(11) 生活に関係の深い情報や施設などに興味や関心をもつ。
(12) 幼保連携型認定こども園内外の行事において国旗に親しむ。
3 内容の取扱い
上記の取扱いに当たっては，次の事項に留意する必要がある。
(1) 園児が，遊びの中で周囲の環境と関わり，次第に周囲の世界に好奇心を抱き，その意味や操作の仕方に関心をもち，物事の法則性に気付き，自分なりに考えることができるようになる過程を大切にすること。また，他の園児の考えなどに触れて新しい考えを生み出す喜びや楽しさを味わい，自分の考えをよりよいものにしようとする気持ちが育つようにすること。
(2) 幼児期において自然のもつ意味は大きく，自然の大きさ，美しさ，不思議さなどに直接触れる体験を

通して，園児の心が安らぎ，豊かな感情，好奇心，思考力，表現力の基礎が培われることを踏まえ，園児が自然との関わりを深めることができるよう工夫すること。
  (3) 身近な事象や動植物に対する感動を伝え合い，共感し合うことなどを通して自分から関わろうとする意欲を育てるとともに，様々な関わり方を通してそれらに対する親しみや畏敬の念，生命を大切にする気持ち，公共心，探究心などが養われるようにすること。
  (4) 文化や伝統に親しむ際には，正月や節句など我が国の伝統的な行事，国歌，唱歌，わらべうたや我が国の伝統的な遊びに親しんだり，異なる文化に触れる活動に親しんだりすることを通じて，社会とのつながりの意識や国際理解の意識の芽生えなどが養われるようにすること。
  (5) 数量や文字などに関しては，日常生活の中で園児自身の必要感に基づく体験を大切にし，数量や文字などに関する興味や関心，感覚が養われるようにすること。

言葉
〔経験したことや考えたことなどを自分なりの言葉で表現し，相手の話す言葉を聞こうとする意欲や態度を育て，言葉に対する感覚や言葉で表現する力を養う。〕
1 ねらい
  (1) 自分の気持ちを言葉で表現する楽しさを味わう。
  (2) 人の言葉や話などをよく聞き，自分の経験したことや考えたことを話し，伝え合う喜びを味わう。
  (3) 日常生活に必要な言葉が分かるようになるとともに，絵本や物語などに親しみ，言葉に対する感覚を豊かにし，保育教諭等や友達と心を通わせる。
2 内容
  (1) 保育教諭等や友達の言葉や話に興味や関心をもち，親しみをもって聞いたり，話したりする。
  (2) したり，見たり，聞いたり，感じたり，考えたりなどしたことを自分なりに言葉で表現する。
  (3) したいこと，してほしいことを言葉で表現したり，分からないことを尋ねたりする。
  (4) 人の話を注意して聞き，相手に分かるように話す。
  (5) 生活の中で必要な言葉が分かり，使う。
  (6) 親しみをもって日常の挨拶をする。
  (7) 生活の中で言葉の楽しさや美しさに気付く。
  (8) いろいろな体験を通じてイメージや言葉を豊かにする。
  (9) 絵本や物語などに親しみ，興味をもって聞き，想像をする楽しさを味わう。
  (10) 日常生活の中で，文字などで伝える楽しさを味わう。
3 内容の取扱い
  上記の取扱いに当たっては，次の事項に留意する必要がある。
  (1) 言葉は，身近な人に親しみをもって接し，自分の感情や意志などを伝え，それに相手が応答し，その言葉を聞くことを通して次第に獲得されていくものであることを考慮して，園児が保育教諭等や他の園児と関わることにより心を動かされるような体験をし，言葉を交わす喜びを味わえるようにすること。
  (2) 園児が自分の思いを言葉で伝えるとともに，保育教諭等や他の園児などの話を興味をもって注意して聞くことを通して次第に話を理解するようになっていき，言葉による伝え合いができるようにすること。
  (3) 絵本や物語などで，その内容と自分の経験とを結び付けたり，想像を巡らせたりするなど，楽しみを十分に味わうことによって，次第に豊かなイメージをもち，言葉に対する感覚が養われるようにすること。
  (4) 園児が生活の中で，言葉の響きやリズム，新しい言葉や表現などに触れ，これらを使う楽しさを味わえるようにすること。その際，絵本や物語に親しんだり，言葉遊びなどをしたりすることを通して，言葉が豊かになるようにすること。
  (5) 園児が日常生活の中で，文字などを使いながら思ったことや考えたことを伝える喜びや楽しさを味わい，文字に対する興味や関心をもつようにすること。

表現
〔感じたことや考えたことを自分なりに表現することを通して，豊かな感性や表現する力を養い，創造性を豊かにする。〕
1 ねらい
  (1) いろいろなものの美しさなどに対する豊かな感性をもつ。
  (2) 感じたことや考えたことを自分なりに表現して楽しむ。
  (3) 生活の中でイメージを豊かにし，様々な表現を楽しむ。
2 内容
  (1) 生活の中で様々な音，形，色，手触り，動きなどに気付いたり，感じたりするなどして楽しむ。
  (2) 生活の中で美しいものや心を動かす出来事に触れ，イメージを豊かにする。
  (3) 様々な出来事の中で，感動したことを伝え合う楽

(4) 感じたこと，考えたことなどを音や動きなどで表現したり，自由にかいたり，つくったりなどする。
　(5) いろいろな素材に親しみ，工夫して遊ぶ。
　(6) 音楽に親しみ，歌を歌ったり，簡単なリズム楽器を使ったりなどする楽しさを味わう。
　(7) かいたり，つくったりすることを楽しみ，遊びに使ったり，飾ったりなどする。
　(8) 自分のイメージを動きや言葉などで表現したり，演じて遊んだりするなどの楽しさを味わう。
 3　内容の取扱い
　　上記の取扱いに当たっては，次の事項に留意する必要がある。
　(1) 豊かな感性は，身近な環境と十分に関わる中で美しいもの，優れたもの，心を動かす出来事などに出会い，そこから得た感動を他の園児や保育教諭等と共有し，様々に表現することなどを通して養われるようにすること。その際，風の音や雨の音，身近にある草や花の形や色など自然の中にある音，形，色などに気付くようにすること。
　(2) 幼児期の自己表現は素朴な形で行われることが多いので，保育教諭等はそのような表現を受容し，園児自身の表現しようとする意欲を受け止めて，園児が生活の中で園児らしい様々な表現を楽しむことができるようにすること。
　(3) 生活経験や発達に応じ，自ら様々な表現を楽しみ，表現する意欲を十分に発揮させることができるように，遊具や用具などを整えたり，様々な素材や表現の仕方に親しんだり，他の園児の表現に触れられるよう配慮したりし，表現する過程を大切にして自己表現を楽しめるように工夫すること。

第4　教育及び保育の実施に関する配慮事項
 1　満3歳未満の園児の保育の実施については，以下の事項に配慮するものとする。
　(1) 乳児は疾病への抵抗力が弱く，心身の機能の未熟さに伴う疾病の発生が多いことから，一人一人の発育及び発達状態や健康状態についての適切な判断に基づく保健的な対応を行うこと。また，一人一人の園児の生育歴の違いに留意しつつ，欲求を適切に満たし，特定の保育教諭等が応答的に関わるように努めること。更に，乳児期の園児の保育に関わる職員間の連携や学校医との連携を図り，第3章に示す事項を踏まえ，適切に対応すること。栄養士及び看護師等が配置されている場合は，その専門性を生かした対応を図ること。乳児期の園児の保育においては特に，保護者との信頼関係を築きながら保育を進めるとともに，保護者からの相談に応じ支援に努めていくこと。なお，担当の保育教諭等が替わる場合には，園児のそれまでの生育歴や発達の過程に留意し，職員間で協力して対応すること。
　(2) 満1歳以上満3歳未満の園児は，特に感染症にかかりやすい時期であるので，体の状態，機嫌，食欲などの日常の状態の観察を十分に行うとともに，適切な判断に基づく保健的な対応を心掛けること。また，探索活動が十分できるように，事故防止に努めながら活動しやすい環境を整え，全身を使う遊びなど様々な遊びを取り入れること。更に，自我が形成され，園児が自分の感情や気持ちに気付くようになる重要な時期であることに鑑み，情緒の安定を図りながら，園児の自発的な活動を尊重するとともに促していくこと。なお，担当の保育教諭等が替わる場合には，園児のそれまでの経験や発達の過程に留意し，職員間で協力して対応すること。
 2　幼保連携型認定こども園における教育及び保育の全般において以下の事項に配慮するものとする。
　(1) 園児の心身の発達及び活動の実態などの個人差を踏まえるとともに，一人一人の園児の気持ちを受け止め，援助すること。
　(2) 園児の健康は，生理的・身体的な育ちとともに，自主性や社会性，豊かな感性の育ちとがあいまってもたらされることに留意すること。
　(3) 園児が自ら周囲に働き掛け，試行錯誤しつつ自分の力で行う活動を見守りながら，適切に援助すること。
　(4) 園児の入園時の教育及び保育に当たっては，できるだけ個別的に対応し，園児が安定感を得て，次第に幼保連携型認定こども園の生活になじんでいくようにするとともに，既に入園している園児に不安や動揺を与えないようにすること。
　(5) 園児の国籍や文化の違いを認め，互いに尊重する心を育てるようにすること。
　(6) 園児の性差や個人差にも留意しつつ，性別などによる固定的な意識を植え付けることがないようにすること。

　　　　第3章　健康及び安全

　幼保連携型認定こども園における園児の健康及び安全は，園児の生命の保持と健やかな生活の基本となるものであり，第1章及び第2章の関連する事項と併せ，次に示す事項について適切に対応するものとする。その際，養護教諭や看護師，栄養教諭や栄養士等が配置されている場合には，学校医等と共に，これらの者がそれぞれの専門性を生

かしながら，全職員が相互に連携し，組織的かつ適切な対応を行うことができるような体制整備や研修を行うことが必要である。

第1 健康支援
 1 健康状態や発育及び発達の状態の把握
  (1) 園児の心身の状態に応じた教育及び保育を行うために，園児の健康状態や発育及び発達の状態について，定期的・継続的に，また，必要に応じて随時，把握すること。
  (2) 保護者からの情報とともに，登園時及び在園時に園児の状態を観察し，何らかの疾病が疑われる状態や傷害が認められた場合には，保護者に連絡するとともに，学校医と相談するなど適切な対応を図ること。
  (3) 園児の心身の状態等を観察し，不適切な養育の兆候が見られる場合には，市町村（特別区を含む。以下同じ。）や関係機関と連携し，児童福祉法第25条に基づき，適切な対応を図ること。また，虐待が疑われる場合には，速やかに市町村又は児童相談所に通告し，適切な対応を図ること。
 2 健康増進
  (1) 認定こども園法第27条において準用する学校保健安全法（昭和33年法律第56号）第5条の学校保健計画を作成する際は，教育及び保育の内容並びに子育ての支援等に関する全体的な計画に位置づくものとし，全ての職員がそのねらいや内容を踏まえ，園児一人一人の健康の保持及び増進に努めていくこと。
  (2) 認定こども園法第27条において準用する学校保健安全法第13条第1項の健康診断を行ったときは，認定こども園法第27条において準用する学校保健安全法第14条の措置を行い，教育及び保育に活用するとともに，保護者が園児の状態を理解し，日常生活に活用できるようにすること。
 3 疾病等への対応
  (1) 在園時に体調不良や傷害が発生した場合には，その園児の状態等に応じて，保護者に連絡するとともに，適宜，学校医やかかりつけ医等と相談し，適切な処置を行うこと。
  (2) 感染症やその他の疾病の発生予防に努め，その発生や疑いがある場合には必要に応じて学校医，市町村，保健所等に連絡し，その指示に従うとともに，保護者や全ての職員に連絡し，予防について協力を求めること。また，感染症に関する幼保連携型認定こども園の対応方法等について，あらかじめ関係機関の協力を得ておくこと。

  (3) アレルギー疾患を有する園児に関しては，保護者と連携し，医師の診断及び指示に基づき，適切な対応を行うこと。また，食物アレルギーに関して，関係機関と連携して，当該幼保連携型認定こども園の体制構築など，安全な環境の整備を行うこと。
  (4) 園児の疾病等の事態に備え，保健室の環境を整え，救急用の薬品，材料等を適切な管理の下に常備し，全ての職員が対応できるようにしておくこと。

第2 食育の推進
 1 幼保連携型認定こども園における食育は，健康な生活の基本としての食を営む力の育成に向け，その基礎を培うことを目標とすること。
 2 園児が生活と遊びの中で，意欲をもって食に関わる体験を積み重ね，食べることを楽しみ，食事を楽しみ合う園児に成長していくことを期待するものであること。
 3 乳幼児期にふさわしい食生活が展開され，適切な援助が行われるよう，教育及び保育の内容並びに子育ての支援等に関する全体的な計画に基づき，食事の提供を含む食育の計画を作成し，指導計画に位置付けるとともに，その評価及び改善に努めること。
 4 園児が自らの感覚や体験を通して，自然の恵みとしての食材や食の循環・環境への意識，調理する人への感謝の気持ちが育つように，園と調理員等との関わりや，調理室など食に関する環境に配慮すること。
 5 保護者や地域の多様な関係者との連携及び協働の下で，食に関する取組が進められること。また，市町村の支援の下に，地域の関係機関等との日常的な連携を図り，必要な協力が得られるよう努めること。
 6 体調不良，食物アレルギー，障害のある園児など，園児一人一人の心身の状態等に応じ，学校医，かかりつけ医等の指示や協力の下に適切に対応すること。

第3 環境及び衛生管理並びに安全管理
 1 環境及び衛生管理
  (1) 認定こども園法第27条において準用する学校保健安全法第6条の学校環境衛生基準に基づき幼保連携型認定こども園の適切な環境の維持に努めるとともに，施設内外の設備，用具等の衛生管理に努めること。
  (2) 認定こども園法第27条において準用する学校保健安全法第6条の学校環境衛生基準に基づき幼保連携型認定こども園の施設内外の適切な環境の維持に努めるとともに，園児及び全職員が清潔を保つようにすること。また，職員は衛生知識の向上に努めること。

2 事故防止及び安全対策
　(1) 在園時の事故防止のために，園児の心身の状態等を踏まえつつ，認定こども園法第27条において準用する学校保健安全法第27条の学校安全計画の策定等を通じ，全職員の共通理解や体制づくりを図るとともに，家庭や地域の関係機関の協力の下に安全指導を行うこと。
　(2) 事故防止の取組を行う際には，特に，睡眠中，プール活動・水遊び中，食事中等の場面では重大事故が発生しやすいことを踏まえ，園児の主体的な活動を大切にしつつ，施設内外の環境の配慮や指導の工夫を行うなど，必要な対策を講じること。
　(3) 認定こども園法第27条において準用する学校保健安全法第29条の危険等発生時対処要領に基づき，事故の発生に備えるとともに施設内外の危険箇所の点検や訓練を実施すること。また，外部からの不審者等の侵入防止のための措置や訓練など不測の事態に備え必要な対応を行うこと。更に，園児の精神保健面における対応に留意すること。

第4 災害への備え
　1 施設・設備等の安全確保
　(1) 認定こども園法第27条において準用する学校保健安全法第29条の危険等発生時対処要領に基づき，災害等の発生に備えるとともに，防火設備，避難経路等の安全性が確保されるよう，定期的にこれらの安全点検を行うこと。
　(2) 備品，遊具等の配置，保管を適切に行い，日頃から，安全環境の整備に努めること。
　2 災害発生時の対応体制及び避難への備え
　(1) 火災や地震などの災害の発生に備え，認定こども園法第27条において準用する学校保健安全法第29条の危険等発生時対処要領を作成する際には，緊急時の対応の具体的内容及び手順，職員の役割分担，避難訓練計画等の事項を盛り込むこと。
　(2) 定期的に避難訓練を実施するなど，必要な対応を図ること。
　(3) 災害の発生時に，保護者等への連絡及び子どもの引渡しを円滑に行うため，日頃から保護者との密接な連携に努め，連絡体制や引渡し方法等について確認をしておくこと。
　3 地域の関係機関等との連携
　(1) 市町村の支援の下に，地域の関係機関との日常的な連携を図り，必要な協力が得られるよう努めること。
　(2) 避難訓練については，地域の関係機関や保護者との連携の下に行うなど工夫すること。

第4章 子育ての支援

　幼保連携型認定こども園における保護者に対する子育ての支援は，子どもの利益を最優先して行うものとし，第1章及び第2章等の関連する事項を踏まえ，子どもの育ちを家庭と連携して支援していくとともに，保護者及び地域が有する子育てを自ら実践する力の向上に資するよう，次の事項に留意するものとする。

第1 子育ての支援全般に関わる事項
　1 保護者に対する子育ての支援を行う際には，各地域や家庭の実態等を踏まえるとともに，保護者の気持ちを受け止め，相互の信頼関係を基本に，保護者の自己決定を尊重すること。
　2 教育及び保育並びに子育ての支援に関する知識や技術など，保育教諭等の専門性や，園児が常に存在する環境など，幼保連携型認定こども園の特性を生かし，保護者が子どもの成長に気付き子育ての喜びを感じられるように努めること。
　3 保護者に対する子育ての支援における地域の関係機関等との連携及び協働を図り，園全体の体制構築に努めること。
　4 子どもの利益に反しない限りにおいて，保護者や子どものプライバシーを保護し，知り得た事柄の秘密を保持すること。

第2 幼保連携型認定こども園の園児の保護者に対する子育ての支援
　1 日常の様々な機会を活用し，園児の日々の様子の伝達や収集，教育及び保育の意図の説明などを通じて，保護者との相互理解を図るよう努めること。
　2 教育及び保育の活動に対する保護者の積極的な参加は，保護者の子育てを自ら実践する力の向上に寄与するだけでなく，地域社会における家庭や住民の子育てを自ら実践する力の向上及び子育ての経験の継承につながるきっかけとなる。これらのことから，保護者の参加を促すとともに，参加しやすいよう工夫すること。
　3 保護者の生活形態が異なることを踏まえ，全ての保護者の相互理解が深まるように配慮すること。その際，保護者同士が子育てに対する新たな考えに出会い気付き合えるよう工夫すること。
　4 保護者の就労と子育ての両立等を支援するため，保護者の多様化した教育及び保育の需要に応じて病児保育事業など多様な事業を実施する場合には，保護者の状況に配慮するとともに，園児の福祉が尊重されるよ

う努め，園児の生活の連続性を考慮すること。
5 　地域の実態や保護者の要請により，教育を行う標準的な時間の終了後等に希望する園児を対象に一時預かり事業などとして行う活動については，保育教諭間及び家庭との連携を密にし，園児の心身の負担に配慮すること。その際，地域の実態や保護者の事情とともに園児の生活のリズムを踏まえつつ，必要に応じて，弾力的な運用を行うこと。
6 　園児に障害や発達上の課題が見られる場合には，市町村や関係機関と連携及び協力を図りつつ，保護者に対する個別の支援を行うよう努めること。
7 　外国籍家庭など，特別な配慮を必要とする家庭の場合には，状況等に応じて個別の支援を行うよう努めること。
8 　保護者に育児不安等が見られる場合には，保護者の希望に応じて個別の支援を行うよう努めること。
9 　保護者に不適切な養育等が疑われる場合には，市町村や関係機関と連携し，要保護児童対策地域協議会で検討するなど適切な対応を図ること。また，虐待が疑われる場合には，速やかに市町村又は児童相談所に通告し，適切な対応を図ること。

第3 　地域における子育て家庭の保護者等に対する支援
1 　幼保連携型認定こども園において，認定こども園法第2条第12項に規定する子育て支援事業を実施する際には，当該幼保連携型認定こども園がもつ地域性や専門性などを十分に考慮して当該地域において必要と認められるものを適切に実施すること。また，地域の子どもに対する一時預かり事業などの活動を行う際には，一人一人の子どもの心身の状態などを考慮するとともに，教育及び保育との関連に配慮するなど，柔軟に活動を展開できるようにすること。
2 　市町村の支援を得て，地域の関係機関等との積極的な連携及び協働を図るとともに，子育ての支援に関する地域の人材の積極的な活用を図るよう努めること。また，地域の要保護児童への対応など，地域の子どもを巡る諸課題に対し，要保護児童対策地域協議会など関係機関等と連携及び協力して取り組むよう努めること。
3 　幼保連携型認定こども園は，地域の子どもが健やかに育成される環境を提供し，保護者に対する総合的な子育ての支援を推進するため，地域における乳幼児期の教育及び保育の中心的な役割を果たすよう努めること。

〈監修者紹介〉

無藤　隆（むとう　たかし）
　　白梅学園大学大学院特任教授
　　文科省中央教育審議会教育課程部会幼児教育部会 主査
　　内閣府子ども子育て会議 会長　等歴任

《幼稚園教育要領 改訂
　保育所保育指針 改定
　幼保連携型認定こども園教育・保育要領 改訂》について

編集・制作　株式会社　同文書院
112-0002
東京都文京区小石川 5-24-3
TEL 03-3812-7777　FAX 03-3812-8456